为中华崛起传播智慧

To disseminate intelligence for the rise of China

机工传媒
China Machine Media

国家出版基金项目

中国战略性新兴产业研究与发展

R&D of China's Strategic New Industries

焊接材料与装备

Welding Consumables & Equipments

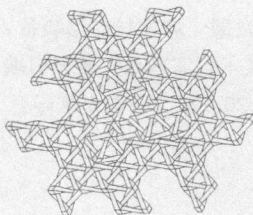

新型钎焊材料与技术国家重点实验室 组编

龙伟民 主编

机械工业出版社
China Machine Press

本书分为5篇共30章，系统地介绍了国内外当前的焊接材料、焊接装备、切割装备、焊接健康及安全方面的发展现状，不仅包括传统焊接技术和理论，也涵盖了搅拌摩擦焊、增材制造、各类复合热源焊接、节能环保焊接、新型焊接材料等方面的内容，并对相应技术应用进行了简述。主要是通过分析目前国内外焊接技术的发展现状，总结现行的相关产业状况、技术优势和国外的发展前沿，结合现有的产业支持政策，提出焊接技术未来的发展方向和规划策略。

本书将普及性、科学性有机地统一起来，图文并茂、内容翔实、数据可靠、技术实用，不仅可以为政府部门政策法规的制定提供参考，为相关产业的技术人员、管理人员作决策提供参照，还能给从事焊接技术的工程技术人员、教师及学生提供参考，将对我国焊接技术的发展起到很好的推动作用。

图书在版编目（CIP）数据

中国战略性新兴产业研究与发展. 焊接材料与装备 /
龙伟民主编 ；新型钎焊材料与技术国家重点实验室组编
. —北京 ： 机械工业出版社，2020.12（2023.6重印）
国家出版基金项目
ISBN 978-7-111-66150-4

Ⅰ．①中… Ⅱ．①龙… ②新… Ⅲ．①新兴产业－产业发展－研究－中国②焊接－产业发展－研究－中国
Ⅳ．① F121.3 ② F426.4

中国版本图书馆 CIP 数据核字（2020）第 128622 号

机械工业出版社（北京市百万庄大街 22 号　邮政编码 100037）
策划编辑：任智惠　责任编辑：任智惠　王　良
责任校对：李　伟　责任印制：常天培
固安县铭成印刷有限公司印刷
2023 年 6 月第 1 版第 2 次印刷
170mm×242mm · 27.5 印张 · 477 千字
标准书号：ISBN 978-7-111-66150-4
定价：168.00 元

电话服务　　　　　　　　　　　网络服务
服务咨询电话：(010)88361066　年 鉴 网 :http://www.cmiy.com
读者购书热线：(010)68326643　机工官网 :http://www.cmpbook.com
　　　　　　　(010)68326294　机工官博 :http://weibo.com/cmp1952
封底无防伪标均为盗版

序言

　　全球金融危机和经济衰退发生以来，美日俄等为应对危机、复苏经济、抢占未来发展的先机和制高点，都在重新审视发展战略，不断加快推进"再工业化"，培育发展以新能源、节能环保低碳、生物医药、新材料与高端制造、新一代信息网络、智能电网、海洋空天等技术为支撑的战略性新兴产业，在全球范围内构建以战略性新兴产业为主导的新产业体系。力图通过新一轮技术革命的引领，重新回归实体经济，创造新的经济增长点。这已成为很多国家摆脱危机、实现增长、提升综合国力的根本出路。可以预计，未来的二三十年将是世界大创新、大变革、大调整的历史时期，人类将进入一个以绿色、智能、可持续发展为特征的知识文明时代。那些更多掌握绿色、智能技术，主导战略性新兴产业发展方向的国家和民族将在未来全球竞争合作中占据主导地位，赢得全球竞争合作，共享持续繁荣进程中的主动权和优势地位。

　　为应对金融危机和全球性经济衰退以及日趋强化的能源、资源和生态环境约束，以实现中国经济社会的科学发展、和谐发展、持续发展，党中央、国务院提出加快调整产业结构、转变经济发展方式，加快培育和促进战略性新兴产业发展的方针，出台了《国务院关于加快培育和发展战略性新兴产业的决定》以及相关政策举措。可以肯定，未来5～10年将是我国结构调整与改革创新发展的一个新的战略机遇期，将通过继续深化改革，扩大开放，提升自主创新能力，建设创新型国家，实现我国科技、产业、经济由大变强的历史性跨越，我国经济社会发展将走出一条依靠创新驱动，绿色智能，科学发展、和谐发展、持续发展之路，实现中华民族的伟大复兴。

　　展望未来，高端装备制造、新能源汽车、节能环保、新一代信息技术、生物医药、新能源、新材料、绿色运载工具、海洋空天、公共安全等全球战略性新兴产业将形成十几万亿美元规模的宏大产业，成为发展速度最快，采用高新技术最为密集，最具持续增长潜力的产业群落。战略性新兴产业的发展需求也将拉动技术的创新突破和产业的结构调整，为包括我国在内的全球经济发展注入新的强大动力。

在世界各国高度重视培育和发展战略性新兴产业的新形势下，编写一套"中国战略性新兴产业研究与发展"图书，借鉴国外相关产业发展的成功经验，对行业发展思路、发展目标、发展战略、发展重点、投资方向、政策建议等方面进行全面、系统研究，凝聚对战略性新兴产业内涵和发展重点的认识，为国家战略性新兴产业发展规划的顺利实施，以及政府和有关部门制定促进战略性新兴产业发展的相关政策和法规提供参考，具有十分重要的现实意义。

"中国战略性新兴产业研究与发展"系列图书对相应产业的阐述、分析均注重强调战略性新兴产业的六个主要特点：

一是**绿色**。战略性新兴产业属于能耗低、排放少、零部件可再生循环的"环保型""绿色型"产业，无论从产品的设计、制造、使用，还是回收、再利用等整个生命周期的各个环节，对资源的利用效率与对环境的承载压力均要求达到最理想水平。

二是**智能**。新型工业化要求坚持以信息化带动工业化、以工业化促进信息化，即要实现"两化融合"。而"两化融合"决定了智能是未来产业尤其是战略性新兴产业的发展方向。所谓智能，是指制造过程的智能化、产品本身的智能化、服务方式的智能化。这些均是智能的最基本层次，它还具有其他更为丰富的内涵。例如：智能电网，通过先进的传感和测量技术、先进的设备技术、先进的控制方法以及先进的决策支持系统技术的应用，可实现电网的可靠、安全、经济、高效、环境友好和系统安全等方面的智能；智能汽车不只是安全智能，还包括节能、减排、故障预警等方面的智能。

三是**全球制造**。随着全球化趋势不断深化，战略性新兴产业的发展成果也必将是由全人类共创共享。新产品的研制开发，不再由一个企业独自完成，需要集成各方面优势资源共同解决。例如，iPhone在中国完成装配，但它的设计、研发以及许多零部件的供应都是在美国、日本和欧洲实现的，其本身就是一个全球化的产品。因而，未来的制造必然是全球化制造、网络化制造。

四是**满足个性化需求与为更多人分享相结合**。目前中国有 14 亿人口，印度有 13 亿人口，还有巴西、印度尼西亚等新兴国家、发展中国家也都要实现现代化。在全球如此规模庞大的人群中，既存在富裕阶层、高消费阶层，他们的消费需求是个性化、多样化的；又有占比较大的中产阶层、贫困人口，他们的消费需求是基本层次的，但也不能被忽视。两种类型的消费需求必须同时被满足，这不仅是构建和谐社会的需要，而且是构建和谐世界的需要。因此，我国发展战略性新兴产业，应该既要满足中高端个性化的需求，同时又要满足我国与其他发展中国家广大普通消费者的需求。要把个性化的设计、个性化的产品生产，与规模化、工业化的传统生产结合起来，不能完全抛弃传统的规模化生产方式。

五是**可持续**。要使有限的自然资源得以有效、可持续利用，发展利用可再生资源、能源，强调发展再制造、循环经济。无论是原材料使用，还是零部件制造，从研发、设计之初就考虑到了生产中的废料、使用后的残骸的回收处置，使其能够重新得到循环利用。

六是**增值服务**。培育发展战略性新兴产业需要注意在设计制造过程中与产品售后、使用过程中提供相关增值服务。不应再局限于传统的观念，只注重制造本身，而不注重服务的价值。例如，发展电动汽车产业，必须首先解决好商业模式问题，包括充电桩建设、电池更换、废旧电池回收等服务，否则将无法广泛推广。

"中国战略性新兴产业研究与发展"系列图书内容丰富，资料翔实，观点鲜明，立意高远，并力求充分体现出"四性"，即科学性、前瞻性、指导性和基础性。

第一，体现**科学性**。所谓科学性，就是指以科学发展观为指导。科学发展观的核心是以人为本，基本要求是全面、协调、可持续，根本方法是统筹兼顾，符合客观规律。"中国战略性新兴产业研究与发展"系列图书既要能够为党中央、国务院提出的加快发展战略性新兴产业的总体战略服务，又不应受到行业、部门的局限，更不能写成规划或某些部门规划的解读材料，而应能够立足于事物客观规律、立足于全局。各分册编写组同志重视调查、研究，力求对国情、科技、产业及全球相关产业的发展态势有比较准确的把握，努力为我国战略性新兴产业的发展提供一本基于科学基础的好素材。这套图书立足基于我国国情，而不是简单地把发达国家的相关产业信息进行综合、编译，照搬照抄。当然，我国发展战略性新兴产业不能"闭门造车"，而是要坚持开放性，积极参与国际分工合作，充分利用全球优势资源，提高发展的起点和水平。因而，有必要参照国际成功经验与最新发展趋势，但一定要以我国国情和产业特点为根本出发点，加快培育和发展有中国特色的、竞争能力强的战略性新兴产业。

第二，体现**前瞻性**。一是能够前瞻战略性新兴产业的发展，因为这套图书是战略性新兴产业的发展指导书。二是能够前瞻战略性新兴产业技术的发展。为了做好这两个前瞻，必须要适当地前瞻全球经济、我国经济与战略性新兴产业发展的趋势。只讲发展现状是不够的，因为关于现状的资料很多，通过简单的网络搜索即可查到；也不能只罗列国外的某些规划和发展战略。"中国战略性新兴产业研究与发展"系列图书的编写注重有深度的科学分析与前瞻性的研究。

第三，体现**指导性**。"中国战略性新兴产业研究与发展"系列图书本身就是指导书，能够对产业、对技术、对国家制定政策，甚至在未来国家发展战略与规划的制定等方面发挥一定的引导作用与影响。虽然不能说这套图书可以指导国家战略与规划的制定，但是应该努力发挥其积极的引导作用。

第四，体现**基础性**。所谓基础性，就是指要能够提供战略性新兴产业的基础信息、基础知识，以及我国和有关国家在相关产业发展方面的基本战略，主要的法规、政策和举措，并尽可能提供一些基本的技术路线图。比如，在轴承分册，就描述了一个轴承产业发展的路线图。唯有如此，"中国战略性新兴产业研究与发展"系列图书才能满足原来立项的宗旨 —— 不仅要为工程技术界、大学教师、大学生与研究生提供学习参考书，为产业界的技术人员、管理人员提供决策参照，而且要为政府部门的政策法规制定者提供参考。

机械工业出版社是具有 60 多年历史的专业性综合型出版机构，改革开放后，随着市场经济的发展，机械工业出版社不断改革转型，不但形成了完善的编辑出版工作流程和质量保证体系，而且编辑人员作风严谨，工作创新。

"中国战略性新兴产业研究与发展"系列图书不仅是一套科技普及书，更是一套产业发展参考书，必须既要介绍国内外战略性新兴产业的发展情况，又要阐述相关政策、法规、扶植措施等内容。因此，这套图书的组编单位、编写负责人和编写工作人员必须要有相关积累和优势。"中国战略性新兴产业研究与发展"系列图书所选的分册主编和作者主要是精力充沛的业内中青年专家，并由资深专家负责相应的编审、校审工作。现在看来大多数工作由中青年同志担当，是完全符合实际的。此外，这套图书的编著还充分发挥了有关科研院所、行业学会和协会的作用，他们的优势在于对行业比较熟悉，并掌握了较为丰富的资料。

最后，特别感谢国家出版基金对"中国战略性新兴产业研究与发展"系列图书的大力支持！感谢全体编写出版人员的辛勤劳动！

期望"中国战略性新兴产业研究与发展"为社会各界了解战略性新兴产业提供帮助，期待中国战略性新兴产业培育和发展尽快取得重大突破，祝愿我国在不久的将来实现由经济大国向经济强国的历史性跨越！

是为序。

前言

　　焊接技术作为制造业的重要基础技术，在国民经济和国防建设中发挥着越来越重要的作用，支撑着航空、航天、核能、汽车、化工、机械、电子等众多领域的产业发展。为满足装备制造业的发展和新材料的应用需求，新型焊接材料与技术不断涌现。

　　在《中国制造 2025》规划的十大重点领域之中，多个领域与焊接技术紧密相关。因此，未来 5～10 年是我国大力发展焊接技术并将焊接技术与产业由大变强的关键时期。加快培育和发展焊接技术及产业，对提升我国制造业创新能力、支撑新材料产业技术发展、保障国家重大工程建设、促进传统制造业转型升级、加大国际竞争优势具有重要的战略意义。

　　焊接材料和焊接装备是焊接技术的两大硬件组成部分，焊接材料是装备制造业重点发展的标志性基础材料之一，焊接装备是一个国家生产力水平高低的重要体现。近几十年来，随着国内经济的稳步快速增长，国内基础制造加工业以及相关行业呈现出蓬勃发展的情景，带动了我国焊接技术的发展。国内焊接技术的研发、设计、生产和应用已形成规模，焊接材料向低能耗、高效率、无污染、优质化趋势发展，焊接装备沿数字化、智能化、网络化方向推进，我国业已成为焊接技术应用和输出大国。

　　本书分为 5 篇共 30 章，系统地介绍了国内外当前的焊接材料、焊接装备、切割装备、焊接健康及安全方面的发展现状，不仅包括传统焊接技术和理论，也涵盖了搅拌摩擦焊、增材制造、各类复合热源焊接、节能环保焊接、新型焊接材料等方面的内容，并对相应技术应用进行了简述。本书主要通过分析目前国内外焊接技术的发展现状，总结现行的相关产业状况、技术优势和国外的发展前沿，结合现有的产业支持政策，提出焊接技术未来的发展方向和规划策略。

本书编写力求图文并茂、内容翔实、数据可靠、技术实用，不仅可以为政府部门政策法规的制订者提供参考建议，为相关产业的技术人员、管理人员提供决策参照，还能给从事焊接技术的工程技术人员、教师及学生提供参考，将对我国焊接技术的发展起到很好的推动作用。

焊接技术是多专业交叉融合的应用技术，焊接材料与装备正处于快速发展阶段，部分学术观点和发展途径尚未形成共识，不同领域不同行业的研究者有不同的认识和研判，加之作者水平和能力有限，书中难免存在不足和可商榷之处，欢迎广大读者批评指正。

龙伟民

2020 年 9 月 28 日

编写说明

　　《国务院关于加快培育和发展战略性新兴产业的决定》确定了我国未来经济社会发展的战略重点和方向是战略性新兴产业，并且根据我国国情和科技、产业基础，又进一步明确为现阶段重点发展节能环保、新一代信息技术、生物、高端装备制造、新能源、新材料、新能源汽车、数字创意和相关服务业九大新兴产业。可见，九大战略性新兴产业将是国家重点支持、大力推广的产业。

　　为了使大家全面理解、准确把握、深刻领会国家这一战略决定的精神实质，了解其发展内涵，推动产业结构升级和经济发展方式转变，增强国际竞争优势，抢占新一轮经济和科技制高点，机械工业出版社在国家出版基金的支持下，组织各领域权威专家编写了一套"中国战略性新兴产业研究与发展"（以下简称"研究与发展"）图书。

　　"研究与发展"以国家相关发展政策和规划为基础，借鉴国外相关产业发展的成功经验，对产业发展思路、发展目标、发展战略、发展重点、投资方向、政策建议等方面进行了全面、系统的研究；对前瞻性、基础性和目前产业上有瓶颈限制的问题提出了有针对性的对策。

　　"研究与发展"采用分期分批的出版方式陆续出版发行，第一期 12 个分册、第二期 13 个分册分别于 2013 年 6 月和 2018 年 2 月完成出版，第一期包括：太阳能、风能、生物质能、智能电网、新能源汽车、轨道交通、工程机械、水电设备、农业机械、数控机床、轴承和齿轮。第二期包括：功能材料、物流仓储装备、紧固件、模具、内燃机、塑料机械、塑木复合材料、物联网、制冷空调、智能制造装备、非常规油气、中压开关和数据中心。本次出版的第三期 29 个分册图书包括：智慧工业、生物基材料、数据与企业治理、智慧经济、智能注塑机、数据赋能、高端轴承、冷链物流、智能汽车、通用航空、远程设备智能维护、智能供应链、智能化立体车库、气体分离设备、焊接材料与装备、高端液气密元件、高端链传动系统、风电齿轮箱、海洋油气装备、燃气轮机、变频调速设备、电子信息功能材料、智能制造、数控系统、工业机器人、核电、智慧交通、增材制造以及内燃机再制造产业发展与技术路线。今后根据国家产业政策要求及各行业的发展情况还将陆续推出其他分册。

为了出版好"研究与发展",机械工业出版社成立了"中国战略性新兴产业研究与发展"编委会,全国人大常委会原副委员长路甬祥担任编委会主任。路甬祥副委员长对该套图书的编写高度重视,亲自参加编委研讨会,多次提出重要指导意见。他从图书的定位、内容选材、作者队伍建设和运作流程等方面都给予了全面和具体的指导,并提出了"六个特点"和"四性"的具体要求。

机械工业出版社还建立了完善的项目管理、编写组织、出版规范和网络支撑四个方面的工作体系来保证图书质量,投入了大量的精力组织行业权威专家规划内容结构、研讨内容特色。参与图书编写的主创人员自觉自愿地把自己的聪明才智和研究成果奉献给社会,奉献给国家。他们都担负着繁重的科研、教学、行业管理或生产任务,为了使此书能够早日与大家见面,他们不辞辛苦、加班加点,因为他们都有一个共同心愿 —— 帮助企业快速成长,使中国由大变强。

在此,衷心地感谢为此项工作付出大量心血的组编单位、各位专家、各位撰稿人、编辑出版及工作人员!

尽管我们做了大量工作,付出了巨大努力,但仍难免有疏漏或错误之处,敬请读者批评指正!

中国战略性新兴产业研究与发展　编辑部

目录 CONTENTS

第 1 篇

新型焊接材料与
装备概述

第1章　我国焊接材料与装备的发展历程

焊接技术是一门古老的技术，可以追溯到几千年前的青铜器时代，在人类早期的工具制造中，无论是我国还是当时的埃及等文明地区，都能看到焊接技术的雏形。但是工业化的焊接技术从20世纪初才真正开始，我国焊接技术起步相对较晚，直到20世纪50年代才进入系统化的研发和生产使用阶段。焊接装备和焊接材料是焊接技术的两大重要板块，焊接装备和焊接材料的发展在很大程度上体现了焊接技术的进步。

1.1　我国焊接材料发展历程

新中国成立初期，国产的焊条采用手工制作，工业上使用的焊条基本全部从美国、英国、德国和荷兰等国家进口。我国于20世纪50年代开始进行螺旋机的研制和使用，结束了我国手工制作焊条的历史。1962年国内焊条产量为3.1万t，随着国民经济的发展，焊条产量逐渐增加，1965年研究采用还原钛铁矿来代替金红石和钛白粉等高价位原材料，20世纪80年代后该技术开始在全国推广，降低了焊条的生产成本。1996年我国粗钢产量突破1亿t，焊条的产量达到近60万t。近20多年来，我国的经济建设取得了突飞猛进的发展，焊条产量高峰时突破了200万t。

实心焊丝是在20世纪80年代发展起来的产品，经过10余年的努力，逐渐解决了焊丝生产中遇到的主要问题，在20世纪90年代末转入批量化生产。20世纪80年代末90年代初进口的镀铜生产设备基本被淘汰，取而代之的为国产设备。由于实心焊丝具有焊接效率高、质量好、烟尘少等优点，从一问世便受到用户青睐，发展非常迅速，目前有生产企业大约200余家，产地集中在江苏、天津、山东、河北等地。

埋弧焊焊接材料包括焊丝和焊剂两类。埋弧焊工艺是一种传统的高效优质焊接方法，所占市场份额比较稳定。生产实心焊丝的企业大部分都能生产埋弧焊焊丝，目前其生产企业数量大约有100家。埋弧焊焊剂的产量近几年和埋弧焊焊丝一样呈上升趋势，其中烧结焊剂产量提高较快。埋弧焊焊剂的主要产地在河南和湖南，湖南的生产企业数量虽多，但大多数企业年产量为几千吨，相对来说，河南省的企业生产规模较大。

20世纪60年代国内开始研制药芯焊丝，限于当时参与的单位和技术人员较少，技术条件落后，钢带和适用于药芯的粉料缺乏，国际交流较少，致使研发工作在几年内没有进展。到了20世纪80年代，造船业为了提高生产效率，开始使用药芯焊丝，主要从日本、美国以及韩国进口。20世纪80年代末由原机械部出资，委托北京电焊条厂从英国引进1条生产线及2个焊丝配方，宣告中国药芯焊丝进入正式生产阶段。1994年前后，天津三英焊业公司和北京钢廉公司相继成立，同时一些科研院所、高等院校及较大的焊接材料生产企业也加入到研发药芯焊丝的行列，开始了扎扎实实的工作，经过艰苦努力，直到2000年国产药芯焊丝才步入正常生产的轨道，同时培养了一批药芯焊丝专业技术人员。目前全国药芯焊丝生产企业有60多家，且已实现规模化生产，经过20多年的不懈努力，年生产能力约60万t，中国民族品牌焊丝占有60%以上的国内市场。

我国在钎料的研究与开发上起步较晚，早期主要以进口钎料为主，随着国内航空航天、煤炭开采、石油钻探、制冷设备等领域的不断发展，对国产化钎料的需求日益迫切，国内开始对适用于各领域的钎料进行仿制和研发，其中北京航空航天大学、航空材料研究院、郑州机械研究所有限公司、杭州华光焊接新材料股份有限公司、浙江信和科技有限公司、烟台固光焊接材料有限公司（简称烟台固光）等高校、科研院所和企业为我国钎焊技术的发展做出了巨大贡献。发展到现在，我国软硬钎料生产企业已达到450多家，实现了50种铜基钎料、80种银基钎料、10种镍基钎料、10种铝基钎料、3种锰基钎料、10种贵金属基钎料六大类160余种软硬钎料的生产制备，不仅可以满足国内航空、航天、汽车、电子、制冷工业等领域的需求，部分品种的钎料还实现了大批量出口。我国钎料品种与美国、日本基本相当，部分钎料产品已经在工艺制造水平上达到了国际领先水平，以铜磷钎料最为典型，其在制造成本与产品质量控制方面，已经走在了世界前列。同样，在无缝药芯铝焊丝、药芯银基钎料、药芯铜钎料、药皮钎料、三明治复合钎料、非晶带钎料、粉末合成钎料等新型钎料产品研发上，我国企业也达到了一定的技术水平。

在60多年的发展历程中，我国焊接材料产业取得了巨大的进步，我国已成为世界上焊接材料第一生产大国和消耗大国，焊接材料的生产和消耗量都已超过世界总量的50%，2011年全国焊接材料总产量更是达到了历史的峰值475万t。国产焊接材料已广泛用于能源、压力容器、化工装备、海洋工程、航空航天等重大工程领域。目前，我国正逐渐由焊接材料大国向焊接材料强国迈进。

1.2　我国焊接装备发展历程

　　焊接装备是现代工业重要的工艺装备，已广泛应用于造船、化工、冶金、建筑、机械、汽车等各行业，也是航天、电子、核能等国家尖端工业不可或缺的加工设备，可以说没有焊接装备的进步，就没有现代工业发展的今天。我国焊接装备近年来发展迅速，不仅做到了国内中端市场的自给自足，更是走出国门，在国际焊接装备市场占据了一席之地，我国已经成为名副其实的焊接装备生产大国。

　　自焊接装备面世以来，其发展一直由焊接电源和机械传动技术的变革为主导。我国早期的焊接电源主要集中在交流弧焊机、直流弧焊机及自动／半自动焊机。直至 20 世纪 80 年代，包括我国在内，国际上开始针对逆变电源技术在焊接领域的应用开展研发。逆变焊接电源不仅具有体积小、重量轻、节能环保的优点，而且其控制方式易于实现数字化。数字化的介入不但使焊接过程可以实时控制，也为焊接自动化和未来焊接向智能化方向发展提供了可能，可以说逆变技术给焊接电源技术带来了全新的变革，逆变技术的出现也成了弧焊技术发展的分水岭。目前，逆变电源设备已经是电弧焊机的主要产品，逆变电弧焊机的生产量与销售量在大幅增长。直流焊条电弧焊机、TIG 焊机、埋弧焊机、MIG/MAG 焊机、等离子弧焊机均采用逆变式。

　　市场对提高传统弧焊生产效率的迫切需求，催生了薄板高速焊、厚板高熔覆率焊和窄间隙焊等多种高效弧焊技术，如钢的 STT 短路过渡焊、薄板冷金属过渡焊、热丝 TIG 焊、双丝及多丝焊、双面双弧焊、铝合金的双脉冲焊和变极性等离子弧立焊、MIG+PAW 复合焊等。

　　目前，焊接装备与制造过程的在线测控嵌入式系统、焊接材料与工艺数据库、焊接结构 CAD、焊接 CAPP 和焊接应力与变形数值模拟等正得到广泛应用。机器人等柔性自动化设备在焊接生产中的快速增加，为数据化、网络化、智能化制造提供了必要的实施基础。

　　在特种焊接装备中，适应各种焊接条件的特殊焊接设备层出不穷，如搅拌摩擦焊机等。在焊接行业低能耗、高效率、高质量的总体发展方向指引下，双丝焊接、激光－电弧复合焊接以及以双激光焊接为代表的多热源焊接装备也得到快速发展。半自动化或自动化的焊接专用及成套设备已经在机车、汽车、家电、钢结构等行业占据主体地位，以焊接机器人为代表的自动化装备也在日益增加。

目前我国已经形成了京津冀、长三角、珠三角和成都地区四个电焊机产业聚集地。民营企业、股份制企业、中外合资企业和外商独资企业已经成为我国焊接装备行业的支柱，国有及国有控股企业已基本消失。目前，我国电焊机生产企业总数已超过900家，其中年产值超过1亿元的企业有30多家。

自加入WTO以来，我国进入了国际经济大循环，我国焊接装备的整体技术水平和综合实力有了显著提高，焊接装备生产企业不但在经营理念上力图与国际接轨，而且不断引入国外先进的管理及销售经验，建立、完善和稳定了国内外销售网络及海外市场。

我国焊接装备出口稳中有升，美洲、亚洲、欧洲已经成为我国电焊机出口的主要地区，俄罗斯更是成为我国电焊机出口的第一大目的国。我国的电焊机已经被国外用户广泛接受，凭借价格等优势成为国外用户的良好选择。

过去几十年里，我国焊接装备行业发展迅速，各项经济指标都出现成百倍的增长，焊接装备的生产量更是发展迅猛。据统计，2014年国内焊接装备产量已达到741.99万台，我国在焊接装备方面已经形成了从主机到辅机的完整产业链。目前国内焊接装备正处于转型升级的重要关口，焊接装备行业主要贯彻国家"互联网+"行动计划，推动移动互联网、物联网等与焊接装备制造业结合，紧跟"中国制造2025"的步伐，坚持驱动创新、智能转型、强化基础、绿色发展使我国从焊接装备制造大国走向焊接装备制造强国。

第 2 章　我国焊接材料与装备产业总体发展状况

2.1　我国焊接材料发展状况

近年来，随着我国焊接自动化率大幅提升，国内焊接材料产业呈现出高效优质焊接材料快速发展和企业自主创新能力大大增强的态势。党的十八大以来，我国加大对生态文明建设的重视，绿色焊接材料和绿色制造成为焊接材料发展的新热点。总结目前国内焊接材料发展概况，可归纳为以下几点：

1. 从高速发展到高质量发展，焊接材料产品结构日趋合理

过去 30 年，我国焊接材料高速发展，2011 年，我国焊接材料总产量达到历史峰值 475 万 t。近年来，行业结构调整与转型升级的步伐正在加速，焊接材料总产量稳中趋降，产品结构日趋合理。各种焊接材料在焊接材料总产量中的占比：气体保护焊实心焊丝超过 40%；药芯焊丝和埋弧焊接材料各为 10%；焊条电弧焊用焊条已下降至 40% 以下，并将逐渐减少至 30% 以下，接近工业发达国家水平。

2. 从手工焊接到自动焊接，高效焊接材料快速发展

随着工程建设对焊接效率要求的提高和焊接机器人的普及，我国适用于高效焊接的气体保护焊实心焊丝、药芯焊丝、高效埋弧焊接材料产品的发展明显加快。气体保护焊实心焊丝已实现 500 ～ 1 000MPa 强度级别系列化；盘状、桶装等供货形式多样化；药芯焊丝从无到有，历经从非金属粉芯到金属粉芯、从有缝到无缝、从气体保护到自保护的发展过程；埋弧焊从单丝发展到多丝，从常规发展到超大厚度窄间隙焊接等。

3. 从常规到高端，自主化建设需求不断提升

近 10 年来，我国应用于国家重点工程和重大装备，诸如军工、核电、超超临界机组、大型加氢反应器、高技术船舶、海洋工程和深冷工程等的高端优质焊接材料自主化率不断提升，由过去的不足 10% 提升至 20% ～ 30%。在大力发展的战略性新兴产业中，高端装备制造业和新能源产业对高端优质焊接材料的需求逐年增加，同时对焊接材料的耐高强高韧、耐高温高压、耐超低温、耐强腐蚀、耐强辐射和高纯净度等性能提出更高要求。

4. 从大量消耗能源、污染环境到节能环保，绿色焊接材料和绿色制造方兴未艾

随着我国大力实施低碳、环保政策，依靠大量消耗能源、污染环境的低效发展方式已不适应新的发展要求。焊条制造已发展出高速拉丝切丝联合、高精度自动配粉、天然气烘干等节能环保制备；无镀铜气体保护实心焊丝采用环保型焊丝表面处理工艺，省去了酸碱清洗等污染环节，焊接时也减少了烟尘危害；为满足国内电子封装行业的要求，针对钎料无害化制备和应用开展了一系列关键共性技术攻关，开发出多类别无铅钎料、无镉钎料，研究出无缝药芯钎料、自粘接药皮钎料等钎料／钎剂一体化的减排型复合钎料，减排有害物超过50%。

5. 从钢铁到非铁，高性能非铁焊接材料发展前景广阔

非铁金属铝、镁、钛、镍等，由于其轻量化、高强度、具有记忆功能、耐高温、耐腐蚀等特点，近年来在航空航天、高铁、汽车、军工、核电、化工等领域得到广泛应用。由于5000系列铝镁合金具有良好的焊接性和耐蚀性，国内正在研发推广用于动车车体制造的 Al 5183、Al 5356 等铝镁焊丝。但国产焊丝的气体及杂质控制，以及表面处理工艺与国外焊丝相比仍有一定差距。钛基带状钎料解决了不锈钢及钛合金板翅式散热器的真空钎焊难题，应用于"神舟"载人飞船、"天宫"空间实验室。随着飞机、汽车、高铁、船舶等交通工具的结构材料日益轻质化，核电、化工、能源等行业对耐高温、耐腐蚀等性能要求的提升，铝合金、钛合金、镁合金等非铁金属材料的应用越来越广泛，由此带动相应配套焊接材料的需求量持续增加，使其具有广阔的发展前景。

焊接材料行业正由生产型制造向服务型制造转变，推进我国由焊接材料大国向焊接材料强国迈进。在经济发展新常态下，焊接材料行业正逐步提高资源配置效率，加大焊接材料的成分组织性能和电弧物理等机理性研究，以全面满足"中国制造2025"等国家战略要求。

2.2　我国焊接装备发展状况

传统上，焊接一直都是用电大户，探索节能、高效和环保的焊接装备是焊接行业发展的长期方向和目标。现阶段除少数高端焊接设备外，国产设备已基本满足各行业生产需求，在寻找与国外焊接装备差距的同时，我国在焊接装备上的技术进步步伐从未停歇。过去几十年里我国焊接装备实现了跨越式的发展，各类焊接装备竞相发展，主要集中表现在以下几个方面：

1. 逆变技术日益普及，数字化焊接电源不断发展

逆变焊机可大幅节省原材料（铜、硅钢片），减少电耗和明显改善焊接性能。在工业发达国家的焊机制造厂商全部进入逆变焊机时代的今天，因需求不同，我国变压器式交流电源的退出还没有结束。相较交流焊接电源而言，晶闸管等传统直流焊接电源的退出在提速，尤其是 2000 年以后这一趋势来得更快也更为彻底。未来自动化设备与基于逆变及数字化技术的各类焊接设备的需求会越来越多，这也必然是国内焊接电源的发展方向和希望。虽然相比国外，国内在电源方面相对落后，但随着近年来国内智能传感系统等技术的普遍应用，可以看出这方面的差距正在不断缩小，不断推出的数字化及自动化焊接电源产品也证明了这一点。

2. 绿色节能型压力焊接装备从幕后走到台前

以电阻焊、摩擦焊、爆炸焊等焊接方法为代表的压焊技术被广泛应用在航空、航天、能源、电子、轨道交通等领域。据统计，全世界每年由压焊完成的焊接量占总焊接量的 33.3%，并呈现出继续增加的态势，尤其是近年来飞速发展的搅拌摩擦焊技术更是在铝合金加工领域大放异彩。目前国产电阻焊设备已能实现自主化生产，搅拌摩擦焊已实现 40mm 厚度铝合金的焊接，爆炸焊已广泛应用于石油炼化、海洋工程、燃气运输等领域复合板的制造，部分技术已达到或接近国际先进水平。但目前压焊设备的核心部件，如电阻焊的中频变压器和大功率整流管、摩擦焊的高强搅拌头等部件依然依赖国外进口，需要相关企业提高创新研发能力，增强制造能力，进而进一步推广绿色低碳焊接技术。

3. 高效优质焊接技术不断推出

随着工业生产对高生产效率和优质焊接质量需求的提高，以激光焊、激光复合焊、电子束焊、等离子弧焊、多电极复合焊等为代表的一批高效优质焊接方法不断涌现。国内从 20 世纪 90 年代末开始将激光技术与传统焊接技术相结合，研究激光焊接技术，目前国内涉足激光焊接的企业已有约 50 家，其中不乏一批具有国际影响力的企业。基于国内在激光 - 电弧复合焊领域的大量基础理论研究，激光 - 电弧焊接设备已在高强度结构钢、高温合金及铝合金焊接方面大量应用；由我国自主开发的穿孔型变极性等离子弧焊设备已实现我国"天宫一号"的壳体焊接；在电子束焊方面，国内在电子光学优化、电子枪加工精度、电子束合轴系统方面取得了巨大成功，尤其是成功开发的 150kV/60kW 高压电子束焊机，更是填补了国内大厚度工件电子束焊接的空白。

4. 自动化焊接装备设计水平显著提升

近十多年来，随着我国制造业的快速发展，高端焊接技术的应用越来越广泛。恶劣的焊接环境，使新一代产业工人不愿从事焊接职业，焊接产品的质量要求提升和产品升级速度加快，培训一名成熟焊工的成本越来越高，这些都使传统手工焊接作业方式难以满足焊接产品制造自动化、柔性化和高品质的要求。焊接制造业用工难、用工贵和提高产品质量的现实需求使得"机器换人"成为焊接制造业转型升级的必然发展思路，全自动化柔性焊接装备和数字化定型焊接专机成为近年来国内的研究热潮。随着国内自主化机器人技术的突破和国内外机器人价格的降低，国产的柔性化全自动焊接装备的研发和设计已日益成熟且形成规模，大有取代国外进口高端产品之势；辅助机具技术水平的大幅度提升，促使国内在焊接专机方面呈现出飞跃式发展，国产数字化定型焊接专机已在国内多个重大工程中应用，其产业化规模不可小觑，部分技术已达到国际先进水平，如双丝窄间隙埋弧焊、全自动小管内壁堆焊、全位置管板封焊、一键式操作螺旋管精焊设备等。

5. 从数字化焊接设备到数字化焊接车间扎实推进

近年来，"数字化焊接车间"的概念被引入焊接领域。自 2005 年开始，在国内外设备制造商开发的基于数字焊接设备硬件平台的焊接管理软件中，相继推出了信息化焊接管理系统。多年来国内在此方面，类似的系统不断推出。以国内某企业的群控管理、视觉识别与跟踪系统在集装箱焊接的现场应用为例，设备将图像识别跟踪系统整合于拼板直缝自动焊接专机上，用于薄板拼接无坡口直缝自动化焊接。该系统基于图像处理的焊缝跟踪系统，解决了机械探头及激光跟踪焊缝宽度在 0.5mm 以下时不能有效跟踪的问题，并可实现无须进行扫描的实时跟踪。系统适用于 MAG、MIG、TIG、SAW 等焊接方式，易与各种自动化焊接装备配套使用，实现高质量自动化焊接。

总体来看，我国的焊接装备正朝着焊接数字化、网络化和智能化方向大步迈进，但相比国外焊接装备，仍存在焊接机械化与自动化总体水平偏低，焊接装备的稳定性和可靠性存在差距，核心技术缺乏自主知识产权，以及重大装备制造急需的焊接专机、焊接机器人等对外依存度高等问题，国内企业正在不断地提升焊接装备整体性能和自动化水平，提高焊接产品的质量效益。国家正式发布的"中国制造 2025"，明确了建设制造强国的战略任务和重点，焊接装备制造业的发展必然会揭开新的篇章。

第3章　我国焊接材料与装备的发展前景

21世纪的中国将逐步成为全球的制造中心，我国传统的制造业势必要按现代化制造业的高标准要求进行全面的升级和技术改造，采用先进的技术装备武装企业。2017年我国钢产量超过8亿t，焊接结构用钢量已超过5.5亿t，今后还会逐年增加。因此，对焊接装备、焊接材料的需求将持续增加，尤其是锅炉、船舶制造、钢结构、桥梁、汽车、机车、航空航天装备、采矿机械和石油化工装置等重点制造业都需要高效、优质的焊接材料，装备自动化程度高、性能优、可靠性好的各种自动化专用成套焊接设备和焊接机器人工作站、焊接生产线的未来市场规模较大，发展前景乐观。

发展高效、自动化、智能化、节能、优质、环保并适应21世纪新型工程材料发展趋势的焊接装备和焊接材料是焊接行业发展的必然趋势。自动化焊接对焊机和工艺提出了更高的要求，其中可靠性就是必不可少的元素。因为自动化焊接的特点是持续焊接时间较长、一致性要求高，同时要求设备结构轻巧、接口适应性强、接口连接便捷等，这对焊接装备设计提出了新的要求。可靠性和技术提升、优异的工艺性能和完善的技术支持体系是焊接行业满足21世纪新型工程材料发展趋势的主要手段，这也暴露出国内制造商与国外先进水平的差距。为此我国在焊接材料与焊接装备方面应从以下方面着手进行追赶。

1. 焊接材料方面

（1）加快产业和企业的转型升级

国家提出供给侧结构性改革的发展策略，为焊接材料行业的发展指明了方向。要加快企业调整转型，适应市场发展需求，应把重点放在与"中国制造2025"规划密切相关的领域所用的焊接材料上，依托国家政策，加强高端以及高品质产品的开发，加强与使用企业的紧密合作，寻求高端焊接材料国产化的突破口。并以"一带一路"倡议的发展建设为契机，积极扩展海外市场的占有率，为"一带一路"沿线国家提供优质的焊接材料，使我国品牌焊接材料的国际影响力得到提升。

（2）加强跨专业协同和多学科融合

长三角、珠三角、京津冀、长株潭、郑洛新等区域化协同发展，工业化与信息化深度融合，军民融合发展，多专业、多学科交叉融合、协同发展，冷热加工复合、一体化等，融合与协同已经成为"热点词"。焊接材料企业应根据自身特点，利用行业优势，与上下游企业、应用领域深度融合，形成相对完整的焊接技术创新体系，以适应形势发展，服务国家新战略。

（3）发挥行业组织引领作用，促进企业协同发展

"十三五"期间，政府继续将部分职能下放给行业组织，焊接材料行业组织应该牵头，以企业为主体，持续完善产、学、研、用的合作和创新机制，协调各方资源，开发适应市场的技术，加速成果产业化。特别要推动企业、院校和使用单位的协同创新，增强调整品种结构的主动性和前瞻性。通过行业管理和引领，促进企业建立现代化企业管理、质量管理制度，推动企业从生产型制造向服务型制造转变。强化行业标准化工作，加强焊接材料标准制（修）订，完善产品系列标准，进一步实现与国际接轨。加强行业交流，集思广益、取长补短，提升行业整体技术和质量水平。

1）发展环保的产品种类和生产方式。焊接材料企业应实施绿色发展战略、绿色管理和绿色生产，不仅仅要实现节能环保达标，更要将绿色发展理念、模式贯穿于生产经营的各个领域，全面提高可持续发展能力。

通过科学的材料配方设计，着力发展低碳、环保的低尘、低污染的新型焊接材料产品，与先进的焊接工艺相结合，改善焊接现场的工作条件，减少烟尘排放。对生产污染较高的焊接材料企业进行技术改造，通过科学的材料制造流程和制备工艺、封闭式和半封闭生产操作空间、合理的整体车间设计，进一步减少企业生产过程中的粉尘、噪声等环境污染。要通过采用新技术和新设备，改进生产工艺及生产流程，实现能源的高效利用。要发展低碳、环保的产品包装形式和清洁的生产方式，努力推动环保焊接技术的发展。

2）增强焊接材料对自动化、数字化焊接的适应性。我国正跨入"数据、信息和知识"的新时代。近年来，以"人才红利""技术红利""机器红利"替代"人口红利"已经成为工业界的共识与行动，传统企业通过替代加快了从"经验制造"向"数字制造"的提升。在国家大力推进数字化、网络化、智能化制造战略规划的当今，数字化技术已经深入机械产品的制造过程之中。焊接是国民经济必不可少的重要基础制造工艺，更加急需进行必要的数字化技术基础研究。国内企业研发的重点不仅应放在适于自动化焊接的高端焊丝产品的开发上，还应对焊接材料的供货形式进行改进，提高桶装焊丝的送丝性能，如长距离送丝的稳定性和对中性等，保证焊接质量的稳定性和一致性，以不断适应自动化、数字化焊接的需求。

2. 焊接装备方面

（1）焊接电源数字化

大力发展基于数字化的智能型焊机，提高中高端装备国产化比例。以 MCU、DSP、ARM 嵌入式芯片为核心集成波形控制技术、数字通信技术和电力电子技术，实现对焊接与切割电源的全数字化控制。数字化焊接与切割电源具备以下特点：①单机具备多功能集成；②接口兼容性好，可以便捷地与外部设备建立数据交换通道，方便建立机器人焊接系统、焊接生产的网络化管理与监控等；③具有更高的稳定性和更高的控制精度；④采用软件方式实现功能升级、在线编程、各种参数的储存及再现。在现阶段的国内市场，只有当数字化技术能成为降低焊机成本的技术时，数字化焊机才能成为主流，在"十三五"期间，要争取做到数字化焊机平民化，使数字化焊机成为常规产品。

（2）焊接过程自动化

大力发展以焊接机器人为代表的自动化焊接装备及电源，提高我国焊接生产的自动化比例。顺应"机器换人"的浪潮，用替代人工操作的各种自动机械、专机系统、自动爬行机构、数控焊接切割平台以及工业机器人等，与高性能焊接切割设备集成，实现焊接与切割过程的自动化。

（3）焊接设备高效化

大力发展适应新材料、新工艺的优质高效节能减排焊接设备，支撑国家重点制造领域。自动／半自动焊接工艺的推广大力推动了焊接过程的高质、高速、高效、节能，在"十三五"期间，除了重点发展数字化、智能化、自动化焊接设备以外，要继续大力推进高质、高速、高效、节能的自动／半自动焊接技术的发展，在保证低能耗的同时实现高焊接性能。

第 2 篇

焊接材料

第 4 章　我国焊接材料行业发展现状

4.1　焊接材料产量

　　近十年来，焊接材料企业已由高速增长向高质量发展转型。我国焊接材料近十年产量见表 4-1，从产量上看，我国焊接材料产量总量变化不大，供需矛盾得到一定程度的缓解，但局部的不平衡依然存在，中低端产品产能过剩，高端产品国产化配套仍然不足。各类焊接材料占总产量的比例如图 4-1 所示，从图 4-1 中可以看出近些年来焊条的生产比例在不断下降，而气体保护实心焊丝的生产比例在逐年递增，反映出近年来手工操作比例在日益下降，自动焊比例在逐渐提升，制造业在逐渐向自动化高端制造转变。药芯焊丝占比较为平稳，相比 2010 年度甚至有下降趋势，表明药芯焊丝电弧焊有待进一步推广。

表 4-1　2008—2017 年我国焊接材料产量

（单位：万 t）

年份	焊条	气体保护实心焊丝	药芯焊丝	埋弧焊焊接材料		总产量
				焊丝	焊剂	
2008	185	116	34	17.6	22.4	375
2009	231	125	41	18.1	22.9	438
2010	220	128	51	20.3	25.7	445
2011	226	150	50	21.6	27.4	475
2012	220	160	42	22.9	29.1	474
2013	205	165	39	22.5	28.5	460
2014	195	160	40	22.0	28.0	445
2015	175	158	35	20.7	26.3	415
2016	165	160	30	19.7	25.3	400
2017	160	170	31	20.0	26.0	407

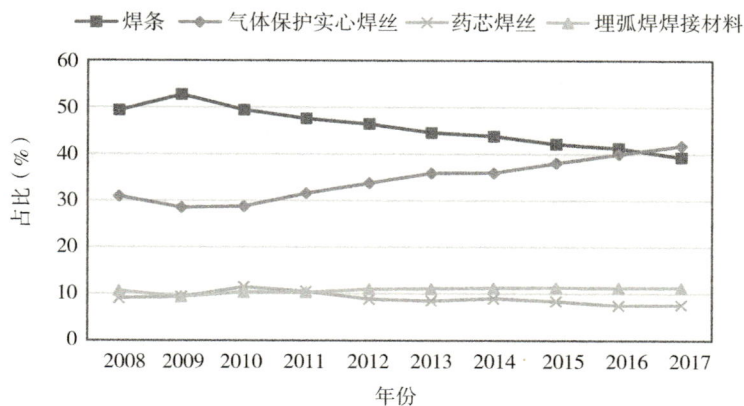

图 4-1　2008—2017 年我国各类焊接材料占总产量的比例

4.2　我国焊接材料进出口量

　　近些年国产焊接材料在一些重要应用领域取得突破性进展，但产品结构性失衡矛盾依然存在。目前，焊接材料的产品结构呈现以下趋势：一方面，国内焊接材料企业的主导产品生产能力过剩，出口焊接材料数量保持稳定，没有较大波动，且主要集中在中低端焊接材料；另一方面，尚有高附加值和高技术难度的品种国内不能生产，有的虽能生产，但批次之间的质量稳定性存在较大差异，仍旧需要大量进口，且随着近年来设备服役条件愈加苛刻，进口焊接材料数量整体呈现出上升趋势，反映出我国在高端焊接材料制造方面严重滞后，在高端焊接材料国产化方面仍需努力。我国 2008—2014 年 7 年间每年的焊接材料进口情况见表 4-2，2008—2017 年我国焊接材料出口情况见表 4-3。

表 4-2　2008—2014 年我国焊接材料进口统计

年份	焊条		实心焊丝		药芯焊丝		焊剂		合计	
	数量 / 万 t	金额 / 亿美元	数量 / 万 t	金额 / 亿美元	数量 / 万 t	金额 / 亿美元	数量 / 万 t	金额 / 亿美元	总数量 / 万 t	总金额 / 亿美元
2008	0.69	0.53	0.91	0.25	2.74	1.23	2.31	0.93	6.65	2.94
2009	0.42	0.35	0.68	0.21	2.81	1.04	1.96	0.85	5.87	2.45
2010	0.61	0.51	1.07	0.33	2.87	1.23	2.36	1.08	6.91	3.15
2011	0.81	0.80	0.86	0.27	2.51	1.27	2.33	1.16	6.51	3.50

（续）

年份	焊条		实心焊丝		药芯焊丝		焊剂		合计	
	数量/万t	金额/亿美元	数量/万t	金额/亿美元	数量/万t	金额/亿美元	数量/万t	金额/亿美元	总数量/万t	总金额/亿美元
2012	0.66	0.60	1.02	0.29	2.33	1.28	2.23	1.05	6.24	3.22
2013	0.67	0.70	1.75	0.41	2.07	1.07	2.07	1.02	6.56	3.20
2014	0.85	0.96	1.85	0.41	2.35	1.12	2.05	1.11	7.10	3.60

表 4-3　2008—2017 年我国焊接材料出口统计

年份	焊条		实心焊丝		药芯焊丝		焊剂		合计	
	数量/万t	金额/亿美元	数量/万t	金额/亿美元	数量/万t	金额/亿美元	数量/万t	金额/亿美元	总数量/万t	总金额/亿美元
2008	19.19	1.74	31.22	3.61	4.35	1.02	1.96	0.18	56.72	6.55
2009	24.75	1.91	22.51	1.98	4.16	0.78	1.75	0.15	53.17	4.82
2010	23.97	1.87	27.53	2.76	4.58	0.81	1.60	0.14	57.68	5.58
2011	26.05	2.36	25.32	3.16	5.37	1.02	2.15	0.20	58.89	6.74
2012	28.83	2.79	25.46	3.00	5.54	1.10	2.65	0.26	62.48	7.15
2013	30.60	2.92	26.80	2.98	5.35	1.04	2.59	0.25	65.34	7.19
2014	30.40	3.04	28.70	3.09	5.50	1.01	2.91	0.30	67.51	7.44
2015	30.76	2.50	27.02	2.41	5.66	0.95	2.98	0.26	66.42	6.12
2016	35.93	2.62	28.73	2.31	6.26	0.89	3.50	0.30	74.42	6.12
2017	31.63	2.58	25.14	2.45	5.83	0.87	3.58	0.33	66.18	6.23

4.3　国内外焊接材料差距

4.3.1　核电工程用焊接材料

　　长期以来我国对核电基础科研、设计的投入较少，在核电的设计和制造方面与国际水平有较大的差距。与此同时，核电工程的核心设计技术和关键设备的制造技术被少数几个发达国家所垄断，这就严重制约了我国核电事业的发展。核电关键设备制造用焊接材料关系到核电站的可靠性、安全性和经济性，因此对焊接材料的选择是至关重要的。由于发达国家对核电关键设备制造技术的长期垄断，国内在核电关键设备制造用焊接材料的研究开发方面起步较晚，大量的焊接材料依赖进口，严重制约了核电设备制造的国产化进程。

　　未来我国核电机组建设工程量很大，所需高端焊接材料数量将逐年增长。国产核电用焊接材料不仅品种少，而且质量与国外先进材料相比仍有一定差距。因此为了实现第三代核电技术的国产化，必须加大力度尽快开展核电用焊接材料的研究开发工作。包括：厚壁重型核容器主焊缝用焊条、焊丝及焊剂，大面积堆焊用不锈钢焊条、焊带及焊剂，不锈钢主管道焊接用焊丝及焊条，异种金属焊接用镍基堆焊焊条、焊丝及焊剂等相关材料的研究开发工作。要想实现核电关键设备的国产化，其相关的焊接技术及焊接材料必须首先实现国产化，只有这样才能将我国核电设备的制造水平提上一个新台阶，我国的核电事业才能完全摆脱对国外技术及材料的依赖。目前我国在建核岛主设备所使用的核级焊接材料，包括核级不锈钢、镍基合金和高强钢等各类高端焊接材料，用于核电机组的不锈钢、镍基合金和高强度结构钢等各类高端焊接材料都依赖进口，全部由国外知名企业提供，国内企业尚未涉足这一高端市场，此领域焊接材料国产化进程需加快。由于该领域技术门槛很高，各研制生产单位应有长远目光，争取近期研制出性能合格的产品，中期部分产品得到应用，长期基本占领市场。

4.3.2　海洋工程用焊接材料

　　海上油田是我国未来石油储量增长的主要领域之一。我国是一个海洋大国，有漫长的海岸线和广阔的大陆架，有丰富的海洋油气资源。我国海域石油资源量为275.3亿 t，天然气资源量为10.6万亿 m^3。尤其是我国南海，占全国油气总资源量的1/3，被称为"第二个波斯湾"。开发海洋油气对保障我国能源安全和持久发展具有重要的意义。目前，中海油油气年产量已突破5 000万 t，相当于一个大庆油田的产量。到2020年，中海油在保持近海海域油气产量5 000万 t稳产的基础上，其深海地区的油气产量也将达到4 000万～5 000万 t的规模，相当于再造一个海上大庆油田。

　　海工装备长期工作在恶劣环境，饱受海洋风暴、潮汐、流冰、地震以及严寒、低温侵袭，对产品的可靠性要求很高，要求焊接材料具有高韧性、耐腐蚀、超低氢和高抗裂性的特点，这些特点的组合构成了低合金高强度结构钢配套焊接材料的技术制高点。由于我国能源发展的战略需要，国家对海工装备制造给予了强有力的产业政策支持，使我国海工装备产业进入了发展快车道，在迫切的市场需求和现实的经济利益需求推动下，我国企业积极参与海内外油气田开发，海工装备迎来历史发展大机遇。焊接材料若在该领域取得突破，将具有巨大的品牌效应和经济效益，对实现海工装备国产化具有十分重要的意义。

在制造和安装中需焊接的海工装备，包括钻井平台、采油平台、工程船舶、水下管道及储油罐等，主要采用高强高韧性、低温高韧性、耐海水腐蚀等各类高端焊接材料。目前我国这方面焊接材料的发展时间短，缺少工艺性能好、超低氢、高韧性（尤其是 CTOD 值高）的国产焊接材料，而且缺少应用的业绩，在这方面的市场基本被国外知名企业垄断。

4.3.3 超超临界火电机组用焊接材料

对目前已推广使用的蒸汽温度为 600℃的火电机组用第二代新型耐热钢，如 P91、P92、SUPER304H、HR3C 等，其配套的各类高端焊接材料仍主要被国外少数知名企业垄断，国内生产厂家尚需在产品性能、质量和应用数据等方面进一步完善。一般火电机组用户希望焊接材料厂能提供数万小时的高温蠕变断裂强度及应用案例，确保产品良好的工艺适应性，目前国内生产厂家在这方面尚欠缺，使得生产中应用的产品基本仍为神钢、伯乐和曼彻特等国外厂家的产品。对正在开发的蒸汽温度为 650℃的第三代耐热锅炉钢，国内外尚缺少抗高温蠕变性能好的焊接材料，需开展配套焊接材料的研制工作。

4.3.4 超低温工程用焊接材料

自 20 世纪 80 年代起，液化天然气（Liquefied Natural Gas，LNG）成为了发展最快的能源。液化天然气具有使用方便、安全、洁净、高效等优点，我国经济的快速增长，不断提升的物质需求和日益增加的环境压力，使得我国实施清洁能源战略已成为必然的选择，在此背景下天然气这一优质洁净的能源在我国具有广阔的市场前景，从而促使液化天然气产业获得迅猛发展。液化天然气是将常压下气态的天然气冷却至 -162℃凝结成的液体。液化的天然气可以大大减少储存空间和成本，具有热值大、性能好等优点。伴随着全球范围内一些重要的天然气基础建设项目相继投入使用，许多国家的天然气消费量都呈较快增长态势，促使天然气在全球能源消费结构中所占的比重逐渐加大。我国天然气产量 2005 年为 500 亿 m³，而 2014 年达到 1200 亿 m³，产量增加 1 倍多，但消费量也达到 1700 亿 m³，缺口数量达到 500 亿 m³。我国将成为世界上最大的液化天然气用户之一。

液化天然气工业最关键的核心材料是要求在 -196℃低温下保持韧性的 9%Ni 低温钢。9%Ni 低温钢是 1994 年开发的 Ni 含量 9%（质量分数）的低碳钢，由美国国际镍公司的产品研究试验室研制成功，该钢种作为最适用于液化天然气储罐建造等超低温工程的钢种被广泛应用。随着对液化天然气需求的增加，9%Ni低温钢作为储罐用钢已被普遍采用，而储罐结构也不断向大型化方向发展。但该钢种和配套焊接材料是民用普钢产品中技术难度最大、要求最高的产品，目前我国完全依赖进口。

4.3.5 高强度工程机械用焊接材料

作为装备制造业最重要的部分，工程机械在国民经济中占有战略性地位。工程机械是机械行业中钢材消费量最大的行业之一，2012年消费钢材1 520万t，占机械行业钢材消费量的12.2%，占钢材消费总量的2.3%。在工程机械产品成本构成中，钢材成本是最重要的部分，约占总成本的30%。目前我国已成为全球最大的工程机械市场，但与国外相比我国高强度工程机械用钢及配套焊接材料的研发仍较为落后，1 000MPa级高强度工程机械用钢和耐磨钢尚未完全国产化，关键结构件所需的高端钢材及配套焊接材料绝大部分仍需进口，已成为制约我国工程机械行业发展的主要瓶颈。工程机械结构件主要承受复杂多变的载荷，要求钢材具有高的屈服强度和疲劳强度、良好的塑韧性和焊接性。为提高工程机械的使用效率、延长使用寿命、降低能耗和减少自重，工程机械不断向大型化、轻量化、高参数化方向发展，对其结构用钢提出了更高要求，采用高强度结构钢制造大型工程机械的结构件已成为不可逆转的趋势。

焊接在现代先进制造中占有重要地位，在工程机械产品中，其结构件多为板材拼焊而成，占整机质量的50% ～ 70%。焊接接头性能决定着产品结构的整体性能，所以在要求高强度结构钢板具备优良的焊接性和稳定性的同时，也要求焊缝金属具备一定的强度和塑韧性储备。随着组织构成由铁素体组织逐渐向贝氏体及马氏体组织转变，钢的强度从500MPa上升到1 000MPa左右。当钢的强度大于等于800MPa时，组织构成以马氏体/贝氏体混合组织为主。而钢的强度大于1 000MPa时，其组织基本都为马氏体组织。随着钢的强度的提高，焊缝金属的塑韧性呈下降趋势，开发既有高强度又有高塑韧性的工程机械用钢配套焊接材料，对我国高端装备制造业乃至国民经济的发展均具有重大的现实意义。

目前，600MPa级工程机械用钢已逐步退出大型工程机械生产市场，700MPa级及以上级别钢已成为需求的主流。890MPa及以上级别钢的使用量呈明显上升趋势，年需求量已达10万t以上。而1 000MPa及以上级别高强度结构钢具有强度高、低温韧性好的特点，可满足工程机械关键结构件的用钢需求，并可使用在需要高强耐磨钢的场合，已成为大型工程机械、矿山设备制造不可缺少的结构钢。

对于 890MPa 及以上级别的工程机械用钢配套焊接材料，我国产品在性能、质量稳定性和生产成本等方面尚有缺欠，需积极开展研发和工程化工作。

4.3.6 管道用焊接材料

随着科学技术的进步，新发现的油气田多数都处在边远地区，气候条件相当恶劣，如俄罗斯的西伯利亚、美国的普鲁德霍湾、欧洲的北海油田、我国的西部油田等，因此，管线钢要求具有良好的冲击韧性，特别是处在寒冷地带的管线钢要求具有良好的低温韧性、低的韧脆转变温度。通过对管线钢破坏事故的调查发现，腐蚀事故占 52%，在输送含 HS 的天然气的情况下，由腐蚀引起的破坏事故则上升到 74%，因此耐蚀性也是油气输送管线钢的重要性能。世界海洋大陆架沉积盆地中，石油储量预计可达 2 500 亿 t。随着墨西哥湾、阿拉伯湾和北海的海底油气田的相继开发，世界海底管线获得了迅速发展。海底管线与陆地管线的服役条件明显不同，深海高压、海水和微生物腐蚀、油气介质腐蚀、浪涌、洋流环境等因素对海底油气输送管材的强韧性、等向性能、抗变形、抗压溃、管体尺寸精度、耐蚀性能等提出了更为严格的要求。

很多油气输送管线需在恶劣的自然环境下工作，需采用 X70、X80 甚至更高强度级别的 X100、X120 等高强高性能管线钢建造，相应地对焊接材料也提出了更高的要求。管道建设领域需采用高强高韧全位置焊接材料进行现场焊接，对高品质的药芯焊丝（如自保护药芯焊丝）需求迫切，但该类产品我国目前仍依赖国际市场，国内有质量保证和有品牌影响力的产品相对较少。我国管道焊接用全位置自保护药芯焊丝主要依靠进口美国合伯特公司的产品。对此我国需积极开发高钢级管线钢（如 X70、X80、X100、X120 等）用新型焊接材料，包括纤维素下向焊条、低氢铁粉型下向焊条、气体保护和自保护实心焊丝、药芯焊丝和 X100、X120 埋弧焊用焊接材料。

4.3.7 高端钎料

我国软、硬钎料生产企业数量和产量均居全球第一。目前我国软、硬钎料生产企业有 450 多家，仍未实现行业整合，生产企业普遍规模较小，小作坊模式仍广泛存在，生产工艺落后、研发能力弱。国内在用于重点工程和重大装备制造的高端钎料产品方面产品体系不完善，高温钎料、活性钎料、自动钎焊用钎料、复合钎料、膏状钎料等在很大程度上依赖进口。国产钎料产品普遍技术标准偏低，造成产品质量偏低且稳定性差、产品规格不统一。总体上我国面向先进制造业的钎料产品产能不足，无法满足国内制造业快速发展的需求。我国钎料产业与工业发达国家的差距具体表现在以下几个方面：

1）产品体系方面。工业发达国家钎料产品体系比较健全，尤其用于高低温、真空、核辐射等极端环境下的特种钎料产品体系完善；国内在相关高端钎料领域则基本空白，主要依赖进口。先进制造业所需绿色、洁净、高效钎料产能不足，在低端产品方面则产能过剩，存在恶性竞争。

2）制造技术和产品质量方面。国内钎料的熔炼与加工技术较落后，产品整体上存在钎料化学成分波动大、杂质和气体含量高、尺寸超标严重、表面质量差等问题。

3）产品技术标准方面。发达国家技术标准比较完善，且标准执行情况较好，厂家实际采用的企业技术标准一般高于国家标准；国内技术标准低且不统一，标准执行力度不够。

4）产业发展方面。国内企业比较分散，产业大而企业不强，以企业为主体的创新体系不完善，企业在自我培育先进技术、制度和理念方面有一定的局限性，产业国际化程度低，全球化经营能力不足。

4.3.8　高性能耐磨堆焊焊接材料

国内的堆焊焊接材料生产企业普遍规模较小，小作坊模式仍然广泛存在，生产工艺落后，研发能力弱。堆焊焊丝的产量和从事堆焊工程的企业数量快速增长，有产量饱和或过剩的趋势。目前，在我国堆焊焊接材料中手工焊条所占比例大，自动焊接材料所占比例小，特别是科技含量高的药芯焊丝少；焊接材料品种不全，不够系列化，许多堆焊焊接材料需要从国外进口，且不能很好地把进口产品国产化。国内高性能堆焊焊接材料领域对铁基堆焊焊接材料研究较多，对非铁合金体系研究较少，且多为分析国外成功产品后进行仿制，对内在机理及创新的研究较少，未能更好地将国外产品转化成自主产品，加之国内堆焊焊接材料普遍存在纯净度不高（如硫、磷等杂质含量过高）等现象，导致在轧辊堆焊过程中常出现堆焊裂纹，堆焊辊上机后出现磨损严重、疲劳裂纹、黏钢、掉块等缺陷。针对被修复零件的服役要求，国内相继开发了耐磨的硬质合金复合堆焊焊接材料（含 WC 的管状焊条、含碳化物的钴基合金、镍基合金、铁基合金粉末），耐冷热疲劳的 CrNiWMoNb 及马氏体时效钢等模具堆焊焊接材料，以及用于轧辊修复的低合金钢堆焊焊接材料（30CrMnSi、40CrMn）、热作模具钢堆焊焊接材料（3Cr2W8、Cr5Mo）、弥散硬化钢堆焊焊接材料（15Cr3Mo2MnV、25Cr5WMoV、27Cr3Mo2W2MnVSi）、马氏体不锈钢堆焊焊接材料（1Cr13NiMo、

0Cr14Ni2Si）等。国内堆焊焊接材料研究要由跟踪型向创新型研究转变，特别是在多合金强韧性、组织及力学均匀性、晶粒细化等方面，要由研究向实际工程应用推广方向发展。对一些"极限"工况应用的合金，应注重非铁金属材料及钨基硬面材料（焊丝、焊带、焊棒等）的应用，同时充分考虑堆焊设备及工艺。冶金行业的大设备结构日趋复杂化，其拆解往往比较困难，因此迫切需要开发无须预热和缓冷的堆焊接材料，能够在现场不解体设备的条件下直接堆焊修复。

我国堆焊技术人员围绕提高耐蚀堆焊焊接材料性能开展了大量工作。耐蚀堆焊焊接材料主要有不锈钢和镍基合金两种。经过近年来国内焊接材料研发技术人员的努力以及对国外引进技术的消化吸收，国内普遍采用 AOD、VOD、LF 炉等精炼技术，使不锈钢焊接材料用钢坯质量有了大幅度提升，使国内不锈钢焊接材料的水平普遍有了质的提高，已接近或达到国外先进水平，但在某些特殊品种上与国际先进水平相比还有一定的差距。国内不锈钢焊接材料以哈尔滨焊接研究院有限公司、四川大西洋焊接材料有限公司（简称四川大西洋）、昆山京群焊材科技有限公司（简称昆山京群）等为代表，在国内重大工程项目中已取得广泛应用。近年来，随着石化装备、煤化工装备、火电、核电设备的发展，镍基合金获得大量应用，镍基焊条的用量也在逐年增加。以前，镍基焊条主要依赖进口，如美国超合金（SNC）的镍基焊接材料。国内以哈尔滨焊接研究院有限公司、北京金威焊材有限公司（简称北京金威）、安泰科技股份有限公司（简称安泰科技）等为代表的焊接材料企业在镍基焊条的研发上倾注了很大精力，基本形成以 ENiCrFe-3、ENiCrMo-3、ENiCu-7、ENi-1、ENiCrMo-4 为主要产品的镍基焊条产品系列，在一般场合已取代进口镍基焊条成为主导产品。但由于国产镍基合金焊条熔敷金属存在杂质含量较高、抗裂性较差等缺陷，在某些重要制造场合如核电、超临界／超超临界锅炉等方面，镍基焊条仍需进口。

4.4　焊接材料发展趋势

我国是世界上焊接材料第一生产和消耗大国，年总产量约 400 万 t，已超过世界总量的 50%，相较以往，行业的产业集中程度得到了进一步提高。但我国焊接材料行业长期以来一直存在着常规产品批次稳定性不好、适用于自动化的高效焊接材料比例较低、焊丝工艺性差、高性能产品自主化配套能力不够、对绿色焊接材料研发及制备重视程度不高等问题。

目前我国正处于工业化和现代化进程的重要发展时期，国家发布的"中国制造 2025"规划中明确指出要加快转变经济发展方式,重点关注创新驱动、智能转型、强化基础、绿色发展,加快制造业的转型升级、提质增效。随着供给侧结构性改革的深入推进以及"三去一降一补"的持续落实,我国经济在结构优化、新旧动能转换、提高发展质量等方面进一步加快推进,焊接材料行业将迎来新的机遇和挑战。同时,随着国家"一带一路"倡议的实施,其沿线国家和地区无论是基础设施建设,还是装备制造业的投资与合作都离不开焊接技术的支持。国家生态文明建设对绿色焊接材料及制备技术也提出了更高要求。

因此,无论是国家科技创新发展战略的需求,对高端装备制造业支撑的需求,还是行业自身发展需求,焊接材料行业都需要进一步转型升级,高端优质、适用于自动化及绿色环保的焊接材料产品将成为今后发展的重点方向。

第5章　非铁焊接材料市场需求与发展

虽然非铁金属焊接材料的总用量远低于钢铁焊接材料，但其应用范围涵盖航空航天、轨道交通、核电、石油、锅炉、化工、动力、电气、汽车、电力装备、建筑材料、电器、暖通、电子、超硬工具、眼镜、家具家电、电光源及照明、金属工艺品、首饰等产业，在制造业中占有重要地位。随着飞机、汽车、船舶等交通工具的日益轻量化，铝合金、钛合金、镁合金等轻质材料的应用越来越广泛，已在很多领域替代了钢，相应的面向轻质合金的焊接材料需求量持续增加。核电、石油、化工、锅炉、电力等行业中对耐蚀性有严格要求的容器和管路，同样需采用非铁金属材料制造。轻工产品体积较小且结构相对比较简单，熔焊技术使用较少，而适应性广、易操作的钎焊技术更受欢迎。硬钎焊在家电、暖通、眼镜、工具、金属制品、灯饰等多种轻工产业中应用广泛。近十年来，我国非铁金属产量持续增加。2014 年，全国 10 种主要非铁金属累计总产量达到 4 319 万 t，且仍在平稳增长，非铁焊接材料未来市场广阔。

1. 航空航天及交通工具

为节约能源、提高速度，交通工具的轻量化日益受到重视，其主要途径是以轻质合金材料替代钢，用于机车、挂车、汽车、船舶的制造。近年来，我国汽车产销量维持快速增长态势，已连续多年蝉联世界第一。汽车制造业对铝合金焊接材料的需求持续增加，铝合金焊接材料未来市场空间巨大。此外，以铜硅锰为代表的青铜焊丝在汽车行业中也有上万吨的需求。轨道交通方面，我国高铁和地铁运营里程快速增长，正在取代传统客车。铝合金在新型轨道交通工具中的应用非常广泛，全铝合金结构的挂车已经投入使用。铝合金目前仍是航空航天器主要的结构材料之一，钛合金也已成为航空航天业的主流结构材料。我国正在大力发展航空航天事业，该领域对钛合金、铝合金焊接材料的需求量虽然较少，但都属于高附加值的高端焊接材料。对船舶的轻量化要求虽不如其他交通工具迫切，但从长远来看铝合金焊接材料在中小型船舶、运动船舶中的应用前景十分广阔。随着新型高温结构材料逐渐取代传统的高温合金成为航空航天发动机的主要结构材料，焊接技术已成为发动机零部件制造的主导工艺之一。焊接结构件在喷气发动机零部件总数中所占比例超过 50%，航空航天发动机制造业对钛基高温活性钎料、钛锆基钎料、镍铬基钎料、金基钎料、钯基钎料、钼基和钒基高温钎料等高温非铁焊接材料需求迫切。

2. 空调、制冷与暖通产业

焊接在空调、制冷与暖通产业中主要用于蒸发器、冷凝器、散热器、热循环管路等关键结构件的连接，所用的焊接材料以铜合金焊丝、铝合金焊丝和银、铜、铝基钎料为主。为满足环保要求，我国家电和暖通产业迫切需要实现焊接材料的绿色化，主要是禁止含镉、含铅焊接材料的使用。为降低成本，在各种热交换器中以铝代铜方兴未艾，因此，需要相应的铝焊接材料和铜铝连接用焊接材料。减少或不使用贵金属被认为是节约成本的有效手段，如选用 Cu-P-Sn 钎料代替 Ag-Cu-P 钎料连接铜管以降低成本。但为保证连接质量，部分可靠性要求较高的构件仍需使用银基钎料。

3. 能源、电力和化工行业

在能源、电力和化工行业中有大量的管路和锅炉结构，且一般需在高温、高压和腐蚀环境下长期工作，对管路和结构连接材料的性能和可靠性要求较高。镍基钎料由于具备耐高温、耐腐蚀的特点，在上述领域的应用前景广阔。钛合金具有良好的耐蚀性，在化工领域制造管道及加工设备（换热器、槽、加工用容器、阀等）需采用钛基钎料进行连接。由于镍基、钛基钎料属于高端非铁焊接材料，目前市场需求量相对较少，国内涉足该类焊接材料的生产企业不多，生产技术和产品性能较落后。但近年来随着国内对相关技术研发投入的增加，镍基、钛基钎料产业进步明显。

4. 加工工具行业

钎焊是金刚石工具、硬质合金工具的主要连接手段，用于连接工具工作部分和钢基体，所需焊接材料以硬钎料为主。加工工具除在使用中正常磨损外，金刚石工具、硬质合金工具损坏的主要原因是钎焊连接失效导致的工作部分脱落，因此，钎焊连接质量对于金刚石工具和硬质合金工具的使用寿命至关重要。我国早已成为超硬材料、超硬工具和硬质合金工具生产和应用的第一大国，相关产业年产值达到上千亿元。由于金刚石和硬质合金工具是耗材，需求量大，因此工具制造业对焊接材料的需求量大而稳定，主要为银基钎料、铜基钎料和用于单层金刚石工具的活性钎料。随着我国金刚石和硬质合金工具产量的增加，钎料需求量将进一步增长。但为降低制造成本，其低银化发展趋势明显。

5. 电子封装产业

电子产品制造业是我国的支柱产业之一，而软钎焊是电子产品封装中最常用的连接方式，此外，光伏产业、LED、电光源和照明产业亦大量采用软钎焊技术。软钎料需求逐年上升，全球年消耗量已超过 15 万 t。目前，无铅钎料已取代锡铅钎料成为电子封装中的常用钎料，但其综合性能仍不及锡铅钎料。软钎料的使用形态多样，包括棒、锭、丝、粉末、箔片、焊球、焊膏等。随着封装技术的进步及封装密度的提高，未来对软钎料的需求将主要集中到焊膏和 BGA 焊球上。

6. 轻工制造业

钎焊在金属制品、眼镜、工艺品、首饰、灯具、手表等轻工制造业中应用广泛。金属制品包括金属家具、容器、炊具、装饰品、厨卫用品、日用品等，传统上一般用铆钉、螺钉等紧固件连接，而钎焊由于具有工艺简单、效率高、接头美观等优点，正在逐步取代传统的连接方式。在一些制造业中通过钎焊将简单的金属结构件连接为成品，可以大大简化金属材料成形或机械加工的工作量，显著降低制造成本。但是，钎焊在金属制品制造中的应用仍有待于进一步推广。钎焊是金属镜架的主要连接方式，所用焊接材料主要为银基钎料。为应对不断更新的镜架材料，如钛合金和轻质合金材料，需不断开发新的钎料产品。此外，钎焊还经常用于金属工艺品、首饰、灯具、表壳等产品的连接，对应的母材一般为各种铝合金、铜合金、钛合金、钢等结构材料。工艺品和首饰行业对焊接接头的表面质量要求严格，需要采用高品质的钎料。

5.1　非铁焊接材料日新月异

近几年，我国铜、铝、铅、锌、镍、钛、镁的产量不断增长，已位居世界前列，并且金刚石等超硬材料的产量高居世界第一，这些材料的焊接均离不开非铁焊接材料。非铁金属产业的快速发展带动了非铁金属焊接材料产业的发展，非铁焊接材料的应用已经遍及各行各业。非铁金属焊接材料在整个焊接材料产业中是附加值较高的领域，近几年市场需求也以 20% ~ 30% 的增速高速增长，但产业规模与焊割设备和焊丝、焊条产业相比，仍显逊色。

随着国民经济建设的发展，我国非铁金属产业规模和消费规模不断扩大，已成为全球最大的非铁金属生产国和消费国。目前，世界经济不景气，整个世界对非铁金属的需求量总体没有明显增长，但国外的需求弱于国内需求，因此，其他国家都看好我国市场，认为我国市场还会有所增长。非铁金属产业的发展拉动了非铁金属焊接材料及焊接技术的进步。目前国内非铁金属焊接材料呈现兴旺景象，铝及铝合金焊接材料、铜及铜合金焊接材料、镍及镍合金焊接材料及钴基堆焊焊接材料等已在多家焊接材料制造企业开发研制，并实现工程应用。另有多家钢铁焊接材料生产企业开始涉足非铁焊接材料领域。

我国的非铁焊接材料发展呈现专业化和多类化。专业化即专注某类焊接材料，如以专业生产铜合金或铝合金焊接材料为主，其他兼生产镍、钴及钛合金焊丝；或专注生产钎料，以铜、银为主，其他兼生产镍合金、锡铅等。国内钎料生产企业根据用户需求，钎料规格不断增加，趋向于多类化。硬钎料在非铁焊接材料中具有举足轻重的作用。随着近年来技术及产业规模的发展，国内已涌现出一批硬钎料领军企业，如杭州华光和浙江信和的产品年产量超过 2 000t，郑州机械研究所有限公司的产品种类达到 325 种。

5.2　高端市场有待突破，品质差异亟待消除

我国非铁焊接材料的生产能力较为充足，但是高端非铁焊接材料主要依赖国外市场。国内仍需开发有质量保证、品牌影响力强的高品质产品。

核电、化工行业对镍、钛焊接材料需求迫切，但是国内供应能力极其有限。曼彻特、国际超合金等国外产品牢牢占据国内这类高端焊接材料的市场。

造成高端产品紧缺的原因主要是我国非铁金属焊接材料在品质上与国外知名品牌有质的差距，提高非铁金属焊接材料的内在品质、控制焊接材料中气体和杂质的含量是当务之急。同时，非铁金属焊接材料的生产设备和生产工艺也亟待升级。非铁焊接材料的表面完整性以及规格尺寸的稳定性等与国际知名品牌有较大差距。例如青铜焊丝的松弛直径小、翘棱度大、硬度波动大，黄铜焊带尺寸波动大，铝焊丝表面有油污、有划伤、焊丝挺度波动大，材料成分波动大、杂质不受控，自动焊接用钎料规格尺寸偏差大等问题，由此带来的焊接工艺性差距直接影响国产非铁金属焊接材料在高端装备上的应用。

比较国内外非铁焊接材料的品质，主要在以下几方面存在差距：固体杂质的含量、气体含量、尺寸偏差和物理力学性能。我国对非铁焊接材料中的气体含量没有具体要求，实测结果表明，国内外非铁焊接材料的氮、氢、氧的含量差一个数量级。近几年，我国非铁焊接材料的内在质量不断进步，与国外产品的差距逐渐缩小，但是焊接材料的工艺性能差距仍然较大，主要表现为送丝稳定性差、夹杂、焊丝包套、焊丝夹心、焊接材料变色以及焊接中的飞溅或火花、焊后的气孔

及裂纹等。

另一方面由于铜价不断攀升，铜资源日益短缺，以铝代铜的发展方向更加明确，发展速度越来越快，市场对铝焊丝、铝钎料尤其是药芯铝钎料的需求快速增长。

随着科学技术的发展，特殊行业对高品质镍、钛等特种焊接材料需求迫切，但是国内生产供应能力极其有限。以核电行业为例，由于核级高端焊接材料的技术要求较普通焊接材料高，对焊接材料中有害元素及易受设备运行工况影响的元素控制更严格。在核岛关键产品的生产制造中，国产核级焊接材料的应用几乎为空白，核级焊接材料几乎全部依赖进口。国内外高端产品的差距主要表现在以下几个方面：

1. 产品内在品质存在差距

现代制造业正由机械化向自动化、智能化发展，自动焊的发展应用迫切要求改进非铁焊接材料的工艺性。物理性能主要包括焊丝的尺寸稳定性、表面完整度、力学性能、焊接材料的形状和稳定等物理特征。目前，市场要求的非铁焊接材料形态主要有粉状、膏状和预成形状等，非铁焊材正朝着洁净化、细晶化、精确化、个性化的"四化"方向发展，提升非铁金属焊接材料的内在品质，控制焊接材料中气体和杂质含量是当务之急。

2. 生产设备和工艺亟待升级

我国非铁焊接材料内在品质的差距只是一方面，另一方面，我国非铁焊接材料的生产设备和生产工艺亟待升级，非铁焊接材料的表面氧化、污物、缺陷以及规格尺寸的稳定性与国际知名品牌有较大差距。

3. 国内标准规定要求低

国内对非铁焊接材料中的气体没有具体要求。ISO 标准和文件规定钎料的 $w（Cd）\leqslant 0.01\%$，$w（Pb）\leqslant 0.025\%$，国内钎料的国标没有具体要求；ISO 标准和文件一般规定了非铁焊材中 Al、Si、Bi、S、P、Sb、C、Ca、Se、Be、Ti、Zr、Ni、Co、Zn、As、Fe 等元素的最高含量，而国内仅笼统要求杂质总和不大于 0.15%。国内标准规定的带状钎料的厚度公差是 ISO 标准的 2 倍，宽度公差是 ISO 标准的 5 ～ 12 倍。虽然丝状钎料的直径公差要求相对差距较小，但国内标准也接近 ISO 标准的 2 倍。

5.3　铜基焊接材料走向国际

铜基焊接材料主要用于铜及其合金的熔焊、钢的堆焊，以及铜、钢、硬质合金等材料的钎焊，市场需求巨大。铜合金焊接材料种类较多，主要有铜及铜合金熔焊焊丝、焊条、铜基钎料等。常用的铜及铜合金焊接材料包括纯铜焊丝、青铜焊丝、青铜堆焊焊条、黄铜焊丝、白铜焊丝。铜基钎料包括铜磷钎料、铜银磷钎料等。

国际市场上以铜硅锰为代表的青铜焊丝在汽车行业的 MIG 熔钎焊中有万吨以上的需求，同时在煤炭行业也有大量应用；以铜锌锰为代表的黄铜钎料在钢－钢、钢－硬质合金的钎焊中有近万吨需求；以铜磷为代表的铜磷钎料在铜钎焊中有 2 万 t 以上的市场需求，因此国内各企业也紧跟市场形势相继推出了自己的产品，并实现了部分铜基焊接材料的出口，且反响良好。但近年来铜合金焊接材料市场已逐渐趋于饱和，且部分铜构件逐步被铝或者其他廉价材料所取代，铜基焊接材料行业发展已逐渐放缓。

5.4 铝基焊接材料方兴未艾

随着轻量化的发展需求，高强度铝合金材料在轨道交通、公路运输、武器装备、船舶以及航空航天等领域得到广泛应用。

为适应轨道交通列车、汽车等舒适、美观、高速的发展要求，世界各国均在大力发展制造铝合金车体，铝合金在车辆方面得到广泛应用，成为仅次于钢材的汽车主要用材之一。在武器装备方面，美国的朱姆沃尔特级 DDG1000 驱逐舰，俄罗斯"野牛"气垫登陆艇等最新海军装备，都大量采用 5083、7039、1903 等铝合金材料。随着航天事业的发展，新型铝合金材料将发挥重大作用。例如，新一代运载火箭拟采用 2219 铝合金，天地往返运输系统储箱采用更先进的铝锂合金 2195 或 1460，卫星储箱采用铝钪合金，以实现航天器的轻质化。目前国内作为关键焊接材料的铝合金焊丝配套能力明显不能满足各行业的需求，高端铝合金焊丝进口比例大，铝合金焊丝行业需求情况见表 5-1。

表 5-1 铝合金焊丝行业需求情况

行业	需求量 /t	焊丝来源
高铁	3 600	100% 进口
自行车	3 500	100% 国产
大客车、集装箱	2 000	80% 进口
航空、航天、舰船	1 000	80% 进口
军工	200	50% 进口
压力容器	300	100% 进口

（续）

行业	需求量 /t	焊丝来源
高压开关	500	100% 进口
其他	500	80% 进口
合计	11 600	92.7% 进口
纯铝	5 000	国产
中低端铝合金焊丝	12 000	国产

我国铝合金焊丝与发达工业国家相比存在以下明显差距：

1）氢含量高。国内先进水平为 0.15mL/100gAl，国际领先水平达到 0.10mL/100gAl，世界创新水平在 0.08mL/100gAl 以下。

2）晶粒度粗。国内焊丝的晶粒度一般为 2～3 级，国外焊丝的晶粒度为 10 级。

3）洁净度和组织均匀性低。国外焊丝夹杂少，几乎不存在偏析，使用过程中焊丝的焊接工艺性好，无飞溅和掉屑，焊接电弧稳定，焊接接头内部质量和力学性能高。国内焊丝气孔、夹渣和偏析严重，镁含量和氢含量不受控制。焊丝内部气孔和夹渣含量多会影响铝合金焊接接头性能。

4）表面完整度差。国外高性能铝合金焊丝表面平整光滑，在送丝过程中能与送丝机构形成恒定阻力，实现快速稳定送丝。而国产焊丝在送丝过程中有掉屑、弧长不稳、软硬不均等现象，难以实现快速平稳送丝，严重制约国产焊丝在高端装备上的应用。

在铝基钎料方面，随着近年来汽车、航空航天、轨道交通、空调制冷等行业的快速发展，以及铝代铜的趋势日盛，铝基钎料的使用需求在不断增加，如翅片式散热器、铝合金蜂窝板、空调制冷的铜／铝钎焊等均需要大量的铝基钎料。目前在高端产品制造方面，所需铝基钎料仍旧以进口为主，尤其是技术含量较高的复合铝板、铝箔等所需的铝基钎焊材料，更是成为复杂铝合金构件的制造瓶颈。国内部分企业虽然已开展了相关研究并推出了自己的产品，但与国外相比，仍存在尺寸精度不足、化学成分不均一、熔蚀严重、可靠性不足等缺点。近些年来，药芯铝钎料虽然呈现出了蓬勃发展的趋势，但是市场需求还未形成规模。

5.5 镍基焊接材料发展滞后

镍基焊接材料在耐高温、耐腐蚀及低温抗疲劳等方面性能优异。由于镍基焊接材料的市场容量不大，国内涉足镍基焊接材料的生产单位研发投入较少，生产技术较落后，产品性能落后于市场需求。核电、航空航天、化工、石油、锅炉、电厂等需求迫切的高端市场均已被伯乐、英国曼彻特、SMC材料公司等生产的高端焊接材料所垄断。

近些年来国内企业逐渐意识到镍基焊接材料在国家高端装备制造中的重要性，部分企业开始加大镍基焊接材料研发投入，且已获得可喜的成果。哈尔滨焊接研究院有限公司开发的镍基焊条、镍基焊丝等已经成功应用，除满足正常标准要求以外，还可以满足核电密封面、复合管、阀门、膜式壁、低温储罐等特殊场合的焊接；北京金威克服镍基合金固有的冶金成分限制，优化设计药芯焊丝，攻克了镍基合金药芯焊丝从钢带制造到焊丝轧制、拉拔的难题，成功开发出NiCrMo-3型药芯焊丝，实现了批量化生产，并成功取代进口；郑州机械研究所有限公司克服了镍基钎料粉含氧量高、难成形等难题，采用多级紧耦合雾化制粉技术，成功开发出高洁净的BNi-2钎料，并成功用于航空航天、海洋舰船等领域的换热器钎焊，打破了高端产品受制于人的局面。

目前国内镍基焊接材料基本满足市场需求，但在特殊介质中的耐腐蚀性能方面缺乏系统详细的数据；在微量元素控制方面，焊缝金属抗裂性、高温蠕变性能等机理研究方面，还未形成系统理论，相比国外产品差距较大，仍需进一步加大投入，为开发高品质焊接材料奠定理论基础。

5.6 喷涂喷焊合金百花齐放

喷涂、喷焊材料广泛应用于航空航天、机械、电力电子、交通、石油化工、轻工、纺织等众多领域。喷涂、喷焊的最大潜能取决于喷涂材料的自身性能及其组织特征，因此具有不同成分与结构的喷涂材料是满足不同应用要求涂层的物质基础。影响涂层性能的粉末参数主要有粉末成分、取决于制备方法的结构与形貌和粉末粒度等。

基于迄今的开发与应用，适合于特殊环境的新型热喷涂材料不断出现，已经形成了几类重要热喷涂材料：金属线材、Ni基和Co基合金粉末、MCrAlY粉末、硬质金属粉末、金属陶瓷硬质合金粉末、陶瓷粉末、复合粉末、自熔合金粉末等。国外厂商基本可以提供常规的喷涂材料，国内粉末生产厂家由于生产工艺水平不断提高，粉末粒度管理水平上升，其生产的大部分常用金属粉末与WC基硬质合金粉末的质量明显提高，基本可以替代进口粉末。

由于涂层服役环境的复杂性，需要针对具体使用条件，通过对基础材料体系合金进行材料设计而开发一些特殊粉末，如耐更高温度的热障涂层材料和含氧量较低的小尺度金属合金粉末等，特别是面向功能涂层制备的高纯陶瓷粉末，尚需要开发相应的制造技术。

2017 年，全球热喷涂涂料市场规模达到 92.2 亿美元，我国热喷涂涂料市场规模约为 9.7 亿美元。无论是北美、欧洲及中东，还是南亚与环太平洋地区，热喷涂产值在 GDP 中的占比都达到了 0.13% ～ 0.15%。发达国家热喷涂产值在 GDP 中的占比基本相当，技术水平较高的日本达到了 0.185%，但在我国仅为 0.087%。这意味着我国热喷涂市场潜力仅开发到约一半的程度，因此，待开发的市场潜力巨大。这主要是因为我国航空发动机与地面重型燃机制造技术尚处于开发状态。"十三五"期间我国热喷涂市场以每年 20% ～ 30% 的速度发展，2020 年达到约 15 亿美元的规模。考虑到高性能燃气轮机相关产业的发展对热喷涂市场的贡献，合理估计我国仅传统热喷涂市场未来的发展空间就有望达到目前的 2 ～ 4 倍。未来，热喷涂技术在我国将成为重要的再制造技术之一，再制造技术产业链与相关法律法规的健全与发展将为热喷涂技术开拓更大的市场，而这些市场潜力的发挥取决于关键热喷涂材料与关键工艺技术的确立。

5.7 增材制造合金异军突起

2015 年我国正式将增材制造纳入国家工业转型升级的重点方向，增材制造技术作为一项新兴技术，已在多个领域快速发展。增材制造用金属粉末是增材制造技术的重要技术水平体现，在某种程度上决定了增材制造技术在多个行业领域的推广应用。增材制造用金属粉末除需具备良好的可塑性外，还必须满足纯净度高、氧含量低、粒径细小、粒度分布较窄、球形度高、流动性好和松装密度高等要求。

近年来越来越多的科研人员在高质量、低成本的增材制造用粉末的研究方面开展了大量的工作，开发出了多种粉末制备方法，包括机械粉碎法、氧化物还原法、还原 - 化合法、其他化学法、雾化法及电解法等。气雾化制粉技术具有生产效率高、成本低、球形度较好的优点，已成为增材制造用粉末高效制备的主要方法之一。

在增材制造用粉末材料种类方面，早期的研究主要集中在 Ni、Cu、Pb、Sn、Zn 等单组分金属粉末上，但由于这些单组分金属粉末在激光熔化成形过程中表面张力效应明显，球化现象严重，因此成形产品具有明显的工艺缺陷。近些年通过不断对材料进行设计、优化、改进，已开发出用于增材制造的镍基高温合金、不锈钢、超高强度结构钢、钛基合金、钴基合金、超合金、功能梯度合金、Co-Cr-Mo 合金及 Ni-Ti 合金等。

从金属粉末制备技术的发展历史来看，未来数年内新型制粉技术会因为增材制造技术的突飞猛进而快速发展。近年来国内一些高校、企业相继开展了增材制造用粉末的制备研究并取得了一定的成果，部分企业还开发了专有的粉末制备装备，如郑州机械研究所有限公司针对钛基合金粉末开发的等离子旋转电极雾化制粉装备。但是国内企业对制粉的工艺过程还没有完全清晰的认识，对冷却模式与雾化间的相互协调耦合机制尚且模糊，在熔体冷却和结晶模式对破碎机理的影响方面更是缺乏深入的研究，导致国内在重要部件的增材制造方面，所需金属粉末大量依赖进口，因此高端增材制造用合金粉末的国产化研究与生产迫在眉睫，具有重要的现实意义。近年来增材制造技术的不断发展和在多个行业的快速应用，为增材制造用粉末的制备技术带来了新的机遇和挑战，相信在不久的将来，通过对制粉技术的不断挖掘，国内将开发出多种高端粉末制备技术，打破国外产品的市场垄断。

5.8 钎料别有洞天

钎焊技术作为古老的焊接技术，经过近三四十年的研究发展，早已自成体系，在焊接材料的大家庭里占有了极其重要地位。目前我国软、硬钎料生产企业的数量和产量位居全球第一。在钎料的供给能力方面，软、硬钎料生产企业已经达到450 多家，开发产品种类包括铜基、银基、铝基、镍基、钛基、锰基、金基、锡铅等数十类、千余种；钎料形态涉及板、带、箔、片，丝、条、粒、环，粉、膏，药芯、药皮，复合板、带，以及预成形等多种形态。应用领域涉及电子工业、船舶制造、航空航天、轨道交通、盾构装备等多个重要领域。

目前国内生产钎焊材料的企业普遍规模较小，小作坊模式仍广泛存在，生产工艺落后、研发能力弱。在重点工程和重大装备制造所需的高端钎料产品方面体系不完善，高温钎料、活性钎料、自动焊用钎料、复合钎料及膏状钎料等在很大程度上依赖进口。国产钎料产品普遍技术标准偏低，造成产品质量偏低且稳定性差、产品规格不统一。总体上我国面向先进制造业的钎料产品产能不足，无法满足国内制造业快速发展的需求。

第6章 药芯焊丝的应用扩展

药芯焊丝作为继焊条电弧焊焊条、埋弧焊焊接材料和气体保护实心焊丝之后的第四代焊接材料，具有焊接工艺性能好、熔敷速度快、力学性能好、综合成本低等诸多优点，自20世纪70年代面世后发展迅速，在日本、美国和欧洲等地得到广泛应用。我国对药芯焊丝的研究起步于20世纪60年代，研究工作时断时续，产品未能形成规模化的市场应用。进入20世纪90年代，由于冶金、造船、石化等行业对高效焊接材料的需求增加，国内药芯焊丝产业开始发力。21世纪初的十年，药芯焊丝产销量增长迅速，在2011年达到产销量的峰值，年产药芯焊丝50万t以上。在此之后，受国际金融危机的影响，造船业进入调整期，药芯焊丝的使用量也随之下降。目前药芯焊丝的年产销量维持在35万t左右，应用领域包括造船、桥梁、海工装备、管线和石化行业。应用行业的转型升级对药芯焊丝的产品质量和制造技术水平提出了更高的要求，产品亟须升级换代以满足应用行业发展的需求。

6.1 造船行业的需求

由于船舶的结构特点和建造工期的要求，对于高效全位置型焊接材料需求迫切。20世纪90年代，我国的造船工业学习日本、韩国先进的造船技术，开始使用能够实现高效全位置焊的药芯焊丝。起初相关产品全部依赖进口，价格高昂，国内船厂只能限制工位使用，因此迫切希望能够尽快实现产品的国产化。为响应这一市场需求，国内多家高校、研究机构和焊接材料生产厂家开始投入大量人力、物力进行研究攻关，较有代表性的单位是天津大学、北京钢铁研究总院、北京焊条厂和武汉铁锚焊接材料公司（简称武汉铁锚）等，以自主研发和引进设备等不同方式研制出了自己的药芯焊丝产品，并通过了国内外多家船级社认证，开启了国产药芯焊丝发展的进程，对国内造船业的进步起到了极大的推动作用。我国药芯焊丝产业随着国内造船量的激增而迅速壮大，产品从无到有，到2011年达到产量峰值的50万t只用了15年左右时间。产品的技术和质量也得到了明显提升，基本满足了国内造船行业的需求。目前国产药芯焊丝在造船行业的使用比例接近90%。

近年来，受需求端低迷和供给端过剩双重因素影响，船运市场严重不景气，船东订船、接船意愿下降，要求延迟交船现象日趋增多，我国船舶制造企业普遍面临接单难、交船难的困境。建造过程中的产品质量争议，往往成为船东弃船或延期付款的理由。在这种情况下，船舶制造企业更加重视严把原材料进货关，提高产品的一次合格率，尽量减少因产品质量争议而带来的损失。药芯焊丝在船舶建造中应用广泛，它的质量水平成为关注焦点，一些骨干船厂全面提高了药芯焊丝的进货质量标准。在产品满足国标和船规的基础上，进一步提出了控制熔敷金属抗拉强度的波动范围、设定屈强比上限、提高焊缝冲击吸收能量和断后伸长率的下限值、限制焊丝的扩散氢含量等一系列更严格的指标。另一方面，高效焊接技术以及高效焊接材料的应用，对提高船舶的建造效率、降低船舶建造成本以及提高船舶建造质量的作用不容忽视，同时也是船舶制造企业提高经济效益的有效途径之一。为此，随着船东对船舶的要求越来越苛刻，船舶建造企业对焊接材料的要求也越来越高，只有高效、质优、价廉的焊接材料产品，才能满足用户要求。

在众多焊接材料企业中，日本神钢生产的船用焊接材料在我国造船业走向国际市场的初期一直是国内船厂的首选。目前，虽然日本神钢在通用型焊接材料方面的优势已经不再明显，但在气电立焊专用焊丝、高速自动角焊用金属芯焊丝等方面日本神钢仍然具有很强的竞争力。韩国现代、高丽焊接材料公司进入我国市场虽然较日本神钢晚，但凭借自身产品的高性价比，在船用焊接材料市场的高端领域仍占有相当大的份额。在船用焊材市场中美国 ITW 集团所属的天泰焊接材料公司，其标志性产品全位置型药芯焊丝 TWE711，因焊接工艺性能优异，颇受好评，在市场中占据较大份额。国内焊接材料企业的船用焊接材料，产品技术水平虽与国外知名产品尚有一定差距，但在使用量上仍占有绝对多数的份额。为应对外部市场环境的重大变化，加强自身竞争力，扩大产品市场占有率，国内外焊接材料企业都加大了新产品的开发与推广力度，将药芯焊丝的质量改进聚焦在提高焊丝抗冷裂纹、陶瓷衬垫抗热裂纹以及焊丝与造船自动化、智能化相适应的高效性上。

焊缝金属的扩散氢是引发焊接接头冷裂纹的主要因素。在抗焊缝冷裂纹方面，尽量降低有缝药芯焊丝的扩散氢含量，达到船规 H5 级的标准，已经成为业内衡量焊接材料企业产品质量的标志。针对测氢数据与温度、湿度和工艺规范之间的相关性，一些焊接材料企业不再满足焊丝在特定环境和工艺条件下的超低氢水平，而是将测氢条件设定在更加苛刻的高温、高湿和高规范条件下，保证焊丝扩散氢水平在更加苛刻的条件下也能满足 H5 等级，产品适用性更广，同时配合对焊缝金属成分的控制，实现焊丝的高抗裂性。国外知名品牌的焊接材料厂家基本都有自己的超低氢系列药芯焊丝产品。国内厂家以天津三英焊业股份有限公司（简称天津三英）的 SQJ501L 为代表，已有多家企业推出了各自的超低氢系列产品。虽然通过增加原材料预处理、配方改进、减少表面润滑剂残留等措施，有效降低了有缝药芯焊丝的扩散氢含量，但是较高的制造成本限制了低氢焊丝的应用。低氢焊丝不能只停留在概念层面，焊接材料企业应进一步提高低氢焊丝的生产工艺，在提高质量的同时，降低制造成本，让低氢焊丝真正走向市场，更好地满足用户需求。

药芯焊丝在带陶瓷衬垫打底焊道上的热裂纹是困扰造船企业的一个难题。以往降低裂纹率的传统做法是通过制订严格的工艺文件，要求焊工将底层焊接电流控制在 200A 以下，焊速控制在 150mm/min 以下，甚至人为设定焊机的电流上限，这些措施虽然可在一定程度上起到减少裂纹的作用，但终究要付出降低焊接效率的代价。近些年的研究成果从焊接冶金理论上基本明确了热裂纹产生的机理，但由于影响因素较多，包括结构刚度、焊接规范、板面状况、药芯焊丝和陶瓷衬垫的质量等，要实现全方位控制难度较大。目前，对药芯焊丝的持续改进，使之适应高刚度、大规范的焊接仍是各厂家研究的热点。美国天泰、韩国现代、天津三英、武汉铁锚都推出了相关产品。武汉铁锚的改进型 YCJ501-1 产品通过配方和生产工艺优化，明显降低了热裂纹的出现比例，并已在工程中推广应用。这些产品的推广应用对于减少打底焊道裂纹的产生，提高产品的一次合格率和焊接效率有着重要作用。

为适应造船业正在兴起的对高效、自动化机器人焊接的需求，国内外多家厂商推出可在大电流条件下进行立焊的药芯焊丝品种。日本神钢的 DW-110EV 可满足电流 250A 不摆动条件下立上角焊，电流 300A 摆动条件下立上角焊。一些国内厂家，如武汉铁锚、天津金桥、四川大西洋等也紧跟用户需求，纷纷推出各自的相关产品，能够满足电流 220 ～ 240A、电压 26 ～ 28V 条件下全位置焊接。角焊专用金属芯药芯焊丝因熔敷效率高、成形好、扩散氢含量低、抗气孔和抗裂纹性能好等优点，在船舶平直分段纵骨焊接中的应用越来越广。该类型产品已不再是日、韩企业专有，国内的武汉铁锚、天津金桥和中国昆山京群也推出相应产品。气电立焊焊缝可一次成形，焊接效率高，广泛用于船舶舷侧等垂直合拢缝的焊接。国内的气电立焊专用药芯焊丝市场一直被日本焊接材料企业垄断，至今它们仍有优势，且不断有新产品问世。日本神钢的气电立焊专用焊丝在保持良好的工艺性能和力学性能的基础上，适用板厚的范围在进一步扩大。国内焊接材料企业武汉铁锚、天津金桥的垂直气电立焊药芯焊丝经过几年推广，也已在部分船厂应用，并取得了良好效果。

船舶制造业焊接方法的多样化和自动化程度的不断提高，对焊接材料工艺要求也进一步提高。自动化焊接的使用提高了焊接热输入量，能保证焊接接头的综合力学性能，特别是焊缝强度、韧性等指标，船舶焊接生产中需要大量高性能焊接材料。船舶企业越来越重视提高船舶焊接生产效率，减少造船成本，也促使焊接材料企业加大新型高效、质优、价廉焊接材料的研发及推广力度，促进船用焊接材料产品升级换代。

6.2 桥梁行业的新应用

随着我国铁路建设向高速、重载方向发展，铁路钢桥向高速、重载、大跨度、结构美观新颖及全焊方向发展，采用的桥梁结构钢不再局限于 Q345q、Q370q 和 Q420q 钢，新一代桥梁结构钢 Q500qE 已在沪通长江大桥中应用，它的性能指标：屈服强度 ≥ 500MPa，抗拉强度 ≥ 630MPa，-40℃低温冲击吸收能量 ≥ 120J。为了满足焊接接头防裂、防断要求，对 Q500qE 钢板所用的焊接材料也提出了与母材相近的高标准要求。

桥梁结构钢母材强度级别和板厚的增加，U 肋板角接头的特殊性，以及现场安装的要求，使得越来越多的桥梁制造企业选择安全性更高的超低氢药芯焊丝、金属芯药芯焊丝。国内焊接材料企业开发了适用于桥梁工程的各种焊接材料，且已得到良好应用，基本能够满足桥梁工程焊接的市场需求。为了适应焊接机器人连续高效焊接，力学性能和工艺性稳定的桶装焊接材料越来越受到制造企业的青睐，尤其是随着 Q500qE 桥梁钢的推广应用，工艺性能好、强度高、韧性高的机器人焊接用金属粉型气体保护焊药芯焊丝的用量将会逐渐增大。

随着我国"一带一路"倡议的实施，位于东南沿海和西部的交通建设规模逐渐扩大。为了降低桥梁钢结构建成后的维护成本，减少环境污染，将逐渐推广建设免涂装的耐候钢桥梁，因此，各大钢厂研发了耐海洋气候和内陆大气腐蚀的耐候钢。为了满足耐候桥梁钢焊缝耐候性需要，在保证其焊接接头具有良好综合力学性能的同时，焊缝也需要像母材一样具有耐候性能。这要求耐候桥梁钢焊接材料熔敷金属的耐蚀性指数 ≥ 6.2，且熔敷金属扩散氢含量 $\leq 5mL/100g$。

国内多家焊接材料企业针对耐候桥梁钢的发展研制出了一系列耐候桥梁钢 CO_2 气体保护耐候钢药芯焊丝，其焊接工艺性能优良、焊缝金属具有较高抗裂性能、$-40\mathbb{C}$ 低温冲击韧性优良、耐大气腐蚀指数大于 6.5，目前已成功推广应用。为保证桥梁钢结构整体质量，推动耐候钢的广泛应用，焊接材料企业应确保产品的质量稳定性，同时加大研发力度，跟上新钢种的发展。

6.3 海工装备的苛刻要求

海洋工程装备主要用于海上油气的钻探、开发及相关产品配套，具有高技术、高投入、高附加值和高风险等特点，对产品的可靠性和安全性要求很高，近年来已成为各国政府重点扶持发展的战略产业和造船企业竞争的高端领域。海洋平台的建造具有特殊性，如自升式钻井平台的桁架桩腿和采油平台的导管架腿柱，其自重占平台总重量的 50% ～ 60%，它们既要支承整个平台重量，又要长期工作在恶劣环境，饱受海洋风暴、潮汐、流冰、地震以及严寒、低温侵袭。为了提高海洋工程结构的质量，同时又提高结构整体的安全性，采用的钢材强度级别越来越高，材料厚度不断增加，对焊接材料提出了更高的要求。选用的焊接材料不但焊接操作工艺性能要好，而且要具有高强度、高韧性、耐腐蚀、抗疲劳等特性。

目前，国内海工装备普通结构的焊接主要使用国产焊接材料，重要特殊结构、材料焊接的焊接材料仍依赖进口。主要原因是国产海工装备配套焊接材料发展时间短，整体质量稳定性差，品种不齐全，更缺乏海工装备结构所需要的接头断裂韧性、热处理后的接头性能和完整的焊接参数。美、日、韩等国在海洋工程建设方面起步早，在钢材、焊接材料等方面研发投入较大，因此产品线齐全，有不同级别的配套焊接材料。海工装备用钢一般需要采用低氢焊接材料进行焊接，因此采用无缝药芯焊丝焊接是发展趋势，其扩散氢含量 $\leq 5mL/100g$，抗吸湿性好，即使长期存放在潮湿环境下，也无须烘干即可使用。虽然目前国内已有焊接材料企业开发出海工装备用无缝药芯焊丝，但缺少实际使用业绩。

我国海工装备用焊接材料经过几十年发展，在材料品质、种类和生产规模等方面都有很大提高，但国产焊接材料还跟不上海工装备生产发展的需求。国内焊接材料生产企业要针对海洋产品用钢加大开发高端焊丝的力度，在质量取胜的前提下，更要加强与各海工制造企业的技术沟通，在产品推广应用时需提升面向用户整体服务能力，逐渐从生产型向服务型转变，创造优质的品牌效应，提高产品知名度，促进海工装备领域高端产品国产化。

6.4　管线钢用药芯焊丝的特点

为改善我国能源紧缺、环境污染的现状，国家出台了一系列新政策扶持清洁能源发展，未来几年我国还将大力建设天然气和石油管道，以应对国民经济发展对清洁能源需求的快速增长。油气管道干线管网和城市间支干线管网日益向高钢级、大口径、高压力的方向发展，对管材以及配套焊接材料的强度和韧性要求日益提高。依据油气管道建设用焊接材料采购要求，熔敷金属检验时试件焊接应分别采用 0.8kJ/mm 和 1.5kJ/mm 两种热输入量，其拉伸性能和韧性应满足产品标准要求，以保证能够适应全位置的自动焊和半自动焊的焊接操作。

为满足管道安全需求，钢管建设优先采用管道自动焊工艺，对不适宜采用管道自动焊的局部位置使用高强度、高韧性及全位置焊接工艺性能优良的气体保护药芯焊丝或自保护药芯焊丝。气体保护药芯焊丝电弧焊具有柔和稳定、飞溅小、焊道成形美观等优点，可用于管道环焊缝的自动焊和半自动焊焊接。金属粉型药芯焊丝具有熔敷效率高、抗气孔能力强、扩散氢含量低等优点，目前主要用于管道环焊缝根焊的焊接。自保护药芯焊丝的野外环境适应性强，焊工操作容易，在 X65 及以下低钢级、低压力油气管道，及地形条件较差的山区管道等有所应用。国外焊材企业奥地利伯乐、美国 ITW 集团赫伯特公司、法液空旗下的奥林康在管线钢用焊接材料方面业绩突出，国内焊接材料企业通过多年探索在管线钢用焊接材料方面也取得了不少进展，目前我国药芯焊丝产品种类丰富、覆盖面广。

为保证现场焊接施工质量，提高生产效率，降低劳动强度，在经历了几次大的技术进步后，管线环焊缝焊接技术开始广泛应用熔化极气体保护自动焊技术，其配套焊接材料的性能需要满足高强韧性、全位置焊接、焊接热输入范围宽泛的要求。全位置工艺性能良好、强韧性匹配性好的气体保护药芯焊丝、金属粉芯焊丝等焊接材料将在管道建设领域得到更多应用。但自保护药芯焊丝因其焊缝金属韧性离散性高，应用量逐年降低。

6.5　特种药芯焊丝

6.5.1　不锈钢药芯焊丝

随着我国工业化进程的不断推进和科技的蓬勃发展，对特种材料的需求不断增加。不锈钢以其优异的耐腐蚀性能在石油化工等工业领域得到了广泛的应用，配套的不锈钢焊接材料也取得了较大的发展。

不锈钢药芯焊丝与不锈钢焊条相比，具有施焊效率高、适应性广和综合成本低等优点，近年来发展迅速。国外的一些企业起步早，不锈钢用药芯焊丝门类齐全，几乎可做到一站式服务，且质量较稳定。而我国不锈钢药芯焊丝的研制起步较晚，随着不锈钢药芯焊丝生产设备的改进、生产工艺技术的进步以及配方技术的日益成熟，国产药芯焊丝也取得了长足进步，部分产品已经接近国外先进水平，不锈钢用药芯焊丝的品种更加齐全，质量水平明显提升。一些以不锈钢类焊接材料为主导产品的专业化公司开始涌现，如北京金威、江苏孚尔姆焊业股份有限公司（简称江苏孚尔姆）等。北京金威在奥氏体不锈钢系列药芯焊丝的基础上，推出了细丝阀门堆焊焊丝 JWD507、JWD507MoT、JWD516MAT、JWD517T 及小管内壁堆焊专用焊丝 309L、347L、316L、308L、309LMo 等系列不锈钢焊丝产品。江苏孚尔姆作为一家上市企业，志在打造高端不锈钢焊丝产品，其不锈钢药芯焊丝产品系列多样，开发出了适于多种特殊应用的专用焊接材料，包括堆焊、超低温系列产品，在产品推广和应用上也取得了一定业绩。

虽然国内不锈钢药芯焊丝的水平有了很大的提高，但与国外先进水平相比还有一定差距，许多高端不锈钢药芯焊丝仍然依赖进口。目前，国内造船业转型升级，大力发展具有高附加值的化学品船，各种双相不锈钢板材得到应用，与之配套的药芯焊丝绝大部分使用奥地利伯乐公司的阿维斯塔品牌，国产药芯焊丝由于在认证级别、质量稳定性和品牌认可度方面还有差距，尚难与之相争。在清洁能源 LNG 的生产、使用和储存领域，需要大量使用超低温的不锈钢容器，由此耐低温（-196℃）的不锈钢药芯焊丝的用量大增，但对其有两点要求：一方面要求焊接材料具有与母材相匹配的低温韧性，另一方面为了提高焊接材料的熔敷金属性能，需要对焊缝金属中的铁素体含量做严格限制，一般要求铁素体数在3%～7%之间，这样焊缝的抗热裂能力就面临严峻的挑战，这些严苛的要求目前国产药芯焊丝还难以满足，因此大部分制造企业还在使用进口知名品牌产品。在有高温使用要求的场合，不锈钢焊缝金属必须具有抗高温裂纹的能力，同时对焊缝金属的 Bi 元素含量有严格限制，这就使焊接工艺性能恶化，开发工艺性能好的无铋型不锈钢药芯焊丝也是目前的一道难题。因此，必须加大投入，对高端不锈钢药芯焊丝进行研制、开发、生产，同时需采用先进的生产设备和改善现有的生产工艺。

6.5.2　表面改性药芯焊丝

表面改性技术几乎在所有制造业均有应用，通过表面改性可以延长零部件的使用寿命，降低成本，改进产品设计，尤其对合理使用贵重金属等材料具有重要意义。近年来，随着国家对装备再制造的大力提倡，以及绿色制造的日益推进，表面改性药芯焊丝如雨后春笋般大量推出，如天津金桥焊材集团（简称天津金桥）研发的药芯焊丝 JQ·YD60-J 适用于各种受磨损机件表面的修补，如工程机械、矿山机械等；明弧堆焊药芯焊丝 JQ·YDZ601 堆焊层硬度 ≥ 58 HRC，适用于立磨、破碎辊、耐磨板等的焊接。四川大西洋研制的药芯焊丝 CHD507M、CHD517M、CHD167Q、CHD212Q 等，可用于各类轧辊表面修复及复合制造。为解决硬度 58～65HRC 的高韧性耐磨件堆焊的难题，武汉铁锚成功研制出埋弧堆焊药芯焊丝 MD4846，其堆焊层使用硬度为 58～65HRC，该焊丝采用 Cr-Mo-W-V-Nb-Re 系合金，具有优异的焊接性、耐金属间磨粒磨损性、抗冲击磨损性及抗高温回火软化性。其堆焊工艺可控性、熔敷层抗剥落性及成本、使用寿命等综合性能指标，明显优于 WC/Ni 基热喷焊、激光（等离子）熔敷等表面技术。与此同时，北京金威还推出了阀门堆焊系列气体保护药芯焊丝，主要有 JWD507T、JWD-507MoT、JWD516MAT、JWD517T 等气保护药芯焊丝，具有工艺性能良好、飞溅小、成形好、脱渣容易、气孔敏感性低等特点，焊丝可用于半自动及自动焊。基于 API 600 等标准对阀门密封面堆焊的技术要求，北京金威阀门堆焊系列气体保护药芯焊丝已广泛应用到闸阀、蝶阀、截止阀、止回阀及安全阀等的密封面堆焊。

在表面改性制造中，药芯焊丝的使用在逐年增长，但是目前科技含量较高的药芯焊丝国内与国外相比仍存在品种不全、不够系列化、质量不稳定等问题，许多高端产品仍需要进口，且对进口产品还不能很好地实现国产化，需要相关科研人员在此方面投入更大精力进行攻关。

第 7 章 气体保护实心焊丝的绿色发展

7.1 传统气体保护实心焊丝生产工艺的发展动向

气体保护实心焊丝适用于全位置焊接，具有焊接速度快、熔覆效率高等优点，已成为焊接材料的重点发展方向之一。目前国内多个厂家已推出自己的特色产品，从近年总体趋势来看，气体保护实心焊丝正在向环保、高效、自动化、轻量化、高强、耐候、耐火方向发展。

7.1.1 气体保护实心焊丝前处理酸洗工艺逐渐向环保无酸洗除锈方向发展

环保型焊丝前处理工艺采用的设备有钢刷除锈机、砂带除锈机、线材抛丸清理机（见图 7-1 ～图 7-3）。这些除锈设备均采用环保型焊丝前处理工艺，替代了传统的酸洗工艺，可以在不使用任何化学药剂的情况下去除盘条表面的氧化皮，满足焊丝盘条除锈要求。不过在实际应用过程中由于设备的稳定性和现场员工操作能力的不同会出现线材除锈不干净的现象，设备的稳定性和成熟度有待提高。同时，采用砂带除锈机和钢刷除锈机等机械除锈工艺，对盘条表面氧化表皮的状态有严格要求，氧化表皮的状态直接影响除锈的效果。目前天津金桥焊材集团有限公司（简称天津金桥）、山东索力得焊材股份有限公司（简称索力得）等厂家已经实现了前处理无酸洗除锈。天津金桥机械除锈后的盘条表面氧化物去除率达99% 以上。图 7-4 所示为天津金桥盘条预处理效果。废弃物经袋式除尘器收集后以废钢铁的形式回收利用。

图 7-1 钢刷除锈机

图 7-2　砂带除锈机

图 7-3　线材抛丸清理机

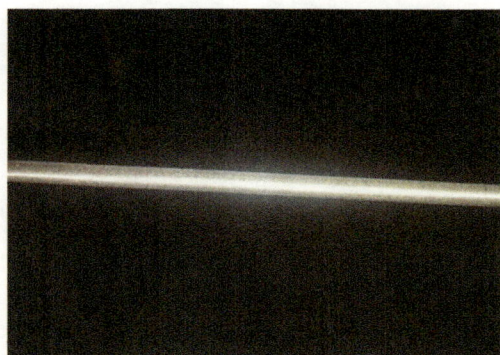

图 7-4　天津金桥盘条预处理效果

由于机械除锈技术的快速发展，使线材表面的粗糙度能够实现稳定控制，这对提高钢线携带润滑粉的数量提供了有力保障，因此国内部分厂家已实现了盘条表面前处理的免涂硼工艺。

7.1.2 镀铜工艺从减少水资源消耗、废水综合利用、达标排放等方面实现绿色生产

镀铜工艺清洗水多次重复使用，酸洗、碱洗废水经过处理后再到生产线复用，可以有效节约水资源，降低生产成本。为降低水资源的消耗及废液的排放，国内多家焊丝厂都在进行镀铜工艺取消酸洗、碱洗的试验，并且部分厂家已经试验成功并投入运行。天津金桥的生产废水经均化、中和、曝气、沉淀、脱水等工序处理后水质达到循环用水标准，经过深化处理后车间回用，回用率达到75% 以上。图 7-5 所示为天津金桥焊材水深化处理系统、图 7-6 所示为索力得污水处理站。

图 7-5　天津金桥焊材水深化处理系统

图 7-6　索力得污水处理站

7.1.3 焊丝生产向采用绿色清洁能源发展

采用天然气、电、太阳能等清洁能源是焊丝绿色生产的发展方向。目前，焊

丝生产厂家多数采用天然气或电代替煤炭，燃煤锅炉已经被淘汰，部分厂家利用太阳能、地热作为辅助热源。

7.1.4 拉拔过程向降噪方向迈进

在拉拔工艺降噪声方面，将伺服电动机技术引进拔丝机设备中，有效地将拔丝机设备的噪声降低到70dB以下，明显改善了作业人员的操作环境，对厂区外围环境的影响有所减少。

7.1.5 余热回收技术在焊丝生产节能方面初见成效

在拔丝过程冷却水余热的利用方面，由冷却塔的空中排放方式向余热收集利用方向发展。天津金桥已实现部分余热收集，并向镀铜线实施热量输送。

7.2 无镀铜焊丝及其制造技术

无镀铜焊丝的生产过程基本做到了无酸、无碱、无重金属产生，实现了清洁化，大幅度减少了污染物排放。在焊丝使用过程中焊接烟尘排放少，没有重金属铜产生的有毒物质，有利于保护焊工的职业健康。焊丝表面没有铜层，因此不会出现由于镀铜结合力不好，在送丝轮上和送丝管中掉铜屑的现象。

7.2.1 无镀铜实心焊丝的发展

在熔化极活性气体保护焊（MAG），目前应用最多的焊接材料是气体保护焊镀铜实心焊丝。经过近二十年的使用，其工艺、性能、价格等具有较大的优势，采用镀铜实心焊丝已经成为MAG焊接的标准，在众多场合下气体保护焊镀铜实心焊丝很难被替代。但是随着节能减排绿色制造理念的提出，以及人们对焊接过程产生的烟雾对焊工职业健康危害关注度的提高，气体保护焊镀铜实心焊丝开始面临着新的挑战。在发达国家，无镀铜焊丝的使用已经有了很大的发展。随着我国焊接自动化的快速推广和国家环保的要求，传统的镀铜工序必将面临越来越严峻的挑战，国内焊丝厂家相继开展了无镀铜焊丝产品的研发制造。

近年来国内部分厂家，针对无镀铜焊丝进行了专项研究，使焊丝在生锈、导电嘴磨损、焊接烟尘等方面都有了明显的进步，如天津金桥进行了表面涂层的试制及设备的研制，同时采用独创的纳米级导电、润滑、防锈涂覆剂以及涂覆工艺，使焊丝质量有了明显提升。

7.2.2 润滑剂清洗

无镀铜焊丝在涂敷涂层前要尽可能地去除焊丝表面的润滑剂。无镀铜焊丝采用了特殊的润滑粉，其与镀铜焊丝用润滑粉相比，具备以下特点：

1）更容易清洗。

2）残留润滑粉对焊接过程影响小。

3）残留的润滑粉不会对无镀铜焊丝的表面质量造成影响。

配合先进的盘条在线清洗设备，润滑粉去除效果稳定，去除率相对较高，为后续无镀铜焊丝表面涂敷特殊涂层创造了有利条件，同时在生产过程中无有害物质添加，对环境无污染，符合环保生产的理念。

7.2.3　特殊涂层的设计

传统镀铜焊丝在焊接过程中会产生铜烟，对焊接人员身体造成危害，无镀铜实心焊丝采用的是活性涂层，对环境无污染。同时活性涂层具有低电阻、高吸附性、急速干燥、耐高温等特点，可增加焊丝的导电性，使焊接电弧更加稳定，加强焊丝的抗锈性，延长焊丝保存时间，降低导电嘴的磨损，减少更换频率。

随着国内厂家对活性涂层的不断改进和优化，无镀铜焊丝在焊接电弧、飞溅、成形、导电嘴磨损等重要指标方面的提升越来越明显。

7.2.4　活性涂层涂覆工艺的确定

国内厂家针对涂层膜厚度、涂层均匀性、涂层牢固性进行了研究，确定了各类最佳涂覆工艺。

7.2.5　无镀铜焊丝性能

在焊丝生锈、导电嘴磨损、焊接烟尘等用户最关心的问题上，无镀铜焊丝都有了明显的进步。在焊丝抗锈能力上，天津金桥的无镀铜焊丝已优于镀铜焊丝。在导电嘴磨损方面，无镀铜焊丝基本达到与镀铜焊丝持平的水平。在焊接烟尘方面，无镀铜焊丝因"铜烟"的消除，焊接烟尘量有一定下降。

7.3　桶装焊丝质量的提升

随着劳动力成本的增长、自动化装备控制精度的提升，焊接自动化装备在制造企业的应用越来越广泛，它既可大大提高劳动生产率，同时又可提升产品质量的稳定性。气体保护实心焊丝具有明弧、焊后不需清渣及可实现全位置焊等特点，在焊接时便于监视与控制，其在机器人、自动化焊接领域的应用越来越广泛。

为满足自动化焊接的需要，国内外越来越多的焊丝厂家开始生产250kg/桶以上的桶装焊丝。由于全自动焊装备的种类、型号较多，这对配套的桶装焊丝提出了越来越高的要求。为适应客户需求，桶装焊丝在送丝性、铁液流动性、包装等方面均有显著提升。

　　由于气保护实心焊丝采用了聚晶模生产，焊丝的线径和表面质量有了较大的提高。焊丝圆度由以前控制在 0.01mm，达到现在可以控制在 0.005mm，焊丝的跷距可以控制在 10mm 以内。焊丝本身质量的提高加上桶装焊丝收线工艺的改进，并且国内厂家加强了对焊丝模拟现场送丝性能的检测，目前国内桶装焊丝已经基本能够满足机器人焊接的需求。以前徐工、山推、临工等机器人使用较多的厂家，使用的桶装焊丝多以林肯、伊萨焊丝为主，现在这些厂家使用的焊丝基本以天津金桥、索力得等国产知名品牌为主，国产桶装焊丝已经满足工程机械高质量连续焊接的需求。

　　机器人焊接送丝距离长，焊接位置多变换，为保证焊接质量的稳定性和一致性，对焊丝的送丝性提出了更高的要求，为解决此问题，国内多家焊接材料厂开始在桶装焊丝上安装新型纠正器（见图 7-7），以保证自动焊接质量。

图 7-7　桶装焊丝用新型纠正器

　　汽车制造等行业为了实现连续高效焊接，不再使用传统桶装焊丝，而是开始应用连续桶桶装焊丝。连续桶桶装焊丝的始端和尾端均固定在焊丝桶桶壁的上方，各有明确的标识。当焊丝使用结束前将焊丝的尾端拉出与另一桶的始端相接，把接头打磨平整后可连续使用。这种焊丝提高了工作效率，实现了连续焊接，适用于对焊丝的质量稳定性要求非常高的大型焊接生产线上使用。索力得近几年已经为国内企业提供连续桶桶装焊丝（见图 7-8）。

图 7-8　索力得连续桶桶装焊丝

　　近年来，虽然国内自动化焊接用的桶装焊丝质量取得了长足的进步，但随着机器人、自动化焊接装置的应用愈加广泛，对自动化焊接用实心焊丝的焊接适应性提出了更高的要求，由此凸显了国内焊丝厂家在为客户提供整套服务方案上的不足。国产焊丝在长距离送丝稳定性、对中性上有待加强，国内焊丝厂家在工程前期要加强与焊接装备厂家的合作，根据焊接时焊丝特性、坡口宽度等条件来调节摆动宽度、摆动频率、边缘停留时间等参数，以保证焊缝质量。

第 8 章　埋弧焊接材料

自动埋弧焊接作为传统焊接工艺方法，以其生产效率高、劳动强度小、机械化程度高、焊接质量好且稳定的特点，在电力装备、承压设备、管道工程、桥梁、海洋装备、石化、造船、储运装备、钢结构等制造领域得到广泛应用。埋弧焊接材料也因此形成稳定的消费需求，国内埋弧焊接材料消费占焊接材料总消费的比重基本保持在 10% ~ 12%，与国外工业发达国家的消费结构相当。

近年来，随着工业控制技术和冶炼技术的不断进步，埋弧焊接技术和埋弧焊接材料得到长足发展。在焊接方法方面，丝极埋弧自动焊接从单丝发展到双丝、三丝、四丝甚至五丝埋弧焊，实现了单行程、大厚度一次性焊接；带极埋弧自动焊接的带宽也从 30mm、60mm 发展到 90mm 甚至更宽，提高了堆焊效率；埋弧焊接位置也从平焊位置扩展到横焊位置，特别是随着窄间隙焊接技术发展，埋弧焊的焊接厚度从中厚板扩展到大厚度板（400mm），极大地提高了焊接效率，扩展了应用范围。在焊接材料方面，焊丝制备减径技术实现从孔模拉拔向轧辊轧制转变；在熔敷金属成分上从高杂质含量向高洁净度转变；在品种上从单一品种向多品种细分发展，从低端产品向高端产品转变；在产品类型上从熔炼型焊剂主导向烧结型、陶质型焊剂扩展转变；在制备技术上从手工离线作业向在线自动化、数字化、工序智能化控制转变。根据领域的不同，对埋弧焊接材料产品的需求呈现出多样性的特征。

8.1　高强高韧钢埋弧焊接材料

随着水电站、抽水蓄能电站向大装机容量、高水头机组的不断发展，800MPa 级高强度结构钢和埋弧焊接材料在水电站压力钢管和蜗壳建造中得到大量应用，工程机械用钢强度级别由 Q345、Q390、Q420 提高到 Q550、Q690、Q780，甚至更高强度级别。海上石油平台齿条和大跨度钢结构桥梁也已使用或开始使用 800MPa 级高强度结构钢建造；同时，承压容器的大型化、高参数、长寿命、轻量化发展趋势，为高强高韧性埋弧焊接材料的发展带来更大的机遇。

近年来，国内焊接材料厂家在高强度结构钢埋弧焊接材料领域有了较大技术突破，Q550 ~ Q760MPa 级别的高强度结构钢埋弧逐步实现了国产化，熔敷金属的洁净度和低温冲击韧性与国外产品水平基本相当。目前比较有代表性的产品包括四川大西洋焊接材料股份有限公司（简称四川大西洋）的埋弧焊剂 CHF606配合焊丝 CHW-S80，主要用于 800MPa 级高强度结构钢焊接，工艺性能和力学性能良好，在乌东德、白鹤滩水电站中已经批量应用，得到用户好评。昆山京群焊材科技有限公司（简称昆山京群）推出了 760MPa 级高强度结构钢埋弧焊剂GXL-121 和焊丝 GCR-EM4-S 组合，低温冲击性能优异，应用于海洋工程。天津大桥焊接材料集团有限公司研制的 760MPa 级别埋弧焊剂 TH.SJ80，配合埋弧焊丝 THM-SG80 焊接工艺性能优良。

8.2 核极埋弧焊接材料

核电作为新能源的重要组成部分，在我国能源结构调整中占有重要位置，是国家非化石能源发展的重要支撑，在"十三五"期间，我国更是加快了核电的发展，到 2020 年，我国核电运行和在建机组的装机容量将达到 8 800 万 kW。在核电站系统设备建造中，丝极和带极埋弧焊接材料的需求超过埋弧焊接材料总量的60%。

核电工程安全性要求高，核级埋弧焊接材料性能指标的稳定性和质量控制极其严格。特别是一回路核岛主设备制造所使用的焊接材料，不仅焊缝金属要能承载高温、高压和适应腐蚀性介质的工作环境，而且还要考虑抗中子辐射引起熔敷金属的脆化。因此，核电工程的焊接材料除要具有稳定的力学性能外，对不同材质和结构的焊接接头还应具有耐应力腐蚀和晶间腐蚀、抗疲劳断裂、抗中子辐射脆化等特殊性能要求（见图 8-1）。

图 8-1 核电工程焊接材料及应用实例

目前，核电工程常规岛核电系统设备用的钢材和焊接材料国产化率高达90%。但在核岛主设备所用的焊接材料的国产化程度很低，例如反应堆压力容器、蒸汽发生器和稳压器等主体环缝所需600MPa级埋弧焊接材料仍然依赖国外进口，严重制约着我国核电事业的发展。

在国家核电焊接材料专项课题的推动下，国内包括四川大西洋在内的课题承担单位，开展了核级焊接材料关键技术研究，获得了重要科研成果，研制出一系列核级埋弧焊接材料。主要包括SA738Gr.3Cl.1钢CHW-S62HRF/CHF102HRF埋弧焊接材料和SA508Gr.3Cl.2钢CHW-S55HRF/CHF113HRF埋弧焊接材料，其产品工艺性能、理化性能、耐蚀性和抗脆化性满足相关核一级设备技术要求，经专家技术鉴定可以用于设备焊接。与此同时，四川大西洋与上海核工程研究设计院联合成立了核电焊接材料研发中心，旨在加快推进我国核电焊接材料产业化及工程化应用，促进核岛主设备自主化建造。

8.3　管道工程埋弧焊接材料

随着我国经济的持续快速发展和能源结构调整，长距离油气输送管道建设在国家能源战略通道建设中占有重要位置。管道工程建设用钢的强度级别不断提高，对埋弧焊接材料的熔敷金属强度、冲击韧性和耐硫化氢腐蚀的要求高，以及制管企业对高效率焊接的广泛需求，使高速多丝埋弧焊接技术和焊接材料得到广泛应用。

目前，管线钢常用的强度等级为X60、X70、X80级埋弧焊接材料已在国家西气东输干线管道和支线管道建设中工程得到广泛应用，X90、X100级埋弧焊接材料在西气东输后继线路建设中也将获得应用。四川大西洋自主研发的X90、X100管线钢专用埋弧焊接材料CHW-SG10/CHF105GX以其优良的焊接工艺性能和力学性能，已通过了多家使用单位的技术验证及评价试验。

8.4　带极堆焊埋弧焊接材料

带极堆焊具有焊接熔敷效率高、母材稀释率低、表面质量好等优点，广泛应用于压力容器、锅炉、核电设备等高端装备制造。带极堆焊埋弧焊材国内代表生产企业有四川大西洋、哈尔滨焊接研究所（简称哈焊所）、天泰焊材（昆山）有限公司、昆山京群和北京金威等。目前国内不锈钢埋弧带极和电渣带极堆焊接材料的工艺和技术性能稳定，与国外产品的技术性能基本相当，在石化设备耐蚀层堆焊中已被广泛使用。比较有代表性的产品包括四川大西洋不锈钢埋弧和电渣带极堆焊系列焊接材料，哈焊所的不锈钢埋弧和电渣带极堆焊系列焊接材料。

8.5　高效埋弧焊接材料

　　高效埋弧焊接材料是焊接技术的重要发展方向之一，主要包括多丝埋弧焊（见图 8-2）和窄间隙埋弧焊焊接技术（见图 8-3），一般都采用多丝单面焊双面成形的方法。国内代表生产企业有武汉天高熔接股份有限公司，其开发的产品在船舶 FCB 工艺中得到应用。哈焊所开发的大厚度窄间隙埋弧自动焊接技术及其配套的焊接材料是大型石化设备和核安全设备制造的重要工艺方法之一，其焊接板厚目前已超过 400mm，对焊剂深坡口脱渣性能要求极高。

图 8-2　四丝埋弧焊接

图 8-3　窄间隙埋弧焊接

8.6 低温钢及超低温钢用埋弧焊接材料

07MnNiMoDR 钢是建造 -50℃低温乙烯 / 丙烯球罐使用的主要材料。低温乙烯 / 丙烯球罐设计压力高、设计温度低、技术指标要求高，在球罐建造的球壳平板中有埋弧焊接的工艺应用。国外企业通过技术积累，产品相当成熟，代表性的埋弧焊材产品有奥钢联伯乐焊接集团的 BOHLER SAW Ni1/T-UV 618、日本神钢的 US-36LT/PF-100H、日本日铁住金溶接工业株式会社的 NB-55/Y-DS。国内有哈焊所的 H09MnNiG/SJ18G、四川大西洋的 CHW-SNi1/CHF705。

09MnNiDR 是建造 -70℃低温球罐使用的主要材料，日本神钢推出的埋弧焊接材料是 US-203E/PF-H203。国内几家焊接材料企业也分别推出了埋弧焊材产品，如四川大西洋的 CHW-S13/CHF710、哈焊所的 H09MnNiDR/SJ208DR、昆山京群的 GWR-ENi3/GXL-121T。

9%Ni 钢是建造液化天然气 LNG 储罐和 LNG 运输船的主体材料，但其配套的埋弧焊接材料主要依赖进口。目前国内建造 LNG 储罐用的埋弧焊接材料主要是欧洲伊萨、法液空和日本企业的埋弧焊材产品。国内焊接材料企业近几年加强了 9%Ni 钢配套焊接材料的研制，已经取得了突破性进展。四川大西洋、哈焊所等分别推出了抗裂性与低温冲击韧性好的 9%Ni 钢系列埋弧焊材产品，其中四川大西洋的牌号是 CHW-NiCrMo-3/CHF205 和 CHW-NiCrMo-4/CHF206。四川大西洋低温及超低温钢用埋弧焊接材料见表 8-1。

表 8-1   四川大西洋低温及超低温钢用埋弧焊接材料

材料		埋弧焊（焊丝 / 焊剂）
1.5%Ni 钢		CHW-SNi1/CHF705
2.5%Ni 钢		CHW-SNi2/CHF710
3.5%Ni 钢		CHW-S13/CHF710
5%Ni 钢、9%Ni 钢		CHW-NiCrMo-4/CHF206
-196℃不锈钢、镍合金钢	304/304L	CHW-308LT/CHF601LT
	316L	CHW-316LT/CHF601LT
	NiCr-3	CHW-NiCr-3/CHF207
	NiCrMo-3	CHW-NiCrMo-3/CHF205
	NiCrMo-4	CHW-NiCrMo-4/CHF206
	NiCrMo-6	CHW-NiCrMo-4/CHF206

8.7 抗回火脆性钢用埋弧焊接材料

抗回火脆性钢用埋弧焊接材料主要是指加氢反应器用 Cr-Mo 系耐热钢（如 1.25CrMo、2.25Cr1Mo、2.25Cr1MoV）配套的埋弧焊接材料产品。目前国内加氢反应器制造业长期进口焊接材料。由于加氢反应器的工作温度在 Cr-Mo 系耐热钢回火脆性温度区间，因此，具有较大的回火脆性敏感性。为降低焊缝金属的回火脆性，提高设备使用寿命，保证设备安全运行，对焊缝金属中 P、As、Sn、Sb 等脆化元素的控制非常严格。

近年来，国内哈焊所、四川大西洋等主要焊接材料企业加大了对抗回火脆性埋弧焊接材料的研究，也取得了重要进展，在焊接材料冲击韧性研发方面取得突破性进展。临氢设备用 1.25CrMo 钢、2.25Cr1Mo 钢配套埋弧焊接材料的熔敷金属性能和脆化元素控制水平与国外产品基本相当。四川大西洋与兰石集团联合开发的临氢设备 Cr-Mo 钢配套用焊接材料满足相关技术要求，工艺性能和力学性能与国外同类产品基本相当。四川大西洋 1.25CrMo 钢配套配套用 CHW-S11LH/CHF621LH 埋弧焊接材料、2.25CrMo 钢配套用 CHW-S8LH/CHF604LH 埋弧焊接材料通过了专家的技术鉴定。目前哈焊所和四川大西洋的产品正在进入工程应用。四川大西洋抗回火脆性钢用埋弧焊材技术参数见表 8-2。

表 8-2　四川大西洋抗回火脆性钢用埋弧焊接材料技术参数

牌号	R_{m}/MPa	$R_{\mathrm{eL}}/R_{\mathrm{P0.2}}$/MPa	A（%）	Z（%）	KV_2/J（-40℃）	热处理状态
CHW-S11LH/CHF621LH	638	561	22.5	78.0	165、174、166	690℃ ×8h
	598	517	24.0	78.0	153、148、164	690℃ ×26h
CHW-S8LH/CHF604LH	641	544	23.5	72.8	145、154、168	690℃ ×8h
	594	495	24.0	74.0	149、142、134	690℃ ×32h

8.8 抗高温蠕变钢埋弧焊接材料

抗高温蠕变钢广泛应用于火电站、锅炉、石化设备等领域。抗高温蠕变钢配套的焊接材料市场，特别是在超临界（SC）、超超临界（USC）锅炉机组使用的 T/P91、T/P92 钢埋弧焊接材料，一直被日本、美国、欧洲等国家和地区的知名焊接材料企业垄断。近年来，国内企业在抗高温蠕变钢埋弧焊接材料开发方面已取得重要进展，四川大西洋开发的 T/P91 钢用埋弧焊接材料产品

CHW-S91/CHF91，其熔敷金属高温抗蠕变性能和焊接工艺性能与国外产品性能相当。

8.9 埋弧横焊焊接材料

埋弧横焊焊接材料在国外起步较早，技术也较成熟，在大型石油储罐和液化天然气储罐的焊接中得到广泛应用。国内焊接材料企业对接国家能源战略储备建设需求，对埋弧横焊焊材投入科研力量开展技术研究，并取得了重要成果，熔敷金属的力学性能，特别是焊剂工艺性能与国外产品基本相当。其中四川大西洋研制的 400～600MPa 级埋弧横焊焊丝、焊剂产品，在国家战略储备基地大型原油储罐建造中得到广泛应用，实现了进口替代，打破了国外企业的垄断（见图 8-4）。

图 8-4 大西洋埋弧横焊材料用于大型原油储罐焊接

国内埋弧焊接材料在焊接材料生产企业和使用单位的共同努力下虽然取得长足发展，在产品品种上呈现出多样性特征，但与国外埋弧焊接材料的发展水平相比还存在不少差距。首先在产品品种上，一方面还不能完全满足国内对品种的需求，高端产品仍然需要从国外进口；另一方面能耗高、环境污染大及紧缺资源耗费大的熔炼型焊剂在国内焊剂消费中占比仍然较大。其次在焊剂产品稳定性和批次品质的一致性上与使用单位的期望相比还有差距。同时，国内企业在焊剂氧化物冶金控制技术上的创新还有盲区，造成高端焊剂产品研发仍处于追赶型发展阶段。因此，国内埋弧焊接材料生产制造企业应迎难而上，把握机遇，不断提升创新能力，加强埋弧焊接材料制备关键技术研究，努力为国内装备制造企业提供优质产品，满足经济建设需要。

第9章 焊条的历史使命

焊条电弧焊作为传统的焊接工艺，多年来一直在焊接结构的生产中起着重要的作用。但因其焊接生产效率低，工人劳动强度大，焊缝质量对人的依赖度高等缺点，使其用量逐年减少。近年来随着制造业自动化水平的提高，尤其是"中国制造2025"规划的出台，越来越多的企业在关注自动化和智能化制造，焊条在我国焊接材料中占比也由1998年的80%以上降到了2017年的39%。但因为焊条电弧焊具有操作灵活、设备成本低、适用范围广等优点，在许多行业和结构上仍然得到较广泛的应用。目前国内消耗的焊接材料组成中，仍以焊条和实心焊丝为主体，即便是自动化焊接技术发达的日本和美国，焊条的占比也在15%～20%。显而易见，在我国现在及未来的一定时期内焊条电弧焊仍是不可或缺的焊接工艺之一，但焊条在焊接材料总产量中的占比将会逐渐减少至30%以下。

从整个焊接材料产业来说，我国目前焊接材料的产能已经达到750万t，几年来各生产企业的达产率不足60%，即便如此，我国焊接材料的产量也已达到全球焊接材料总产量的60%。据相关专家预测，目前我国焊接材料的需求已经进入稳中有降的平台发展期，焊接材料产能过剩的状况非常严峻。

近年来，很多焊接材料生产企业、科研院所、高等院校等加大了对焊接材料的研发投入，焊接材料的品种不断完善，优质焊接材料得到了较快的发展，并在超（超）临界火电机组、核电建设、压力容器、重型机械、石油管线等重大项目上得到了一定的应用。但国产高端焊接材料的技术水平与德国、美国、日本等先进工业国的进口产品相比还存在较大的差距。国内相关企业材料应针对高强度、高韧性、耐热、耐低温、耐腐蚀等应用领域，提高研发能力和制备技术水平，加强对原材料品质的控制，增强产品的稳定性，加大高效率焊接材料的研发，全面实现高端焊接材料的国产化，并引领国际焊接技术的发展。

9.1 火电行业对铬钼钢焊条的需求

大容量、高参数的火电机组已成为火力发电的主力炉型，超临界、超超临界火电机组的锅炉中大量采用SA-213T22、SA-213T91、SA-213T92等小口径管和SA-213P22、SA-335P91、SA-335P92等大口径管。在锅炉集箱长管接头与筒体焊接及集箱筒体环缝打底过渡焊接时，需采用焊条电弧焊。以前这些材料对应的焊条大多数从欧洲、日本等地进口，采购价格高、交货期长。特别是 SA-335P91、SA-335P92 马氏体耐热钢焊条，由于焊接接头对蠕变强度、高温力学性能、高温抗氧化性和组织稳定性等特殊要求很难保证，长期依赖进口。表 9-1 为 SA-335P91、SA-335P92 钢焊条熔敷金属力学性能指标，表 9-2 为 E9015-1391、E9015-1392 焊条熔敷金属化学成分要求。近年来，根据市场需求，国内一些研究院所和焊接材料厂家有针对性地进行了研发，目前电站锅炉用铬钼钢焊条已大部分实现国产化。四川大西洋、昆山京群等焊接材料厂家的 AWS E9015-B91 焊条已广泛应用于火电机组的 9Cr-1Mo-V 钢的制造及安装中，有效缓解了马氏体耐热钢焊条全部进口的局面。

表 9-1　SA-335P91、SA-335P92 钢焊条熔敷金属力学性能指标

抗拉强度 R_m/MPa	屈服强度 $R_{p0.2}$/MPa	延伸率 δ（%）	蠕变强度/MPa	冲击吸收能量 K/J
≥ 585	≥ 415	≥ 20%	≥ 74（620℃,105h）	≥ 34（室温）
≥ 620	≥ 530	≥ 17%	≥ 79（630℃,105h）	≥ 34（室温）

表 9-2　E9015-B91、E9015-B92 焊条熔敷金属化学成分要求

（质量分数，%）

元素	C	Mn[1]	Si	P	S	Ni[1]	Cr	Mo	V	Cu	Al	Nb	N	W	B
E9015-B91	0.08 ~ 0.13	≤ 1.20	≤ 0.030	≤ 0.01	≤ 0.01	≤ 0.80	8.0 ~ 10.5	0.85 ~ 1.20	0.15 ~ 0.30	≤ 0.25	≤ 0.04	0.02 ~ 0.10	0.02 ~ 0.07	—	—
E9015-B92	0.08 ~ 0.15	≤ 1.20	≤ 0.060	≤ 0.020	≤ 0.015	≤ 1.00	8.0 ~ 10.0	0.30 ~ 0.70	0.15 ~ 0.30	≤ 0.25	≤ 0.04	0.02 ~ 0.08	0.03 ~ 0.08	1.50 ~ 2.00	≤ 0.006

注：Mn+Ni 最大值为 1.40%。

对于 SA-213T92 和 SA-335P92 钢焊接用焊条，国内锅炉制造企业大多采用日本神钢的 CR-12S、英国曼彻特的 CHROMET 92 和德国蒂森的 Thermanit MTS 616。虽然对其国产化的需求非常迫切，但目前国内仍处于研究开发阶段，困难在于其对熔敷金属的化学成分，特别是 Mn+Ni 含量和微量元素的控制要求非常高，同时还要求焊条具有优良的使用工艺性和抗裂纹能力。此外，国内炼钢企业目前还不能稳定、批量地提供满足化学成分要求的钢芯，一些焊条厂家只能通过药皮过渡方式来满足焊缝金属的合金化要求，这进一步制约了 SA-335P92 等马氏体

耐热钢焊条的自主化开发进程，导致相应的国产焊条仍未能在锅炉制造中应用。据悉，四川大西洋的 SA-335P92 焊条已进行了超过 10 000h 的持久试验，有望在近期投入市场。

电站低排放高效率的实现主要依赖于蒸汽压力和温度的显著提高，我国目前阶段较成熟的超超临界机组锅炉的参数为 25～28MPa/600℃，其发电效率可达到 45%。如果将压力提高到 30～35MPa，温度提高到 700℃，则发电效率可达到 50%。为此工业发达国家纷纷制订超超临界火电技术的中长期发展计划，积极开发适用于 34.3MPa/650℃ 以及 40MPa/700℃ 参数超超临界锅炉的新钢种，使超超临界机组朝着更高参数的技术方向发展。

G115 钢是由钢铁研究总院和宝钢特钢有限公司共同研发的具有自主知识产权的 9Cr-3W-3Co 系，适用于 650℃ 锅炉的马氏体耐热钢。该材料比 9Cr-2W 系马氏体耐热钢具有更好的高温蠕变性能，且其耐蚀性和抗氧化性能也优于其他 9%Cr（质量分数）含量的耐热钢，有潜力应用于 620～650℃ 温度段大口径管道和集箱等厚壁部件以及 620～650℃ 小口径过热器和再热器薄壁管，表 9-3 为其力学性能要求。日本国立材料研究所（NIMS）开发的代号为 MARBN 的钢种和日本新日铁住金开发的代号为 SAVE12AD 的钢种，也属于该类型马氏体耐热钢。目前尚无成熟的焊条可用于 9Cr-3W-3Co 系马氏体耐热钢的焊接，国内外焊接材料厂家均对此展开了重点研发，因受微观组织、冲击韧性、高温性能等技术指标要求高、持久试验周期长等因素的限制，目前相关焊接材料生产厂家和锅炉制造厂的研发工作仍在试验研究阶段。

表 9-3　G115 钢管的力学性能要求

抗拉强度 R_m/MPa	屈服强度 $R_{p0.2}$/MPa	延伸率 δ（%）	冲击吸收能量 K/J	硬度 /HV
≥ 660	≥ 480	≥ 16	≥ 27	195～265

9.2　电站锅炉行业对镍基合金焊条的需求

ENiCrFe-2、ENiCrFe-3 焊条在锅炉制造中常用于低合金钢与奥氏体不锈钢之间的异种钢角焊缝的焊接。微裂纹是镍基合金焊接过程中极易产生的缺陷，且电站锅炉制造中镍基合金焊条主要用于数量巨大的附件短焊缝的焊接，频繁引弧、熄弧，对焊条的工艺性提出了较高的要求。虽然，锅炉制造中使用的镍基合金焊条已实现国产化，但其在使用过程中仍存在一些问题，如焊条"红尾"现象严重、药皮脱落、焊缝成形不良及焊渣不易清理等，国内焊条制造企业还需对其进行进一步的优化改进。

9.3 核岛设备用焊条

用于核岛主设备制造的材料主要有低合金钢、奥氏体不锈钢和镍基合金三类，目前与之相匹配的焊接材料仍主要依靠从欧洲、美国、日本等地进口，且这些焊条的进口价格均较高，间接增加了我国核电站的建设成本。

核岛设备用低合金钢主要有 ASME 标准材料 SA-508Gr3Cl1、SA-508Gr3Cl2 或欧标材料 16MND5 和 18MND5，为保证制造与返修过程累积焊后热处理保温时间后的性能满足要求，一般要求低合金钢焊条熔敷金属在经历模拟焊后热处理保温温度和时间后的力学性能仍满足标准要求。表 9-4 列出了国内两种现行核电站堆型的低合金钢焊条 E9018-G 熔敷金属的力学性能要求。可以看出核岛主设备低合金钢焊条对力学性能指标的要求较高，特别是对室温及高温强度、韧性及无塑性转变温度等都有较高的要求。另外，不同的核岛主设备对低合金钢焊条熔敷金属的化学成分也给出了附加要求，特别是对 C、Mn、Si、Cr、Ni、Cu、Co 等元素含量的控制。各设备制造厂的生产实践也证明，低合金钢焊条熔敷金属的性能和化学成分是极其重要的指标，焊条生产制造过程或使用过程控制不当极易导致其强度、韧性、化学成分等指标不合格。

表 9-4　低合金钢 E9018-G 焊条熔敷金属的力学性能

力学性能	试验温度	AP1000 [1]	华龙一号 [2]
抗拉强度 R_m/MPa	室温	620～795	600～800
屈服强度 $R_{p0.2}$/MPa	室温	≥540	≥450
延伸率 δ（%）	室温	≥18	≥20
断面收缩率 ψ（%）	室温	≥40	≥45
抗拉强度 R_m/MPa	350℃	≥558	≥540
屈服强度 $R_{p0.2}$/MPa	350℃	≥370	≥380
无塑性转变温度 T_{NDT}/℃	—	≤-21	≤-20
冲击吸收能量 K/J	-21℃	≥48	—
	-20℃	—	≥40
	0℃	—	≥60
	12℃	≥68J	—
	20℃	—	≥72

注：（1）AP1000 的模拟焊后热处理制度为 595～625℃／≥40h。
　　（2）华龙一号的模拟焊后热处理制度为 595～620℃/16～16.5h。

哈尔滨威尔焊接有限责任公司、昆山京群焊接材料科技有限公司、四川大西洋焊接材料股份有限公司等一些国内焊接材料厂家开发了相应的低合金钢焊条并得到了少量的应用，如国产的 AWS E9018-M、E8018-B2、E9016-B3 等焊条已在蒸汽发生器接管、内件的焊接中得到应用。

核岛主设备常用的不锈钢焊条主要有 E308L 和 E309L 两种，大多用于不锈钢堆焊和个别坡口焊缝或角焊缝的焊接。核岛主设备对不锈钢焊条同样提出了严格要求，表 9-5 为对不锈钢焊条 E309L 和 E308L 的性能要求。同时对不锈钢焊条熔敷金属的化学成分尤其是 C、S、P、Co 等元素的含量有严格的要求。

表 9-5　核电 E309L 和 E308L 焊条的性能指标

力学性能	试验温度	AP1000 [1] [2]	华龙一号 [1] [2]
抗拉强度 R_m/Mpa	室温	≥ 550	520 ～ 670
屈服强度 $R_{p0.2}$/Mpa	室温	≥ 345	≥ 220
延伸率 δ（%）	室温	≥ 30（E309L） ≥ 35（E308L）	≥ 30
断面收缩率 ψ（%）	室温	提供数据	提供数据
抗拉强度 R_m/MPa	350℃	≥ 350（E308L）	—
屈服强度 $R_{p0.2}$/MPa	350℃	≥ 125（E308L）	≥ 130
铁素体含量（E309L）	—	5 ～ 18FN	8% ～ 18%（体积百分数）
铁素体含量（E308L）	—	5 ～ 15FN	5% ～ 15%（体积百分数）

注：1. AP1000 要求 E309L、E308L 焊态和热处理态的性能，华龙一号要求 E308L 焊态、热处理态的性能和 E309L 焊态的性能。

2. AP1000 的模拟焊后热处理制度为：595 ～ 625℃ / ≥ 40h；华龙一号的模拟焊后热处理制度为：595 ～ 620℃ /16 ～ 16.5h。

核岛主设备制造对镍基合金焊条熔敷金属常温和高温的力学性能提出了严格要求。目前核岛主设备制造最常用的镍基合金焊条为 ENiCrFe-7 焊条，要求其熔敷金属在经历 595 ～ 625℃ 保温 48h 的热处理后，其 350℃ 的抗拉强度不低于 505MPa，室温冲击吸收能量不低于 60J。另外，在核电设备制造中也会用到其他一些镍基合金焊条，例如在清华大学设计的高温气冷堆蒸汽发生器中使用了 ENiCrFe-2 和 ENiCrMo-3 焊条，而且还对这些镍基焊条提出了明确的高温持久强度要求。为满足这些严苛的性能指标要求，需焊条厂家非常精确地选择材料配方和焊条制造工艺，以保证熔敷金属有足够的强度、韧性和品质的一致性。

对于核电用镍基合金焊条来说，除要严格控制熔敷金属的化学成分如C、P、S元素的含量外，还要关注焊条的工艺性能，尤其是抗微裂性，表9-6为AP1000和华龙一号两种堆型对于镍基合金焊条熔敷金属化学成分的特殊控制要求。目前核岛主设备用镍基合金焊条全部依靠从美国、欧洲进口，成本高，且对焊条生产过程的质量监督困难，现场见证费用较高，周期长。近几年国内研究院所和焊接材料厂家也进行了核电用镍基合金焊条的自主开发，但这些国产焊条在焊接工艺性方面仍与进口焊条存在差距，产生焊接微裂纹的倾向仍然比较严重，产品质量稳定性仍存在差距。各焊条厂家应在焊条药皮配方改进、芯线冶炼及拉拔控制、药皮压涂质量、性能稳定性及焊接工艺性等方面进行改进，以期国产核电用焊条拥有国际品质。

表9-6 核电镍基合金焊条熔敷金属化学成分特殊控制要求

（质量分数，%）

堆型	C	P	S	Cu	Co	Si
AP1000	0.05	≤ 0.015	≤ 0.010	≤ 0.50	≤ 0.05	—
华龙一号	≤ 0.040	≤ 0.015	0.010	—	—	≤ 0.50

9.4 水电行业需求

大型水电站现场安装过程中仍大量采用焊条电弧焊进行焊接，例如水轮机蜗壳、钢岔管等，其中单台大型水轮机蜗壳的现场焊接即需要消耗焊条 10 ~ 20t。蜗壳采用的材料主要为低合金高强度结构钢，如 B780CF，采用强度等级为800MPa 的低合金高强度结构钢焊条进行焊接，目前许多工程仍采用进口焊条，如德国蒂森的 E11018-G 焊条。国内一些焊材企业也可生产该级别的焊条，如四川西冶新材料股份有限公司的 XY-J807RH、J80DR，四川大西洋焊接材料股份有限公司的 CHE807RH、CHE80CF，天津大桥焊接材料集团有限公司的 TH-SG80DR 等，且其熔敷金属的强度及在 -40℃ 的冲击韧性等均比较稳定。

为了适应我国水电站高水头、大装机容量的发展趋势，水电压力管道设计部门正在考虑选用 1 000MPa 级的低合金高强度结构钢，目前全球范围内只有日本的小丸川水电站、神奈川水电站采用过 1 000MPa 级钢材，焊接材料为日本神钢专供。为了满足国内水电站建造的新需求，天津大桥焊接材料集团有限公司开发了配套焊条，在 30 ~ 40kJ/cm 热输入下，焊接材料熔敷金属抗拉强度 ≥ 950MPa，-60℃低温冲击吸收能量 ≥ 47J，满足水电站压力管道野外焊接施工及安全服役的设计要求。

9.5 压力容器行业需求

压力容器作为特种设备，一般在高温或低温、高压环境下运行，如各种反应器、换热器、气液储罐等。随着压力容器用钢材品种的不断丰富，对应的焊接材料也呈现多样化发展的特点。

9.5.1 铬-钼钢焊条

压力容器常用的铬-钼钢主要有 1.25Cr-0.5Mo（如 14Cr1MoR、SA-387Gr-11Cl2 等）、2.25Cr-1Mo（12Cr2Mo1R、SA-387Gr22Cl2 等）、2.25Cr-1Mo-V（12Cr2Mo1VR）等合金系，其中 1.25Cr-0.5Mo 和 2.25Cr-1Mo 材料对应的焊条（如 E5515-1CM、E6215-2C1M 等）已实现国产化，但对于一些用于特殊工况的压力容器用焊条，每年仍有大量需要进口，尤其是国产 2.25Cr-1Mo-V 钢焊条仍与进口焊条存在较大差距，未能在压力容器制造中得到广泛应用。

在国家标准《热强钢焊条》（GB/T 5118—2012）中对压力容器用铬-钼钢焊条熔敷金属的化学成分、力学性能等进行了明确规定。为了确保焊缝金属的性能不低于相应的母材标准规定值的下限，在《承压设备用焊接材料订货技术条件　第 2 部分：钢焊条》（NB/T 47018.2—2017）中进一步限制了焊条熔敷金属中 S、P 的含量。目前，大部分压力容器产品要求在经历最长和最短模拟焊后热处理后，焊缝的强度指标满足标准下限要求且不能超过母材强度指标上限，以保证焊缝与母材强度、塑性、韧性的良好匹配。同时要求熔敷金属在 450℃甚至更高温度下具有较高的屈服强度，在 -20℃甚至更低温度下具有优良的冲击韧性。对于 2.25Cr-1Mo 和 2.25Cr-1Mo-V 合金系焊条熔敷金属通常还要求进行回火脆化倾向性评定，以保证焊接接头在焊后热处理和长期服役过程不产生回火脆化现象，因此，更加强调对于熔敷金属中杂质元素含量的控制，一般要求 X 系数不超过 15 [$X=（10P+5Sb+4Sn+As）×10^{-2}$，式中元素含量以 ppm 代入]，以降低焊接接头回火脆化的敏感性和防止焊接接头产生缺陷。

国产铬-钼钢焊条对于熔敷金属中 P、S、As、Sb 等有害元素的控制仍与进口焊条有差距，其抗回火脆性能力较低。因此，对于重要化工容器如加氢反应器用的铬-钼钢焊条，目前仍大多数采用进口。

9.5.2 低温钢焊条

近年来，化工容器向超大型化、超高压力、极低温度方向发展，尤其是大型储运容器发展迅速。大型球罐在石油炼制和石油化工中用于储存和运输液态或气态物料，如 LPG 球罐、LNG 球罐等，高强度钢、低温钢在球罐容器中的应用越来越普遍。低温容器用钢板从无镍钢到 9% 镍钢，已形成了系列。国内焊条厂家针对使用温度不低于 −60℃ 的低温钢开发出了较为成熟的焊条，并在压力容器制造中得到应用。但对于使用温度低于 −70℃ 的低温钢焊条，虽然很多厂家有相应产品，但大多数存在熔敷金属低温冲击韧性低且不稳定，工艺性能较差，不利于焊接生产应用等问题，很难满足国内市场的要求。特别是可用到 −104℃ 的 3.5% 镍钢焊条和可用到 −196℃ 的 9% 镍钢，主要依靠进口，价格高且交货期长，虽然目前国内部分厂家也能提供相应的 NiCrMo-3、NiCrMo-4 焊条用于 9% 镍钢的焊接，但使用量还比较少。

对于 3.5% 镍低温钢焊条，需要重点从渣系选择，合金元素及杂质元素控制，以及扩散氢含量控制等方面进行研究。渣系的选择既要考虑熔敷金属的低温韧性，又要使焊条具有良好的工艺性，保证焊接过程电弧稳定，渣壳去除容易，焊缝成形美观。在合金成分方面既要保证 Mn、Ni 等各主要元素的含量与配比，又要关注 B、Ti、Re 等微量元素对熔敷金属的净化与细化晶粒的作用。在熔敷金属杂质含量的控制方面既要严格限制原材料纯净度，又要提高焊接冶金去除杂质的能力，保证熔敷金属中 S、P、O、N 等降低焊缝韧性的杂质元素含量在合理范围内，控制杂质元素含量同时还可降低焊接热裂纹的敏感性。严格控制药皮含水量以减少氢的来源，并调整好碳酸盐和氟化物的配比，增加焊条在冶金过程中的去氢能力，保证熔敷金属扩散氢含量向超低氢方向发展。

9.5.3 不锈钢焊条

压力容器常用的奥氏体不锈钢焊条主要为 300 系列焊条，如 E309、E316、E347、E308、E310、E321、E2209 等，已全部实现国产化。四川大西洋焊接材料股份有限公司、北京金威焊接材料有限公司、天津大桥焊接材料集团有限公司、昆山京群焊接材料科技有限公司等企业均已有系列不锈钢焊条产品，并在行业内得到较广泛应用。

国内不锈钢焊条技术水平与国外先进水平相比，在配方、装备、制造工艺、稳定性等方面仍有差距，质量要求较高的重要压力容器焊条仍大多采用进口，如尿素设备用不锈钢焊条、加氢反应器用不锈钢焊条、双相不锈钢焊条等。对此，焊条生产厂家必须有针对性地开展研究开发，例如 E316L 尿素设备用不锈钢焊条的最大铁素体含量控制，加氢反应器 E309L/E347L 堆焊层抗氢剥离能力控制，双相不锈钢耐点蚀能力提升等。值得注意的是，不锈钢焊条品质的提高与焊条芯线质量的控制有很大的关系，因此焊条厂家必须加强与钢厂的合作，严格控制芯线成分和杂质含量。不锈钢焊条生产厂家也要关注市场的需求，研发抗气孔性更好、全位置焊接工艺优良、满足特殊用途和要求的特性化焊条，例如天津大桥焊接材料集团有限公司就根据市场需求开发了轻氧化色白焊道不锈钢焊条。

9.5.4　其他行业焊条的持续需求

除电力行业和压力容器行业外，在造船、海工、建筑、桥梁、石油、管道等行业中，虽然焊条的用量在不断减少，但仍占有较大比例，一些结构仍需依靠焊条电弧焊进行焊接。在这些行业中常用材料多为碳钢、低合金钢和高强度结构钢，国内已形成完善的焊条标准体系，如《非合金钢及细晶粒钢焊条》（GB/T5117—2012）、《热强钢焊条》（GB/T 5118—2012）、《高强钢焊条》（GB/T 32533—2016）等，国内一些焊条制造企业，如天津大桥焊接材料集团有限公司、天津金桥焊接材料集团有限公司、四川大西洋焊接材料股份有限公司、昆山京群焊接材料科技有限公司等众多企业，可按标准生产性能可靠、品质优良、价格合理、工艺性好的焊条，占据了这些行业焊条市场的绝大多数的份额。适用于免涂装桥梁钢等耐候钢的焊条具有很大的市场空间，焊接材料的强度级别由 Q345 级别逐步向 Q690 级别发展，要求低温冲击温度由 -20℃逐步向 -40℃、-60℃发展，国内焊条生产企业要根据市场需求，大力研究开发和生产市场需要的耐候钢焊条。

我国焊接材料的发展壮大始于焊条的研发制造，经过新中国成立以来 70 年的不断进步与结构调整，虽然许多行业采用机械化、自动化和智能化的焊接方法代替了焊条电弧焊，且目前我国焊条的产量和用量也在逐年降低，但焊条仍将以其固有的特点在新时代发挥不可替代的作用。目前，我国常规焊条的生产制造技术已非常成熟，但一些关键领域的高端焊条仍依靠进口。因此，国内焊条制造企业应吸收国外先进技术和管理经验，不断增强自主创新能力，尽快缩小国产焊条与进口高端焊条的差距，填补空白，有所创新，依托国家政策，加强高端以及高品质焊条的开发，并加强与钢厂、用户的合作，寻求重点领域高端焊条品质与性能的突破。

第10章 钎 料

钎焊技术作为一项精密的连接技术，在国防建设和国民经济中发挥着越来越重要的作用，其涉及航空、航天、核能、汽车、化工、机械、电子等多个领域。钎焊可以实现异种材料、无机非金属、复合材料等难焊接材料及复杂焊缝、薄壁结构的焊接，在喷气发动机叶片、燃油总管、热交换器、推力室、涡轮以及散热器制冷管路、电气触头、微电路、超硬工具、石油钻头、金属镜架等部件的制造中应用广泛；在微波波导、电子管和电子真空器件的制造中，钎焊甚至是唯一可能的连接方法。为适应装备制造业的发展和新材料的应用需求，新型钎料不断涌现。

我国是全球钎料生产和应用第一大国，国内钎料市场巨大，且用量仍在持续增长。随着制造业新材料、新工艺的不断涌现，装备制造业对新型钎料的需求迅速增加，因此钎料是装备制造业重点发展的标志性基础材料之一。

钎料技术主要涉及钎料、钎剂以及与之相关的生产工艺与装备。钎料主要由基体元素、降熔元素、活性元素等组成，是钎焊过程中的填充金属，与母材有一定的润湿性，并能与母材之间发生扩散溶解或化合，满足接头的力学性能要求。根据元素划分有铜基、银基、铝基、锡基、镍基、贵金属钎料等合金类型，可制成板、带、箔、片、丝、条、粒、环、粉、膏以及药芯、药皮、预成形等形态。

钎剂的作用是清除钎料和母材表面氧化物，保护焊件和液态钎料免于被氧化，改善钎料对母材的润湿性。常用的钎剂有松香、有机卤化物、氯化物、氟铝酸盐、氟硼酸盐、硼砂、硼酸、硼酐等。

传统形态钎料的生产技术与装备和普通的非铁合金基本相同，包括熔炼、浇注、挤压、拉拔、轧制、分切等过程，而近年来涌现的新形态钎料的制备工艺涉及非晶甩带、雾化制粉、表面涂覆、轧制复合等，需采用专用的材料生产工艺与装备。钎剂的生产方式与精细化工产品基本相同。

10.1 铜基钎料

铜基钎料广泛用于铜及铜合金、钢、硬质合金等材料的钎焊，整体市场需求巨大。目前国内已有多家企业实现批量规模化生产，如上海斯米克焊接材料有限公司、上海申澳有色焊接材料有限公司、铜陵新鑫焊接材料有限公司、郑州机械研究所有限公司等。常见的有纯铜钎料、铜磷钎料、铜锌钎料、铜银磷钎料、铜锰钎料等。铜基钎料目前形态种类较多，除常规的丝、条、带等形状外，还有环状、粉状、膏状、药芯、药皮、预成形等多种新形态。

10.1.1　纯铜钎料

铜的熔点为1 083℃。使用纯铜作为钎料时钎焊温度约为1 100～1 150℃，一般用来钎焊低碳钢和低合金钢，由于钎焊温度已大大超过渗碳温度，所以对钢不会产生有害作用。为了防止钎焊时焊件的氧化问题，常常在还原性气氛、惰性气氛和真空条件下进行钎焊。由于铜对钢的润湿性和填缝性很好，因此使用铜作为碳钢和低合金钢钎料的主要优点就是钎焊接头强度较高。低碳钢纯铜钎焊接头的抗剪强度一般为150～215MPa，抗拉强度则为170～340MPa，即钎焊接头的强度要超过铜钎料自身的强度，在优化条件下可等同于钢母材的强度。但是以纯铜作为钎料时，要求接头间隙较小，推荐间隙为0～0.07mm，所以采用纯铜进行钎焊时应对零件的加工精度和装配精度提出严格的要求。

为了提高钎焊效果，有时还会在纯铜钎料中添加少量的其他合金元素，如 w（Ag）在0.5%以下时可以提高钎料的润湿性，w（Ni）在0.3%以下时可以提高界面的结合强度，w（P）在0.1%以下时可以提高钎料的流动性。

10.1.2　铜磷钎料

铜磷钎料由于工艺性好、价格低，在钎焊铜及铜合金方面得到了广泛应用。磷在铜钎料中主要起两种作用：首先是降低熔点，当 w（P）为8.4%时，铜与磷能够形成熔化温度为714℃的低熔共晶；磷在铜钎料中的另外一个作用就是在空气中钎焊铜时起到自钎剂的作用，因此铜磷钎料也是一种自钎剂钎料。

为了进一步降低铜磷合金的熔化温度、改进其韧度，可以添加适量的Ag元素。为了节约银，也可以加入Sn元素来达到降低熔化温度的目的。郑州机械研究所有限公司推出的表面覆锡型铜磷锡钎料，实现了对钎料中锡含量的灵活调控，解决了铜磷钎料钎焊黄铜、白铜润湿效果较差，且加工难度大的问题，显著提高了钎缝的强度和韧度。

铜磷和铜磷银基钎料只能用来钎焊铜及铜合金。为避免形成含磷的脆性金属间化合物，铜磷和铜磷银钎料不能用来钎焊钢、镍基合金和 w（Ni）超过10%的铜镍合金。铜磷接头的耐蚀性一般与铜相当，但应避免暴露在含硫气体中，因为在这种环境下铜磷接头有腐蚀倾向。

铜磷钎料包含各种具有不同固相线和液相线范围的成分组合。工件的接头间隙宽或不均匀时，应采用有宽熔点范围的铜磷钎料。另一些具有窄熔点范围和良好流动特性的铜磷钎料，对于接头间隙小的工件十分合适。使用宽熔点范围的钎料如果加热慢，可能有偏析的倾向，在选择合金和加热方法时应予以考虑。

近年来意大利 Pietro Galliani Brazing 公司推出了 NanoTec 系列铜磷钎料和铜磷银基钎料，其原理是将纳米磷颗粒分散加入到铜基体中，钎焊时可明显提升润湿性能，提高接头质量。

铜磷钎料可以加工成丝状、条状、环状和其他形状，如粉状、颗粒和膏状。可以选择火焰钎焊、炉中钎焊、电阻钎焊和感应钎焊等钎焊方法。

10.1.3　铜锌钎料

铜锌钎料是以铜和锌为主的钎料，锌的存在可降低钎料熔点。铜锌钎料因含锌量较高，必须防止钎焊时过热，否则会因锌大量挥发导致在接头中形成气孔，破坏钎缝的致密性，此外，锌蒸气有毒，对人健康不利。

简单的铜锌钎料熔点低，钎焊操作容易，但由于钎料组织中脆性相较多，因此常用来钎焊不重要的碳钢和低合金钢接头。

为了减少锌的挥发，可在铜锌钎料中加入少量的硅。钎焊时钎料中的硅氧化，同钎剂中的硼酸盐形成低熔点的硅酸盐浮在液态钎料表面上，减少了锌的挥发。但是，硅能显著降低锌在铜中的溶解度，促使生成 β 相，使钎料变脆，此外含硅量过高会形成过量的二氧化硅，不易去除，因此含硅量以低于5%（质量分数）为宜。为了提高钎料的铺展性，可以在钎料中添加锡元素，但是锡元素同样能降低锌在铜中的溶解度，因此含锡量不宜超过1%（质量分数）。含 Si、Sn 的铜锌钎料是生产中应用很广的钎料。

除焊接碳钢和低合金钢以外，铜锌钎料的另一个重要应用领域就是硬质合金的钎焊。在铜锌钎料的基础上，添加适当含量的镍元素可明显提高钎料在硬质合金上的润湿性，同时再添加少量锰、钴元素，可明显地提高硬质合金钎焊界面的结合强度，但同时加大了钎料自身的加工难度。BCu58ZnMn、BCu57ZnMnCo 等钎料已成为采煤、掘进等领域截齿的主流钎料，每年需求量巨大。

铜锌钎料可以加工成片状、颗粒状，可以选择炉中钎焊、感应钎焊、火焰钎焊等钎焊方法进行焊接。

10.1.4　铜锡钎料

在铜中加锡可降低铜的熔点，加锡量的多少决定了钎料的熔点和性能，加锡少，熔点高，成形性能好；加锡多，熔点降低，但加工性能变差。

铜锡钎料比较典型的牌号是 BCu94Sn、BCu88Sn 和 CuSnP-A。BCu94Sn 钎料的含锡量较低，容易加工成丝或片，但熔点和钎焊温度仍相当高。BCu88Sn 的熔点较低，但因含锡量的增加，很难加工成丝，只能制成薄片。CuSnP-A 钎料兼具了上述两种钎料的特点，钎料的含锡量适中，可以加工成丝状使用，CuSnP-A 具有以下特点：

1）与铜钎料相比，钎焊温度可下降，且可以填充不均匀的间隙（铜钎料只能填充很小的间隙）。

2）钎料不含易挥发元素，特别适宜于保护气氛炉钎焊。

3）可钎焊碳钢、不锈钢、纯铜、白铜等同种或异种材料。以往纯铜、白铜与不锈钢或碳钢钎焊时常用银基钎料，用 BCuSnP-A 钎料替代银基钎料可大大降低成本。

10.2 银基钎料

银基钎料是应用最广泛的一类硬钎料。因银钎料熔点不太高，润湿性好，并具有良好的强度、塑性、导热性、导电性和耐蚀性，广泛用于钎焊低碳钢、结构钢、不锈钢、高温合金、铜及铜合金、可伐合金、难熔金属等。国内郑州机械研究所有限公司、上海斯米克焊接材料有限公司、铜陵新鑫焊接材料有限公司、上海申澳有色焊接材料有限公司等均能实现多种规格的银基钎料产品制备，有丝状、片状、环状、箔带状、膏状、预成形、三明治焊片、药芯焊丝等形态。

银基钎料的主要合金元素是铜、锌、镉和锡等。其中铜是最主要的合金元素，主要原因在于添加铜可降低熔化温度，又不会产生脆性相。由于银基钎料适用范围广，目前银基钎料已成为种类最为繁多的钎料。

10.2.1 银铜钎料

银铜钎料系银铜共晶成分，具有很好的导电性。由于银铜钎料不含易挥发元素，特别适用于保护气氛钎焊和真空钎焊。银铜钎料在铜和铜合金上的铺展性极好，必须控制钎焊温度以避免钎料过度流散。银铜钎料对钢和不锈钢的润湿能力较差，必须适当提高钎焊温度，尤其是钎焊不锈钢时，不锈钢表面必须镀镍才能取得较好的钎焊效果。

10.2.2 银锰钎料

银锰钎料是一种高温银基钎料，常见牌号为 BAg85Mn，它是银基钎料中高温性能最好的一种，适用于在保护气氛下钎焊在较高温度下工作的不锈钢、镍基合金和钴基合金。如果用于真空钎焊，锰会挥发，这时可以充以少量的氩气来降低真空度防止锰的挥发。

10.2.3　银铜锂钎料

银铜锂钎料用于保护气氛钎焊，可在 760～870℃范围内钎焊沉淀硬化不锈钢和其他不锈钢。钎料中的锂可促进钎料在不锈钢表面上的润湿和铺展，尤其是母材中含微量的钛和铝时，如 06Crl8NiLi、17-7PH 等材料，这种作用特别明显。银铜锂钎料不适用于真空钎焊，因为 Li 在真空加热过程中会发生挥发，失去作用。

10.2.4　银铜锌钎料

银铜锌钎料是以银元素为基础，配合不同含量的铜和锌以满足熔化温度和力学性能要求的合金钎料。

BAg5CuZn、BAg12CuZn、BAg20CuZn 钎料含银量较低，属于低银基钎料，价格较低，但钎焊温度较高。随着含银量的降低，钎焊温度越来越高，钎焊的润湿性和铺展性中等，钎焊接头的韧性较差，这种钎料主要用于对钎焊要求较低的铜、铜合金、钢以及铜－钢异种材料的钎焊。

随着含银量的增加，钎料的熔点降低，润湿和铺展能力更好。如 BAg44CuZn 钎料熔化温度适中，含银量中等，比较经济。BAg44CuZn 钎料具有很好的润湿性、铺展性和力学性能，适用于要求钎缝表面光洁、接头强度高、能承受振动载荷的零部件，在电子、食品、制冷等各工业部门得到广泛的应用，是经典的银铜锌钎料。

BAg65CuZn 和 BAg70CuZn 钎料的含银量更高，钎料的导电性和导热性更好，适用于钎焊要求导电和导热性好的铜部件。此外，用这两种钎料钎焊的钎缝颜色非常接近于银币和不锈钢的颜色，因此其特别适用于钎焊银器和不锈钢。BAg65CuZn 和 BAg70CuZn 钎料由于熔点较低，可用于分级钎焊的后级钎焊。

10.2.5　银铜锡钎料

银铜锡钎料不含易挥发元素，适用于保护气氛炉中钎焊和真空钎焊。银铜锡钎料的熔化温度显著低于银铜钎料的熔化温度，特别适用于分级钎焊中的末级钎焊。Sn 元素的存在有助于提高钎料在碳钢、不锈钢上的润湿性。

10.2.6　银铜镍钎料

银铜镍钎料不含易挥发元素，适用于保护气氛炉中钎焊和真空钎焊。银铜镍钎料中的镍可改善钎料在钢和不锈钢上的润湿性。例如用该钎料钎焊钢和不锈钢时，不必在母材表面镀镍，省去了电镀工序。

10.2.7 银铜锌锡钎料

银铜锌锡钎料是在银铜锌钎料的基础上添加少量锡元素，可以降低钎料熔点，提高钎料润湿和铺展能力。钎料中含锡量过少，熔点降低不明显；含锡量过多，钎料发脆。银铜锌锡钎料也是银铜锌镉钎料的重要替代钎料。

10.2.8 银铜锌镉钎料

银铜锌镉钎料是银基钎料中性能最好的一种钎料，因为它熔化温度低，润湿性和铺展性好，力学性能优良，价格也不算高，唯一的缺点是镉为有害元素，镉蒸气对人体危害极大，从职业健康和环保出发，含镉钎料应在被取代之列。欧盟已规定，从 2006 年 7 月 1 日起，电子工业等产品中不准含镉。根据近二三十年的研究，发现只有锡元素可以取代镉。银铜锌锡钎料虽然无毒，但无论在熔化温度、工艺性能、力学性能或者在价格等方面仍无法与银铜锌镉钎料媲美。

10.2.9 银铜锌铟钎料

在银基钎料中加铟的目的和加锡相同，都是用以降低钎料的熔点，从而达到节省银的效果。铟与锡不同的是，铟在银中的溶解度较大，在添加较多铟的情况下也不会使钎料发脆。例如 AgCuZnSn 钎料中的加锡量一般只有 2%（质量分数），而 BAg30CuZnIn 和 BAg40CuZnIn 的含铟量可达到 5%（质量分数）。但含铟的银基钎料目前存在以下几个问题：

1）加少量铟对降低钎料液相线温度作用不大，只有在添加较多铟，如 5%（质量分数）时才能起明显作用。

2）在银铜锌钎料中加较多的铟后钎料的加工性变差，加工困难。

3）铟的价格很高，只有在银和铟的差价很大的情况下，以铟代银才具有经济效益。

基于上述原因，银铜锌铟钎料目前尚未得到市场认可，也无企业进行大批量生产。

10.2.10 银铜锌镍钎料

镍元素可以改善银基钎料在硬质合金上的润湿性，也可以提高不锈钢钎焊接头的耐蚀性，因此银铜锌镍钎料常用于硬质合金工具的钎焊以及 300 系列不锈钢的焊接。

10.2.11　银铜锌锰镍钎料

钎料中较高的含锰量和含镍量使钎料在硬质合金上具有优良的润湿性，特别适用于硬质合金工具的钎焊。目前已将此种钎料与铜片轧成"三明治"复合材料，即在铜片的两面轧上该钎料。"三明治"钎料适用于硬质合金工具的大面积钎焊，钎焊后复合钎料中的铜片吸收了硬质合金和钢刀体之间冷却时因线胀系数不同而引起的应力，有助于避免应力引起的裂纹。

10.3　铝基钎料

铝及其合金由于密度小，热导率和电导率高，在近代工业材料中占有独特的地位。在人造卫星、火箭、导弹、微波元件、飞机或地面雷达天线、汽车散热器或空调散热器等的制造上，为了减轻重量，降低能耗，提高效率和增强机动性，都尽可能地以铝代铜，甚至代钢，因此，铝及铝合金钎料的需求量与日俱增，未来市场潜力巨大。

在铝基钎料的生产过程中，由于其自身合金系加工性能的不同，所呈现出的供货状态也不同。铝基钎料常用的形态有丝状、棒状、箔片状和粉末状，还可以制成双金属或多金属复合板，以简化钎焊过程，用于钎焊大面积或接头密集的部件，如热交换器、蜂窝结构等。

对铝基钎料的除了有对一般钎料的共同要求，如润湿性、钎缝中的流动性、与母材的结合能力、钎料本身热稳定性、钎缝的强度及钎料的热加工性以外，还因为铝是极活泼的元素，钎料合金元素的选择与配比对焊点的耐电化学腐蚀性能有很大影响。同时由于铝合金是银白色金属，钎料的色泽以及钎缝与母材结合部分的镀覆性能也不得不成为一项重要的考虑内容。

近年来国内铝基钎料生产企业在生产技术、经营管理、市场推广等方面都有显著的进步，钎料尺寸精度和表面质量不断提高。

10.3.1　铝硅钎料

铝硅钎料是指以铝硅共晶成分为基体的钎料，也包括亚共晶、过共晶以及添加元素不高于5%（质量分数）的铝硅合金。这一系列的钎料无论是钎焊性、强度，还是母材色泽一致性、镀覆性和耐蚀性能都极佳，是少有的优良钎料，特别是这系列钎料可以进行变质处理，能够大大增加钎料和钎缝的韧性和折弯性能，现已成为成熟的商品。

10.3.2　铝硅铜锌钎料

铝硅铜系钎料常用来钎焊液相线较低的铝合金,在铝硅钎料中加入铜元素后,钎料的流动性显著增加。但由于此种三元共晶钎料中 $CuAl_2$ 金属间化合物的含量很高,因而很脆,只适于铸成条使用而难于加工成丝和箔。

在铝硅共晶钎料中加入锌后,钎料的润湿性和流动性均有加强。随着锌的浓度增加,硅的溶解度迅速下降。由于铝硅体系中没有化合物生成,钎料的热加工性能要比铝硅铜系强得多,可以方便地加工成丝或带。

10.3.3　铝锗硅钎料

铝锗硅钎料的基本合金是用铝锗系作为次共晶钎料,其流动性好,铺展性极佳,能沿母材表面大面积流铺。色泽较深是铝锗硅钎料的一大缺点。该合金体系虽然没有化合物生成,但是因其共晶点 $w(Ge)$ 高达 55%,钎料极脆,铸条几乎无强度,落地便断。由于共晶温度 423℃正好处于中温铝钎焊范围内,且钎焊工艺性能极佳,该钎料仍为人重视。使用时需要采取一些特殊措施,例如间隙应该减小,不要超过 0.1mm,钎焊后钎焊温度下做适当保温处理,热扩散后可以得到较高的强度。

10.3.4　锌铝钎料

熔化温度在 380～450℃的钎料几乎只有锌铝系合金。此合金系的机械加工性能和纯锌相差不大,虽然可加工成丝、片状钎料,但长期存放比纯锌更易产生晶粒长大而变脆,随着含铝量的增加,合金的成形加工性能有较明显的改善。

锌铝共晶钎料以及富铝的亚共晶钎料,其流动性与铝硅共晶钎料相比要差得多,这是因为锌和铝互溶度很大,钎料在钎缝中流动的同时,以相当快的速度向母材晶间渗透,影响液态钎料在钎缝中前进的速度。

锌铝钎料的熔蚀问题比铝硅钎料难控制得多,因此要十分注意钎焊的温度控制。该体系钎料熔化后难于在钎缝中长距离流动,钎料的耐腐蚀性能也远远不及铝硅钎料。锌铝共晶钎料的抗拉强度约为 170MPa,断后伸长率约为 1%。

10.4　锡基钎料及无铅钎料

锡基钎料及无铅钎料属于软钎料范畴,为液相线温度低于 450℃的可熔融合金。电子产品制造业是我国的支柱产业之一,而软钎焊正是电子产品封装中最常用的连接方式,此外,光伏产业、LED、电光源和照明产业亦大量采用软钎焊技术。软钎料的需求逐年上升,目前,全球每年消耗量超过 15 万 t。

锡基钎料由于熔点低、储量丰富、性能优良、价格低廉，可用于铜、铜合金、碳钢、镀锡板、镀锌板、不锈钢等材料的软钎焊，是现代工业制造尤其是家用电器、电子通信及计算机等相关行业广泛使用的连接材料。

近年来，由于铅污染和铅中毒已成为污染环境、危害人类健康的重要问题，世界各国纷纷通过立法限制铅在软钎料中的使用，无铅钎料就此应运而生，并迅猛发展。自从 1998 年 10 月，索尼公司推出第一款 MD 机以来，无铅钎料已获得广泛应用。全球每年消耗软钎料 11 万～13 万 t，其供货形态由传统的丝状、条状、带状发展到线状、箔带状、粉状、膏状、BGA 球和药芯钎料等。无铅钎料演变成无铅无卤素钎料，新的环保要求除了要去除铅，还要重新设计采用与无铅配套的新的助焊剂体系，技术和贸易门槛进一步提高。我国无铅钎料的规模化生产始于 21 世纪初，起步较晚，但发展迅速，除供应国内需求外，国外订单也与日俱增，并已占据主导地位。目前，我国已有 300 多家软钎料生产企业，品种超过 600 种，年产量已超 10 万 t。虽然无铅钎料已取代锡铅钎料成为电子封装中的常用钎料，但其综合性能仍不及锡铅钎料。

目前我国在软钎料方面最大的差距体现在国内缺乏自主知识产权的产品，还停留在生产和销售普通材料水平。虽然国内近些年也申请了很多软钎焊材料方面的专利，但是几乎没有获得市场的认可及大规模应用。

国内与国外软钎焊材料的具体差距目前主要体现在以下几个方面：

1. 预成形焊片

为了高度自动化的表面组装工艺，越来越多的电子元器件采用贴片封装形式。由此带来两方面问题：首先是一些元器件焊点的合金含量不足会影响焊点的强度，其次是大面积焊盘的焊接存在大量空洞，可靠性难以保证。目前国内尚没有预成形焊片的大批量生产、包装，小尺寸预成形焊片的尺寸精度和表面平整度难以保证，同时在预涂助焊剂的预成形焊片方面国内企业也和国外企业有较大的差距。

2. 锡铋药芯焊锡丝

基于成本考虑，在低温软钎料合金中，只有锡铋体系可以用于工业化生产，但是该合金的脆性极大。国内虽已可以生产实心锡铋焊锡丝，但内含助焊剂的药芯锡铋焊锡丝目前尚无法生产。该产品的生产曾一度是国际难题，但 2015 年日本千住公司已经成功突破该难题，并推出了相应的产品。

3. 与传统锡铅合金熔点接近的无铅合金

光伏组件都是采用镀锡铜带焊接的方式进行电信号元件的连接，目前此类表面镀锡采用的还都是锡铅系合金。虽然无铅软钎料在电子电器领域已经广泛应用，但在该领域还存在焊接温度不能提高的难题。针对这一难题国际上尚没有良好的解决办法。

4. 抗枕头效应的焊锡膏

随着球栅阵列封装（BGA封装）的芯片越来越多，薄形化趋势使得热变形也趋于严重，枕头效应是近几年来最受关注的精密电子焊接中出现的缺陷问题。目前国外公司已经有若干可以很好解决此类问题的焊锡膏产品，国内尚没有一家公司的产品得到市场的公认。

10.5 镍基钎料与锰基钎料

镍基钎料和锰基钎料同属于高温钎料，适用于在较高温度下工作的工件的钎焊，是航空、航天等苛刻环境下服役设备钎焊的常用钎料。

10.5.1 镍基钎料

镍基钎料以镍为基体，添加能降低熔点且能提高其热强度的元素。镍基钎料由于具有优良的耐蚀性能和耐热性能，可用于铜、镍、钴、不锈钢和金刚石等的钎焊，在喷气发动机、火箭、化工设备、核反应堆、废气再循环冷却器、热交换器、燃油系统等领域广泛应用。元素镍自身熔点较高，一般通过添加硼、硅、磷等元素来降低其熔点。镍基钎料通常以焊膏方式提供（钎料粉和有机黏结剂的混合体），也有一些镍基钎料用快速凝固的方法制成非晶箔带，以满足不同产品的钎焊要求。常用的镍基钎料型号见表10-1。

表 10-1　常用镍基钎料种类及性能

牌号	固相线 /℃	液相线 /℃	钎焊温度 /℃	性能及应用
BNi-1	977	1038	1066 ~ 1204	最早开发的 Ni 基钎料，适于受高应力的部件，接头耐蚀性能强，不适于钎焊薄件
BNi-2	971	999	1010 ~ 1177	应用最广的镍基钎料，适用于较薄的不锈钢部件，接头的高温性能，如抗氧化、耐蚀性比 BNi-1 钎料钎焊的差
BNi-3	982	1038	1010 ~ 1177	流动性很好，适用于钎焊接头间隙小、搭接长度大的部件
BNi-4	982	1066	1010 ~ 1177	熔化温度范围较广，塑性较好，流动性较低。适用于钎焊间隙较大的接头，钎焊接头的抗氧化性和耐蚀性要低于含铬的 BNi-1 和 BNi-2 钎料

牌号	固相线/℃	液相线/℃	钎焊温度/℃	性能及应用
BNi-5	1079	1135	1149～1204	不含硼的钎料，适用于钎焊核反应堆部件。钎焊接头的高温抗氧化性和耐蚀性很好，不适用于不允许不锈钢晶粒长大的场合
BNi-6	877	877	927～1093	镍磷共晶合金，熔化温度低，且流动性很好，钎焊温度低。特别适用于钎焊薄件，如热交换器等
BNi-7	888	888	927～1093	可以很好流入 0.02～0.1mm 的接头间隙。钎焊接头的抗氧化性和耐蚀性都优于 BNi-6 钎料
BNi-8	982	1010	1010～1093	不含硼，钎料塑性较好。用该钎料钎焊的接头塑性较好，但耐蚀性较差
BNi-9	1055	1055	1066～1204	流动性很好，要求部件具有较好的高温抗氧化和耐蚀性，但又允许在较高的温度下钎焊，是一种优选钎料
BNi-10	970	1105	1149～1204	高强度钎料，适用于高温工作的部件。特别适合于钎焊含钴、钼、钨等元素的合金
BNi-12	880	950	980～1095	接头抗氧化和耐蚀能力强，无硼，可用于钎焊核反应堆部件
BNi-13	970	1080	1095～1175	专门为提高某些不锈钢接头的耐蚀性而设计的，用途比较单一

10.5.2 锰基钎料

当接头工作温度高于 600℃时，银基和铜基钎料都不能满足要求，这种情况下往往选择能承受更高工作温度（600～700℃）的锰基钎料。锰的熔点为1 235℃，为了降低其熔点可加入镍元素。锰基钎料就是以锰镍合金为基体，添加不同量的合金元素组成的。为了进一步提高锰基钎料的高温抗氧化性和热强度，可以在钎料中加入一定量的铬元素和钴元素。锰基钎料适用于碳钢、合金钢、不锈钢和高温合金等多种在中温工作的零部件的钎焊。

所有锰基钎料都具有良好的塑性，可以制成各种形状。所有锰基钎料在不锈钢和高温合金上的润湿性和填充间隙的能力都很好。钎料对不锈钢没有强烈的熔蚀作用和晶间渗入作用。锰基钎料主要用于保护气体钎焊，要求气体纯度较高。锰基钎料的蒸汽压较高，不能用于高真空钎焊，锰又容易氧化，也不适用于火焰钎焊。由于锰的抗氧化性比较差，因此锰基钎料的高温性能仍旧有限。

10.6　金、钯贵金属钎料

贵金属钎料由于市场容量小，国内目前对其研究较少，生产厂家也不多。金、钯钎料在高新技术发展中处于重要地位，如金基钎料被广泛用于航空、航天和电子工业中，钯基钎料广泛应用于高温技术领域。尤其是在航天、航空、兵器等领域内，贵金属构件往往在高温、腐蚀性气体条件下工作，常需要贵金属与各种钢、镍基合金或难熔金属进行钎焊，金基钎料和含钯钎料是通常被采用的钎料。然而，由于金、钯等贵金属资源稀缺，使得金基、钯基钎料成本高、价格昂贵，应用受限制，仅被用于关键部件的连接。

10.6.1　金基钎料

金能与铜形成无限固溶体，因此按不同比例可以配置成不同熔点的钎料。金铜钎料由于其蒸汽压低，合金元素不易挥发，因而特别适用于电真空器件的钎焊。Au-17.5Ni 金镍钎料是金基钎料中具有代表性的一种，它熔点合适，蒸汽压低，高温强度、塑性和抗氧化性都比较好，在国外航空工业、电子工业中曾得到广泛应用。但金镍钎料是稀缺昂贵的合金，目前在航空、航天领域正在被其他钎料所取代。

10.6.2　含钯钎料

钯和贵金属元素及许多普通金属元素具有优良的互溶度，并形成塑性的固溶体组织，因此该系钎料对贵金属及其合金、不锈钢、耐热钢、镍基合金、钴基合金、钛合金、锰和钨、钼以及含有 Ti 和 Al 的沉淀硬化高温合金，具有优良的润湿性和铺展性。铂、钯、铑、钌、铱及其合金和各类钢、镍基合金等钯系钎料钎焊，可以获得高质量的钎焊效果。由于钯密度比金小得多，且钯的价格近年来一直比金低，所以近年来在贵金属和普通金属合金构件的连接技术中，常用钯取代部分金或直接应用钯系钎料钎焊。

10.7　钛、锆及特种钎料

钛基钎料具有较高的焊接强度，优良的耐腐蚀性能，良好的流动性和润湿性能，是钛合金钎焊时的首选材料。但其难加工成材，一般以粉末状使用。目前国内可生产钛基料的企业较少，在钎料制备及钎焊后性能稳定方面还有待提高。

传统上钛合金的钎焊一般选用能与钛形成低熔共晶的铜、镍作为降低熔化温度的元素。但已知的钛铜镍钎料熔点仍旧偏高，需要在960℃以上进行钎焊，因此必须另外加入其他合金元素，以获得具有更低熔点的钛基钎料。锆与钛无限固溶，加入钛中不会产生脆性相，允许加入量较多，是钛合金的主要强化元素之一。首先，它可以在不显著降低钛合金塑性的情况下提高合金强度，同时当含锆量为50%（质量分数）时，熔点出现一个极小值，比钛熔点降低100℃左右；其次锆在钛合金中呈中性，对 α/β 转变温度影响很小；此外，锆可与铜、镍形成共晶，可为获得低熔点的钛锆铜镍系合金。因此，锆也是钛基钎料的主要加入元素。铍可与钛形成有限固溶体及化合物，少量加入也可使钎料熔点有所降低。其他的元素（如钒、铬、铁、钴等）虽然也有类似作用，但效果均不如上述几种元素好，因此近几十年来研究开发的钛基钎料均是钛或钛锆和镍、铜、铍组成的低熔点共晶合金。

与银基钎料、铝基钎料相比，钛基钎料钎焊接头的强度更高，耐蚀性和耐热性更好，在盐雾环境、硝酸和硫酸中尤为优良。但由于这类钎料中基本都含有与钛具有强烈作用的铜、镍元素，钎焊时它们会快速扩散到基体金属中与钛反应，造成对基体的熔蚀和形成脆性的扩散层，因此不利于薄壁结构的钎焊。对这个问题的解决途径有两条：一是严格控制钎焊温度和时间，使钎料与基体金属的反应和熔蚀保持在可接受的范围之内；二是采用不含铜、镍的钛基钎料，如 Ti48Zr48Be，该钎料不仅具有良好的流动性，而且在940℃钎焊钛时，对基体无明显熔蚀。另外，钛基钎料本身较脆，加工性能差，钎料箔材制备困难，因此，最初主要以粉末状态或用胶调和成膏状使用，后来又发展了薄片叠层钎料，直到近20年来真空或惰性气体保护非晶态急冷制箔技术的进步和工程化应用，才使钛基钎料的制箔问题真正得到解决。目前，市场上已有成品非晶态钛基钎料供应。

钛元素与锆元素属于同族钎料，锆元素除了能够以合金元素制备钛钎料外，还能用来制备以锆为主的锆基钎料，用来进行锆及其合金的钎焊。与钛合金相比，锆及其合金的钎焊开发较晚。许多市售的钎料在锆基合金上不能良好的润湿和铺展，它们在冶金上互不相容。用于锆及其合金钎焊的钎料，其研制工作一直针对核动力反应堆锆合金管暴露于高温高压水的要求条件进行，要求接头具有优质的耐蚀性。目前比较成熟的是 Zr-5Be 钎料，该钎料已广泛用于锆基合金、锆基合金与不锈钢等其他金属的钎焊，同时由于其具有润湿陶瓷表面的能力，已用于钎焊锆与氧化铀和氧化铍。

10.8　环保复合型钎料

传统钎焊工艺中，钎料和钎剂需要分别添加，这样不仅在钎焊生产中增加了添加焊剂的工序，同时由于钎料和钎剂的不同步加入也会造成钎料和钎剂量的不匹配问题，从而影响连接的一致性和质量的稳定性，也加大了焊后的清理时间，同时产生安全隐患。为了解决上述问题，近年来复合型钎料被引入钎焊行业，复合型钎料如异军突起，迅速地占领了传统钎料市场，复合型钎料在降低钎焊工艺时间、减少安全及环境隐患的同时，保证了工艺的一致性，提高了钎焊接头的质量。目前复合型钎料主要有药芯钎料和药皮钎料两大类。

10.8.1　药芯钎料

药芯钎料是将配置好的焊剂包裹在金属钎料内部的新型钎料，如图 10-1 所示。与传统的实心钎料相比，药芯钎料具有以下优点：自带钎剂，钎焊时减少了添加钎剂的工序，焊接效率高；成分调节灵活、节能节材、钎剂用量少、成本低、污染小、焊缝成形美观，且可直接连续施焊。

图 10-1　药芯焊丝形貌

受产业规模和钎料加工水平的限制，药芯钎料最初发展较为缓慢，最早出现的关于药芯焊丝的研究报道以铝基药芯钎料为主。药芯铝焊丝的研发成功一定程度上解决了铝－铝、铝－铜钎焊时生成铜／铝脆性相接头、线胀系数相差大和电极电位差值大等难题，其在航空航天、汽车、电子、生活用品方面应用日趋广泛。

药芯铝焊丝的产生历史不长，但发展速度极快。近年来，美国、德国、韩国等国家有实力的焊接材料公司相继推出了铝－铝钎焊及铝－铜钎焊用药芯钎料产品，主要为铝硅系和锌铝系钎料，在铝－铝钎焊和铝－铜钎焊中发挥了重要作用。我国在药芯铝焊丝的研究开发方面几乎与国际先进企业同步，以郑州机械研究所有限公司为代表的钎料企业相继开发了自己的药芯焊丝，为我国药芯焊丝的应用打下基础。

随着药芯钎料成形技术的发展，技术研究人员又将药芯焊丝的制备拓展到其他钎料方面。目前，针对国内外制冷、电力、电器等行业使用的银基钎料，部分企业已开发出药芯银基钎料，且已在生产中大量应用，取得了不错的应用效果。另外，随着现代化钎焊制造业对成本的控制，及以铜代银发展趋势的需要，药芯铜基钎料也已占据了一定的钎料市场。

目前市场上能见到的药芯焊丝主要分为有缝型和无缝型两大类。有缝型在市场上占主导地位，这是因为有缝药芯焊丝的制造设备比较简单，相对制造成本较低。但是有缝药芯焊丝的运输存放性较差，深加工性能更差，缝隙和露粉是它的先天缺陷。无缝型药芯焊丝在市场上所占的份额较小，这是因为管状焊丝生产效率低、填充系数不稳定，核心成形技术掌握在极少数研究单位手中，还没有得到推广应用，不过在未来无缝药芯钎料必然是药芯钎料的主流发展方向。

10.8.2 药皮钎料

药皮钎料形态与焊条电弧焊中的焊条形态类似，不同之处在于药皮钎料的药皮是由钎剂组成，钎焊过程中药皮与钎料同时熔化，在同步熔化过程中熔化的钎剂促进钎料的铺展和润湿，药皮钎料如图 10-2 所示。从作用效果上看，药皮钎料与药芯钎料的作用类似，但从制备难易程度上看，药皮钎料的制备要相对容易一些。

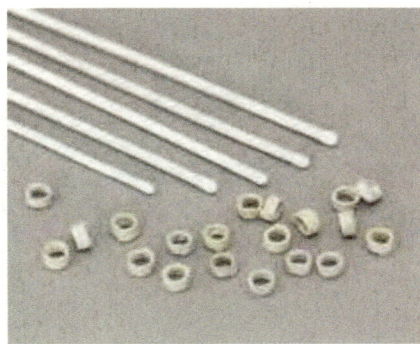

图 10-2　铜基药皮钎料和药皮焊环

药皮钎料目前在白色家电制造企业中已被大量应用，比较典型的产品包括药皮银基钎料和药皮铜基钎料。药皮钎料进入市场后因其强度高、活性好、焊接效率高等特点迅速获得了不错的市场反响。但与药芯焊丝不同的是，药皮钎料的药皮涂覆层往往需要使用胶体进行粘接，在药皮熔化后会释放出大量的有害气体，不仅对操作人员的健康带来影响，也会对接头的质量产生不良效果。不过可喜的是，以郑州机械研究所有限公司为代表的国内企业开发出的药皮无胶自粘接技术有效地解决了这类问题，使药皮钎料钎焊过程无毒烟和残碳，得到了用户的一致好评。

10.9　自动钎焊用钎料

随着信息技术的发展及其与传统产业的融合，使钎焊工艺的发展日新月异，自动化钎焊日益普及。采用自动化、智能化钎焊技术，不仅焊接效率显著提高，且可获得性能稳定、均一性好的焊缝，同时可显著降低钎料的消耗。与传统的钎焊工艺相比，钎焊自动化所需要的钎料要求具有更好的连续性、均质性、高表面质量、小尺寸公差等特点。目前自动钎焊钎料主要有焊环、焊带、焊膏、预成形钎料等多种形态。

10.9.1　环状钎料

环状钎料是将钎料丝材加工成环状，然后将钎料置于待焊部位，进而实现批量自动化钎焊的过程。环状钎料常用于管 - 管的搭接钎焊，大量应用于冷却、循环水管的钎焊。目前常用的环状钎料包括铝基焊环、铜基焊环。为了减少焊接工序，提高焊接质量，自动焊用环状钎料也多为复合型钎料，如药芯铝焊环、药皮铜焊环等（见图 10-3）。

图 10-3　药芯型铝 - 硅焊环

10.9.2　带状钎料

箔带状钎料是钎料的通用形态之一。这种钎料由于具有一定的柔性,加入方式简单,钎缝厚度易于控制,更便于某些平面窄间隙等特定场合使用,因而得到广泛的应用。箔状钎料适合于平整规则的钎焊面,但无法满足复杂钎焊面的钎焊或者自动钎焊。箔带状钎料形貌如图10-4所示。

图 10-4　箔带钎料的形貌

箔带状钎料适用于蜂窝结构的制备,如在蜂窝结构的上下基上预置箔带钎料,可一次实现数百个钎焊接头的连接,钎料润湿较好,液态钎料填满间隙并在钎缝两侧形成圆角。对于大平面窄间隙的钎焊,箔带状钎料具有一定的优势,如航空发动机封严篦齿环、铝钢板翅式换热器、铝合金缝阵天线以及铝合金波导等部件的钎焊。

10.9.3　膏状钎料

对于某些特殊工件,传统的丝状、棒状钎料在应用中受到限制,膏状钎料(也称钎料膏)能解决微器件的精密钎焊问题,其方便涂抹,可实现焊接的自动化操作,已逐步替代了部分传统形貌的钎料,膏状软钎料在整个微电子器件软钎焊中所占的比例和总体需求量日益增加。膏状钎料是由合金粉末、钎剂及粘结剂所构成的膏体,在实际生产过程中,常会遇到需要将粉末钎料调成糊状来使用,这也可称为膏状钎料。从理论上讲,可将铜磷(银)钎料、铝硅钎料、银铜锌钎料、镍基钎料和锰基钎料等任何一种或一类硬钎料制成膏状钎料。随着自动化钎焊技术的不断提高和微电子组装技术的发展及推广应用，对膏状钎料的需求量也越来越大。

膏状钎料使用方便，但制备和存储要求较高。膏状钎料在一定时间和一般环境温度下应具有不混合、不互溶的化学性质，避免因钎料粉、钎剂和粘结剂之间分离导致成分不均匀，抗氧化性能差，不易存储等缺陷。虽然国内有许多企业已经能批量生产各种膏状钎料，但仍不能完全满足用户的需求，用户仍需从国外购买。由于进口钎料膏的成本高，采购周期长，钎料膏质量无法保证，严重影响了生产的正常进行，因此国内钎料厂家应加强对钎料膏的研发，以适应市场的需求。

10.9.4　预成形钎料

除上述一些常见形状的钎料外，还可根据具体的使用或加工制备条件来生产一些具有特殊形状的钎料，即所谓的预成形钎料。预成形钎料是依据钎缝特殊形态要求定制而成的，最常见的形态是环状，此外还有方形、梯形、扇形、弧形、H形、U形、条形、圆形等（见图10-5）。也可将镍基钎料粉末或其他体系合金粉末和粘结剂按一定比例混合均匀，制成新型超薄的预成形粘带钎料。粘带钎料是钎料制造工艺的一大进步，除具有膏状钎料的优点外，还具有使用方便、操作简单和钎焊面积容易控制等优点。此外，还可采用将银铜锌（高银低锌）合金片和锌铜银锡（高锌高锡低银）合金片复合，制成三明治形状，原位合成银铜锌锡钎料，解决银铜锌钎料加锡后塑性性能下降而难以加工成形的难题。

图 10-5　预成形钎料

在钎焊过程中，预成形钎料易于实现自动化装配，使用方便，工作效率高。由于预成形钎料尺寸与钎缝的吻合很好，钎料在润湿和铺展过程中流损少，钎料的利用率高，从而减少了钎料的使用量。随着对钎料的几何尺寸、表面粗糙度等工艺性要求的日益提高，工件钎缝形态千变万化，预成形钎料的形态和尺寸无法统一，因而提高了钎料的加工成本。

10.10　钎剂及其绿色化

钎剂在大多数钎焊工艺中不可或缺，但钎焊过程中只有少量钎剂被消耗，焊后大量残留钎剂需使用水或有机溶剂进行清洗，导致水资源污染。传统的钎剂多含卤素，往往具有较强的腐蚀性，未能彻底清洗的钎剂可能导致钎缝腐蚀，造成安全隐患。为减少钎剂污染，提高接头可靠性，低腐蚀性或无腐蚀性、高纯度的钎剂是当前钎剂发展的重要方向。

目前国内数家企业能够配套生产自己的钎剂，如烟台固光焊接材料有限公司、上海申澳有色焊接材料有限公司、金华市新宇焊接材料有限公司、郑州机械研究所有限公司。目前主流的钎焊助剂包括银钎焊助剂、铝钎焊助剂、铜钎焊助剂、液体助焊剂等。其中液体助焊剂主要是配合铜基钎料在液体助焊剂发生器帮助下与火焰燃气混合进行工作。操作方法简单方便，质量容易保证，钎缝平整光滑，残渣易清除。

随着环境保护要求和钎焊可靠性要求的提高，钎剂的无卤素化是未来发展的必然趋势。目前，国内外许多企业和科研机构采用水基溶剂代替醇类溶剂、采用有机酸及有机胺代替卤素作为活性物。目前国内推出的多种类型的水洗或免清洗助焊剂，环保效果显著。

第 11 章　电子封装材料

随着当前半导体技术的制程逐渐低于 100nm，半导体技术发展进入了纳米时代。当今半导体制程正逐步由 65nm 工艺缩减到 45nm 乃至 32nm 工艺。但是大规模集成电路中互补金属氧化物半导体（CMOS）的物理尺寸逐渐达到极限，摩尔定律面临极大挑战。由于芯片中的 CMOS 尺寸很难再被缩小，人们更愿意将芯片集成化以达到功能性的目的，例如：MEMS、光电子器件、化学和生物传感器，以及其他感知型传感器。功能化芯片的复杂化以及成本、尺寸和消费者对其外观的喜爱等多重因素推动着芯片产业的发展，这些方向被称为"深度摩尔定律""超越摩尔定律"或"新器件"。"深度摩尔定律"是科学家们想办法沿着摩尔定律的道路继续往前推进，"超越摩尔定律"是开发之前摩尔定律演进过程中未开发的部分，"新器件"是发明新型器件以摆脱硅基 CMOS 遇到的物理极限问题。

封装是将半导体器件转化为最终用户所需要的功能性电子产品的最终制造过程，它不仅包括电学信号连接、信号传输，以及电力操控等功能，还为芯片提供散热以及机械保护以提高其可靠性。封装技术不仅制约了芯片的尺寸、大小、形状以及重量，而且决定了封装后器件的散热以及可靠性等。在先进的技术节点和市场动态消费的环境中，封装工艺既是半导体市场的开拓者也是制约者。在整体的创新体系中，设计概念、封装结构、高等级电子材料、制造工艺、设备和系统集成技术都在快速变化以及革新。这将为半导体产业发展带来新的动力。

材料是电子封装技术的核心，材料的性能决定了封装设备的性能、可靠性、可操作性以及相应成本。在"深度摩尔定律"和"超越摩尔定律"的驱使下，对封装材料的挑战已经从简单的传统封装工艺扩大到下一代新型的高密度封装形式，如系统级封装、晶圆级封装、集成无源器件、硅通孔、芯片与晶片的堆叠封装、3D 封装、RF 射频器件、MEMS 器件以及物理、化学和生物传感器等。然而，目前使用的材料无法满足对下一代封装的要求，特别是对复杂的 SiP 芯片，因其将大量的无线热点、极强的电流密度，以及机械压力作用于一个非常薄的芯片上，现有材料的电学性能、热学性能和力学性能往往满足不了工艺需求，因此研发超越现有材料性能的新材料和加工工艺尤为重要。

纳米材料和纳米技术有望为将来封装工艺面临的挑战及瓶颈提供重要解决方

案。碳纳米管、纳米线和纳米颗粒已显示出独特的电、热和力学性能，相比于目前所使用的材料，个别性能优越几个数量级以上。例如：碳纳米管和金属纳米线理论上可以承受的最大电流密度比铜大 1000 倍以上；石墨烯的电阻率可以达到约 $10^{-6}\,\Omega\cdot cm$，比传统的金、铜、银等金属的电阻率都要小。因此如何利用纳米材料的独特物理性能，设计下一代的封装材料以及加工方法是目前电子封装产业一个非常重要的问题。

11.1　3D 封装技术的需求

在尺寸和重量方面，3D 设计替代单芯片封装缩小了器件尺寸、减轻了器件重量。使器件与传统封装相比，使用 3D 技术可缩短尺寸、重量减轻至原来的 2.0% ～ 2.5%。如图 11-1 所示，电子封装器件经过 50 多年的快速发展，从 1970 年所发明的双列直插式封装（DIP）的低密度封装到 2010 年的 3D 高密度封装，封装引脚和电气集成度取得了日新月异的发展。芯片的封装效率被定义为 Si 芯片的面积与整体封装面积的比值，为了提高芯片的封装效率，电子封装从 2D 向 3D 进化。在 20 世纪七八十年代封装效率仅有 10% ～ 25%，到了 20 世纪 90 年代由于多芯片模块化集成的优势，封装效率达到 50% ～ 70%。21 世纪初鉴于嵌入式被动元件和模块堆叠技术的发展，封装效率再被提高到 70% ～ 90%。科学家们预计近些年来实现的 3D 封装技术的封装效率有望超越 100%。现阶段，电子封装的主要技术难题是：

1）器件散热性能不佳。

2）焊点低温连接高温服役。

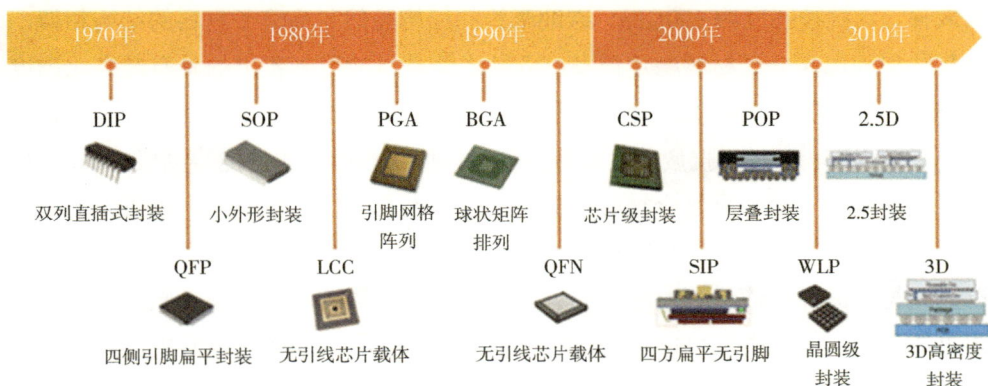

图 11-1　最新电子封装器件发展概况

11.2 先进电子封装材料

11.2.1 碳纳米管

碳纳米管作为一维纳米材料，重量轻，六边形结构连接完美，具有许多异常的力学、电学和化学性能。碳纳米管可以看作是由石墨烯片层卷曲而成，因此按照石墨烯片的层数，碳纳米管数可分为：单壁碳纳米管和多壁碳纳米管（见图 11-2）。多壁管在开始形成的时候，层与层之间很容易成为陷阱中心而捕获各种缺陷，因而多壁管的管壁上通常布满小洞样的缺陷。与多壁管相比，单壁管直径大小的分布范围小，缺陷少，具有更高的均匀一致性。单壁管典型直径为 0.6 ~ 2nm，多壁管最内层直径可达 0.4nm，最大直径可达数百纳米，但典型管径为 2 ~ 100nm。

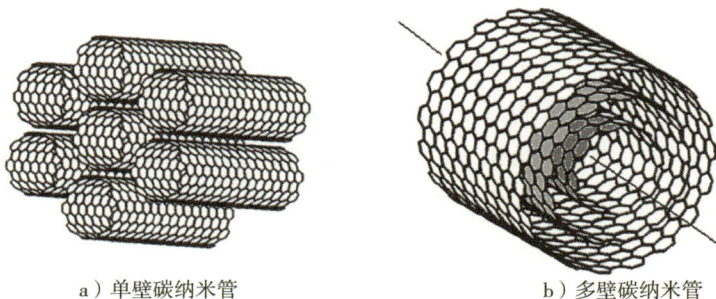

a）单壁碳纳米管   b）多壁碳纳米管

图 11-2   碳纳米管结构图

碳纳米管具有良好的力学性能，其抗拉强度达到 50 ~ 200GPa，是钢的 100 倍，密度却只有钢的 1/6，至少比常规石墨纤维高一个数量级；它的弹性模量可达 1TPa，与金刚石的弹性模量相当，约为钢的 5 倍。具有理想结构的单层壁的碳纳米管，其抗拉强度约 800GPa。碳纳米管的结构虽然与高分子材料的结构相似，但其结构却比高分子材料稳定得多，碳纳米管是目前可制备出的具有最高比强度的材料。若以其他工程材料为基体与碳纳米管制成复合材料，可使复合材料表现出良好的强度、弹性、抗疲劳性及各向同性，使复合材料的性能得到极大的改善。

碳纳米管 - 聚合物复合材料在电子封装中也具有广泛的应用。科研人员采用化学溶剂、超声分散和交变电场等方法尝试将碳纳米管充分分散在复合材料中，以提高材料的弹性模量等力学性能。后来人们发现碳纳米管在微米碳纤维中的性能更加可控。研究发现可以碳纳米管把加入到银基各向同性导电胶中，以提高其电学性能、热学性能和可靠性，通过强酸腐蚀碳纳米管表面，可以加强其与氧化铝陶瓷材料表面的连接以增强整体复合材料的力学性能。在可穿戴微系统中，把碳纳米管与炭黑材料在 PDMS 中相混合可以制成低电阻的柔性电极（最大拉伸率为 80%）。但是碳纳米管的取向很难控制，因为在毛细力作用下聚合物复合材料使得碳纳米管翘曲或团聚。

碳纳米管与金属基材料的相容也是一个重要的应用。例如碳纳米管在铜焊点的随机分布可以减小电迁移危害。碳纳米管有一个负的热胀系数效应，因此可以降低焊点受热膨胀和遇冷收缩的失效风险。利用银在碳纳米管表面的形核以及生长可以制作成用在柔性基板上的具有较高韧性的金属电极，打印的银 - 碳纳米管复合电极可以作为接触涂层和 TSV 的填充物，如图 11-3 所示。另外，在锡钎料中添加定向排列的碳纳米管，可以使锡钎料提高 30% ～ 50% 的抗拉强度和延长 40% 的可靠性寿命，并能提高锡钎料润湿性能。图 11-4 展示了碳纳米管 - 铜复合材料在温度安全阀中的应用。首先在基板上垂直生长定向排列的碳纳米管，然后在其表面电镀铜，最终可以将其用在温度安全阀器件中，以达到 $10^{-6}\,\Omega \cdot cm$ 的电阻率。

图 11-3 银 - 碳纳米管复合电极的 3D 加工和柔性器件制作

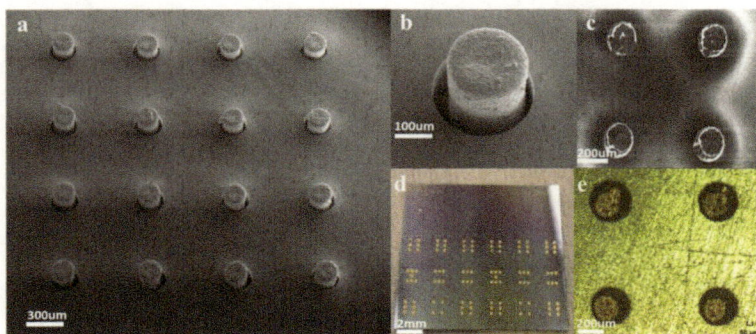

图 11-4 碳纳米管 - 铜复合材料制作为温度安全阀的
填充物及其力学、电学性能测试

11.2.2 纳米颗粒

通过丝网印刷和烧结悬浮溶剂中的纳米金属颗粒，可以实现板层和封装层的表面电互联。目前喷墨印刷技术主要是在聚合物基柔性层板上打印金属材料的导体。电学性能是通过纳米颗粒的烧结形成的，也可以通过激光辐照、烘箱加热、表面等离子基源效应等实现烧结过程。温度是金属纳米颗粒烧结的重要因素，一般来说温度需要足够高才能发生烧结连接。图11-5展示了纳米银颗粒薄膜随烧结温度的升高电阻率逐渐减小的过程。但是由于柔性基板的长时间烘烤作用，在250℃高温烧结下电阻率出现稍微上升。表11-1总结了常用的聚合物柔性基板材料名称以及其玻璃化转变温度，通常人们采用热稳定性和玻璃化温度很低的柔性基板材料。烧结过后，基板很容易被弯曲，这将减损印刷电子图案的精细度以及质量。

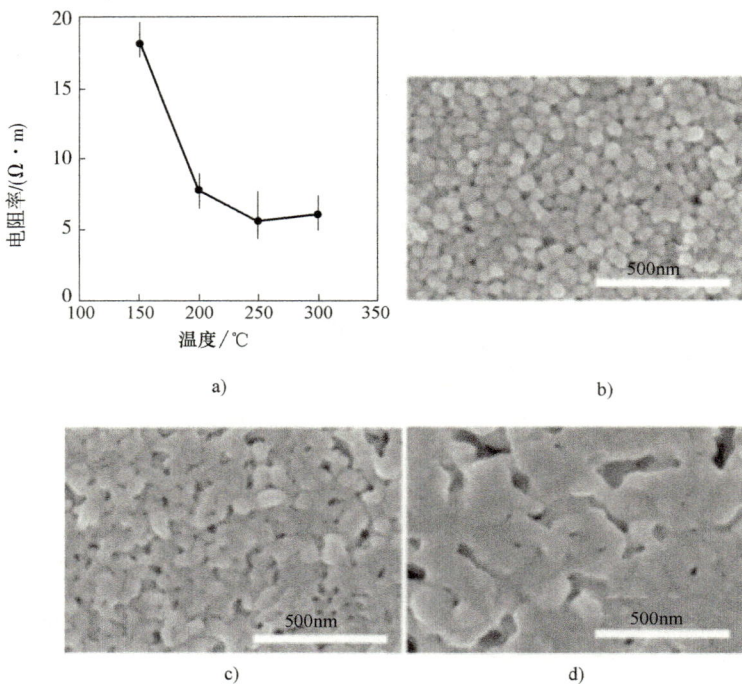

a）电阻率　b）150℃烧结　c）200℃烧结　d）250℃烧结

图 11-5　纳米银颗粒薄膜的电阻率随烧结温度的变化

表 11-1　常用柔性基板高分子基聚合物玻璃化转变温度

聚合物名称	英文名称	英文缩写	玻璃化温度（Tg）
聚碳酸酯	Polycarbonate	PC	147℃
聚萘二甲酸乙二醇酯	Poly（ethylene naphtholate）	PEN	125℃
聚对苯二甲酸乙二酯	Poly（ethylene terephthalate）	PET	22℃
聚酰亚胺	Polyimide	PI	222℃

聚合物名称	英文名称	英文缩写	玻璃化温度（T_g）
聚醚醚酮	Poly（ether ether ketone）	PEEK	147℃
聚醚砜树脂	Poly（ether sulfone）	PES	210℃
聚氯乙烯	Poly（vinyl chloride）	PVC	80℃
聚丙烯	Polypropylene	PP	0℃（100℃软化点）

化学烧结是一种通过添加含有纳米粒子的化学试剂打印金属图案的方法，它的优点是可以在室温下进行。由于在热烧结过程中，溶剂材料的挥发和纳米颗粒的聚集很缓慢，因此需要寻找另一种室温下可以快速烧结并提高导电性的方法。如图 11-6 所示，在化学烧结开始时，纳米银颗粒上的分散剂在试剂上溶解或脱附，使纳米银颗粒相互接触形成导电路径。Peng 等人在纳米银墨水中，将纳米银颗粒通过 C-O-Ag 化学键与 PVP 表面结合在一起，使得银颗粒表面牢固涂覆在 PVP 薄膜上。当加入 KCl 试剂后，由于 Ag^+ 与 Cl^- 离子的强烈相互作用，C-O-Ag 键被破坏，C-O 键变成 C=O 键，从而 银颗粒表面与 PVP 膜脱离。

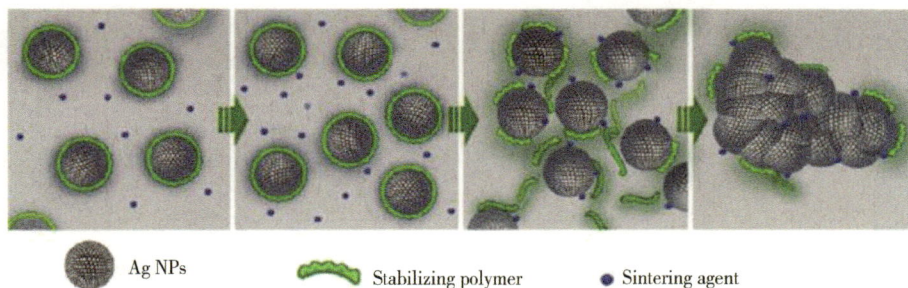

●Ag NPs　●Stabilizing polymer　●Sintering agent

图 11-6　纳米银颗粒化学烧结过程图

微波辐射广泛应用于金属与陶瓷材料的烧结，它的优点是加热速率快并且具有较高的烧结效率。在烧结过程中，纳米银颗粒与微波辐射相互作用产生热量，达到烧结的目的。由于聚合物基体对微波辐射吸收率几乎为零，所以在烧结过程中基体温度始终低于其玻璃化转变温度。当纳米银粒子被分散剂包裹时，每个粒子分别与微波辐射相互作用，因此纳米银线的微波穿透深度大于银本身。此外，微波还适用于烧结纳米银天线结构。天线有助于吸收微波，从而加速纳米颗粒的烧结。Perelaer 等人研究了一种微波辐射和等离子相结合的烧结方法用以连接 RFID，1 秒钟烧结以后，电阻率低到 5.9×10^{-6} Ω·cm（见图 11-7a）。

　　红外辐射烧结利用银与聚合物之间的红外吸收差，在几秒钟内迅速烧结出想要的纳米银图案。红外波长的选择是影响红外烧结质量的关键因素。在保证银能吸收大部分能量的同时，基片应具有良好的红外透射能力，防止基片因过热而弯曲。图 11-7b 为 PET、PEN 和 Ag 的透射光谱，从图中可以看出，其近红外区域足够大以满足要求。红外烧结银纳米电路的喷墨印刷方案如图 11-7c 所示，辐射距离、灯功率、曝光时间、反射层位置等参数都会影响烧结质量。此外，Park 等人采用红外辐射大规模制作了卷对卷的纳米银图案，在距离基片 50mm、红外灯功率 1 000W 的情况下，仅在 1.08s 的时间内就得到了一种高导电的印刷电子产品。

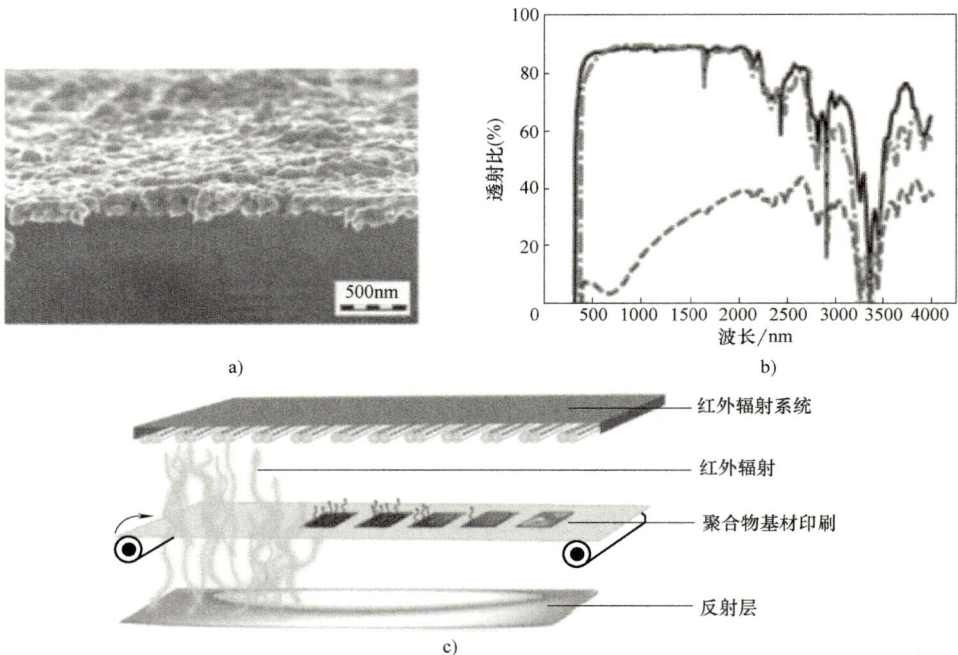

a)微波辐射与等离子烧结相结合的纳米银烧结照片　b）PET，PEN 和纳米银透光图谱
c）卷对卷红外辐射纳米银图案烧结示意图

图 11-7　微波和红外辐射纳米银烧结技术

　　在以上几种烧结方法中，化学烧结是最重要的一种方法，其烧结工艺简单、所用试剂容易获得。然而，这种方法的反应试剂和反应产物将留在导电体中，从而降低导电体的电导率。在微波烧结过程中，经常发生焊点局部过热现象，限制了大尺寸样品的应用。红外辐射烧结涉及的参数比较多，调节难度较大。除上述

烧结方法外，激光烧结、脉冲光烧结（IPL）、等离子烧结等方法也成功地应用于纳米银电路的烧结过程中。近年来不同纳米粒子、烧结方法和烧结后的电阻率等见表 11-2，可以根据实际情况，通过表 11-2 选择合适的烧结方法。

目前，喷墨印刷的纳米银图案的电阻率已经非常接近于传统金属银。此外，在导电稳定性方面，通过涂敷钝化层等，纳米银图案具有耐化学腐蚀、抗氧化和抗机械破坏的能力。含有纳米银图案的电子器件经过千次弯曲后，导电性仍能保持稳定，这为喷墨印刷电子产品的应用奠定了良好的基础。然而，喷墨印刷电子产品仍有改进的空间。例如，印刷电子产品的成本可以压缩，力学性能有待进一步改进。随着材料、工艺和设备的进步，喷墨印刷技术将在印刷电子领域有更深入的应用，如全喷墨印刷电子工艺、三维喷墨印刷电子技术、多喷墨沉积技术等。总之，喷墨印刷将促进印刷电子产品的发展和推广。

表 11-2　纳米粒子的尺寸、形状、化学试剂以及采用的烧结方法和电阻率等

粒子尺寸/nm	粒子形状	分散剂	固体含量（质量分数，%）	烧结方法	电阻率/面电阻
20～40	纳米片	PVP	10	热烧结（300℃）	9.43×10^{-6} $\Omega \cdot cm$
30	纳米球	PAA	20	热烧结（150℃）	4.7×10^{-6} $\Omega \cdot cm$
56.6	纳米线	AMP	1	热烧结	4.3 $\Omega / \square$
5	纳米球	DDA&DDT	20	热烧结（130℃）	7.2×10^{-6} $\Omega \cdot cm$
30	纳米球	PAA	20	热烧结（180℃）	3.7×10^{-6} $\Omega \cdot cm$
20	纳米球	PVP	15	热烧结（160℃）	8.76×10^{-6} $\Omega \cdot cm$
50	纳米球	—	34	热烧结（250℃）	7.08×10^{-6} $\Omega \cdot cm$
15	纳米球	PAA	20	化学烧结	3.84×10^{-6} $\Omega \cdot cm$
30～50	纳米片	EG	20	微波辐射	3.98×10^{-6} $\Omega \cdot cm$
18～80	纳米球	—	20	红外烧结	0.27 $\Omega / \square$
10	纳米线	Glycol	30	化学烧结	2000×10^{-6} $\Omega \cdot cm$

（续）

粒子尺寸 / nm	粒子形状	分散剂	固体含量（质量分数，%）	烧结方法	电阻率 / 面电阻
12	纳米球	Tetradecane	64.2	激光烧结	27.6×10^{-6} Ω·cm
50	纳米球	TGME	34	激光烧结	4.94×10^{-6} Ω·cm
12	纳米球	Tetradecane	64.2	热烧结（250℃）	3.8×10^{-6} Ω·cm
50	纳米球	TGME	34	热烧结（250℃）	7.63×10^{-6} Ω·cm
250～580	花形	HPMC	3	热烧结（120℃）	9.92×10^{-6} Ω·cm

11.2.3 纳米软钎料

在电子封装互连过程中，无铅锡基钎料是常用的连接材料。然而，由于其具有较高的熔点（210～240℃），在电子器件连接过程中需施加较高的回流温度，这不仅增加了电子组装过程中的能耗，也大大降低了器件的可靠性。纳米无铅钎料具有热力学尺寸效应，其熔点较块体材料而言大幅度降低，从而受到了越来越广泛的关注。目前常用的低熔点无铅钎料都是以 Sn-58Bi 和 Sn-52In 共晶合金为基体，并在其中加入一些合金元素组成。这两个体系的低温钎料由于熔程较大，在凝固过程中易出现枝晶偏析和组织粗大化，加之应力不平衡常会导致焊点剥离，其可靠性与目前常用的 SnAgCu 系钎料相比严重不足。此外，铟价格也十分昂贵（与银价格相近）。

纳米无铅钎料最大的优点就是熔点低，并且可以在低温下形成高熔点的焊点。图 11-8 所示是上海大学 Zou 等人通过 LSM 方程计算出的 Sn3.0Ag0.5Cu 合金熔点与尺寸之间的关系。可以看出，当纳米钎料小于一定尺寸时，钎料熔点急剧下降，当纳米钎料尺寸为 10～12nm 时，其熔点接近 SnPb 共晶钎料的熔点（180℃），而当尺寸小到 6～7nm 时，更是可以降至 140℃ 以下。过冷度是影响焊后焊点组织的重要因素，较高的过冷度有利于细化焊点的凝固组织，进而提高焊点的力学性能和可靠性。在相同的冷却条件下，纳米级钎料可以获得远高于微米级钎料的过冷度，如图 11-9 所示。

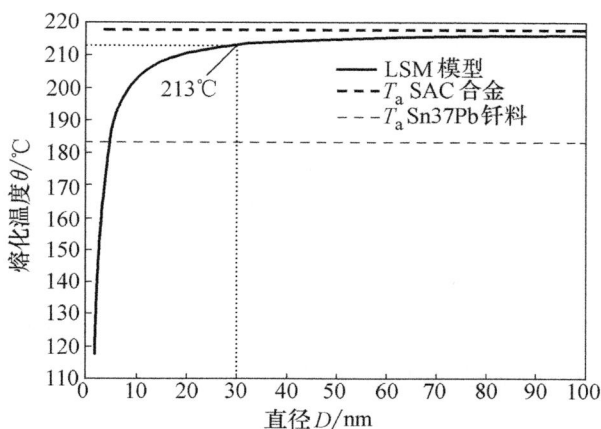

图 11-8　Sn3.0Ag0.5Cu 合金颗粒尺寸与熔化温度之间的关系

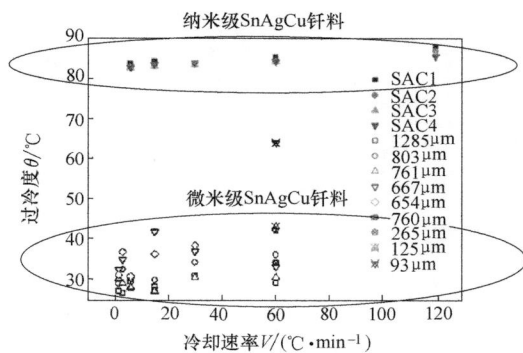

图 11-9　不同冷却条件下钎料凝固过程中冷却曲线

　　纳米材料的制备方法在纳米材料的研究、开发和应用中起着关键的作用，如何控制产物的形貌、尺寸大小及分布等是纳米粒子制备的关键。目前可以应用于纳米钎料制备的方法主要有机械合金法、电弧法、物理气相沉积法、液相化学还原法等。前两种方法成本低，工艺简单，但是获得的粉末尺寸不均匀，易团聚且易引入杂质。物理气相沉积法反应速度快，获得的粉末结晶度高，但是反应条件苛刻，需在真空环境下进行，对设备要求高、投资大。目前国内外研究最为广泛的还是液相化学还原法，它是通过液相中离子间的氧化还原反应来制备金属纳米粒子。该方法工艺过程简单，设备投资小，反应易于控制且可以获得尺寸小而均匀的纳米钎料。

　　纳米钎料的表面能较高，在存储过程中常会发生团聚，发生团聚的产品，其熔点明显上升。由于纳米颗粒尺寸小，微小的差异都会造成粒子熔点剧烈的变化。

如图 11-10a 所示，刚制备出的纳米颗粒分散很好，在室温下存储 40 天后，部分粒子发生了团聚现象，如图 11-10b 所示。纳米钎料制备完成后，将其与助焊剂／膏混合形成纳米焊膏，应用于器件的互连。虽然已有多家研究机构可以制备出低熔点的纳米无铅钎料，但到目前为止还没有一款真正意义上的纳米无铅焊膏问世，其主要原因是这些焊膏不能形成完整饱满的焊点。

另一方面表面活性剂通常在较高温度下才能分解，因此，在焊接过程中就会出现纳米钎料已经熔化而表面活性剂还没有分解的现象，从而阻碍了金属粒子的熔合。图 11-11 所示为纳米钎料的差示扫描量热法和热重量分析法测试，可以看出虽然纳米钎料在 199℃ 已经融化，但是其表面有机成分在 250℃ 以上才完全分解，这就给纳米焊膏的应用带来了困难。因此，开发出在合适温度下快速分解的表面活性剂对纳米钎料的进一步发展至关重要。

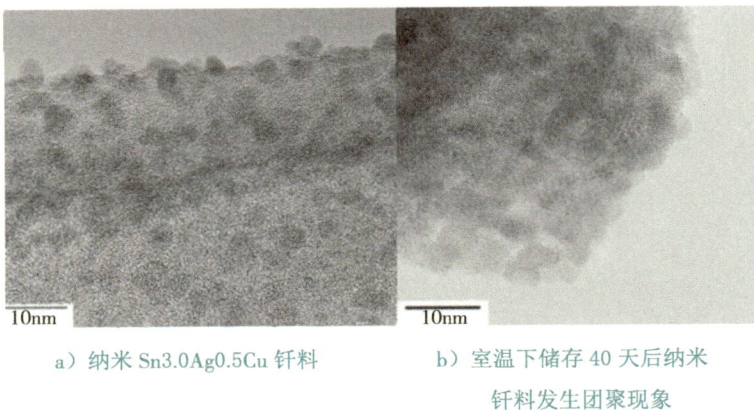

a）纳米 Sn3.0Ag0.5Cu 钎料　　　　b）室温下储存 40 天后纳米
　　　　　　　　　　　　　　　　　　钎料发生团聚现象

图 11-10　纳米钎料储存过程中的团聚现象

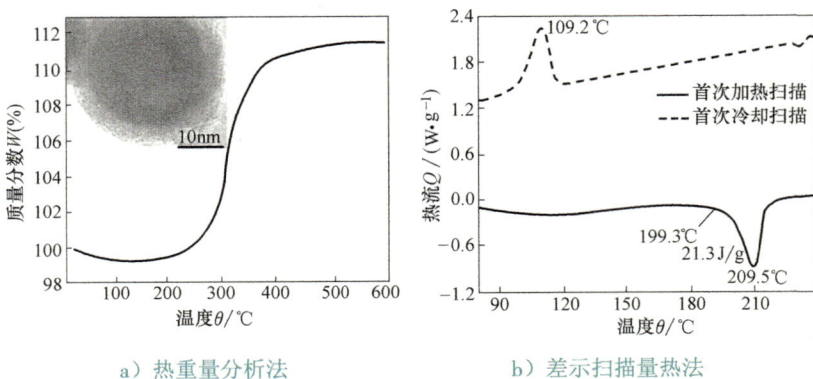

a）热重量分析法　　　　　　　　b）差示扫描量热法

图 11-11　纳米 SnAg 钎料热重量分析法和差示扫描量热法测试曲线

11.3 先进电子封装材料发展趋势

尽管 CMOS 晶体管工艺已经进入 32nm 时代，通过几何缩放成功将其性能提高，但是其互连性能却没有改变。这意味着除非找到革命性的互连解决方案，否则新产品的整体性能和效率将越来越多地受制于互连方法，因此，急需突破微电子互连的技术。人们希望将全局互连与局部互连相融通，以改善互连模式，但潜在解决方案却寥寥无几。

对于全局互连，多核设计将减少互连路径的总体长度并有助于信号传输，但个别器件由于产品需求的限制而不能进行整体设计，成为它的局限性。对整体设计来说，3D 封装的堆叠方式是一种可行的解决方案，可以有效地减小电路路径的长度，然而，3D 封装互连在成本、集成方法、散热和可靠性方面仍面临巨大挑战。科学家预期，光学互连技术将成为用于全局互连的另一种可行方案。

对于局部互连，电子在金属沟槽狭窄侧壁和晶界处的散射将增加电阻率和信号的延迟。电阻率的增加需要设计者重新考虑传动系统，使其不受侧壁或晶界散射的影响。在一维路径系统中，新型材料如硅化物、碳纳米管、纳米线或石墨烯等为减小互连电阻率提供了解决方案。另外，尽管局部互连路线很短，但在传输介质中转化的量子电阻是不可避免的，例如从铜到碳纳米管的连接点。除了量子电阻之外，集成、新型传导介质与衬底的界面，以及集成等技术问题都将对通道的传输构成实质性阻碍。

需要注意的是，寻找新的晶体管或开关来取代场效应晶体管的研究势在必行，并能为实现本地互连的新传输介质提供一个重要的机会。例如，一旦石墨烯晶体管被认为是 CMOS 晶体管的替代者，则对将石墨烯作为导体的研究将更加广泛。另外，将开展新型晶体管与相邻晶体管连接性能的研究，因为一个不能与相邻晶体管实现有效通信的互连方法并不能提高系统的整体性能。

有两类新兴的互连技术：铜电极替代方案和互连焊点替代方案。前者是利用新型材料或光学媒介替换传统金属铜作为通信介质。通常这类新兴电子材料的电子散射性要比铜小，而且作为导体时不能被硅质的栅栏材料阻隔。在 10nm CMOS 相近间距或更小时，栅栏将占据总沟槽面积的 40% 以上。新研发的场效应晶体管也应该与传统的电学元件有良好的兼容性，以达到整体整合的目的，不同新兴互连选项主要优点和问题见表 11-3。

表 11-3　不同新兴互连选项的主要优点和问题

替代方案	材料学项	主要优点	主要问题
铜电极替代方案	银、硅化物等其他金属	低电阻率	晶界散射，集成和可靠性
	纳米线	细线弹道传导性	量子接触电阻，受控放置，低密度，基板相互作用
	碳纳米管	细线弹道传导性，抗电迁移性	量子接触电阻，受控放置，低密度，底物相互作用，参数化传播
	石墨烯纳米带	薄膜弹道传导性，平面生长，抗电迁移性	量子接触电阻，边缘控制，沉积，蚀刻停止和堆叠，基板相互作用
	光学（芯片与芯片）	高带宽，低功耗和延迟，降噪性	芯片和基板的对齐与连接，光/电转换效率
	光学（芯片内）	电信号长线传输的延迟和功率较低，高带宽	仅适用于长线传输，需要紧凑组件，集成问题，光通信，耗能大
	无线	现有技术连接，并行传输介质，扇出器件	非常有限的带宽，芯片间兼容难，功耗大
	超导体	超导，被动元件 Q 值高	低温冷却，变频电阻，超导理论缺陷，低临界电流密度，感应噪声和串音
互连焊点替代方案	纳米线	与器件的接触电阻低，微米级弹道传输距离	与铜的量子电阻接触，基板相互作用，扇出/分支和位置控制
	碳纳米管	与器件的接触电阻低，微米级弹道传输距离	与铜的量子电阻接触，基板相互作用，扇出/分支和位置控制
	石墨烯纳米带	与器件的接触电阻低，微米级弹道传输距离，支持多扇功能	与铜的量子电阻接触，沉积和图案化过程
	自旋导体 –Si（Mn），Ga（Mn）As	自旋激子的扩散长度长	低温，低速，表面磁性

第 12 章　焊接材料的发展建议

随着我国经济发展进入新常态，焊接材料行业要迎难而上，把握机遇，以实现在国际舞台上占有一席之地。

1. 紧跟国家政策方针，筑牢发展根基

围绕"中国制造2025"五大工程、结合"中国制造2025"规划，我国焊接行业应紧紧围绕国家制造业创新中心、工业强基、绿色制造、智能制造和高端装备创新五大工程，焊接学会、协会、标委会等行业组织应协调联动，统一组织、系统梳理焊接材料的创新方向、高端装备制造的配套需求、基础材料及工艺的研发重点、绿色材料及制备技术的发展等行业急需解决的问题。

2. 加快跨专业、多学科协同，拓展外延式发展模式

当前，"一带一路"发展倡议、区域化协同发展、工业化与信息化深度融合、军民融合发展、多专业、多学科交叉融合、协同发展等已形成良好的发展模式。焊接材料行业在关注跨专业、多学科协同的同时，要持续完善政、产、学、研、用的创新机制，增强调整品种结构的主动性和前瞻性，拓展合作伙伴，加大力度开展与钢厂、行业协会、科研院所、龙头企业的合作，联合研发更加适应市场需求的高端焊接材料品种，加速科技成果的产业化，形成收集、汇总、分析、开发、推广机制，推动企业从生产型制造向服务型制造转变。

3. 完善焊接材料标准体系，提升高端装备国产化配套能力

当前，焊接材料国家标准及相关试验检验方法标准虽已按相应国际标准及国外先进标准建立了较为完整的标准体系，但尚需对焊接材料的制备稳定性、工艺适应性、产品一致性、绿色环保性等建立一个系统的焊接材料质量评价方法，以适应机器人及自动化焊接的要求，满足新钢种、新工艺、新技术的高端优质、高效、绿色需求，不断推动焊接材料行业的产品质量提升和技术进步，提升国产化配套能力。在现有标准技术要求基础上，焊接材料行业应开展特性技术指标、工艺指标、绿色指标和管理指标评价。同时，针对国家高端装备制造业的实际需求，提出质量评价技术的新思路，形成新的评价技术内容和指标，以满足不断增长的高端优质、绿色、高效等焊接材料的质量检验和评定需求，填补焊接材料标准体系中评价标准领域的空白。

4. 深化产品结构调整，聚焦高端优质、高效、绿色焊接材料产品的发展

随着机器人、自动化焊接装置的应用越来越广泛，焊接材料企业要瞄准国际前沿和焊接材料高端市场的需求，大力研发高端优质、高效、绿色的焊接材料品种，不断优化产品结构。紧跟"中国制造2025"发展纲要及高端装备制造中材料和焊接工艺技术发展需要，做好用一代、研一代、储一代的产品结构布局。

5. 注重品牌建设，构建一体化服务

焊接材料企业要夯实品牌质量基础，以品质带动企业继续向品牌化、高端化、国际化发展，以质量铸就中国焊接材料制造的灵魂。建设定制专业化的客服系统，量身打造服务方案，畅通产品、信息、物流的一体化及全方位服务渠道。不断提升售前咨询、进度追踪、售后服务等各个环节的服务质量，全面提升客户满意度，全面提升企业品牌价值，打造具有国际影响力和竞争力的品牌企业。

第 3 篇

焊 接 装 备

第 13 章　我国焊接装备行业发展现状

13.1　焊接装备行业基本情况

　　焊接装备是指完成焊接作业所涉及的各类焊割设备及工艺装备。本文主要对电弧焊机、电阻焊机、自动化焊接专机、焊接机器人等实现焊接工艺所需要的焊接装备进行统计（未包括焊接辅机具、焊接材料等），数据来源于中国焊接协会焊接设备专业委员会和行业及网络公开发布的资料。

　　改革开放以来，伴随我国市场经济的推进，尤其是加入 WTO 以后，我国焊接装备行业无论是企业数量、企业主体、地区分布还是产业结构都发生了翻天覆地的变化，同时，伴随着技术更新加快、市场竞争加剧，整个行业的企业主体、规模、数量、理念、营销模式等都处于快速变革之中。我国已由焊接装备制造弱国发展成为产业链完整、门类齐全的焊接装备生产大国。

　　自 2000 年起，迫于核心技术缺乏和规模化劣势，大批小企业的生存空间越来越小，使得我国电焊机生产企业总数开始逐步减少，即便如此，生产企业数量仍在 900 家左右，其中年产值超过亿元的具有一定规模的企业在 30 家左右。目前，我国焊接装备生产企业主要由中外合资企业、外商独资企业、民营企业、股份制企业等多种经济成分所构成，其中电焊机生产企业已经没有国有企业。我国焊接装备企业构成比例情况如图 13-1 所示。

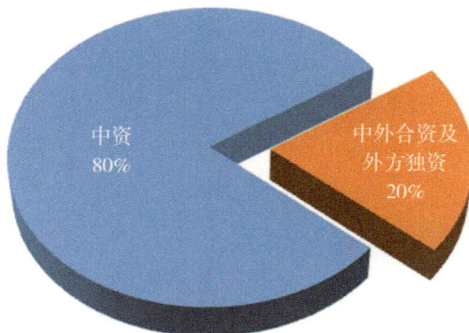

中资
80%

中外合资及
外方独资
20%

图 13-1　我国焊接装备企业构成比例情况

自 2000 年开始，我国逐渐形成了环渤海、长三角、珠三角和成都地区四个电焊机产业聚集地。

品牌不仅是质量的体现，更是一个企业综合竞争力的缩影，影响着消费者的购买倾向、客户忠诚度。我国焊接装备制造业经过几十年的快速发展，国内企业已开始重视品牌价值的提升，并由初期单纯对产品质量的重视，逐步发展为对企业文化的注重和科技创新的高度关注。未来仅靠价格优势抢占市场的营销模式已经很难有大的作为，甚至将逐渐被用户群体所忽视。

目前，我国焊接装备品牌众多，不乏在国内甚至在国际上也具有了一定影响力的品牌。根据近年行业展会和相关资料分析，国内市场可见的国内外焊接装备品牌占比如图 13-2 所示。

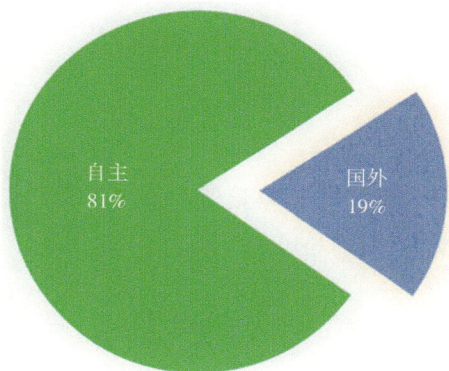

图 13-2　国内外品牌占比

我国焊接设备生产企业产品分布情况详见图 13-3，数据来源于《焊接设备企业速查手册》和 "2018 年北京·埃森焊接与切割展览会"。

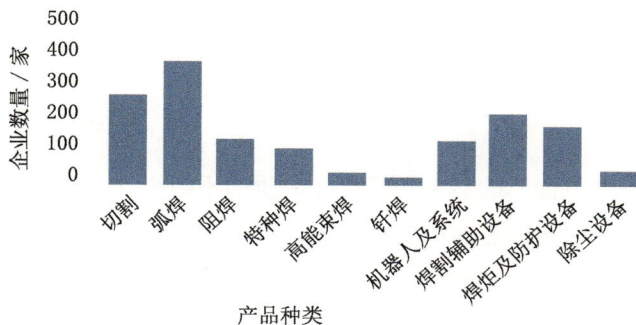

图 13-3　相关产品的生产企业数量

13.2   我国焊接装备的产销及出口情况

13.2.1   电焊机产量

电焊机是焊接装备的基础设备，下面对在国内生产制造产量排名前 50 位的厂家进行统计分析（含外资和合资企业）。1996—2002 年年均产量为 20 万台左右，自 2003 年开始年产量快速增加，2005 年接近 100 万台，2011 年达到 450 万台。2012—2017 年年均产量稳定在 350 万台左右。图 13-4 所示为我国 50 家电焊机（不含辅机具、机器人等）主要生产企业 2002—2017 年电焊机的合计产量。

图 13-4   国内 50 家主要企业电焊机产量

13.2.2   焊接机器人销量

据国际机器人联合会的统计数据，自 2013 年开始至今我国已连续多年成为全球最大的工业机器人需求市场。2017 年全球工业机器人销量约为 38 万台，其中我国市场的销量约为 14 万台，而其中 45% 以上的机器人用于焊接。全球及国内工业机器人销量趋势如图 13-5 所示。

13.2.3   产品出口

在中低端产品方面，随着电焊机产品品质的不断提升，国内制造的电焊机产品，尤其是性价比优势明显的中低端产品，已逐步被国外用户所接受。

在中高端产品方面，随着我国经济快速发展，国内焊接相关产业的技术成熟度不断提升并已经形成了完整的产业链，越来越多的国际知名焊接设备（含焊接机器人）制造企业已不满足于仅在华销售产品的模式，或合资、或独资纷纷来华建厂，这在一定程度上提升了我国焊接产品的国际竞争力。未来，我国焊接产品必将在中高端装备上迎来更多的市场上升空间。图 13-6 所示为 2008—2017 年我国 50 家焊接装备制造企业（含外商，下同）出口额。

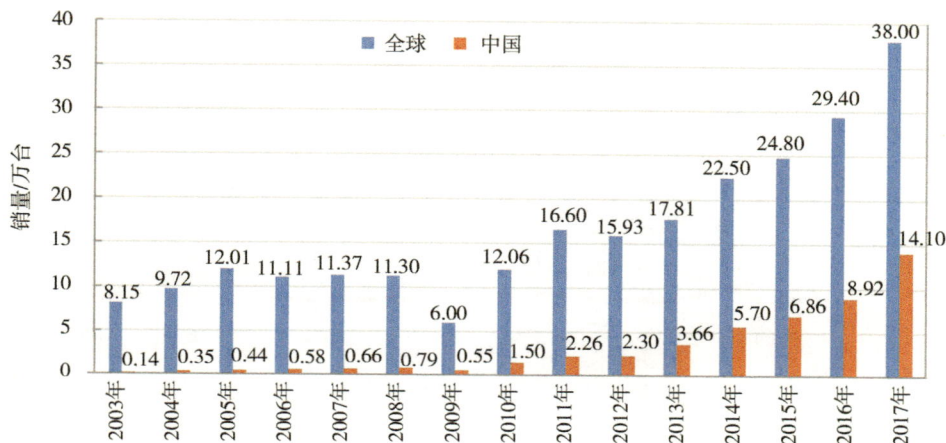

图 13-5　全球及国内工业机器人销量趋势

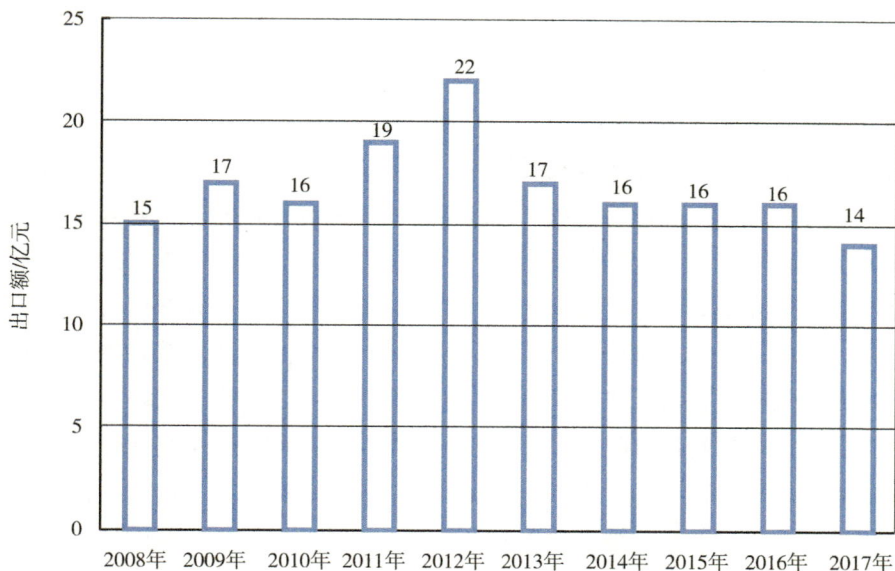

图 13-6　2008—2017 年 50 家焊接装备制造企业出口额（近似值）

2011—2017 年行业主要企业出口额各大洲占比变化趋势详见图 13-7。由趋势图可以看出，亚洲、欧洲、美洲已经成为出口的主要地区。随着经济的快速发展，人口众多的非洲地区对焊接装备的需求空间巨大。

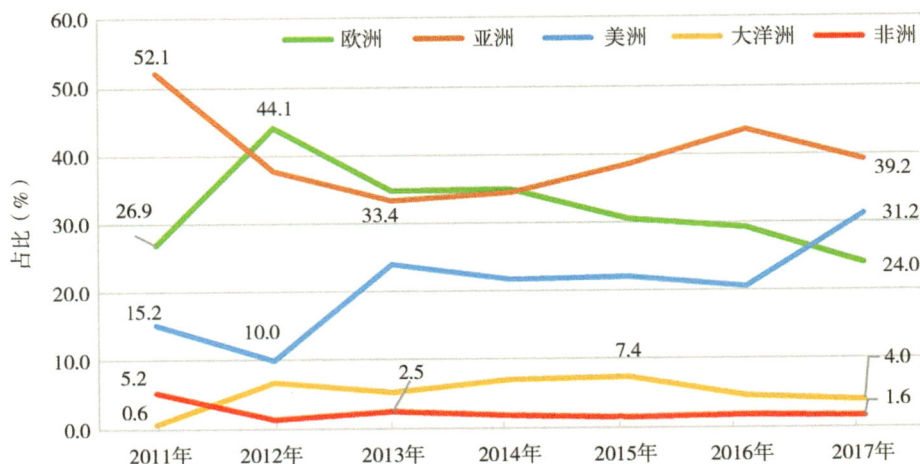

图 13-7　2011—2017 年行业主要企业出口额各大洲占比变化趋势

13.3　国内外焊接装备差距

13.3.1　数字化弧焊电源高端产品

　　数字化弧焊电源技术在柔性化控制、多功能集成、系统控制精度和多信息交换等方面都较传统焊接电源有了大幅提升，是弧焊电源的未来发展方向之一。近年来我国数字化焊接电源技术发展很快，进步明显，诸多高校和科研机构对其开展了大量的研究工作。目前，数字化技术已经相当成熟，北京工业大学、哈尔滨工业大学、清华大学、上海交通大学、华南理工大学、天津大学、兰州理工大学、成都电焊机研究所等都针对数字化焊接电源开展了持续的研究并取得了一系列重要成果。国内以深圳市瑞凌实业股份有限公司、上海威特力焊接科技有限公司、山东奥太电气有限公司、成都熊谷加世电器有限公司、北京时代科技股份有限公司、无锡汉神电气股份有限公司等为代表的电焊机厂商，在中高端焊接电源研发生产方面也取得了不小的进步，无锡汉神电气股份有限公司等研发的数字化多功能焊接电源实现与主流品牌工业机器人配套，但还没有形成完整的拥有自主知识产权的数字控制技术体系。从国外进口的多功能数字化焊机普遍价格昂贵，销售毛利率非常高。国内电焊机生产企业忙于低成本竞争，高校的研究多集中于材料和系统集成项目，没有焊接工艺技术支持的数字化焊机就是典型的"核心技术空心化"。为打破外国对于我国高端焊机市场的垄断，促进国内企业掌握高端焊机的核心技术，自主创新进行多功能数字化焊机的开发具有非常重要的意义。

13.3.2　机器人适用的焊接电源及相关技术

随着世界制造业的迅速发展，焊接技术的应用越来越广泛。焊接作业环境的恶劣，使新一代产业工人不愿从事焊接工作，培训一名成熟焊工的成本越来越高。由于焊接产品的质量要求提升和产品升级速度加快，传统手工焊接作业方式已经难以满足焊接产品制造的自动化、柔性化要求。焊接制造业用工难、用工贵和亟待提高产品质量的现实需求使得"机器换人"成为焊接制造行业转型升级的必然之路。随着机器人制造技术的成熟，以及购置与维护成本的相对降低，焊接机器人应用已从知识密集型产业、产品附加值较高的领域以及对产品质量要求高的行业，逐渐延伸到劳动密集型的低附加值产业，机器人在焊接制造中的应用正呈现高速增长态势。据国际机器人联合会统计，2018 年工业机器人在华累计销售量为 15.6 万台，相比 2015 年增长一倍以上。我国已成为全球第一大机器人市场，ABB、KUKA、FANUC、YASKAWA 等国外机器人品牌已经占据了国内 90% 的市场。国内部分企业也研发出了国产焊接机器人，但是尚处在起步阶段，高端市场仍被国外企业所占据。国内企业在焊接机器人制造中缺乏自主知识产权，系统集成度较低，更多的是吸收整合国外焊接机器人技术资源进行开发。

纵观国外知名机器人制造企业最新研发生产的焊接机器人系统，发现其都有如下特点：焊接电源数字化程度高，开放接口与外设的连接灵活，不需专门知识即可操作，整个焊接系统高度集成化。与焊接机器人配套的基于视觉感知焊缝位置信息、坡口信息和焊缝表面质量信息的技术体系及产品已经成熟并能够实现与焊接机器人系统的无缝集成，极大地提高了焊接机器人的技术水平，有效地拓展了焊接机器人的应用领域。同时，除了常规气体保护焊和点焊焊接机器人外，国外厂商也非常注重采用激光、激光－电弧复合、双丝焊接等先进焊接工艺与机器人实现整合与集成，使机器人成为先进焊接工艺的载体，同时提高焊接机器人自身的技术水平。

目前应用中的焊接机器人仍然是"示教再现型"，其焊接路径和工艺参数是预先设置的，对作业条件的一致性要求非常严格，并且在焊接过程中缺少对外部信息的传感反馈和实时调节功能。然而，实际焊接过程中环境和条件的变化是不可避免的，如焊接工件加工和装配误差造成接头位置、焊缝间隙和尺寸的分散性、示教轨迹与实际焊缝的差异、焊接过程中热变形、熔透及焊缝成形不稳定等因素都会引起焊接质量的波动，并导致焊接缺陷的产生。为了克服焊接过程中各种不确定性因素对精密焊接质量的影响，迫切需要采用信息反馈、智能控制等技术以提高现行焊接机器人的适应性或智能化水平，使之能实现初始焊位识别与自主导引、实时焊缝纠偏与跟踪、焊接熔池动态特征信息获取、工艺参数自适应调节和焊缝成形的实时控制，即实现机器人焊接过程的自主智能控制。

在焊接机器人智能化方面，国内高校、科研机构和部分企业采用机器视觉技术、图像处理技术、计算机技术等对焊接机器人传感系统进行大量的研究，研发生产出一些用于特定行业的焊接传感系统，但是相比于国外，国内的智能传感系统基本上没有形成产业规模，相对独立于机器人和焊接电源系统，集成度很低。国内企业在对机器人焊接设备关键技术的掌握及其生产应用方面，与国际先进水平相比还存在差距，但随着"引进消化－吸收－再创新"模式的运用，这方面的差距正在逐步减小。

13.3.3 复合热源高效焊接方法及设备

激光－电弧复合焊接技术集激光热源集中、焊缝热影响区小、焊后工件变形小，焊缝无缺陷、焊接效率高、复合热源下阳极斑点稳定、焊接成本低等各种优势于一体而被广泛应用于薄板对接、表面合金化、铝合金焊接、镀锌板搭接等方面。国外对激光－电弧复合焊接技术进行了大量研究，并已研发生产出与之相对应的焊接电源和配套焊接设备，且已应用于工业生产中。其复合方式主要有：激光与 TIG 电弧复合、激光与 MIG/MAG 复合、激光与等离子复合等。目前，激光－电弧复合焊接工艺在汽车行业中的应用越来越广泛，其可以显著提高汽车的安全性，同时降低车身重量，节能降耗，电弧可以加速初始熔化，使材料对激光的反射减少，提高了吸收率，从而大大降低所需激光器的功率。在船体结构件、航空航天新材料制造业中，激光－电弧复合焊接技术也得到应用。国外企业联合科研机构针对船体结构件用高强度结构钢材料及航空航天耐高温、高强轻质铝锂合金等材料的加工制造，已研发出适用激光－电弧复合焊接技术进行加工的焊接电源设备及焊接质量控制系统等成套装置，并为实现批量生产设计制造出具有一定智能化的焊接机器人专机，德国 CLOOS 公司、瑞典伊萨（ESAB）公司、奥地利福尼斯公司、日本松下公司等都有将激光－电弧复合焊接设备和工业机器人整合到一起的成套系统。国内高校和科研院所如哈尔滨焊接研究所、哈尔滨工业大学、大连理工大学、北京工业大学、天津大学、兰州理工大学等对激光－电弧复合焊接技术进行了大量基础理论研究，并取得了不少成果。电焊机生产企业也在积极参与对激光－电弧复合焊接技术的研究，如哈尔滨焊接研究所承担的重大成果转换项目，于 2014 年研发成功国内首台（套）大型激光－电弧复合焊接装备，应用于全地面起重机焊接。但总体来说，国内目前还远没有形成成熟技术和成套装备集成的能力。

13.4 我国焊接装备技术发展现状及趋势

目前，我国在电源控制数字化与平台化、装备自动化、系统集成化、工艺管控智能化、应用网络化、精准焊接等方面已有了长足的技术提升，并得到用户普遍认可。当前，我国除核心技术理论和少数高端焊接装备与国际水平尚存在较大差距外，国产焊接装备已基本能满足行业生产整体需求。

13.4.1 核心技术发展情况

回顾弧焊电源技术发展历史，可归结为"变压器—整流器—逆变器"这一不断进步的过程。自电焊机面世以来，电焊机核心技术长期属于变压器的天下，而装备则属于机械传动的世界。直至 20 世纪 70 年代末 80 年代初，国际上包括我国在内的一些国家开始了逆变电源技术在焊接领域和电焊机制造领域的应用和推广之路。20 世纪 80 年代末 90 年代初，在国内先后出现了几家逆变焊机研发先驱企业，它们率先向传统焊机制造发出挑战，专注于焊接电源逆变化的研发和生产，提高了我国焊接应用市场对逆变焊机的认可度，推动了国内更多企业研究焊接电源逆变技术，为焊接逆变电源的发展做出了突出贡献。

逆变焊接电源不仅具有体积小、重量轻、节能环保的突出优点，而且其控制方式易于实现数字化，数字化的介入进一步使焊接过程可以实时控制，也为焊接装备自动化和未来向焊接智能化方向发展提供了可能，可以说逆变技术给焊接电源制造技术乃至焊接装备制造技术的发展带来了全新的变革，逆变技术的出现也成为弧焊技术发展的分水岭，现阶段逆变技术已成为焊接电源产品链上的核心技术。

当前，随着焊接电源逆变技术研究的深入，其可靠性、耐候性等方面有了很大提升。我国焊接装备在机械化、自动化及数字化等方面有了长足的进步，正在缩小与德、美、日等焊接发达国家的技术差距，未来我国高端焊接装备还有很大的发展空间。

13.4.2 出口产品需求变化趋势

随着国际知名企业的进入、我国焊接技术水平的提升和国际需求的变化等综合影响，我国出口产品的技术结构发生了明显变化。如图 13-8 所示，交流弧焊机近两年下降幅度明显，而直流弧焊设备、自动半自动焊接装备有快速增长趋势。

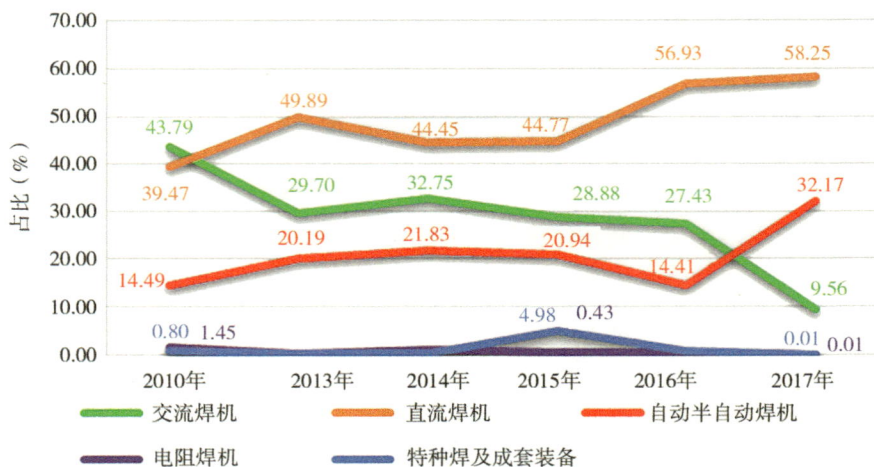

图 13-8　2010—2017 年出口焊接装备占比变化趋势

13.4.3　用户需求推动制造业技术进步

　　图 13-9 是近期中国焊接协会根据对客户调查的结果绘制的，虽然并不完全代表未来市场的诉求，但也能反映一线焊接工人和焊接设备制造相关企业对未来产品在满足环保、智能方面的渴望。

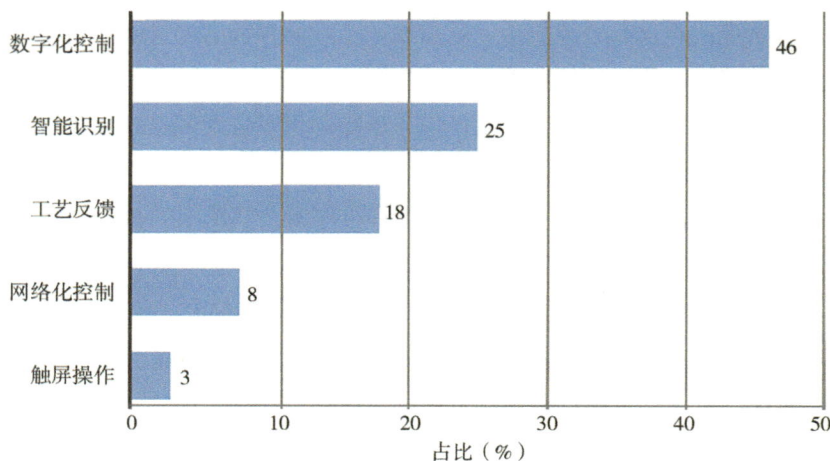

图 13-9　企业关心的焊接设备功能

13.4.4　各时期典型产品代表

　　表 13-1 简述了我国各时期部分典型焊接设备产品技术发展情况，表中占比为实物量统计数据。

表 13-1　我国各时期部分典型焊接设备产品技术发展情况

时间	发展情况
2017 年前后	交流弧焊机市场占有率低至 7% 直流弧焊机市场占有率为 60%，其中逆变产品约占 92% 自动半自动焊接装备约占 30% 目前，电源控制数字化与平台化、装备自动化、系统集成化、工艺管控智能化、应用网络化、精准焊接机器人化等新技术、新工艺层出不穷
2010 年前后	交流和直流弧焊机市场占有率平分秋色，各占 40% 自动半自动焊接装备市场占有率为 20%，逆变产品占比已达 85% 国内数字化焊接电源在展会上已经开始显露头角，具有群控管理系统等的平台化焊接设备开始由研发走向市场 从 2007 年开始，六轴焊接机器人开始受业界关注，在国内企业中掀起了研发热潮
2000 年前后	交流弧焊机市场占有率为 65% 逆变技术趋于成熟，逆变式焊接电源开始以年均 20% 的速度快速增长。逆变技术产品的市场占有率超过传统直流及自动半自动焊机，市场份额达到 60% 国外数字化数据传输焊机陆续进入国内，国内在该技术上与国际同行差距拉大
1995 年前后	交流弧焊机市场占有率仍高达 75%。动铁心式焊机成为市场主流机型 直流及自动半自动焊机方面，晶闸管整流弧焊机逐步取代旋转式直流弧焊机，NBC 及 KR 等 CO_2 焊机成为市场热门机型 1994 年，出现逆变焊机研发、生产和推广热潮
1990 年前后—传统焊机时代	交流弧焊机市场占有率约为 80% 直流弧焊机市场占有率约在 10% 以下 自动、半自动、电阻焊、特种及成套焊接设备约占 10% 1978 年，诞生我国第一台逆变场效应晶体管弧焊电源 1983 年，我国第一台商品化晶闸管逆变焊割设备诞生 1985 年前后，晶闸管整流焊机诞生

13.4.5　国内焊接装备发展趋势

我国焊接装备行业经过近 30 年的发展取得了显著的进步，已形成从主机到辅机的完整产业链，在中低档产品领域，也具有一定的占有率。焊接装备行业经过了 10 年快速发展，目前正处在一个转型升级的重要关口，未来我国的焊接装备将朝着以下几个方向发展：

1. 焊机控制数字化

全数字化控制的焊机已经成为进口焊机的主流。产品全数字化控制技术大大提高了焊机的控制精度、焊机产品的一致性和可靠性，同时也大大降低了控制技术的升级难度。而国内的焊接电源，仍然以模拟控制技术为主，虽然部分厂家也推出了全数字化的焊接电源，但是大都处于简单代替模拟控制技术的水平，全数字控制的作用还没有发挥出来，导致市场的认可度不高。

2. 工艺控制智能化

国外进口焊接电源大都以免费或选配的方式提供焊接专家系统，操作者输入焊接材料、厚度、坡口形式等焊接工艺条件就可自动生成焊接工艺。而国内焊接电源厂家在焊接工艺上的研究和积累工作还做的十分有限，难以提供成熟可靠的焊接工艺支持，导致国内产品除价格外与进口产品相比没有竞争优势，大部分高端产品市场份额仍然被进口焊机占据。正是在智能化和焊接工艺服务上的缺失和脱节，国内企业提供的焊接设备大多为纯粹的机器和设备，不能为焊接用户解决焊接工艺问题。

3. 系统集成网络化

国外焊接设备大都提供了现场总线接口，而且可控参数丰富，焊接工艺控制更加方便，国外自动化焊接系统的集成水平更高。而国内的自动化焊接系统普遍处于继电器开关量编组控制的水平，各个自动化焊接部件信息量的传递十分有限，难以实现复杂的焊接工艺协调控制。

4. 自动化、机器人焊接装备技术

在欧美、日本等技术发达国家和地区，自动化、机器人焊接设备的应用非常普遍，特别是在批量化、大规模和有害作业环境中使用率更高，已形成了成熟的技术、设备和与之配套并不断升级的焊接工艺。在我国，汽车、石化、电力、钢结构等行业焊接生产现场使用的自动化和机器人焊接设备，少部分为国内焊接装备企业的自主知识产权设备，一部分是由国内或合资、独资企业提供的、关键部件采用国外技术的组装和成套产品，更多的则是成套进口设备。国内企业在对自动化、机器人焊接设备关键技术的掌握和生产应用方面，与国际先进水平相比还存在较大差距。

第 14 章　焊接机器人

14.1　焊接机器人行业的发展

14.1.1　焊接机器人的发展现状及趋势

机器人焊接是指利用机器人作为执行机构实现产品的焊接生产，是自动化焊接的高级形式。在构建机器人焊接系统时，可以采用通用的工业机器人，也可以根据需求采用特种焊接机器人。

由于焊接加工一方面要求焊工要有熟练的操作技能、丰富的实践经验、稳定的焊接水平，另一方面，焊接又是一项劳动条件差、烟尘多、热辐射大、危险性高的工种。因此，自从 1959 年世界上第一台工业机器人 UNIMATE 诞生之后，人们首先就想到用机器人焊接代替手工焊接，减轻焊工的劳动强度，同时保证焊接质量和提高焊接效率。基于这个原因，在工业机器人家族中，焊接机器人一直占据着相当大的比重。根据国际机器人联合会（IFR）2015 年的统计数据，大约有 30% 的工业机器人被应用到焊接领域。

伴随着先进制造技术的发展以及网络通信、计算机等诸多技术因素的推动，实现焊接产品的自动化、柔性化和智能化制造已成为工业发展的必然趋势，其中焊接机器人和智能化焊接设备起着不可替代的作用，是柔性制造系统（FMS）、自动化工厂（FA）、计算机集成制造系统（CIMS）的关键自动化焊接工具。智能化焊接正在沿着机器人焊接单元→自动化焊接生产线→智能焊接车间→智慧焊接工厂的路径发展。自 2009 年以来，焊接机器人在我国市场的销量一直处于我国工业机器人市场的前列，且逐年以 30% 的复合增长率稳步增长。截至 2015 年，在我国保有的 13 万多台机器人中，焊接机器人的保有量超过 6 万多台，占有率近 50%，是应用最多的机器人类型，在汽车、摩托车、工程机械、船舶、航天、铁路机车等行业起着重要的作用。

在国家产业政策和产业转型升级需求的双重驱动下，机器人焊接得到进一步推广。目前机器人焊接行业呈现如下趋势：

1. 机器人焊接工艺多样化

最初机器人焊接主要应用在定位焊、气体保护焊等焊接工艺上。随着激光设备制造技术、激光传输技术（光纤）、激光加工头等关键技术的发展，越来越多的机器人应用在激光焊接领域，如激光自熔焊、激光钎焊、激光飞行焊。激光焊接具有效率高、热变形小等优点，配合机器人多自由度、运动灵活的优势，应用潜力巨大。目前一些机器人厂商和系统集成商，已经在陆续开展这方面的研发工作。由于激光焊接前期投入成本高，目前主要用于大型整车厂，并未广泛使用。

2. 焊接自动化、智能化

工件种类的多样性、加工差异性、夹具定位误差、热变形等因素，使得单纯的示教再现的机器人无法完全满足高效的生产要求。现代焊接工业需要机器人具备一定的感知能力，能够根据外部环境的变化在焊接过程中不断修正工艺参数，获取良好的焊接效果。目前通常采用传感技术＋机器人焊接的方式来实现这一目标，如视觉传感器、压力传感器、电弧传感器等。

3. 机器人焊接标准化、产品化

客户由现在使用的独立机器人焊接工作单元，逐渐转向可选配的标准机器人焊接系统和行业解决方案。我国制造业经过长达 30 年的引进、学习和消化，在采用机器人单元及机器人内部、外部控制线缆的集成应用方面已呈现后来居上之势，我国已成为国际知名机器人的巨大销售市场。

14.1.2　焊接机器人技术水平现状

尽管目前焊接行业已经是工业机器人应用得最为密集的行业之一，但在冷加工行业（车、铣、刨等）中，即使是世界上最为先进的焊接机器人也远远达不到一个初级焊工在复杂工况条件下对焊接熔池流态和缺陷的控制能力，这就使得目前大部分的焊接机器人只能集中应用于生产批量巨大可以分摊昂贵专用工装夹具成本的汽车行业或其他行业中结构简单的焊件，整体应用水平较低，距离用机器人完全替代熟练焊工的要求还有很大差距，机器人焊接智能化领域显然有许多共性基础问题和关键技术需要突破。

智能化机器人焊接技术和焊接系统涉及焊接过程信息的获取、融合、运动控制及智能化控制和焊接大数据等多门学科。具体到微观层面，包括：焊接任务规划、轨迹跟踪控制、信息传感、过程模型、智能控制等衍生出的焊接制造系统的物料流、信息流的管理与控制；多智能体系焊接单元与复杂系统控制以及焊接机器人的网络监控与远程控制等学科基础问题和技术融合的交集。机器人焊接智能化关键技术、焊接过程的多信息融合、故障诊断、知识建模及智能控制技术以及焊接柔性制造系统的多智能体理论和方法基本构成了 WIMS 科学问题和关键技术的研究主体，也是推动"中国智能制造"跻身国际先进制造业前沿引导地位的重要驱动力。要实现焊接机器人替代焊工的大部分工作，机器人焊接智能化主要涉及以下技术元素：①模拟焊工感官的焊接过程传感技术；②模拟焊工经验积累的知识提取及模型建立技术；③模拟焊工决策判断的焊接过程智能化控制技术。

由于焊接是一个具有强干扰的技术，具有强烈的光、热和磁的干扰，要求系统硬件具有很强的抗干扰性能，同时由于图像的信息量较大并容易受到弧光、反射及飞溅的干扰，因此对图像处理算法的实时性能和抗干扰性能也提出了较高的要求。清华大学潘际銮院士团队以及唐山英莱科技有限公司在此领域取得了重要进展，如强弧光干扰下稳定获取焊缝信息，实施焊缝跟踪和基于面结构光的小坡口或零间隙状态的焊缝跟踪，这方面的产品有针对不锈钢和铝合金的激光视觉焊缝跟踪系统 IL-MSC-1000，检测精度可控制在 0.05mm 范围。针对焊缝跟踪问题目前已经发展出多种焊缝跟踪传感器，如基于电弧传感和其改进型的旋转电弧传感器，许多已经规模化、商品化应用于现有焊接机器人系统中。潘际銮院士领导的研究小组在这方面的工作开展得比较早，也最有代表性。哈尔滨工业大学、兰州理工大学、江苏科技大学、南昌大学和湘潭大学等单位也对电弧传感系统的某些应用进行了一定的研究。受实际焊接传感系统中各种复杂多变因素的影响，旋转电弧传感机理的研究成果和信号处理技术还未达到令人满意的程度，还处于简单直观定性分析的水平，限制了国内电弧传感器的成熟应用。

要实现机器人焊接智能化，焊缝跟踪、初始焊位识别及焊接路径的自适应规划是智能化焊接前期的一个重要环节。而能否在复杂工况条件下实现焊接动态熔池成形、接头最终质量的自适应控制是提升焊接机器人智能化水平的核心问题之一。从本质上讲，焊接熔池状态及对其行为的控制是决定焊接质量的最重要也是最复杂环节，熔池的状态取决于焊接过程中的传热、传质和熔池液体的流动，如何通过物理模型和数据解析建立焊接过程参数和最终熔池状态的本构关系，是这一领域取得技术突破的关键所在。训练有素的焊工能够将焊接过程中多种交互影响的复杂因素进行完美的协调和统一，在各种复杂工况条件下实现对熔池流态的最优控制，现代任何控制系统和方法与之相比都相形见绌。这使得很多研究者认识到，在自动焊接系统中如果能够引入焊工长期训练而形成的经验和技能，则是解决以上问题的有效手段。但焊工经验和技能的定义及内涵非常抽象和模糊，目前仍然缺乏能够将焊工经验进行有效参数化和物理解析的方法和理论。

在国内，上海交通大学在电弧焊接熔池动态过程的视觉、声音、电弧、光谱等多信息获取与融合处理，焊接过程知识提取与建模，焊接动态过程及焊缝成形质量的智能控制等领域进行了多年的研究工作，取得了较为系统性的研究成果。兰州理工大学基于熟练焊工在焊接过程中焊枪位姿与熔池形貌、流态的经验知识，采用三轴位姿传感器采集焊工焊枪位姿，结合激光熔池传感技术，建立了一个焊枪姿态与熔池形貌实时传感同步采集系统，实现了焊枪三维姿态与熔池形貌的动态交互；研究了不同焊工在焊接过程中应对熔池形貌、流态变化所采取的不同焊枪姿态，为进一步解析熟练焊工焊接经验和技能提供了有效途径。

工业机器人作为生产自动化设备的典型代表，在制造业获得了巨大成功。与传统的工业机器人相比，移动机器人焊接空间可达性及焊枪运动的灵活性都非常好，在恶劣（如辐射、有毒）环境、人所不及（如水下）环境以及野外现场大型结构件的自动化作业中应用得更为广泛。

北京石油化工学院、清华大学、南昌大学和中国石油集团工程技术研究院等科研院所针对石化行业中的大型储油罐、球罐、管道的焊接展开了研究。这些设备的制造多在现场作业，焊接位置手工作业难以达到，恶劣的工作环境不仅增大了工人的劳动强度且影响焊接质量，因此需要采用移动焊接机器人进行现场作业。世界各国日益重视海洋资源开发，水下工程日益增多，水下焊接是水下工程建设及维护的一种重要工艺方法。20世纪90年代，华南理工大学的研究人员对局部干法水下焊接开展的研究，采用微型排水罩法进行药芯焊丝水下焊接，使得焊缝质量较湿法有了显著改善，为水下焊接自动化技术做了有益探索。比较有代表意义的水下机器人，有南昌大学承担研制的"大型构件水下焊接机器人系统"和北京石油化工学院承担研制的"远程控制水下局部干式焊接机器人"。焊接技术是核电站建造的关键技术之一，自动化焊接技术在国外核电工程中应用得相当普遍，特别是应用于核电站中管道焊接的全位置自动焊接移动机器人。北京石油化工学院光机电重点实验室研制出了一种能够实现隔板外环水平内外环缝不锈钢自动堆焊的堆焊移动机器人成套设备，提高了焊接效率，减小了劳动强度，提升了焊接质量，经济效益显著。

近年来全球气候不断恶化，地震灾害频发，建筑节能环保及抗震的要求引起公众的普遍重视。由于钢结构的延展性、塑性、韧性好，具有优良的抗震和承受负荷能力，且能够满足超高度和超跨度的要求，在建筑行业获得了快速发展。对于进行钢结构现场安装作业的焊接机器人，考虑到现场的复杂性及环境条件的恶劣性，机器人应该力求体积小巧、质量轻、安装方便、操控简单，这时采用移动机器人焊接方式是最佳选择。在一些标志性建筑结构的建筑中开始采用这类移动机器人，如北京石油化工学院在"鸟巢""珠港澳大桥"及"上海中心"等标志性钢结构建筑中，采用了钢结构移动焊接机器人进行全位置焊接和现场拼装。

14.1.3 焊接机器人行业存在的主要问题

焊接机器人是智能化焊接的关键高端设备，在焊接制造中扮演着越来越重要的角色，因此焊接机器人可提供高效优质焊接产品的理念现在已深入人心。焊接机器人发展的初级阶段是用机器人代替工人，实现机械化焊接，即"机器人焊接"阶段；随着机器代人技术的发展与成熟，将进入"焊接机器人"的智能化高级阶段。据 IFR 统计，目前在全世界装机使用的 100 多万台机器人中，超过 90% 是第一代机器人，少数是第二代机器人，第二代机器人具有感知功能，机器人在外界环境变化的情况下仍能很好地完成作业。而第三代机器人——智能机器人，不仅具有感知功能且具有思维、任务理解、环境理解、作业规划、路径规划、学习、推理、分析、决策等功能。下面介绍机器人焊接在汽车、航天、船舶／海工制造等行业应用过程中遇到的问题。

1. 汽车行业

机器人焊接应用最成熟的行业是汽车及零部件加工领域，目前汽车底盘、座椅骨架、导轨、消声器的机器人焊接技术已经比较成熟，焊接生产自动化程度越来越高。随着制造业的转型升级，机器人焊接在汽车行业的发展也面临着一些挑战：

1）柔性化要求更高。市场细分和客户需求的多样性，车身品种多、换代加快，都要求机器人焊接生产线的柔性化程度更高。

2）焊接作业日渐复杂，工件焊缝位置精度要求越来越高。发展方向是在焊接机器人上安装传统的位移、速度等传感器，结合激光传感器、视觉传感器实现焊缝自动焊接（焊前扫描、焊中跟踪、焊后检测）。

3）汽车轻量化，需要新型焊接工艺。今后在汽车上一些高强合金材料和轻合金材料（铝合金、镁合金）的使用量将会逐渐增加。这些材料往往无法使用传统焊接工艺进行焊接，需要新型的焊接方法，如高功率机器人激光焊接、空间曲线机器人搅拌摩擦焊。

2. 航天

我国运载火箭进入了"高密度并行研制、多型号密集发射和应急快速发射"

的快速发展期。然而，与航空的国际化合作、工业化生产模式不同，航天制造业相对封闭，其产品生产主要采用研发、探索等模式。这一模式虽然在推动创新方面具有优势，但在生产能力与产品质量稳定性等方面与工业化、批量化模式相比差距巨大。因此，如何在保持创新优势的前提下，提升产能及产品的质量稳定性，就成为新时期我国航天制造业迫切需要解决的核心问题。按结构特点，航天结构件可细分为大型薄壁结构件、多面体类薄壁精密结构件和回转类薄壁精密结构件等形式。经过50多年的发展，我国已经具有较为完备的运载火箭制造体系，可以基本满足现役火箭的生产需求。但这一制造体系是在多年积累、多次补充建设的基础上建立起来的，其主要生产设备与武器生产共用，存在生产资源布局不合理、生产能力和技术水平相对落后、手工作业占较大比例、工艺落后、质量可靠性不高等诸多不足，亟须开发、攻关柔性化、协同化和网络化的焊接机器人来满足航天复杂薄壁结构件在复杂工况下的焊接智能制造需求。我国在航天薄壁复杂结构件的焊接智能制造方面取得了部分突破性进展，主要有火箭发动机空间螺旋密排薄壁方管的机器人焊缝跟踪、变形控制及工艺优化；运载火箭储箱箱底瓜瓣空间曲线焊缝的自适应焊缝跟踪、成形控制。

现阶段我国航天复杂结构件制造的柔性主要依赖于人的经验和现场调度，研制、生产效率较低。具体表现在以下几方面：

1）柔性不足。航天器的焊接制造模式是单件、小批量生产，随着任务量增加，航天器焊接制造模式呈现研制与生产并存、多型号交叉并行、单件与组批混合的变化，生产任务量大。现阶段焊接制造柔性主要依赖于人工协调，缺乏必要的自动化辅助设施和智能化焊接单元，机器人焊接柔性未得到充分发挥，难以支撑产品类型显著增长的需要。

2）智能化水平不高。目前我国航天器结构件产品的机器人焊接尚多处于机械化阶段，离智能化还有不小的差距，针对航天器薄壁件轨迹多变、焊缝由于热变形不断发生变化的特点，缺乏适应于航天器薄壁结构件焊接制造的感知器件和专用软件。

3）研制效率低。受前期机加工工艺、切削参数优化水平以及质量检测手段、零部件装夹方式落后等因素的影响，推广航天器产品机器人焊接自动化、批产的效率低，无法支撑快速响应制造。

3. 船舶

早在20世纪80年代，船舶制造领域就开始尝试采用焊接机器人，日本、韩国、美国和欧洲的一些先进造船国家，在发展和研制造船用焊接机器人方面取得了显著的进步。我国在船舶工业方面，机器人焊接自动化技术的应用还相对落后，现在大多数还处在人工焊接的状态。船舶焊接制造涉及工艺设计、下料、小合拢、中合拢、平行部大合拢、平面分段、曲面分段、平直立体分段、管线法兰、型材部件及上层建筑等工序和工位的焊接过程。我国已逐步在小合拢部件、船体分段纵/横构件间角焊缝、船体外板对接工序取得了部分突破性进展。上海船舶工艺研究所、上海交通大学研制的"中径管 - 法兰机器人自动焊接生产线"集数据通信和管理、产品自动识别、自适应和高柔性系统、初始焊位识别、跟踪、自适应工装系统和物料自动传输为一体，成功应用于上海江南船舶管业有限公司、江苏新时代造船有限公司和广州文冲船厂有限责任公司。

海工船舶焊接制造具有多品种、小批量、非标、大、重、特、焊缝形式及位置多样、焊接结构线形复杂、空间狭小、焊缝紧凑等特点。针对海工船舶焊接的特点，实现自动化和智能化需要解决以下主要问题：

1）总段建造阶段所需的便携式移动焊接机器人的研究与应用。主要问题是微型船用焊接机器人，需具有体积小、重量轻、便于携带以及跟踪精度高等特点，要可进行甲板、侧壁的爬行焊接，应用部位广，操作方便。需重点研究微型机器人的机械结构和控制系统、自识别系统、跟踪精度、垂直面和顶部的爬行等关键技术。

2）机器人焊接离线自动编程技术研究及应用。船舶焊接是一种高度柔性化的作业，每次焊接的对象、摆放姿态、固定方式都不尽相同，对应的焊接工艺、焊接参数更是复杂多变。要突破焊接工艺自动生成技术、机器人焊接程序离线自动生成技术，实现焊接顺序、焊接参数、焊缝轨迹、机构运动轨迹等信息自动生成，并自动生成用于作业的机器人焊接程序，真正实现机器人的自动化、智能化焊接。

3）焊接机器人协同工作集群研究。针对我国船舶与海工装备制造行业在高效高质量焊接、实时质量监控等柔性制造方面的差距，攻克一批船舶与海工装备制造过程智能化技术与装备，打破国外发达国家在这一核心制造技术领域内的垄断，提高船舶与海工装备制造过程的智能化水平，提升企业的综合竞争实力，促进我国船舶与海工装备制造业快速发展。

4）特种焊接机器人技术的研究和应用。机器人埋弧焊、超窄间隙机器人立焊技术、伸缩臂机器人焊接等特种焊接技术将机器人柔性化制造的优点与特种焊接技术的优点相结合。特种焊接技术通常具备高效的特点，而机器人焊接技术具备柔性、程序可再编辑的优点，两者优点可相互补充，从而提高焊接效率和工厂生产效益，通过技术融合的方式，找到更多焊接领域的创新点。

5）多品种少批量产品机器人智能化焊接技术的研究和应用。大量机械产品具备多品种少批量的特点，同时焊接量也很大，这对机器人智能化技术应用提出了更大挑战。

根据技术发展趋势，基于 3D 视觉快速编程、三维模型导入离线编程的机器人焊接技术具有显著的应用价值。该技术能够直接解决多品种少批量产品的编程复杂、编程耗时长的问题，从而促进机器人焊接技术的普及和推广。

6）大型结构件自动化物流的研究和应用。传统大型构件依靠行车和平板车进行转运，效率低下，而且构件在转运过程中容易变形，增加了后期校正工作量。发展自动化物流技术能够提高物品转运效率，保证产品转运过程的精度，从而构建出完整的自动化生产线。

7）焊接车间人机料法环信息化系统的研究和应用。焊接车间信息化系统能够实现对操作工人、设备、质量的信息进行一体化采集和监控，并对焊接电流、电压等核心数据进行监控报警。通过监控系统将生产数据传送到无线群控基站，由基站将数据通过网络接口方式传送到现场服务器，现场服务器采用基于 Web 方式的 BS 架构，便于相关质量、工艺工程师监测现场设备运行数据，生产工程师进行生产安排，从而实现信息化系统在焊接车间的全覆盖。

14.1.4　焊接机器人的未来发展方向

2018 年，全球范围内共有 120 多万台工业机器人，每年还以接近 30 万台的数量在增加，约有 40% 左右的工业机器人应用在焊接领域，主要工艺为机器人电弧焊和机器人电阻焊。随着机器人技术的不断发展，焊接机器人在负载能力、重复定位精度、作业范围、工作稳定性等指标上不断刷新纪录。同时，焊接任务智能规划、焊接动态过程传感与控制、焊接配套设备（焊接电源、焊枪／焊钳）等配合焊接机器人的发展实现了更高程度的焊接自动化和智能化。此外，焊接工作站或者生产线的多机器人协同技术、极限环境下的机器人焊接技术同样发展迅速，在人工所无法实现的高强度、高精度、复杂工序高效作业，恶劣或极限工况下施焊等方面体现出了机器人焊接的决定性优势。

在焊接机器人得到越来越广泛应用的同时，不断涌现出具有代表性的机器人焊接新技术，这些技术从提高生产效率、满足精度要求、可操作性、更好的适应性等方面显示了焊接机器人技术的未来发展趋势，从研发完善逐渐走向推广应用。

1. 智能化的机器人示教再现与离线编程技术

现阶段在工业生产中大量应用的焊接机器人多为基于示教再现或者离线编程的工作方式实现焊接作业，再辅助以一定传感技术的情况下能够满足自动化生产的基本要求，但是其智能化程度仍然有较大的发展空间，包括焊接路径自主规划、自动生成焊接任务工艺参数、直观易用的人机交互系统设计、借助虚拟现实技术实现焊接工作站的离线编程等。

2. 焊接过程的传感技术与适应性控制技术

集成了一种或多种传感器的焊接机器人可以实现对环境的感知、信息的提取及处理，通过视觉、触觉等感知的反馈形成一定的闭环控制，对外部环境的变化具有一定的适应力，如对焊缝位置自动寻位、焊缝自动跟踪等。

3. 用于焊接工作站或生产线的多机器人协作技术

采用多机器人协作技术的焊接工作站或生产线，能够实现多项焊接作业或者焊接作业与定位、安装、检测等工序的同时进行，可极大地提高生产效率并能保证质量，减少人工，使生产空间更紧凑。

4. 适用于高能束焊接、搅拌摩擦焊接等工艺方法的机器人焊接技术

激光、电子束焊接这类高能束焊接在轨迹高精度控制、辅助设备集成等方面对焊接机器人提出了特殊要求。需要根据这类焊接工艺的特点，在过程传感控制、系统集成、辅助配套设备、精度控制等方面发展新的焊接机器人技术。

5. 用于极限环境的遥控机器人焊接技术

在核环境、太空、深海等特殊工况下，需要采用遥控机器人替代人完成焊接任务。辐射、气压、水压、重力、温度等造成的极限环境的特殊性，需要在焊接机器人的机械结构、电气设计、传感方式、控制技术、工艺方法等方面具有应对措施。

14.2 焊接机器人的应用领域

机器人焊接技术的迅猛发展，大幅度提升了焊接效率，替代了部分手工焊接，而机器人辅助系统的发展，更进一步促进了机器人焊接技术的发展。将移动变位装置、工装夹具应用于机器人焊接，能够提升焊接效率和精度，能够解决复杂形状和曲面的焊接问题。

焊接机器人能够实现焊接自动化生产，具有解放劳动力、提高焊接效率、焊接质量稳定的优点，且便于企业组织生产和自动化管理，因此被广泛应用到制造行业。焊接机器人系统是功能独立、动作空间大、操作形态变化机动、自动化控制水平高、柔性效能佳的焊接作业机构，具备丰富的加工效能、反复操作时精准性强、对接品质佳、抓取负荷重、操作效率高、操控安全可靠等工艺特性。焊接智能机器人操作机构总体来说由焊接型智能机器人主体、机器人操控器、工装现场转换接触器、工装回转操作支架、自动调整支座以及变位机等多类部件所组成。

14.2.1　工程机械

平地机铲刀结构的焊缝长达 4m，人工操作难以一次性完成，受生产过程中劳动强度高及工人焊接技能水平影响，常产生气孔、未熔合、未焊透、弧坑等焊接缺陷，造成大量返工，降低了铲刀的生产效率。通过引进六轴天吊式焊接机器人弧焊系统，实现了铲刀的多层多道焊接。

盾构机在隧道掘进过程中，刀盘直接作用于岩土，通过刀具对岩土的挤压、冲击完成岩土的切削和碾碎功能，因此刀盘功能至关重要。但在刀盘结构的焊接过程中多采用手工焊接，焊接质量差，生产效率低。为了实现盾构机刀盘结构的机器人焊接，需要融合焊接过程监测、计算机辅助设计及焊接工艺数据库。通过两台 2 轴变位机双工位机器人弧焊系统的开发及工艺优化，已可以实现盾构机中心刀梁、刀箱的机器人焊接。图 14-1 所示为盾构机机器人焊接系统及刀箱。

图 14-1　盾构机机器人焊接系统及刀箱

14.2.2　汽车制造

焊接机器人在汽车行业已广泛应用，主要有点焊机器人、弧焊机器人和激光焊接机器人。焊接的结构件为汽车车身、底盘、消声器、座椅骨架、防撞杆等。

汽车车身焊接是车身制造的重要环节之一，而车身焊装工程也是汽车整车制造中的重要工程之一。汽车车身，特别是轿车车身制造一直是机器人焊接应用相对集中的场合。其主要特征是：由大量焊接机器人和计算机控制的自动化焊装设备构成汽车车身焊装生产线，图 14-2 所示为新能源汽车车身激光焊接。对乘用车而言，车身焊接主要采用电阻点焊，辅助以气体保护焊及激光焊接等方法。焊接机器人的广泛应用提升了生产线的柔性化组装水平，能够在同一条焊接生产线上实现多车型随机混线生产，高节拍生产 1～2 个车身、4～6 种车型的车身。

图 14-2　新能源汽车车身激光焊接

桥壳后盖内环缝的施焊空间狭小，标准焊枪难以准确定位，人工焊接时在弧光和烟尘的影响下，上述过程更加艰难。通过引入弧焊机器人，避免了手工焊接的质量不稳定性，降低了劳动强度，并且实现了焊接参数的在线调整和焊缝质量的实时控制。图 14-3 所示为汽车涡轮增压器示意图及激光焊接效果。

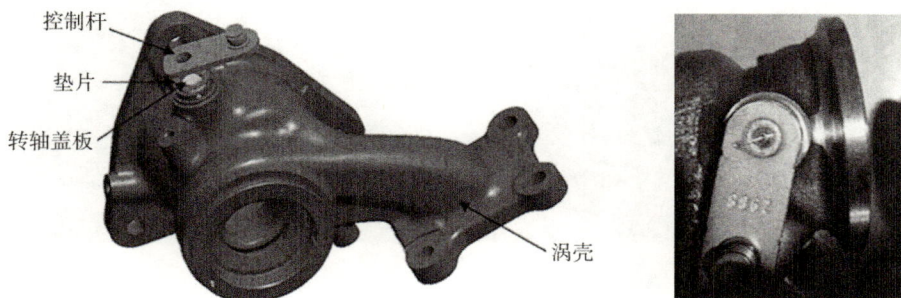

控制杆
垫片
转轴盖板
涡壳

图 14-3　汽车涡轮增压器示意图及激光焊接效果

涡轮增压器是一种空气压缩机，通过压缩空气来增加进气量。单套涡轮增压系统的焊接位置包括控制杆和转轴盖板以及两者组装成一体后的固定焊接。通过引入机器人焊接系统,解决了焊接热输入高、焊接变形大及组装易错的难题。

14.2.3　轨道交通

在轨道交通领域机器人焊接系统用于机车底架牵引梁、横梁、旁承梁横梁、中梁横梁的外部焊缝焊接,电力机车底架牵引梁整体、旁承梁整体、中梁整体的绝大部分外部焊缝焊接,电力机车转向架构架的前端梁、牵引梁、中梁、后端梁、左侧梁、右侧梁的外部焊缝的焊接,路基处理车转向架构架侧梁的外部焊缝的焊接,各种调车机车、机车箱形梁的外部焊缝焊接,以及风缸纵焊缝和环焊缝的焊接。

14.2.4　船舶修造

在 20 世纪 80 年代,造船界就开始尝试使用焊接机器人,最初只用于小合拢部件上加强材的平角焊,后来逐步扩大至船体分段中纵、横构件间各种角焊缝的焊接,船坞上船体外板对接焊缝的焊接及管子生产车间管－管和管－法兰的焊接等。图 14-4 所示为焊接机器人在船舶制造中的应用。

图 14-4　焊接机器人在船舶制造中的应用

14.2.5　电子产业

锡钎焊机器人的自动化焊接工艺主要分为电烙铁焊接、高周波焊接及激光焊接三大类,目前已成功应用于电子、数码、LCD 等行业。锡钎焊机器人由焊接工作平台、手持式示教编程器、焊臂组件、焊嘴、焊嘴清洁系统、烟尘净化过滤系统组成。图14-5所示为典型电烙铁式焊接机器人。

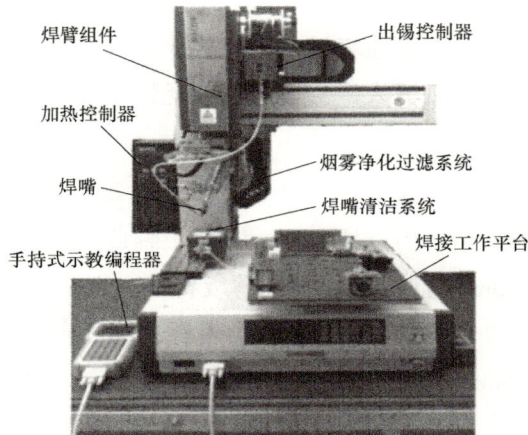

图 14-5　电烙铁式焊接机器人

14.2.6　其他结构制造

电力变压器外壳（油箱）主要用于承装器身并充满变压器油，对焊缝强度及密封性要求高。油箱上有多种接头形式，包括对接焊缝、平角焊缝、立角焊缝等。为了保证焊缝质量和厚板焊接，焊接机器人配备了焊缝跟踪和多层多道焊功能。

液压支架多为箱形结构，具有结构多变、焊缝复杂多变的特点，且多为中厚板焊接，易造成焊接缺陷的产生。液压支架的焊接标准为：铰链部位四孔的同轴度为 $1 \sim 2mm$；焊接直线在 4m 以内时，直线度公差为 2%，大于 4m 时，公差不超过 3%；平面度为 2mm/m；抗拉强度不低于 520MPa，且所有焊缝经探伤达到Ⅱ类质量标准。通过对焊接机器人系统的运动控制、焊缝定位与跟踪，成功实现了液压支架构件的自动化分层多道焊焊接。

14.3　典型焊接机器人

焊接机器人是从事焊接的工业机器人，主要包括机器人和焊接设备两部分。机器人由机器人本体和控制柜（硬件及软件）组成。根据国际标准化组织（ISO）焊接工业机器人属于标准机器人的定义，工业机器人是一种多用途的、可重复编程的自动控制操作机（Manipulator），具有三个或更多可编程的轴，用于工业自动化领域。为了适应不同的用途，机器人最后一个轴的机械接口，通常是一个连接法兰，可接装不同工具或末端执行器。焊接装备则由焊接电源（包括其控制系统）、送丝机（弧焊）、焊枪（钳）等部分组成。随着智能制造进程的加快，工业生产中如汽车、农业机械、电梯、计算机、工程机械、轨道交通等众多制造领域都使用焊接机器人，按运用的广泛性将焊接机器人分为四类典型焊接机器人。

14.3.1 点焊焊接机器人

点焊是一种高速、经济的连接方法，它适于制造可以采用搭接、接头不要求气密、厚度小于 3mm 的冲压、轧制的薄板构件。点焊机器人（Spot Welding Robot）是用于点焊自动作业的工业机器人。世界上第一台点焊机器人于 1965 年开始使用，是美国 Unimation 公司推出的 Unimate 机器人，我国在 1987 年自行研制成第一台点焊机器人——华宇 - I 型点焊机器人。目前，使用点焊机器人最多的地方应当属汽车车身的自动装配车间。在汽车生产过程中，点焊是一种重要的工艺，目前一般车身有超过 2 000 个焊点，有的车型焊点数甚至超过了 5 000 个，这部分焊接工作越来越多地采用智能化焊接机器人实现，只有少部分位置难以采用机器人焊接，仍然采用人工焊接。图 14-6 所示为上汽通用汽车车身车间的机器人焊接系统。

图 14-6　上汽通用汽车车身车间的机器人焊接系统

点焊机器人一般具有六个自由度，驱动方式有液压驱动和电气驱动两种。因后者具有保养维修简便、能耗低、速度高、精度高、安全性好等优点，所以点焊机器人多数是电动的。焊接系统部分包括点焊焊机和点焊焊钳两部分。焊钳有很多种形式，常见的有 C 形焊钳、X 形焊钳两种。机器人本体和点焊焊接系统在计算机的控制下构成点焊机器人系统。操作者可以通过示教盒和计算机面板按键进行点焊机器人运动位置和动作程序的示教，设定运动速度、焊接参数等。点焊机器人按照示教程序规定的动作、顺序和参数进行点焊作业，其过程是完全自动化的。

点焊机器人的技术特点有：

1）技术综合性强。工业机器人与自动化成套技术，集中并融合了多项学科，涉及多项技术领域，包括工业机器人控制技术、机器人动力学及仿真、机器人构建有限元分析、激光加工技术、模块化程序设计、智能测量、建模加工一体化、工厂自动化以及精细物流等先进制造技术，技术综合性强。

2）应用领域广泛。工业机器人与自动化成套装备是生产过程的关键设备，可用于制造、安装、检测、物流等生产环节，并广泛应用于汽车整车及汽车零部件、工程机械、轨道交通、低压电器、电力、IC 装备、军工、烟草、金融、医药、冶金及印刷出版等众多行业，应用领域非常广泛。

3）技术先进。工业机器人集精密化、柔性化、智能化、工业软件应用开发等先进制造技术于一体，通过对过程实施检测、控制、优化、调度、管理和决策，实现增加产量、提高质量、降低成本、减少资源消耗和环境污染，是工业自动化水平的最高体现。

4）技术升级。工业机器人与自动化成套装备具备精细制造、精细加工以及柔性生产等技术特点，是继动力机械、计算机之后，出现的全面延伸人的体力和智力的新一代生产工具，是实现生产数字化、自动化、网络化以及智能化的重要手段。

14.3.2　弧焊焊接机器人

所谓的弧焊焊接机器人是将大部分弧焊方法都包括在内的焊接机器人，比如各种气体保护焊方法（MAG、MIG、TIG），如图 14-7 所示。弧焊机器人的组成和原理与点焊机器人基本相同，但是弧焊机器人相对点焊机器人来说要复杂，弧焊机器人不只是一个简单的操作运动机构，它还包括各种电弧焊附属装置在内的柔性焊接系统。所以，弧焊机器人除了具有前面所述点焊机器人的一般功能外，还必须具备一些适合弧焊要求的功能，系统组成还可根据焊接方法的不同以及具体待焊工件焊接工艺要求的不同，选择性扩展以下装置：送丝机、清枪剪丝装置、冷却水箱、焊剂输送和回收装置（SAW 时）、移动装置、焊接变位机、传感装置、除尘装置等。弧焊机器人和点焊机器人的另一个区别在于运动轨迹的复杂程度不同，弧焊机器人要求可以在计算机的控制下实现连续轨迹控制和点位控制，还可以利用直线插补和圆弧插补功能焊接由直线及圆弧所组成的空间焊缝。所以，弧焊机器人对控制系统的要求比点焊机器人的要求高。弧焊机器人关键技术如下：

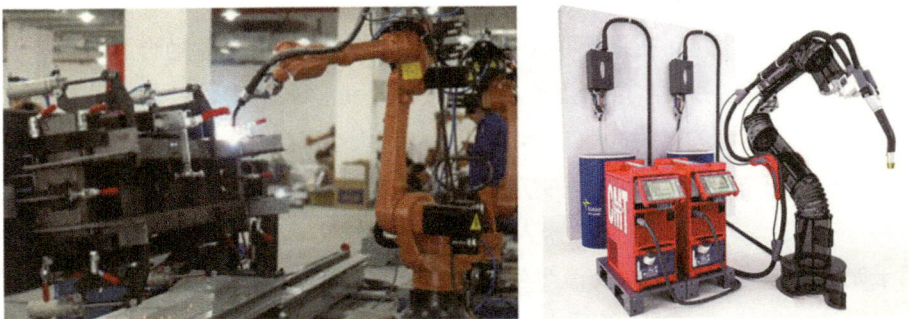

图 14-7　弧焊机器人工作场景

1）弧焊机器人系统优化集成技术。弧焊机器人采用交流伺服驱动技术以及高精度、高刚度的 RV 减速器和谐波减速器，具有良好的低速稳定性和高速动态响应，并可实现免维护功能。

2）协调控制技术。控制多机器人及变位机协调运动，既能保持焊枪和工件的相对姿态以满足焊接工艺的要求，又能避免焊枪和工件的碰撞。

3）精确的焊缝轨迹跟踪技术。结合激光传感器和视觉传感器离线工作方式的优点，采用激光传感器实现焊接过程中的焊缝跟踪，提升焊接机器人对复杂工件进行焊接的柔性和适应性，结合视觉传感器离线观察获得焊缝跟踪的残余偏差，基于偏差统计获得补偿数据并进行机器人运动轨迹的修正，在各种工况下都能获得最佳的焊接质量。

14.3.3　激光焊接机器人

激光焊接机器人是当下比较常用的一种工业机器人（见图 14-8），与前两者的原理和结构基本一致，只是激光焊接机器人的焊接热源采用高能量密度的激光器。由于激光的高能量密度特性及精密特性，通过机器人的柔性化运动，使得焊接精度高、速度快、焊缝狭窄，深受焊接领域青睐。

图 14-8　激光焊接机器人

激光焊接机器人的特点：

1）可以实现对激光焦点的功率和大小按加工要求进行动态调节，同时对加工过程进行实时监控，实现各种各样的应用可能。

2）光束斑点小，加工精度成倍提高。热影响区极小，焊缝质量高，不易产生收缩、变形、脆化及热裂等热副作用，激光焊接的熔池净化效应能净化焊缝金属，焊缝力学性能相当于或优于母材。

3. 采用光纤输送激光，这样就可把能量源和加工设备毫不困难地从空间上分隔，激光器产生的光能可通过直径很小的光纤传输到距离很远的工位，通过机器人实现对工件的焊接。

14.3.4　搅拌摩擦焊接机器人

搅拌摩擦焊和上述几种焊接方法都不同，自从搅拌摩擦焊发明以来，搅拌摩擦焊技术在世界各国得到了广泛的关注和深入的研究。搅拌摩擦焊的原理是利用搅拌头与工件端面摩擦生热，使工件端面达到热塑性状态后迅速顶锻，从而实现工件的固态连接。这种焊接方式质量好、效率高、可一次焊成，基于这些优点以及响应国家智能制造、绿色环保的发展战略，搅拌摩擦焊技术迅速由实验室转向大规模应用，为汽车制造、航空航天、船舶制造、轨道车辆制造等多个工业领域所用。

早期搅拌摩擦焊主要由数控机床实现，随着用户对设备灵活性要求的提高，这些体型较大、操作不灵活且难以协同作业的数控机床已无法满足生产需求，所以企业开始使用重载机器人，将工业机器人系统与先进搅拌摩擦焊装备集成，这也是近年来搅拌摩擦焊装备的重要发展方向。机器人搅拌摩擦焊系统集成了恒压力控制、恒位移控制、恒转矩控制、焊缝跟踪技术等多项先进技术，可实现复杂3D曲线焊缝零件焊接，典型装备如图 14-9 所示。

采用机器人实现搅拌摩擦焊接具有诸多优势，如：

1）焊接过程高度自动化，全程无干预。

2）复杂结构件焊接，如平面二维、空间三维等结构。

3）多模式过程控制系统，如：压力控制、位移控制、转矩控制等模式。

4）接头质量良好，变形控制易实现。

5）焊接过程稳定性好。

图 14-9　搅拌摩擦焊机器人

第 15 章　自动化焊接专机

15.1　自动化焊接专机发展现状

自动化焊接专机是焊接自动化装备的一个重要分支，除机器人工作站和智能生产线以外的焊接自动化装备都可称作自动化焊接专机，主要是指围绕特定行业、特定部件或者特定焊接结构而专门设计集成的专业自动化焊接设备。自动化焊接专机技术含量高，通常集焊接工艺、自动控制、精密机械设计制造等多种技术于一体。随着工业自动化、智能化、数字化等技术的日益发展和广泛应用，自动化焊接专机正在由单机焊接自动化装备向焊接自动化生产线和数字化焊接车间发展。自动化焊接专机的技术水平是国家焊接技术和机械制造水平的重要体现，直接决定了国家重大核心装备的技术水平。目前，我国自动化焊接专机制造企业已经可按客户的不同需求，设计、制造、集成各种类型的专用焊接自动化装备，并大量采用计算机控制技术。部分自动化焊接专机还配备了焊缝自动跟踪系统和图像监控系统，确保了焊接质量。我国自动化焊接专机技术发展呈现出如下趋势：

1. 精密、高效化

自动化焊接专机正朝着高精度、高质量、高效率、高可靠性方向发展，要求系统的控制器以及软件具有较高的信息处理速度，系统各运动部件和驱动控制具有高速响应特性，要求其电气及机械装置具有精确的控制功能，能够长期稳定、可靠地工作。

2. 模块化

自动化焊接专机的集成化技术包括硬件系统的结构集成、功能集成和控制技术的集成。现代焊接自动化设备的结构都采用模块化设计，根据不同客户对系统功能的不同要求，进行模块组合。而且其控制功能也采用模块化设计，可以根据用户需求，快速提供不同的控制软件模块，提供不同的控制功能组合。模块化、集成化使系统功能的扩充变得极为方便，可实现个性化产品的规模化批量生产，降低成本、缩短交货期。

3. 智能化

将激光、视觉、传感、检测、图像处理、计算机等智能控制技术应用于焊接自动化装备中，使其能在各种复杂、变化的焊接工况下根据焊接的实际情况，自动调整、优化焊接轨迹和工艺参数，实现高质量、高效率的焊接智能控制。智能化的焊接自动化装备，不仅可以根据指令完成自动化焊接过程，而且可以根据焊接的实际情况，自动优化焊接工艺和焊接参数。例如，在焊接大厚度工件时，智能控制系统可以根据连续实测的焊接工件坡口宽度，通过分析、对比、判断自动确定每层焊缝的焊道数、每道焊缝的熔敷量及相应的焊接参数、盖面位置等工艺参数，完成从坡口底部到盖面层的所有焊接。

4. 网络化

智能接口、远程通信等现代网络技术的发展，促进了焊接自动化装备管控一体化技术的发展。通过网络将生产过程自动控制一体化，利用计算机及远程通信等技术，将焊接加工过程和质量信息、生产管理等信息通过网络实现数字一体化管理，实现脱机编程、远程监控、诊断和检修。智能化和网络化是当前智能工厂（或者数字化工厂）对自动化设备的基本功能要求。

5. 柔性化

现代化生产要求同一台设备能够满足同类型不同规格工件的加工，甚至不同类型工件的焊接自动化加工。同时由于大型焊接自动化成套装备或生产线的一次性投资相对较高，因此在设计这种焊接装备时需要尽量考虑柔性化，形成柔性制造系统，以充分发挥装备的效能，满足同类产品不同规格工件的生产需要。

6. 人性化

自动化焊接专机广泛采用数字化、图形化的人机操作界面，设备拥有专家数据库、控制参数实时显示、人机交互等功能，使设备操作更加容易、更加方便。随着技术的不断完善，数字显示技术在人机交互、控制参数实时监测中将得到普遍运用。

15.2　管 - 管与管 - 板自动焊机

管－管与管－板自动焊机主要应用于锅炉压力容器制造行业。亚临界、超临界、超超临界大型电站锅炉机组中小口径管道对接的焊接工作量很大，传统的手工或半自动焊接方法已经不适合实际生产需要，全自动的直管对接设备已经在各大锅炉厂受热面直管对接中应用。热交换器制造中管－板焊接结构比较多，由于其为承压容器，对焊接要求高，又由于大型热交换器不能立位组装，所以在卧式组装的情况下，管－板焊缝全部是全位置焊接形式，焊接难度大。管－板自动焊机既能够提高焊接效率，又可以保证焊接质量。

15.2.1　管－管自动焊机

大型电站锅炉机组中小口径管道对接的焊接工作量很大，全自动的管－管自动焊机已经在各大锅炉厂受热面直管对接中广泛应用。设备可焊接管子外径为 25～76mm，壁厚为 2.0～12.0mm，可接管子最大长度为 60m。根据管子材质的不同，焊接方法有两种工艺，第一种为 TIG+MAG 形式，主要适合受热面直管材质为中碳钢、合金钢的情况；第二种为 TIG+ 热丝形式，主要适合受热面直管材质为中碳钢、合金耐热钢、不锈钢及异种钢的情况。

1. TIG+MAG 的焊接形式

受热面直管对接采用 TIG+MAG 的形式，具体为 TIG 焊打底，确保根部熔透质量；MAG 焊填充、盖面，提高焊接熔敷效率。TIG 焊采用 100% 高纯 Ar 气作为保护气，MAG 焊采用 95%Ar+5%CO_2 作为保护气。设备配置一套 TIG 焊接机头和两套 MAG 焊接机头，配置两套 MAG 焊接机头的目的是为了适合一根长管道可能会有不同材质的材料焊接的情况，这样在焊接时就不需要更换焊丝等增加辅助时间的操作。

焊接设备由焊接机床床身、左右主轴箱、卡盘、主传动系统、电气控制系统、焊接电源系统、焊接机头（焊枪升降机构、焊枪微调机构、自动弧长跟踪滑块、摆动滑块、三把焊枪、三套送丝机、三丝自动切换机构）、焊缝冷却喷淋装置、工件到位传感系统、红外测温装置等组成，如图 15-1 所示。

图 15-1　小管径直管对接机

焊接电源采用 500A TIG 焊接电源 1 套和 500A MAG 焊接电源 1 套，焊枪采用标准 500A 水冷型，TIG（送丝）枪配置 1 把，MAG（送丝）枪配置 2 把。3 把焊枪在焊接之前根据需要可以自动切换，焊枪横向位置切换采用电动控制，气缸控制焊枪纵向位置调整，切换过程平稳、可靠，机头上的所有线缆、气管、轨道等充分考虑热辐射，采取了相关防护措施。为了焊接调整需要，焊接机头具有 X、Y、Z 三个方向的位移手动调整和两个方向的角度调整。焊接前工件需要预热，预热温度为 200 ～ 400℃。

管－管自动焊机电气控制系统由 PLC 集中控制实现，可实现设定动作的逻辑顺序控制，并能完成打底 TIG 焊规范、各层 MAG 焊规范、MAG 焊盖面规范的设定和数据存储，最大存储量可达 100 个焊接程序以上。具体的焊接规范包括：焊接电流（基值电流、峰值电流、脉冲等）、焊接电压、焊接速度、摆动频率、摆动幅度、左右停止时间等。另外根据实际焊接需要，在操作面板上还设有手动调整按钮盒旋钮，可以在施焊过程中随时根据坡口变化进行调节，而不影响自动焊接动作的正常进行。

2. TIG+ 热丝的焊接形式

热丝 TIG 焊接是在原冷丝的基础上增加了填充焊丝的加热功能，以提高焊接的熔敷效率。焊丝加热可用直流电、直流脉冲或交流电加热，加热结构原理如图 15-2 所示。用直流电加热时出现的问题是电弧的磁偏吹，如图 15-3 所示。为克服电弧磁偏吹，将加热焊丝的脉冲电流大小设为焊接电流的 20% ～ 40%，频率设为 50 ～ 150Hz，并与焊接电流脉冲控制配合，可使电弧磁偏吹减小到最低限度。另外用交流电加热焊丝可以减少磁偏吹的干扰。

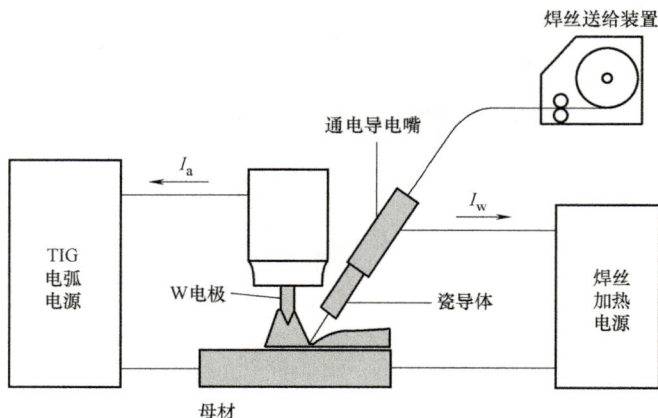

图 15-2　填充焊丝加热原理图

图 15-3　磁偏吹

加热焊丝可大大提高焊丝的熔化速度，使熔敷效率得以提高，如图 15-4 所示。

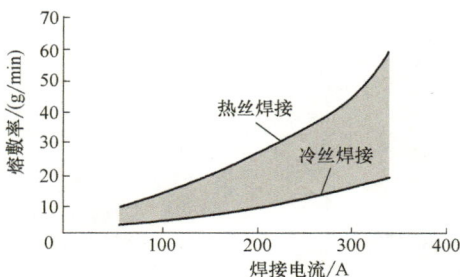

图 15-4　热丝与冷丝 TIG 焊接效率对比

TIG+ 热丝配置的直管对接设备形式与 TIG+MAG 设备形式基本相似，只是在焊接电源配置和焊接机头配置方面有所不同，焊接电源为 500A TIG 焊接电源和焊丝加热电源，热丝（送丝）枪配置 3 把，3 把热丝枪在焊接之前根据需要可以自动切换，热丝枪横向位置切换采用电动控制。热丝 TIG 焊接机头如图 15-5 所示。

设备控制系统以 PLC 为控制核心，配置 19in 工业级液晶显示器作为人机交互界面，可实现整套设备的全部参数控制与状态查看（见图 15-6）。控制器具有焊接程序编程、显示、存储功能，具有同时储存 100 个以上焊接程序的能力。提供 USB 程序输入输出接口。在焊接过程中具有对焊接电流（含脉冲）、电弧电压（含响应速度和灵敏度设置）、送丝速度（含脉冲）、焊接速度、摆动速度

（含左右停留时间、摆宽）等参数进行精密调节的功能。

图 15-5　热丝 TIG 焊接机头

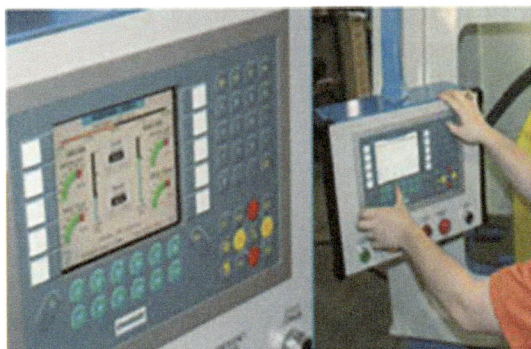

图 15-6　人机交互界面

　　控制系统在焊接过程中实时显示并闭环反馈控制所有受控焊接参数，控制精度 ±1%。具备分段编程功能，段数 ≥ 10 段，可允许对所有参数在每段焊接程序中设置不同值，并自动完成过渡。在焊接过程中对各受控参数进行实时监测，执行超差报警或自动停止焊接的功能；同时，将系统中所有受控外设的实际执行值按照设定的频率进行采集和记录，供焊后质量分析。电弧长度由自动控制系统（AVC）控制，换层时，钨极能自动抬高到预定高度。

15.2.2　管－板自动焊机

　　在热交换器制造中管－板焊接结构比较多，由于大型热交换器不能立位组装，所以在卧式组装的情况下，管－板焊缝全部是全位置焊接形式，焊接难度大。按照管子与管板的相对安装位置，有以下几种形式：①管子伸出管板；②管子与管板齐平；③管子缩进管板。管子直径一般为 10 ~ 60mm，壁厚为 0.8 ~ 3mm。目前管板－焊机分为两种形式，一种为便携式结构，如图 15-7 所示，工作时以平衡器进行悬挂，人工把持实施焊接。

图 15-7　便携式管板焊机

另一种为龙门十字滑板结构形式（见图 15-8），焊接装置安装在龙门十字滑板移位机构上，无须人工把持，十字滑板移位装置会带动焊接机头移动到需要的位置实施焊接。

图 15-8　龙门十字滑板式管－板焊机

1. 便携式管－板焊机

便携式管－板焊机结构紧凑，重量轻，单人可轻松操作。便携式管－板焊机由定位器、焊枪单元、AVC 跟踪装置，旋转驱动及回转配气、配电、配水装置，送丝系统、焊接电源及控制系统等组成。定位器为内涨式结构，完成管板内孔的定位，确定焊接回转中心，与管子内径一一对应配置；焊枪为TIG 焊枪，水冷结构，配有填丝枪和角度调整机构；旋转机构采用直流电动机，

135

光码盘计数，并设置有安全离合装置以避免回转时遇阻损坏传动机构；旋转配气、配电、配水装置的结构为一体铸造加工成形，结构紧凑；送丝机安装在机头前端，与机头一起回转，从而避免了送丝管缠绕的问题。便携式管板焊机所配焊接电源为直流逆变脉冲 TIG 电源，具有 AVC 弧长控制功能；控制系统可预设焊接参数，包括焊接电流、焊接电压、焊接速度等，并能够进行焊接参数预演，显示焊接电流、焊接电压、焊接速度及机头回转位置。每焊接一圈可将焊接过程分为 8 段，每段可单独设定焊接参数，确保焊接成形一致。另外焊机还具有焊接参数存储、查询、打印、故障报警及故障显示功能。便携式管板焊机为最广泛的应用形式，焊接时第一层可不填丝焊接，第二层开始填丝焊接，也可一层填丝焊接完成。

2. 龙门十字滑板式管 - 板焊机

龙门十字滑板式管 - 板焊机为三维机械移位结构形式，通过十字滑板合成平面内的任意位置，并且完成机头的伸缩定位动作。基本结构包括：龙门移动架、提升滑座及伸缩滑座、焊接机头、定位器、焊接电源及控制系统。龙门移动架下部设有滚轮，并配有锁紧装置，龙门架移动到位后可轻松锁定；提升滑座和伸缩滑座由步进电动机驱动，完成机头的升降和伸缩；焊接机头与便携式管板焊机类似，具有回转驱动和配水、配气、配电功能，可实现无限回转；定位器为锥形结构，用于确定焊接中心位置。管板焊接的操作界面采用触摸显示屏，人机对话界面直观，参数查找、修改、核查方便。控制核心采用西门子 PLC，至少可储存 99 种工艺参数，查找、调用方便，每种参数都可以即调即用或修改后使用，也可修改后再储存；具有焊接起始点记忆功能，一道管口焊接完毕后，机头自动回转，转过电流衰减过程中机头所转过的角度和焊缝重叠角，重回至焊接起始位置，便于下一道管口的焊接；每焊一圈焊接过程可分为 8 段，可分段设定脉冲焊接的基准电流、峰值电流大小。该形式管 - 板焊机可用于管子管板的角焊、平焊、内隐式焊接以及深孔焊接。

3. 非接触式视觉定位管 - 板焊机

便携式和龙门移位式管板焊接形式都有不同的缺点。便携式管板焊接定位装置会因为管子内孔的圆度和尺寸偏差，导致定位器定位不准，影响焊接；龙门移位式管板焊接每焊接一根管子，都要 X 轴、Y 轴移动才能到达下一个焊接位置，操作比较麻烦。基于以上缺点，目前开发了一种非接触式视觉定位管 - 板焊机（见图 15-9），该焊机取消了定位器，通过机头上的视觉传感器确定要焊接管子的具体位置，并控制X轴、Y轴自动移动机头到预定位置开始焊接，这样就避免了因管子不圆或尺寸不准造成的定位误差。另外新的管－板焊机还配有激光跟踪装置，在焊接过程中可跟踪焊缝位置，从而减轻了对操作人员的依赖。该型管－板焊机自动化程度高，但造价较贵。

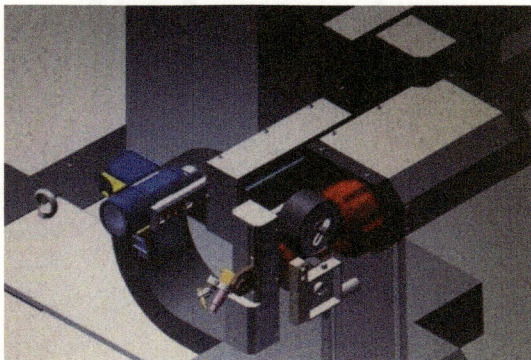

图 15-9　非接触式视觉定位管－板焊机

15.3　相贯线自动焊机

锅炉压力容器的筒体和封头上需要安装各种接管，焊接接管前需要在相应位置开孔和开坡口，这些孔的切割轨迹均是接管与筒体或封头的相贯曲线，如采用手工切割或焊接，无法保证切割与焊接的尺寸、精度和质量。

马鞍形焊接设备一般采用埋弧焊方式，也有个别采用气体保护焊的方式。根据焊接工件的位置不同，有两轴马鞍形焊机和四轴马鞍形焊机两种配置，两轴马鞍形焊机适合正交接管的埋弧焊接，四轴马鞍形焊机适合正交和偏交接管的埋弧自动焊接。另外根据马鞍形焊机使用时安装形式的不同，分为骑坐式马鞍形焊机（见图 15-10）和悬挂式马鞍形焊机（见图 15-11）。两种形式各有优缺点：骑坐式马鞍形焊机不需要操作机等辅助周边设备，自成单元，可直接安装在工件接管上，绕回转中心旋转即可焊接，占地面积小，定心方便，缺点是需要吊车吊运，在卡盘卡紧工件不良的情况下，容易倾翻；悬挂式马鞍形焊机需要安装在操作机前端，采用回转中心激光点对中的方式找正工件，较骑坐式马鞍形焊机的对中过程烦琐一些，另外需要操作机作为载体，占地空间较大，优点是无须吊车频繁配合，机头相对稳定。

图 15-10　骑坐式马鞍形焊机

图 15-11　悬挂式马鞍形焊机

　　以四轴联动骑坐式马鞍形焊机为例，使用时，安装在工件接管上，自定心卡盘内涨或外卡定位，可进行连续旋转焊接，控制系统采用多轴控制系统，可对机头的回转速度、焊枪的上下运动、焊枪角度调整等进行一体控制，可实现四轴联动动作，适应偏心接管工件的实际焊接需要。四轴联动骑坐式马鞍形焊机技术发展很快，国内很多专业厂家都有能力生产制造，不同厂家的产品基本技术参数有微弱差异，用户在选型时可根据制造现场实际情况选择确定。

　　骑坐式马鞍形焊机机头动作包括机头回转、半径调整、高度调整、焊枪角度调整四个动作，全部由步进电动机或伺服电动机经精密减速器驱动，四轴为联动配合，实现马鞍形轨迹的合成及焊枪角度的变化。特别是焊枪角度的变化，要求焊枪在变化角度时必须绕焊枪导电嘴前端进行回转，这就需要焊枪转角机构与半径调整机构和高度调整机构配合完成。回转部分具有焊接电流和控制信号导电集电环，旋转导电装置采用双线、双电刷结构，确保导电良好，实现控制信号与焊接电流的连续回转传输。导电集电环与机体绝缘，在静止和旋转状态下，连续以最大电流焊接时温升小于 10℃。埋弧焊焊接机头配有焊丝矫直机构，机头采用窄坡口耐高温绝缘焊枪，额定电流承载能力 800A 以上。焊枪端头为扁平结构，外部喷有绝缘层，防止与工件接触烧坏焊枪，焊枪整个长度在保证横梁高度的前提下，达到最深坡口。

四轴联动马鞍形焊机控制器以多轴控制器为核心，可对机头回转、机头角度调整、机头垂直进枪、机头半径调整等进行一体控制，完成管管相贯线（马鞍形）的行走轨迹合成，轨迹各点速度恒定可调。同时各轴都可以进行自动焊接过程中的手工补偿，而不影响自动焊接动作。控制系统配置触摸屏，可实现焊接工件的参数录入和显示，工作时只需录入开孔直径、筒体内径、壁厚、焊接速度、焊缝类型编号等参数，即可自动生成焊接程序。

自动控制系统具有自动排列焊道功能，焊接层数、焊接道数及搭接量、焊接电流、焊接电压、焊接速度等规范可通过人机界面设定并存储（至少 20 组），并可实现数据锁定。焊接时可分区切换规范，设备按焊道圆周分 16 个区，可在不同的区任意调用已存储的不同焊接规范，焊接过程中也可实时调整焊接参数并且能自动存储调整后的参数。设备能在焊接过程中根据设定自动改变焊枪角度，以满足不同形状坡口的焊接要求。自动控制系统还具有手动排列焊道功能，主要用于焊缝的盖面焊接。因工件坡口宽度和填充量在圆周范围内不一致，所以控制系统具有月牙形焊道补焊功能和人工示教修正功能。四轴马鞍形焊机通过多轴控制器的使用，实现对 4 个主要运动轴的数字控制，建立马鞍形空间模型，使焊枪运动轨迹完全符合工件预先制作的坡口形状，实现焊接过程无须人工干预的高效高质焊缝焊接，用该设备代替原来的手工焊接或简易设备焊接，可以提高产品的焊接质量。

为解决大型焊接构件固有的外形不标准、接管与壳体组对偏差、马鞍形焊机本机与接管定位偏差等影响焊接位置精度的问题，目前比较先进的控制系统采用快速示教、程序控制以及人机共享相结合的控制策略，可靠地实现了各运动轴之间的协调控制。用户输入参数后，仅通过示教几个关键点即可进行高质、高效的焊接。一些厂家的马鞍焊接设备还具有重力补偿功能。根据焊接位置和焊接方向的不同，马鞍焊接过程可分为平焊—下坡焊—平焊—上坡焊—平焊。为确保焊缝成形的一致性，在不同焊接位置需设置不同的焊接速度，例如在下坡焊时，焊接速度相对快些，在上坡焊时，焊接速度相对慢些。数控系统能够实时计算当前焊缝的坡度，并根据不同的坡度值自动进行焊接速度的精确补偿。还有一些设备的控制系统具有焊接方向一键切换的功能。由于受到埋弧焊的工艺限制，在焊道的大部分都处于上下坡段的情况下，多层多道焊后上下坡段的焊道厚薄不均，设备可改变焊接方向，通过上下坡段的互换来有效改善焊缝成形。

15.4 窄间隙埋弧焊焊机

窄间隙埋弧焊接技术最初于 20 世纪 70 年代末 80 年代初率先在一些发达国家，如苏联、美国、意大利、日本、法国、西德等国家应用，成功焊接了石化高压容器、电站锅炉厚壁锅筒、核反应堆容器和蒸汽发生器、水轮机轴等厚壁产品。瑞典伊萨公司和意大利的 Ansaldo 公司，是当时窄间隙埋弧焊接装备的主要生产制造商，我国最初引进的窄间隙埋弧焊接装备也是从这两家公司引入。我国从 1985 年开始相继引进窄间隙埋弧焊接技术和成套设备，取得了可观的经济效益。经过 30 多年的发展，不论焊接工艺、焊接材料还是焊接设备以及自动化系统都取得了巨大进步，使得窄间隙埋弧焊接技术更趋完善，实现了质量、效率与稳定性三者的统一。目前，该技术已在锅炉及大型压力容器结构件的焊接中普遍采用。

我国对窄间隙埋弧焊接技术的研究，几乎与世界同步。在 20 世纪 80 年代初，哈尔滨焊接研究所即组织科研团队对该技术进行科技攻关，在充分分析窄间隙埋弧焊接技术已有成果 —— 单丝窄间隙埋弧焊接技术（见图 15-12）的基础上，成功研发双丝窄间隙埋弧焊接技术（见图 15-13）。双丝窄间隙埋弧焊接技术不仅在效率上较单丝窄间隙埋弧焊接技术有大幅提升，同时用两个焊丝分别解决侧壁熔合与焊道铺展的问题，获得了较单丝窄间隙埋弧焊接过程更宽更薄的焊缝，从而更好地利用后一层焊道对前一层焊道的热处理作用，将焊接接头的性能质量又进一步提升。目前，国内已有可满足不同客户要求的多家窄间隙埋弧焊接装备制造商。

图 15-12 单丝窄间隙埋弧焊机头 图 15-13 双丝窄间隙埋弧焊机头

15.4.1 窄间隙埋弧焊设备主要优点

窄间隙埋弧焊是在比常规焊接坡口宽度窄得多的间隙内完成多层多道焊的一种工艺方法，是厚壁接头焊接技术的一次重大革命，与常规坡口埋弧焊相比，具有如下突出优点：

1）窄间隙坡口的截面积比常规坡口的截面积小得多，这使得填充焊丝、焊剂及能量的消耗量相应减少，生产效率相应提升（见图 15-14），并且随着产品厚度的增加，这种优势越发明显。

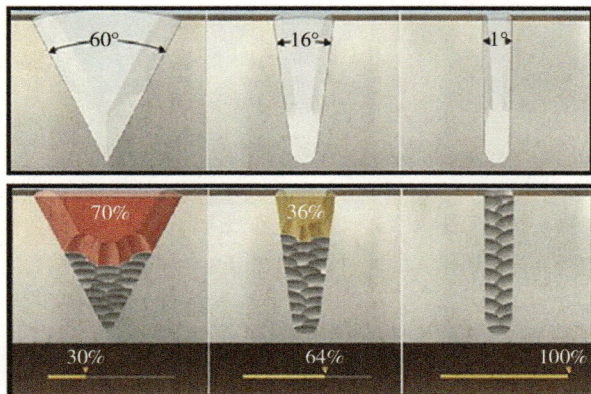

图 15-14 窄间隙埋弧焊与传统焊接方法的效率对比示意图

2）焊接接头的残留应力随填充金属的减少呈下降趋势，同时随着填充金属的减少，厚壁焊缝中氢的积累量也随之减少。因此，窄间隙埋弧焊接技术在提高生产效率、减少填充材料的同时，也降低了焊接接头的残留应力以及氢的含量，大大提高了焊缝金属抗氢致裂纹的能力。基于这一特点，可适当降低焊前的预热温度和焊后热处理温度，缩短热处理保温时间，进一步降低了能源的消耗。

3）为了获得易于脱渣、成形良好的焊缝，窄间隙埋弧焊总是选择较低的热输入量，使焊道的厚度明显变薄。后一层焊道对前一层焊道的重复加热过程相当于对前一层焊道产生了一次正火和回火效果，使前一层焊道的焊缝金属和热影响区组织产生了晶粒细化效果，焊道越薄，这一效果越明显，这显著提高了焊接接头的韧性和抗脆断能力。

4）窄间隙坡口角度非常小，侧壁几乎是平行的，这使得焊接过程中母材对焊缝金属的稀释率大为减少，提高了各道焊缝金属化学成分的均一性和纯净度。

15.4.2　窄间隙埋弧焊设备主要技术参数

不同的焊接装备制造商的产品技术参数会有一定的差异，表 15-1 为某国产窄间隙埋弧焊设备技术参数，供参考。

表 15-1　某国产窄间隙埋弧焊设备技术参数

序号	项目	技术参数	备注
1	可焊工件最大厚度 /mm	600	
2	可焊工件最小直径 /mm	500	
3	坡口角度（°）	1～3	总角度
4	坡口宽度 /mm	18～24	底部坡口宽度
5	每层焊道数	2	打底为单道焊
6	焊丝直径范围 /mm	1.6～4.0	
7	送丝速度 /（m/h）	30～240	
8	熔敷率 /（kg/h）	5～10	
9	焊枪（导电嘴）转角范围（°）	在 ±10 内	焊枪为转动形式
10	焊枪（导电嘴）摆角范围（°）	在 ±3.5 内	焊枪为摆动形式
11	横向跟踪精度 /mm	在 ±0.25 内	
12	高度跟踪精度 /mm	在 ±0.5 内	
13	焊剂温度 /℃	0～150	
14	工件最高温度 /℃	350	
15	焊丝校正精度 /mm	在 ±1 内	

15.4.3 窄间隙埋弧焊接装备构成

窄间隙埋弧焊接装备如图 15-15 所示,由窄间隙埋弧焊机头、焊接控制系统、焊接电源、焊剂输送及回收系统、焊接速度信号发生器、辅助周边装置等部件组成。

图 15-15　窄间隙埋弧焊焊接装备

在窄间隙坡口内实现焊接的关键问题是如何解决侧壁熔合。如果用传统的平直焊枪直接在坡口内施焊,则电弧垂直向下。即便焊枪距离坡口侧壁较近,由于坡口角度非常小,侧壁几乎平行,焊接时也只是边缘电弧作用在坡口侧壁,很难保证侧壁稳定地熔合,因此,需要一种新型的焊枪结构来解决这一问题。

目前,窄间隙埋弧焊接技术普遍采用的焊枪结构有两种:一种是在机头设置一个焊枪头摆动机构使电弧垂直指向侧壁;另一种是在机头设置一个焊枪头旋转机构,并且枪头预弯一定角度,使电弧非垂直指向侧壁。除了对焊枪重新设计之外,窄间隙埋弧焊需要配备横向和高度跟踪系统,这套系统保证了焊丝与侧壁的距离始终保持在预先设定的位置。通过改进的焊枪配合跟踪系统，很好地保证了侧壁稳定熔合。

1. 窄间隙埋弧焊焊接机头

窄间隙埋弧焊焊接机头由跟踪十字溜板、焊丝双向矫直机构、送丝机构、跟踪机构（高度跟踪和横向跟踪）、焊枪及焊枪转动（或摆动）机构、焊剂上料斗、焊剂回收管、激光指示灯、机头照明装置等组成。

与普通埋弧焊焊接机头相比，窄间隙埋弧焊焊接机头具有以下特点：

1）窄间隙埋弧焊对焊枪表面进行了耐高温及绝缘处理，确保焊枪的整体绝缘性，防止焊接过程中因误操作使工件与焊枪表面接触，造成焊枪损坏。

2）跟踪系统由高度跟踪系统与横向跟踪系统组成（见图15-16）。高度跟踪系统负责保证焊接过程中干伸长始终保持设定值，横向跟踪系统负责保证焊丝距侧壁的距离始终保持设定值。

3）采用焊丝双向矫直机构对焊丝进行双向校直，保证焊丝从导电嘴伸出后是沿设定的方向行进，进一步保证焊丝与侧壁的距离为设定值。

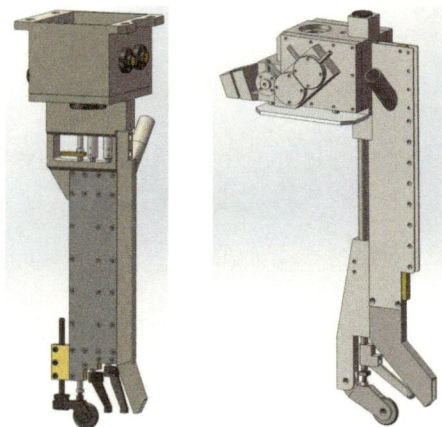

图 15-16　生产中常用跟踪系统

2. 窄间隙埋弧焊接控制系统及控制箱

窄间隙埋弧焊接控制系统焊接时对整个焊接过程进行控制及监控。当焊接过程中实际测量值与设定值存在偏差时，焊接控制系统可以综合控制焊接电源、跟踪系统、滚轮架、送丝系统等，使得偏差消除，保证焊接过程可控，最终形成成形良好、符合工艺参数的焊缝。

3. 焊接电源

适用于窄间隙埋弧焊接过程的电源种类较多，如林肯公司、米勒公司、伊萨公司生产的埋弧焊接电源，均在实际生产中有较多的应用。

4. 焊接速度信号发生器

焊接速度信号发生器是实现窄间隙埋弧焊接过程完全自动化的重要组成部分。环缝焊接时，焊接速度由滚轮架控制，由于窄间隙埋弧焊接的产品多为大直径的厚壁结构，如果在焊接过程中不对滚轮架的转速进行调整，则靠近被焊筒体内径位置的焊缝与靠近筒体外径位置的焊缝将以相同的角速度进行焊接。由于筒体外径大于内径，因此，靠近筒体外径位置的焊缝比靠近筒体内径位置的焊缝具有更高的焊接线速度。这就使得焊接过程中设定的工艺参数与实际工艺参数产生了差异。焊接速度信号发生器就是用于测量焊接实际线速度的机构，当实际焊接速度与设定值不符时，控制系统发出指令，通过调节滚轮架的转速，使得焊接位置的线速度与设定值相符。

焊接速度信号发生器的另一关键作用是实现环缝焊接过程的自动换边功能。当焊完一周继续进行压道焊接时，要将焊枪摆动到另一侧（换边）继续进行焊接。焊接速度信号发生器可以记录每一条焊道所焊接的脉冲数，当达到设定值时，控制系统发出指令，焊接机头完成换边动作。

5. 焊剂输送及回收系统

焊剂输送及回收系统主要由空气干燥器、料罐、焊剂料斗和除尘桶四部分组成，利用干燥后的压缩空气将焊剂储存罐里的焊剂经过加压，通过输送管路自动输送到焊接机头上的焊剂斗里，焊剂斗里的焊剂，由电磁阀控制，通过输送管自动流到焊接熔池处。通过对储料罐加压，将罐体中储存的焊剂输送到悬挂在机头的焊剂料斗中，实现焊剂到机头的输送动作，利用负压原理将焊缝中的多余焊剂回收到焊剂料斗中，同时将回收和输送过程中产生的粉尘带到除尘桶里。

6. 窄间隙埋弧焊周边装置

一套完整的窄间隙埋弧焊接装备，除了具有上述系统外，还应具有操作机（龙门架）、滚轮架、变位机等窄间隙埋弧焊周边装置，这些周边装置和各系统共同配合才能完成厚壁工件的焊接过程。

15.5　直角坐标式自动焊接系统

进入 21 世纪以来，我国制造业迅猛发展。具体到压力容器行业，同样发生了很大变化，这种变化体现在两个方面：一方面由于火电、核电和炼化的巨大需求，带动了重型压力容器制造技术的成熟；另一方面，容器制造技术的发展，带动了容器制造装备工艺和产品技术的发展。如筒体环缝的焊接，封头与加强圈的焊接，法兰环缝的焊接，封头内壁堆焊及筒体内壁堆焊等，这些场合的焊接需要由集焊接操作机、焊接滚轮架、焊接变位机和埋弧焊机头等配套设备为一体的焊接工作站来完成。

15.5.1　焊接操作机

焊接操作机是能将焊接机头（焊枪）准确送到待焊位置并保持在该位置，或以选定焊接速度沿设计轨迹移动焊接机头的变位机械，是压力容器焊接中应用得最为广泛的自动化焊接设备。

为满足客户现场焊接的要求，焊接操作机可以分为以下四种类型：

1）固定手动回转：不具备行走功能，有回转支撑，不安装回转电动机，靠手动实现回转。

2）固定电动回转：不具备行走功能，有回转支撑，依靠电动机实现自动回转。

3）固定电动行走：设备未安装回转支撑，不能回转，安装行走台车，可以实现直线自动行走。

4）自动行走回转：同时具有电动回转和直线行走的功能。

根据应用场合的不同，焊接操作机又可分为标准型焊接操作机和重型焊接操作机两种类型。标准型焊接操作机适用于工件吨位在 200t 以下，焊接工件壁厚在 50mm 以内，配备常规埋弧焊机头的场合。重型焊接操作机适用于重型容器的焊接，配备窄间隙埋弧焊机头或者带极堆焊机头的工作场合。重型焊接操作机机头的负载载荷一般在 500kg 以上，需要考虑载人座椅，需要在横梁上加装行走平台和护栏。焊接操作机的选型（表 15-2）主要取决于压力容器的直径和长度等因素，标准焊接操作机横梁和立柱的最大有效行程通常为 8m，如果横梁需要更长的移动距离，一般在横梁内部加装内伸缩臂。为保证焊接操作机系统的整体刚度和焊机机头的焊接精度，横梁采用箱形结构梁，要具有足够的强度、硬度和刚度。

表 15-2　焊接操作机型号表

规格	2×2	3×3	4×4	5×5	6×6	7×7	8×8
横臂升降行程 /m	2	3	4	5	6	7	8
横臂伸缩行程 /m	2～4	2～6	3～7	3～8	3～8	3～8	4～8
立柱回转角度（°）	±180						
横臂升降速度（mm/min）	850			1 150			
横臂伸缩速度（mm/min）	140～1 400						
立柱回转速度（r/min）	0.2						
横臂上均布载荷 /kg	100	200	300	400	500	500	500
台车钢轨 / 中心距 /mm	P43/2000						

15.5.2　焊接机头

在压力容器焊接领域，主要配套三种机头，一种是常规埋弧焊接工艺的普通埋弧焊机头；一种是窄间隙埋弧机头；一种是带极堆焊机头。埋弧焊机头一般悬挂在焊接操作机横梁的端部，主要功能是完成向焊接熔池持续输送焊丝的作用。

15.5.3　直角坐标式自动焊接系统周边设备

1. 滚轮架

焊接滚轮架作为筒状工件的载体，可提供工件支撑及回转的动力。滚轮架转动速度即焊接速度，对焊接过程的稳定性和焊接质量影响很大，因此焊接滚轮架必须保证在长时间连续转动时转速均匀稳定。按照滚轮架结构形式来划分，大体可以将其分为自调滚轮架、可调滚轮架和防窜动滚轮架。滚轮架的承载能力需要与工件重量匹配，并要考虑一定的过载能力，目前滚轮架承载能力已经可以达到2 000t 以上。自调滚轮架广泛应用于锅炉压力容器、石油、化工、机械等制造行业中锅筒汽包及其他圆筒形构件的内外纵缝和内外环缝的自动焊接或打磨。自调滚轮架的设计承载能力从 5t 到 200t，高于 200t 需要按工件的实际情况设计，或者选用可调滚轮架。

2. 变位机

焊接变位机和焊接操作机联合使用，可以对形状复杂的焊件进行自动焊接，如封头的内壁堆焊、封头接管的焊接等。

压力容器行业所用焊接变位机采用单支座翻转式结构，主要由机架、底座、传动系统、回转机构、翻转机构、回转工作盘、横梁、安全装置、导电机构、润滑系统、冷却水循环装置、控制系统等组成。

　　焊接变位机作为大型构件焊接的辅助设备，通过工作盘的旋转、倾斜等动作，可使被焊工件的每个焊接位置均处于最佳焊接位置。在焊接作业中，工件可单自由度 360°正、反向回转变位，以及 -10°～ 100°的倾斜变位，以适合实际生产需要。变位机可与用户自备的操作机、埋弧焊机、带极堆焊等焊接设备配套后组成自动焊接工作站，通过变位机的回转、倾翻动作与操作机机头的协调配合可实现焊件的自动焊接。为了适应用户实际生产需要，变位机还配置了安全可靠的电加热导电集电环及旋转配气燃气加热系统。

　　变位机的承载能力取决于需要变位的最大工件重量和工件重心、偏心所在位置，一般以倾斜转矩和回转转矩进行设定。目前最大的变位机的承载能力已经达到 2 000t，变位机工作盘直径也达到 15m 以上。变位机的回转速度与焊接速度有直接关系，针对不同的焊接方法，其适应的线速度（焊接速度）范围应该在变位机回转调速范围内，为了适合带极堆焊封头工件的需要，变位机回转速度一般在 0.005～ 0.5r/min。

第 16 章 数字化焊接

16.1 传统焊接生产过程及其数字化

在传统的焊接生产过程中,以焊条电弧焊为例,焊工作为生产主体,焊接前需要根据焊接材料调整焊机参数。焊接过程中,焊工调整焊枪与工件间距离、焊枪角度、焊条送给速度及操作姿态,控制整个焊接过程。焊接操作完成后,焊工需要借助焊缝检测工具或无损探伤设备来检测焊接质量。随着数字化技术的广泛应用,焊接生产过程也逐渐与数字化技术相融合,提高了焊接生产的效率和精度,降低了生产成本。

16.1.1 焊接参数设定数字化

焊接生产首先需要制订焊接工艺,确定焊接参数。焊接工艺的制订过程非常复杂且受多种因素和焊工操作经验影响。传统的焊接参数选择通常由操作人员查阅焊接手册并根据个人操作手法选定。焊接参数选择对专业知识及实操经验要求较高,对于新从事焊接工作的人员来说,常常具有一定的难度,而且难以保证焊接质量的一致性。如图 16-1a 所示,传统的焊机界面需要人工调整,输入焊接电流以适应不同的焊接工艺需求。

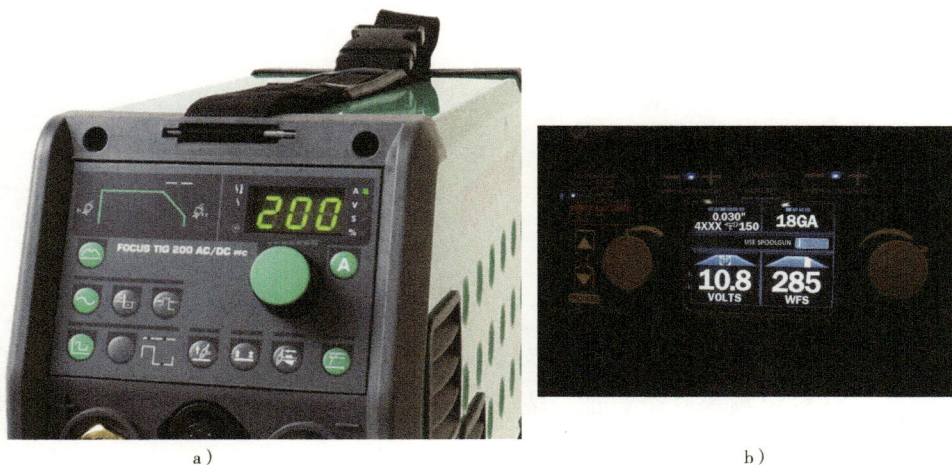

a)   b)

a)传统焊机界面   b)一元化参数设置界面

图 16-1 焊机参数选择界面

随着数字化生产技术的普及，焊接参数选择逐渐实现数字化。目前主流的数字化焊机提供一元化模式解决方案，使实际操作越来越便捷。图 16-1b 所示为一台带有一元化功能的焊机操作界面，操作者只需输入一些简单的数据，如板厚、焊丝材料和焊丝直径，通过这些数据，焊机内置程序系统就可以提供所有能够保证最佳焊接质量的工艺参数。

一元化操作是利用焊机内存储的"焊接专家系统"数据库实现的，数据库中包含了许多经过优化的焊接规范，这些焊接规范是通过对大量母材、填充金属和保护气的实际焊接试验分析提炼而总结得出的。一元化系统内置的"焊接专家系统"数据库不仅节省了客户大量的工艺试验时间和成本，而且还提供了大量焊接应用中的实际技巧（如推荐用的气体、不同板厚下使用的电流值等），这些都使操作者掌握操作技能变得非常简便。

欧美国家首先开始了对焊接数据库系统的研究，包括母材、焊接方法、焊接材料、坡口形状、工艺条件、厚度范围等条件的数据库。部分西方国家完成的数据库系统见表 16-1。

表 16-1　部分西方国家完成的数据库系统

软件名称	主要功能	设计单位	国家
QMWELD	制造信息管理	焊接研究所	英国
XWELD	焊接工艺管理	焊接研究所	英国
WELDING PROWRITE	焊接工艺评定管理	计算机工程公司	美国
Weldmanger	焊接数据库	焊接研究所	美国
Weldplan	焊接生产计划	焊接研究所	丹麦
Filler2	焊接材料数据库	Davignon 公司	英国
Weldspec	焊接工艺数据库	焊接研究所	英国

国内的研究始于 20 世纪 90 年代，集中在焊接工艺评定数据库、工艺自动设计、材料定额等几个方面。表 16-2 给出了目前国内主要的焊接数据库系统。

表 16-2　国内部分焊接数据库系统

系统名称	主要功能和特点	完成单位
焊接数据库	管理 PQR、WPS、焊工档案，焊接性实验数据，焊接材料等	哈尔滨工业大学
焊接工艺设计 CAPP 系统	基于局域网的 CAPP 系统	南京航天航空大学
钢制压力容器焊接工艺评定	存储、更新、输出报告；进行单条或组合条件的查询	西安石油大学
网络化智能焊接工艺评定系统	C/S 和 B/S 相结合结构，能制订、查询工艺评定报告	北京工业大学
钢制压力容器焊接 CAPP	按照 JB/T 4709—2000 标准制订焊接工艺卡，生成焊接工艺规程	合肥工业大学
焊接工艺自动设计网络化系统	输入 CAD，提取焊缝信息，双推理技术实现工艺卡的批处理输出焊接材料和工时	南京理工大学

16.1.2　焊接过程数字化

　　传统的焊接生产中，在焊接操作时，经验丰富的焊工会通过观察熔池的变化，判断焊缝成型状态，调整手中焊枪的高度或姿态，进而获得更优质的焊缝，如图 16-2 所示。但利用人工来进行焊接监视跟踪有很大的弊端。一方面，焊接工作的环境恶劣，常常伴随着强烈弧光、焊接烟尘、高频电磁辐射等，对焊接工人的身体健康会造成一定的损害；另一方面，如果焊工因长时间工作而疲劳，不仅工作效率会降低，判断力也会受到影响，焊接质量得不到保证。目前，已经有很多数字化产品可以代替人工进行焊接状态监控，如焊缝跟踪技术和熔池视觉传感技术。

图 16-2　传统焊接生产时用人眼观察焊接状态

第 ❸ 篇　焊接装备

151

1. 焊缝跟踪技术

目前主要的焊缝跟踪技术有两种：电弧自传感跟踪和激光 -CCD 跟踪。其中，激光 -CCD 跟踪由于具有灵活、方便、跟踪性好等优势，成为目前焊缝跟踪技术的热门研究方向。

（1）电弧自传感跟踪

电弧自传感跟踪是通过监测电弧变化引起的电信号变化，判断电弧的状态。焊枪的运动会引起弧长有规律的波动，进而导致焊接电流和电压的变化，通过监测系统，可以获得电压和电流等参数的实时变化量，从而准确判断焊枪与母材间的位置关系。电弧自传感跟踪方法不需要在焊枪上附加外部装置，而且消除了由于人眼或视觉传感无法观测到的盲区和滞后带来的误差，具有实时性强、成本低廉等优势，但是也存在着适用面窄的缺点。如图 16-3 所示为德国 CLOOS 公司生产的电弧自传感跟踪系统，利用电磁高速摆动电弧传感器，跟踪焊缝的运动位置。

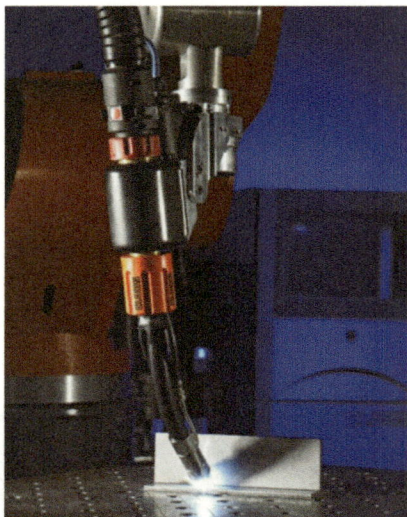

图 16-3　德国 CLOOS 公司电磁高速摆动电弧自传感跟踪系统

（2）激光 -CCD 跟踪

激光 -CCD 跟踪利用激光视觉传感可以获取大量直观的焊缝信息，还具有抗干扰能力强、跟踪精度高的特点。按照激光照射原理的不同，激光 -CCD 跟踪方法可以分为扫描式视觉传感和结构光式传感。扫描式视觉传感是在电极的带动下，利用三角测量原理，当激光条纹投射到坡口表面，形成截面的几何条纹，因此可以得到坡口形状与位置关系，如图 16-4a 所示，为加拿大 Servo-robot 公司生产的扫描式视觉传感系统。由于扫描式传感器需要额外的机械装置，其工作效率、跟踪精度、可靠性都会受到一定的限制，而结构光式传感器就没有上述限制，可以一次性获得一幅完整的焊缝截面。目前加拿大 Servo-robot 公司、英国 NI 公司等针对不同应用场合已经研制出多种焊缝跟踪商业化产品，产品精度可以达到 0.1 ～ 0.2mm。图 16-4b 所示为加拿大 Servo-robot 公司最新推出的结构光式视觉传感焊缝跟踪系统。

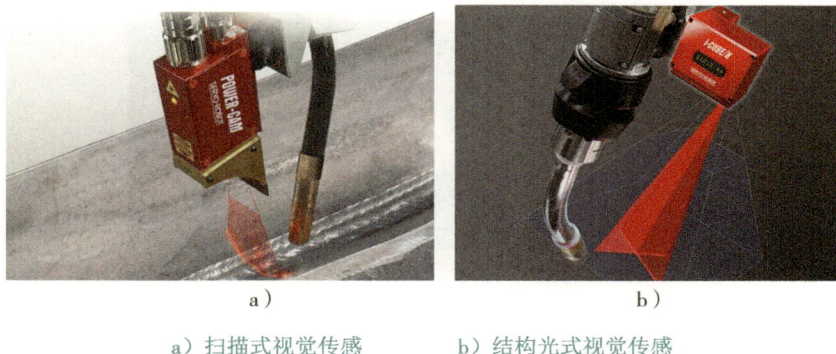

a）扫描式视觉传感　　　b）结构光式视觉传感

图 16-4　加拿大 Servo-robot 公司推出的视觉传感系统

国内已经开展了视觉 CCD 跟踪的研究，有学者利用弧光本身照亮接缝，避免了激光 -CCD 的超前检测误差，信噪比较低，可以获得清晰的图像，跟踪试验效果较好。未来焊缝跟踪技术将朝着高速化、微型化、多功能化和网络化的方向发展，以满足 100 ～ 300cm/min 高速弧焊、400 ～ 600cm/min 快速激光焊和智能化焊接的需求。

2. 熔池视觉技术

通过观察熔池视觉形貌可以得知焊接时的很多信息，焊接时电弧的状态、杂质的渗入等信息都可以通过观察熔池得到。目前，国内外学者利用视觉传感法可以提取出熔池的二维和三维特征。经过多年的发展，熔池二维提取技术已经有了长足的进步，并且已经用于实际焊接生产，但是仅从熔池二维特征中很难判断出熔池表面高度、熔深等三维特征，具有较大的局限性。因此，未来的熔池视觉技术还需要提取出熔池的三维特征。如图 16-5 所示为二维熔池焊接信息提取系统。

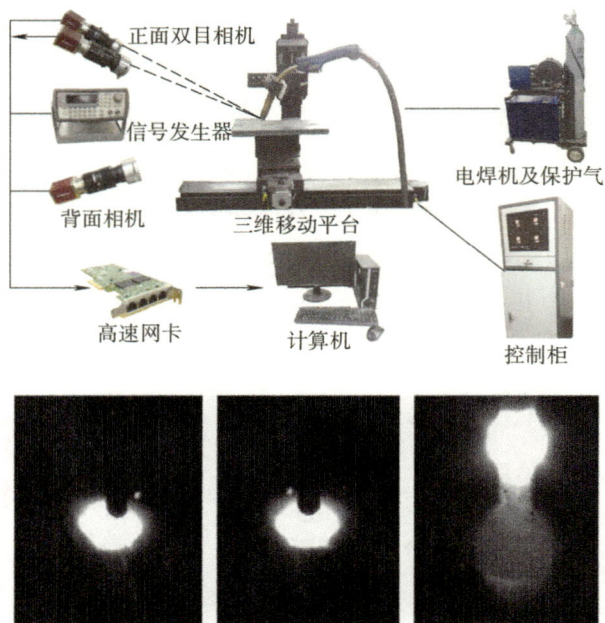

图 16-5　二维熔池焊接信息提取系统

目前较为先进的熔池视觉技术是利用结构光三维视觉法来检测熔池信息。用脉冲激光照射熔池，摄像机同步拍摄，获取清晰的熔池表面反射图像，利用图像处理技术提取出结构光激光条纹的栅格轮廓，计算出溶池表面的高度三维信息。相比于二维信息，三维信息特征提取的研究具有很高的难度，其主要原因在于熔池形状的三维重建对于熔池图像的采集同步性以及清晰度要求较高。

随着国家对先进制造技术的支持力度逐渐加大，很长一段时间内被进口设备垄断的焊接过程传感控制领域逐渐涌现出中国制造的身影。目前已经有很多国内厂商研制出了焊接过程传感控制系统。

广州瑞松智能科技股份有限公司推出了 3D 激光寻位系统（见图 16-6）。在工件位置发生偏差时，可通过激光寻位系统的图像处理，取得工件位置（三维）后自动计算与基准坐标的补偿量，将数据传递给机器人控制器，进行位置补正。通过检测可以减少对其他机械的精度依赖性，如对高精度夹具、高一致性冲压工件等。

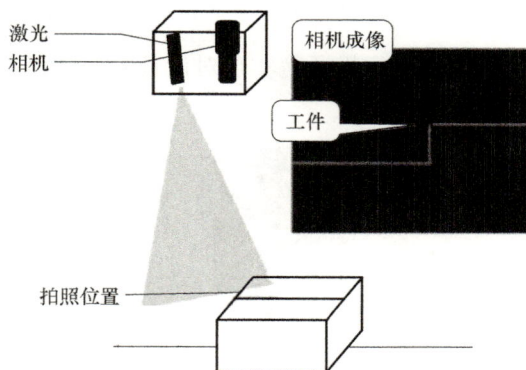

图 16-6　3D 激光寻位系统

　　哈尔滨阿尔特机器人技术有限公司推出用于焊缝跟踪的结构光视觉传感系统，如图 16-7 所示。该系统由激光发射器、CMOS 相机以及光学滤光系统等组成，主要根据三角测量原理实现传感，通过一个半导体激光发生器结合图像采集器件生成焊接接头的一系列三维截面图像，并采用图像处理技术重构焊缝位置，从而实时调整焊接偏差，实现焊缝跟踪。

图 16-7　结构光视觉传感系统

　　广州瑞松智能科技股份有限公司于 2016 年 7 月推出国产 RSL 系列 SCARA 水平多关节机器人视觉检测及定位系统（见图 16-8）。该系统采用先进视觉传感技术检查、识别原料，SCARA 机器人的定位精度可达 ±0.02mm，最大可搬运设备额定重量 2.5 倍的物体。高精度 SCARA 机器人与高精密视觉检测、定位系统相配合，并通过上位机与下位机通信实现对设备的控制和生产信息化管理，实现高效工作。

图 16-8　RSL 系列视觉检测及定位系统

16.1.3　焊接质量评定数字化

由于焊接过程是一种十分复杂的传热、传质、传力过程，其焊接稳定性和焊后质量可以由焊接时的电压、电流和电弧光信号等表征得出，因此，通过采集焊接时的各种信号进行实时分析，提取特征参数，可以通过在线和离线方式判断焊接过程的稳定性、缺陷产生和焊接质量。传统的焊接质量评定多是在焊后对焊缝进行性能检测，或是采用各种无损检测手段，通过性能指标评定焊缝质量。图 16-9 所示为焊后对焊缝进行超声波检测。焊后检验是焊接生产质量保证体系中的一部分，虽必不可少，但不具实时性，无法及时发现焊接缺陷，不能进行接头质量的在线监控，有缺陷的焊缝只能返修或报废，增加了生产成本，降低了生产效率。

采用数字化手段，借助于现代信号分析、模式识别、人工神经网络技术的新成果和计算机的数据处理能力，研究焊接过程中电流、电压以及声、光等信号，提取能够反映焊接过程物理状态变化、导致缺陷产生或影响接头质量的信号特征，则可实现缺陷预警、质量分类乃至于焊接质量的实时预测，而且无须昂贵的传感器和复杂的硬件技术。

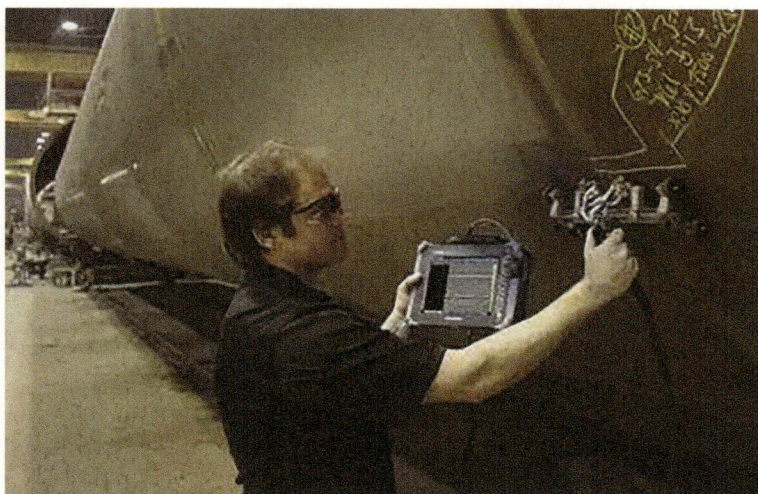

图 16-9　焊缝超声波检测

　　图 16-10 所示为采用模糊神经网络的预测模型。该模型采集焊接电流、焊接时间、焊接电压等焊接参数，通过计算，在上位机最终输出焊接质量。

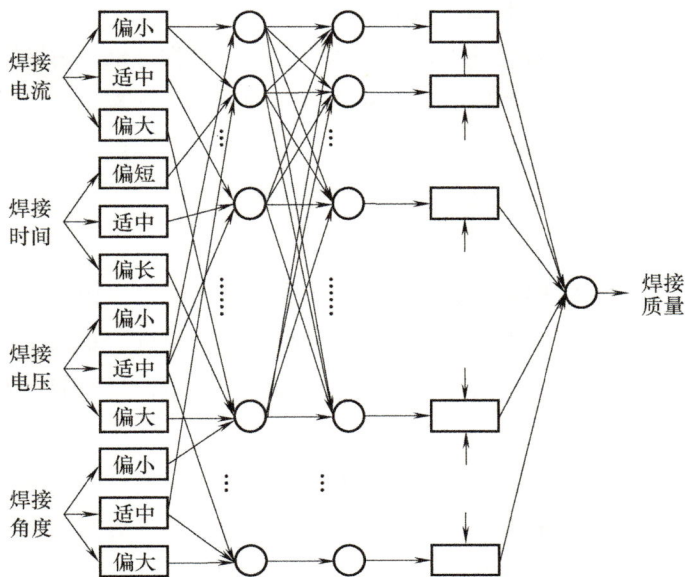

a）模糊神经网络建模

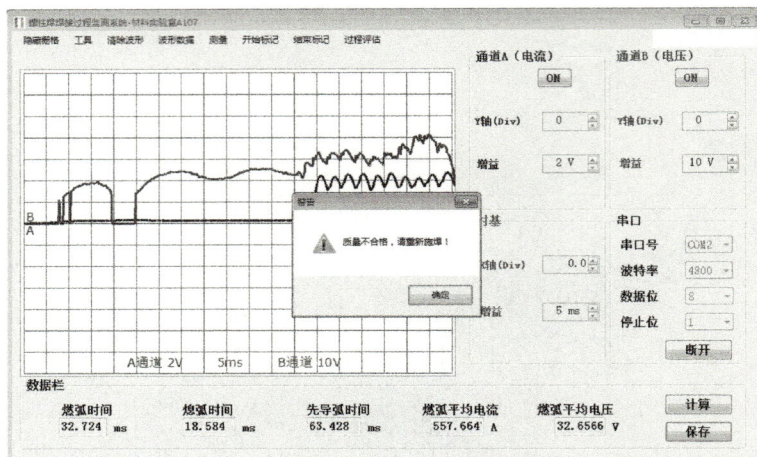

b）焊接质量预测

图 16-10   通过模糊神经网络预测焊接质量

16.2   焊接生产过程的信息化、网络化与智能化

随着信息化、网络化和智能化技术的提升，国家提出了"工业 4.0"战略。以互联网、云计算、移动端应用、物联网和大数据等为基础，将物联网信息系统应用到制造产业链中的每个环节，使制造业向着更高的智能化方向转型。在这样的趋势下，焊接技术一方面要实现对焊接过程中更全面、更详细信息的获取，另一方面要加强人与机器之间的交互，实现智能焊接。

16.2.1   焊接过程信息化

焊接信息化首先需要采集焊接时的各类信息，但是信息化不仅是实现对于焊接过程中信息的采集，更重要的是对已有的信息进行提炼、整理、整合和分析，并以此为基础对焊接过程中出现的问题进行解析和决策，最终通过网络技术实现信息的共享。

图 16-11 所示为奥地利福尼斯公司推出的焊接工件自动扫描系统。通过该系统，可以识别焊接工件的大小、位置，并标注位置信息、方向。利用网络技术，将工件信息传送至 PC 控制端，在 PC 控制端就可以控制焊接机器人施焊，全程无须人工测量和焊接操作。当焊接操作结束后，通过焊后质量检测系统，可以实时获知焊接质量是否合格，并将其结果传输至 PC 控制端，输出生产数据，如图 16-12 所示。

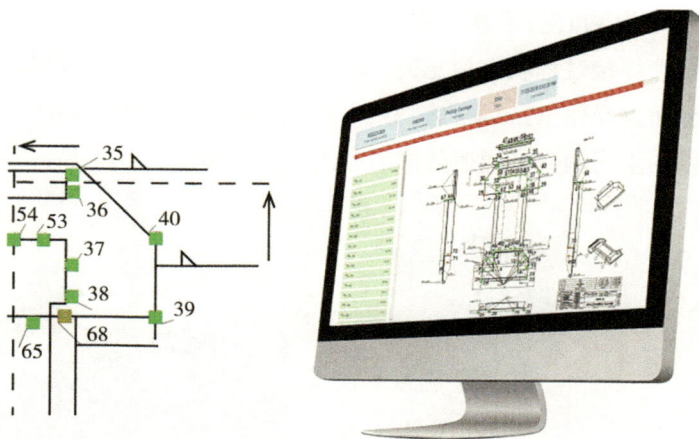

图 16-11　奥地利福尼斯推出的焊接工件自动扫描系统

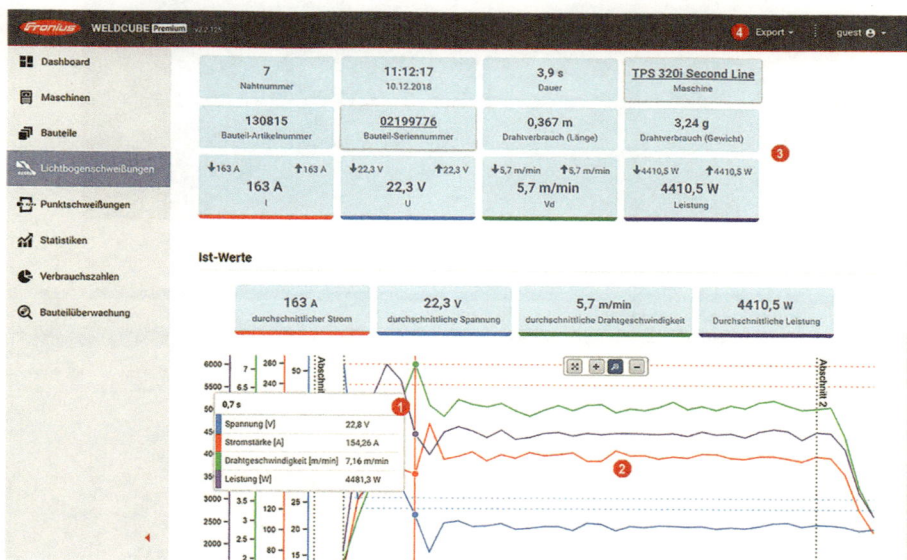

图 16-12　焊接生产数据信息

　　焊接生产部门实现信息共享与管理，通过将计算机技术和互联网技术引入焊接部门，针对不同种类的数据进行整理，提高信息的可靠性，减少生产过程中的不确定性，同时解决焊接生产过程中的质量管理、责任落实与可追溯性等问题，提高焊接质量。

　　图 16-13 所示为北京工业大学与国内某航天器制造企业联合研制的数字化焊接车间制造过程监测系统。该系统基于 EtherCAT 总线搭建了分布式的焊接数据

监测网络，利用软 PLC 技术将监测网络对接至车间信息网，以 Windows 客户端为中心。实现了焊接过程状态信息的实时采集、显示、存储和复现。图 16-14 所示为客户端界面，操作 Windows 客户端可以从宏观上观测数据的统计信息和时域信息，并可以同步观测到多通道数据的宏观和微观情况。

图 16-13　数字化焊接车间制造过程检测

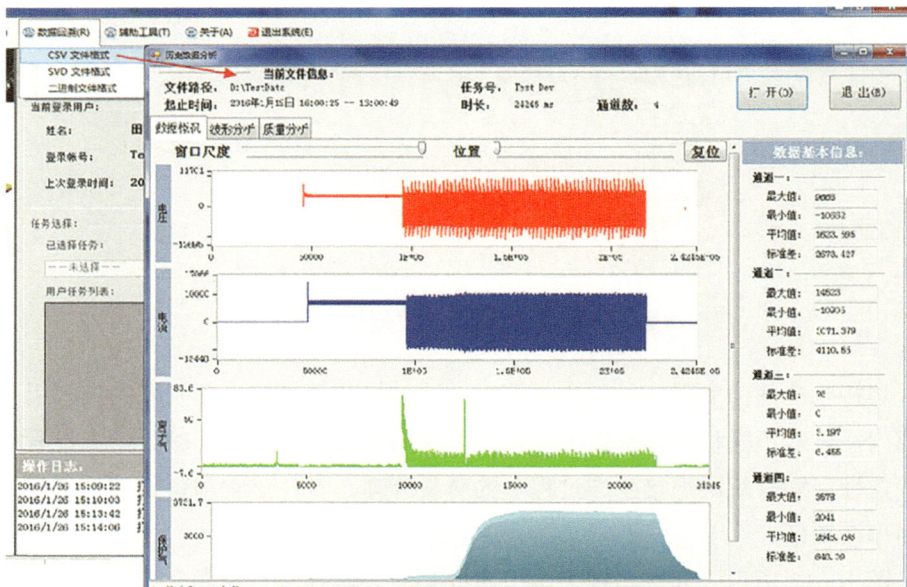

图 16-14　数据分析界面

16.2.2　焊接过程网络化

随着网络技术的不断发展，具有环境感知能力的各类终端，基于网络技术的计算模式等优势促使物联网在工业领域的应用越来越广泛，不断融入工业生产的各个环节，将传统工业提升到智能工业的新阶段。其中一个最主要的应用就是生产过程监测、实时参数采集、生产设备监控、材料消耗监测，远程监控焊接的状态。

法那科公司推出的云端远程服务系统（Zero Down Time，ZDT）如图 16-15 所示，是专门为法那科机器人产品而开发的工业物联网应用。机器人通过以太网和 ZDT 服务器连接，进而操作者可以实时查看机器人状态、工作情况、硬件状况和维护信息。同时，利用物联网和大数据技术，收集机器人的信息数据并分析处理，通过机器人状态、生产状态、机构状态以及维护保养四个方面监测机器人的健康情况。该系统不仅可将停机故障防患于未然，综合提供相关故障诊断信息以及维护保养通知等，而且，可在服务器上集中管理数据，用计算机、智能手机等远程监控。ZDT 的应用实现了设备的零意外停机，保证工厂连续、稳定地生产运转。

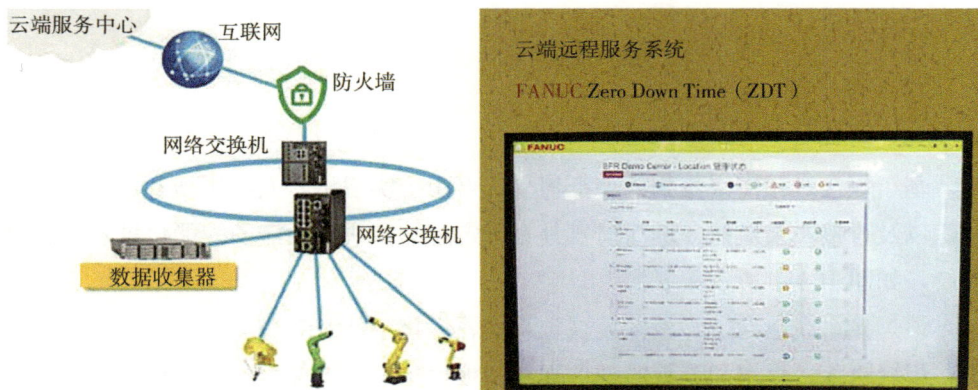

图 16-15　ZDT 云端远程服务系统

在 5G 即将商用的大背景下，手机等便捷移动设备与焊机终端之间的互联也越发紧密，利用手机远程操控也是目前全球主要焊机厂商主推的功能之一。图 16-16 所示为奥地利福尼斯公司推出的手机与焊机互联 App，在 App 的操作界面上，用户不仅能控制焊机的状态，设置焊接参数，获取焊接信息，还能与其他用户进行互联，交换信息，进一步提升焊接效率。

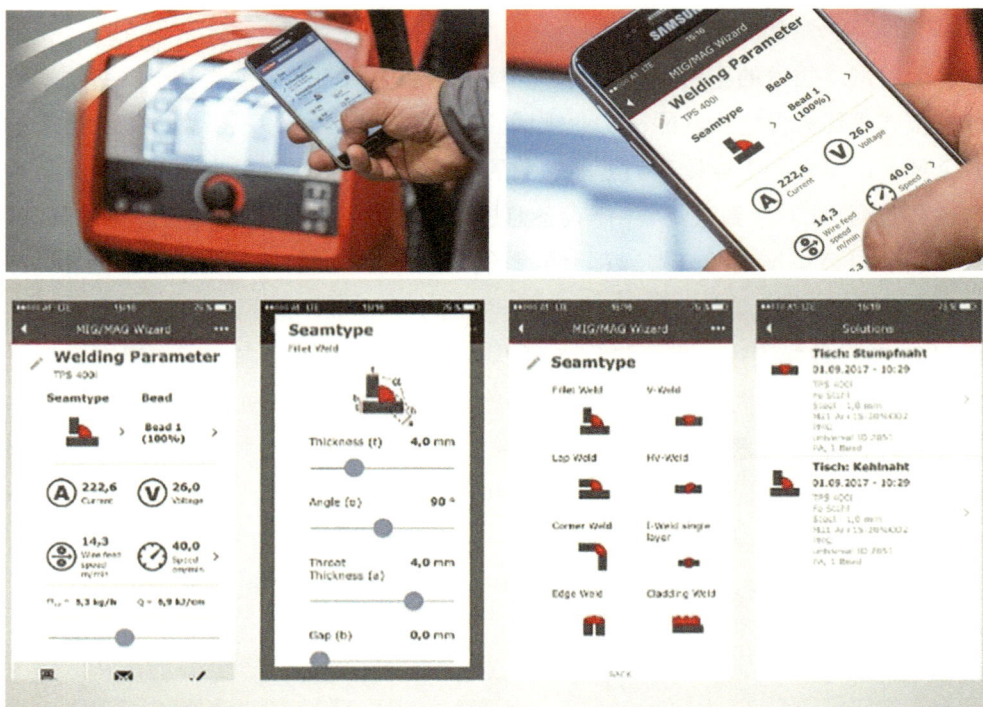

图 16-16　焊机与手机互联

16.2.3　焊接过程智能化

基于焊接过程中采集到的特征信号，可用于实现机器人焊接动态过程的焊缝跟踪以及焊接质量监控，进而研发具有一定感知和决策功能的智能化机器人焊接系统，如图 16-17 所示。

该焊接系统包含了焊接环境视觉识别、焊接工件及焊缝类型的识别、焊前导引、焊缝跟踪、焊道和参数的任务规划及虚拟仿真，焊接熔池动态特征控制、焊缝成形及质量控制、故障诊断等功能。基于智能化机器人焊接柔性加工单元和焊接过程多智能体的协调控制，建成具有多机器人智能化焊接柔性制造系统，将是焊接智能制造技术可实现的目标。

国内已经有相关领域学者研究出利用 EtherCAT 通信协议建立数字化焊接车间，图 16-18 所示为北京工业大学所研制的数字化焊接车间制造过程检测网络示意图。使用 EtherCAT 协议可以与焊接机器人通信，获取焊接机器人的工作和状态信息，并且利用 A-D 模块可采集焊接设备的电流、电压等过程物理数据。所有以上信息接入 EtherCAT 子网，该子网以基于 PC 的高性能的工业 PC 为

EtherCAT 主站，该工业 PC 亦为车间现场的子工作站，利用另一个网口均接入同一局域网。子工作站桥接信息系统和现场总线连接，使两者简单对接。

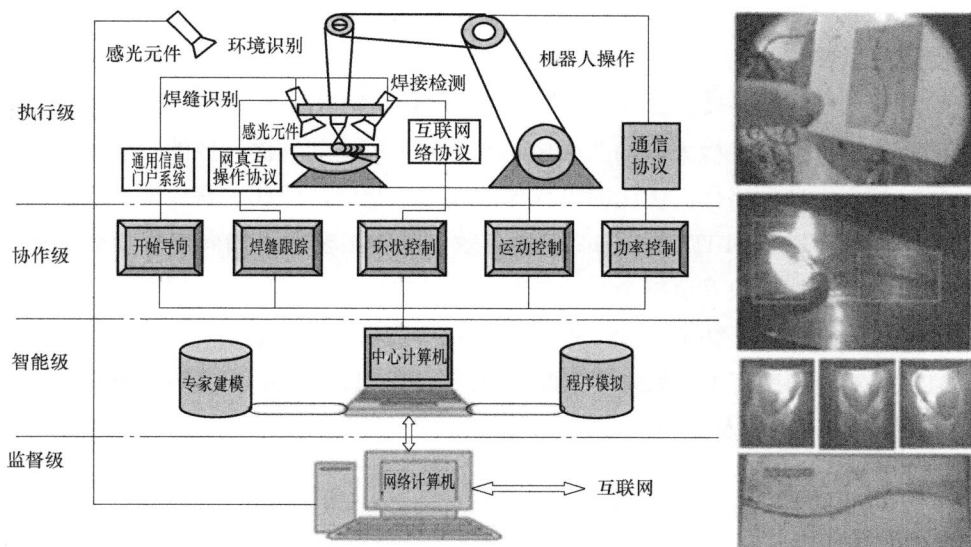

图 16-17　焊接智能化系统

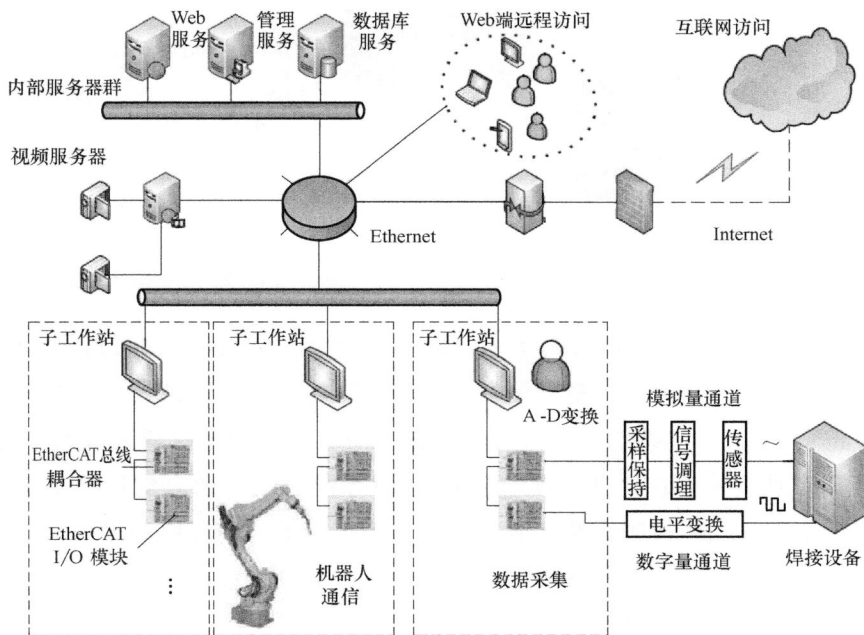

图 16-18　焊接车间检测网络图

163

　　该局域网同时连接着车间或企业内部的诸多服务器，为远程监控和信息互联提供 Web 服务。除此之外，视频等服务器也接入该局域网，在 Web 中集成车间现场的视频信息。局域网外端通过网关等设备接入其他网络，甚至是互联网，继而实现互联网访问。

　　广州瑞松智能科技股份有限公司推出了 FASTSUITE Edition2（见图 16-19），以创新的操作概念，极大归纳并简化了数字化工厂。其凭借高效的功能命令和自动化，生产工艺策略化，优化的流程导向式用户交互，保证了整体软件系统高效使用。同时，FASTSUITE Edition2 包含高效、基于工艺技术指向编程功能的机器人应用，该功能模块乃至整个系统具有绝对开放性。通过使用数据交换的行业标准，以及优化的交付数据，FASTSUITE Edition2 可以轻松集成到现有的系统环境，并且能够实现与所有主流系统的数据交换。FASTSUITE Edition2 拥有标准化接口，不受限于 CAD 和 PLM 的种类，可以迅速适用于任何现有使用系统。

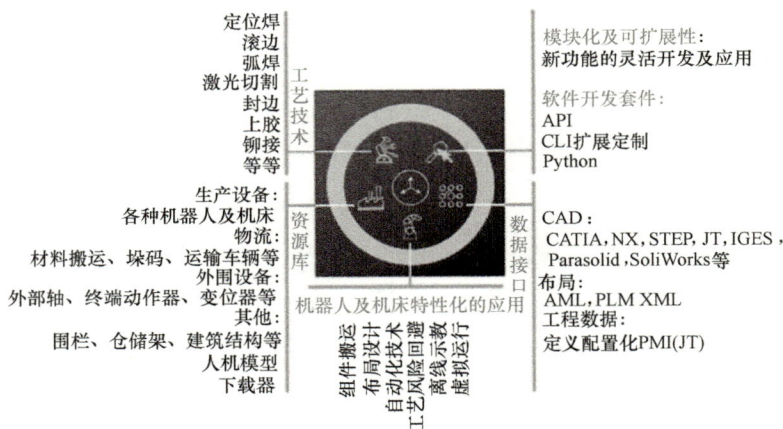

图 16-19　虚拟制造 - 智能焊接生产线 FASTSUITE　Edition2

　　FASTSUITE Edition2 软件将所有机器人、设备和工具部件集成到一个简单、统一、直观的虚拟环境中，搭建研发、工程和生产部门之间的桥梁。其程序功能包含整个过程，从早期的布局研究、工艺工程和仿真，到虚拟调试和生产优化。该软件具有几大特点：①兼容所有常见 CAD 系统；②对所有制造商提供的机器人、设备、工艺和控制系统开放；③在一个统一的应用程序环境中支持几乎所有生产过程；④模块化和规模可变；⑤为在规划、验证、仿真和编程之间灵活移动设计的连续基础平台；⑥创新、高效的操作理念。

　　上海模呈信息技术有限公司推出的焊接工艺流程管理系统（Welding Process

Management System，WPMS）主要包含焊接工艺规范（WPS）、焊接工艺评定流程（PQR）、理化实验室管理、焊工管理、焊工资质管理、焊接工艺文件、焊接材料配额、焊接材料领料、焊缝派工、焊缝验收单管理、检验流程管理、焊机数据采集、焊机控制、无损检测管理流程等模块。实施 WPMS 最大的价值体现在提高工作效率、严控焊接质量，并明显节约成本。WPMS 模块、架构如图 16-20和图 16-21 所示。

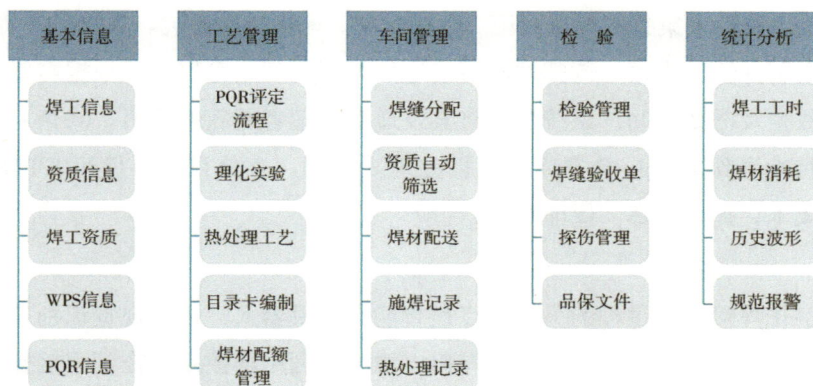

图 16-20　WPMS 模块

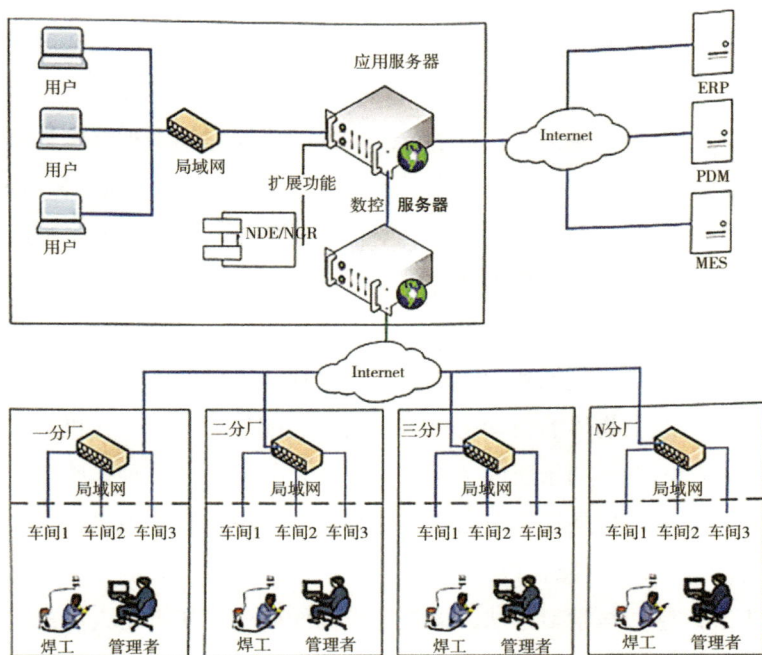

图 16-21　WPMS 架构

WPMS 具有的优势：①核心数据管理。统一管理各项基础数据，由系统储存、分类、关联，使工作人员从大量数据的记忆、甄别、筛选中解放出来，避免基础数据出现错误。②各部门协同管理。在系统中定义焊接管理流程，加强各环节的控制，焊接生产更加规范，业务数据流转更加便捷、智能，告别人工跑腿、核对的时代。③系统流程自定义。用户可以设定流程节点、条件，还可以设定分支流程和子流程等。流程发起后系统向流程节点推送待办、消息、预警等。④统计与分析。统计分析采集到的焊接规范、焊接时间、焊接材料消耗、故障报警等数据，按需要定制并输出报表。⑤邮件与短信通知。不同部门管理者可根据需要定制所需统计数据及需要时间，系统自动将其发送到管理者邮箱或手机。⑥企业级数据库。支持企业级 Oracle 数据库，数据处理功能强、存储可靠。使用 WPMS 系统可节约成本、提高效率、保证品质。

16.2.4　智能焊接机器人

数字化焊接生产过程的另一重点是智能焊接机器人。通过视觉识别、焊缝跟踪、人工智能等技术，配合数字化焊接电源，并利用群控系统控制焊接操作，则可以实现数字化焊接。

传统的焊接机器人是基于生产线操作而产生的，因为流水线作业的焊接动作是可重复的，采用机器人操作可以降低人工操作的不规范性，大幅度提高产品的质量和精度，实现安全的标准化生产。焊接机器人技术经过几代的发展，已经有了电阻点焊、电弧焊、激光焊、电子束焊、搅拌摩擦焊等多种焊接机器人，其控制形式也由最初的单一控制发展到多机器人多轴同步控制。不同于传统的生产线，在"工业 4.0"时代，要求机器人具有自主学习能力，并能够感知和适应周围的不同环境，将视觉图像反馈到本体控制中，适应未来小批量的焊接工作，这使得焊接机器人的智能化要求进一步提升。

通过声波、激光、视觉和力等传感器，目前焊接机器人可以实现焊缝自动跟踪、自动化生产线上物体的自动定位以及精密装配作业，还能让机器人像人类一样感知工作环境，在不同场所内实现自主作业，并且通过多种传感器技术实现环境建模及决策控制。但是在未来的数字化焊接生产中，智能焊接机器人不只是代替人类进行作业，还需要进行协同作业。目前，通过对多智能体的群体结构、通信与磋商机理、感知与学习方法、群控等方面的研究，在机器人内部已经可以实现信息共享和群体感知。

机器人的控制系统随着芯片技术的发展而发展，现在的机器人控制系统已可以控制 27 轴作业的复杂机器人。焊接机器人可以携带多种设备，并且具备多种能力，在软件伺服和全数字控制下，实现智能操作。未来机器人的控制会更加方便，语音输入等操作方式都会在机器人上实现，机器人通过语音指令就可以自动进行操作。另外，随着群控系统技术的发展，机器人的网络化控制系统已有了巨大发展，德国 KUKA 公司、日本 YASKAWA 公司（见图 16-22）等厂商所生产的控制器已经实现了网络连接。焊接机器人可以吸取自动驾驶技术的经验，将系统连入互联网，操作人员在计算机前就可以对机器人进行整体控制。

未来焊接机器人的发展方向依旧是智能化，例如，机器人通过感知环境，以自主输入的方式自主学习，减少人类示教的工作量，这样就能够在大型甲板等区域实现自动化焊接，能够有效解决机器人系统复杂、结构庞大、功能单一、自主性差的问题。通过发展自主编程技术，机器人能够利用视觉或其他传感器获得的数据规划焊接路径，在非结构化环境中，机器人也能实现自主焊接，真正实现观察和决策，逐步实现智能化。

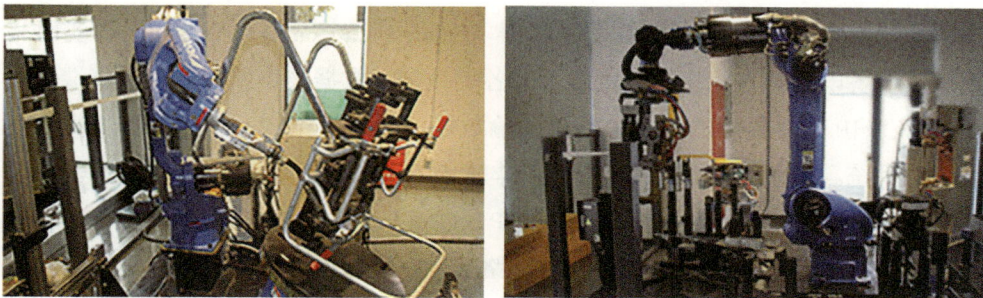

图 16-22　日本 YASKAWA 公司生产的机器人

国内目前已经有很多厂商研制出了智能焊接机器人生产系统。上海我耀机器人有限公司围绕机器视觉、深度学习、数据挖掘、云计算等人工智能技术，通过与江苏哈工智能机器人股份有限公司、哈工大机器人集团和国际先进技术单位合作，专注于机器人领域的视觉检测、目标识别、机器人行为数据采集与云存储、深度挖掘与辅助决策等技术研发，推出了国内一流的 51icould 智能机器人终端和云端产品解决方案，推动了行业技术进步和产业升级（见图 16-23）。

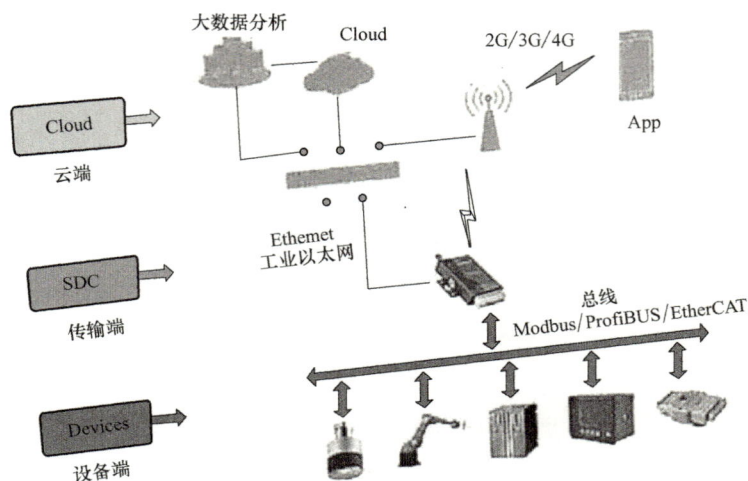

图 16-23　51icould 智能机器人终端和云端产品解决方案

设备远程监控与智能运维平台（DIM）在设备监控、预测性维保领域进行深入挖掘，建设数据云平台，对设备运行状况进行建模分析，实现实时监控、预测分析、异常报警、健康指数采集、智能决策、质量回溯等功能，让设备运行更健康。此平台通过研发的智能数据采集器（Smart Data Connector，SDC），实时采集工业设备、机器人、生产流水线上的各类数据。数据采集服务器与采集端采用基于 TCP/IP 可靠连接的 MQTT 协议传输数据，为 C/S 结构，属于典型的高并发大流量系统。安全性方面，服务端拥有丰富的安全配置，包括用户名、密码鉴权、用户组、成员权限限定、黑／白名单（IP）过滤，设备认证、采集数据协议认证、密钥协商机制等策略，保障数据传输链路安全。可靠性方面，服务端采用"线程池"技术，并将采集到的数据实时写入云端 kafka，供云端存储、分析，客户端设置有自动重连机制，保障设备能够有效连接服务端。

机器人智能云服务平台是基于机器人大数据的智能机器人云端认知学习服务平台的重要组成部分。通过对机器人联网联控，实现云端智能，从而使机器人更智慧。主要包括核心算法库 HRGlib、机器人可视化云平台和机器人云端升级等部分。HRGlib 基于深度学习、大数据、云计算等技术，结合 Mahout 等开源算法库，构建自主知识产权的机器人 AI 核心算法库，提升机器人的持续认知能力。

机器人可视化云平台，包括 Web/Android/Wechat/iOS 四平台一体化展示。可视化云平台旨在帮助非专业的工程师通过图形化界面轻松搭建专业水准的可视化应用，专精于机器人行为信息与工厂流水线信息融合的可视化，提供丰富的行业模板和图表组件。另外，借助移动端应用拓展，可以摆脱时间和空间限制，充分利用时间碎片，及时做出分析、决策，更好地进行业务管理，做到管理于拇指之间，决策于千里之外，最终实现联网联控的云智能。机器人云端升级是基于机器人－智能数据采集器－云端的通信闭环实现。将采集的数据上传至云端进行分析，得出结论后，云端将优化方案反馈至采集器，采集器再将具体指令传输至机器人控制柜，从而实现整个流程。云端升级可以分为单个升级、批量升级和集群升级，当得出某个优化方案时，将在单个机器人身上进行测试，通过人工干预验证，确保方案正确有效后再分批次批量升级。通过云端统一控制，可以降低生产成本，提升管理和生产效率。

16.3　焊接群控系统

随着网络技术的不断发展，具有环境感知能力的各类终端，基于网络技术的计算模式等优势推动物联网在工业领域得到越来越广泛的应用，不断融入工业生产的各个环节，将传统工业提升到智能工业的新阶段。其中一个最主要的应用就是通过生产过程检测、实时参数采集、生产设备监控、材料消耗监测，实现生产过程的智能监视、智能控制、智能诊断、智能决策、智能维护。

16.3.1　焊接群控系统介绍

目前，国内众多焊接企业存在着焊工的焊接水平普遍偏低的问题，再加上工资计费与焊件数量关联，导致大部分焊工不考虑焊接工艺，普遍使用超过焊接参数范围的参数焊接，未能充分发挥数字化焊机性能，严重影响焊接质量。焊机群控管理系统将数字焊机和管理人员通过网络有效结合起来进行管控。但是，由于焊接生产过程环境较为恶劣，因此对群控管理系统的可靠性、安全性、实时性提出了很高的要求。群控管理系统分有线网络和无线网络两种，两者均有优缺点。有线网络布线复杂、容易遭到破坏，但是传输稳定性较好。无线网络不需要布线传输，但是需要保证通信的越障能力和抗干扰能力。随着无线技术的发展，无线群控系统逐渐成为主流。目前的焊机群控系统均是有线和无线传输共同存在，适用于不同的场合。群控管理系统示意如图 16-24 所示，该系统为国内山东奥太电气有限公司所研发，采用有线、无线等多种通信方式实现焊机与群控服务器的连接。群控服务器可连入企业局域网或互联网，授权的用户可以随时在网络可达的范围内通过浏览器直接访问群控系统。该系统具有焊机管理、焊接规范管理、焊机状态实时监控、焊接数据统计分析、历史数据曲线重现、焊机故障实时提醒等功能。可协助用户实现对焊机进行集群式控制和管理，适用于焊机使用量大、焊接质量要求严格的生产。

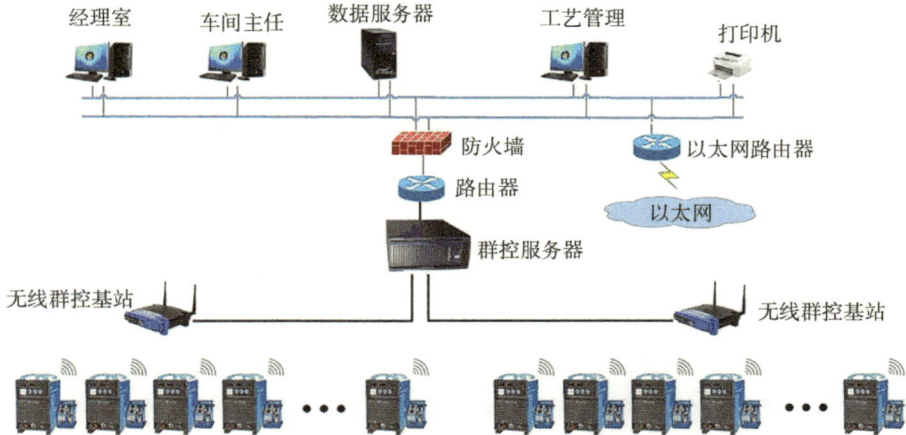

图 16-24　焊接群控系统

该系统采用以太网 LAN、无线 Wi-Fi 和 USB 多种方式进行数据传输，将焊接电流、焊接电压、气流量等信息传送至上位机，通过计算机监控软件实现对每台计算机工作状态的实时监测。利用上位机可以实现生产过程中的工艺管理、生产管理、设备管理、成本管理、品质管理及系统管理等功能。例如，管理人员可以通过上位机来完成焊接车间焊机的管理；焊接规范的查询与下传；设定焊接电流、焊接电压及气流量的上下限值，超过焊接规范则报警提示；焊接生产成本的计算；同时能对焊接质量进行评估与追踪。如图 16-25 所示，该系统大大提高了焊接车间管理效率，降低了管理成本，为数字化焊接工厂提供了全面的解决方案。

相比于传统焊接生产过程，采用焊接群控系统具有以下优点：

1）便于工艺人员分析焊接参数，控制焊接过程中的焊接参数，提前发现问题，缩短停机时间，提高效率。

2）有利于工厂逐步建立和完善生产管理体系，从整体角度优化、协调生产过程，实现生产计划的动态调整，可协助工厂加强焊接工艺的执行，提高焊接质量、杜绝违规操作，更好地完成车间管理和焊机管理。

3）加强焊接材料管理，为工厂节约成本。

4）为管理和考核提供精准的数据支持，追溯焊接质量，便于查出导致故障的原因。

5）为焊工的焊接水平考核提供数据依据，能有效解决焊接管理及控制中的许多问题。

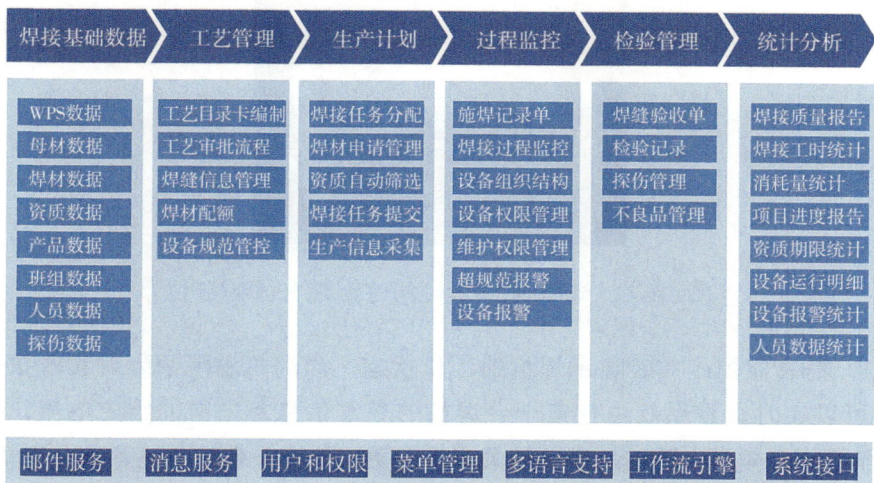

焊接基础数据	工艺管理	生产计划	过程监控	检验管理	统计分析
WPS数据	工艺目录卡编制	焊接任务分配	施焊记录单	焊缝验收单	焊接质量报告
母材数据	工艺审批流程	焊材申请管理	焊接过程监控	检验记录	焊接工时统计
焊材数据	焊缝信息管理	资质自动筛选	设备组织结构	探伤管理	消耗量统计
资质数据	焊材配额	焊接任务提交	设备权限管理	不良品管理	项目进度报告
产品数据	设备规范管控	生产信息采集	维护权限管理		资质期限统计
班组数据			超规范报警		设备运行明细
人员数据			设备报警		设备报警统计
探伤数据					人员数据统计

| 邮件服务 | 消息服务 | 用户和权限 | 菜单管理 | 多语言支持 | 工作流引擎 | 系统接口 |

图 16-25　群控系统生产管理流程

目前国内已经有多家企业研发出完整的焊接群控系统平台，依托于这些平台，焊接生产厂家可以轻松地对焊接生产过程进行管理。图 16-26 所示为目前焊接生产中的群控系统，从图中可以看出，生产车间干净整洁，由于可以在远程操控，减少了工人的数量，降低了人工操作的风险。利用无线传输技术，减少了大量线缆和焊机中的干扰源，提高了焊接质量。

图 16-26　受控于无线群控系统的焊机

如图 16-27 所示，通过在焊接生产车间或是在办公室中的 PC 控制端即可操控生产车间的焊机。群控系统上位机一般具有如下几个功能：

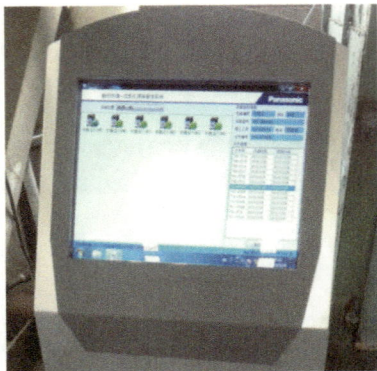

图 16-27　群控系统上位机在制造车间的应用

1）信息监控：实时显示焊机的工作状态，当焊机出现故障时实时报警，用户可以实时查看系统中任意一台焊机的基本信息及当前的给定电流、电压及实际电流、电压、控制命令等相关焊机参数，当单击系统中任意一台焊机后，实时显示该焊机最近一段时间内的给定电流、电压及实际电流、电压的实时曲线。

2）数据统计：用户可以查看单台焊机或单名焊工任意一段时间内的工作信息，包括一天内首次焊接时间、最后一次焊接时间、有效焊接时间、焊丝用量、气流量、电能耗量等参数。同时为用户提供了日报表、月报表、年报表功能；系统中的历史曲线可有效地帮助用户查看历史焊接过程中的故障点，并根据系统显示的当时的焊接参数快速确立问题故障点，及时排除或杜绝此类故障的再次发生。

3）显示报警信息：显示焊机当前或历史报警信息，可有效地帮助用户查找焊机故障信息，确立焊机故障原因，排除故障。

4）数据传输：当焊机运行一段时间后，将这段时间的数据上传至服务器。管理员可以导出或查看系统中的历史数据，方便焊接产品的追踪。

16.3.2　群控系统与物联网

目前国内大部分焊接群控系统的研发厂商，都将 PC 控制端作为系统终端。PC 机一般放置于办公室供管理者集控管理焊接生产现场的设备，由于计算机不便于移动，这导致了监控焊接设备只能依赖于通信数据，无法直观地对焊机状态进行验证。随着信息化和网络化的发展，移动互联设备逐渐应用到了焊接群控系统中。目前主流的移动互联平台中，Android 平台由于优秀的开放性和兼容性，成为移动互联平台的首选，其通过无线 Wi-Fi 技术实现与数字化焊接设备的远程通信，可以实现焊接管理者对焊接现场设备的实时监测与控制。

目前国内已经有厂商提供移动互联群控平台，如图 16-28 所示为北京时代公司所开发的移动焊接群控系统，利用 Android 平台 App 可以实时观测焊机状态，同时由于移动端具有方便移动的特点，可以在任意地点和任意时刻观察焊机状态。操作界面如图 16-29 所示。

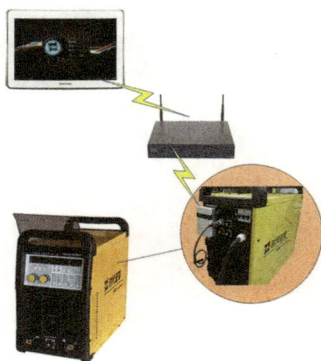

图 16-28 移动群控系统终端示意图

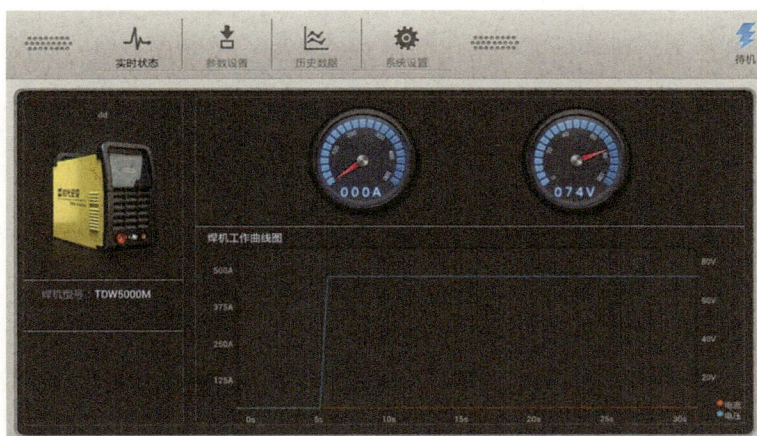

图 16-29 移动端焊接群控系统

16.4　数字化焊接电源

数字化焊接的核心是数字化焊接设备，也就是数字化焊接电源（见图 16-30）。数字化控制使焊接电源具有很好的系统灵活性，在焊接过程数字化控制中，焊接电源的能量控制由电流、电压、时间的协同方式来完成。

图 16-30　数字化焊接电源

数字化焊机具有以下特点：

1）可靠性高。数字化焊机采用高速 DSP 控制，控制周期短，动态响应快，能够进行精确控制；具备欠电压、过电压及过热保护功能；IGBT 与风道隔离，避免了淋雨、灰尘等损坏焊机。此外，由于采用数字化技术，大大减少了元器件数量，提高了电路的可靠性。

2）功能丰富。数字化焊机的功能多是靠软件来实现，增加焊机功能比传统焊机更为方便，各功能模块相互独立，因此数字化焊机功能较为丰富。目前奥地利 FroniuS 公司生产的焊机中具有药皮焊条电弧焊、直流氩弧焊、脉冲氩弧焊、氩弧点焊、气体保护焊（CO_2、MIG、MAG）、脉冲气体保护焊、双脉冲气体保护焊和碳弧气刨八种焊接方式。每种功能都具有很多可调参数，用户既可以采用系统默认的参数非常方便地设置焊机，也可以根据不同的焊接要求精细地调整焊机，使之达到最佳焊接效果。

3）专家系统数据库。目前的数字化焊机中集成了专家系统数据库功能，在一些厂商中，也称其为"一元化"功能。利用此功能，无须手动调整焊接参数，只需输入所需焊接的母材、工件或其他焊接条件，焊机会自动匹配最佳的焊接参数。在数字化焊接中，利用视觉技术，将母材等工件的几何形状和位置条件自动识别，则可自动输出焊接参数，实现自动化焊接。专家系统的另一个应用是利用人工智能预测系统，提前得知变化的焊接条件，设置焊接参数，当焊接条件发生变化后，焊接参数随之立刻变化，实现自动焊接。自动焊接示意图如图 16-31 所示。

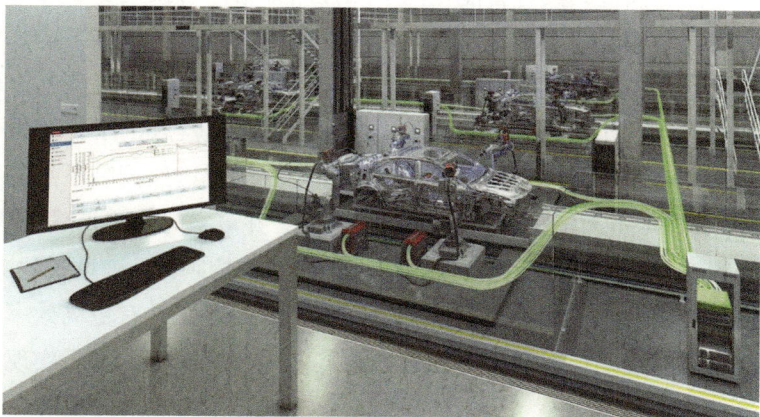

图 16-31　自动焊接示意图

16.4.1　数字化埋弧焊设备及工艺

交直流双弧双丝埋弧焊是应用最多的高效焊接方法。数字化控制技术的应用使得双弧双丝埋弧焊系统的控制界面更加直观，便于操作，焊接过程控制更加智能化。双弧双丝埋弧焊的工艺特点决定其焊接方式不仅能实现高效焊接，而且能提高焊接质量。

佳士科技股份有限公司的数字化控制 IGBT 逆变式双弧双丝埋弧焊系统。其电源部分由直流 ZD7-1000 与交流 ZDE-1000 数字化电源构成。ZDE-1000 为数字化控制 IGBT 逆变式交直流方波埋弧焊电源，交流焊接时输出频率可在 10 ～ 100Hz 范围内逐频率调节。同时，支持正负半波幅度不对称、宽度不对称电流波形的输出，为在焊接过程中通过调节交流电源的输出波形以便最大限度地控制熔敷率提供了可能。

系统控制器采用数字化控制方案，参数调节准确直观；具有参数记忆功能，可自动记忆上次焊接所使用的参数；支持多种焊接模式，即可单弧焊接，又可双弧焊接；双弧焊接时既可共熔池联动控制，又可不共熔池单独控制；任意时刻均可调丝调车。面板划分为两大区域，分别控制两台电源，较小区域负责小车控制。整个控制部分由数字化系统构成，控制器与电源之间通过 RS485 串行通信，控制电缆芯数少。在控制器上可以实时在线预置并显示焊接过程中的所有参数，例如，电流、电压、引弧电流、引弧速度、初始电流及时间、焊接速度及方向等。支持完整的可预设焊接过程，包括初始段、上坡段、焊接段、下坡段、收弧段，各段参数均可独立预置。具有智能化的引弧控制策略，引弧成功率可达 100%。

唐山开元特种焊接设备有限公司自主研发的采用全数字 IGBT 控制交直流两用埋弧焊电源，采用数字控制系统，用于高端自动化焊接及信息化管理。具有 CAN、RS422/485 专机数字接口，可连接 PLC、焊接机器人、HMI 等设备；具有 DCT 联网接口，可接入日本松下公司 iWeld 系统；内置送丝控制系统，无须外接专用的焊接控制器；可实现 AC、DC+、DC- 输出，并可实时切换，消除停机时间；可通过改变频率、占空比及偏置改变对熔深和焊宽的控制，以满足各种工艺需求。该电源采用逆变技术，三相输入，消除电网不均衡问题，具有更高效率；独立并联、多弧接口，易于实现并联焊接和多弧焊接；内置存储器，易于实现焊接规范控制和焊接规范追溯。

16.4.2　基于"互联网+"的数字化智能脉冲焊接电源

北京华巍中兴电气有限公司推出的 NBM-500RD 智能数字化逆变脉冲焊接电源采用全触摸屏操作，操作者可直观方便地选择各种功能。内置焊接专家数据库，只需输入少量参数（例如母材类型、板厚和焊丝直径），系统即可自动调用已经保存的专家程序，获得最优焊接参数，焊机主界面如图 16-32 所示。

人机界面可以点动送丝、点动退丝、气体检测，还可选择焊丝直径、母材类型、焊接模式；数显位置可以显示焊前的预置电流电压以及焊接过程中实时的焊接电流电压。同时，数显位置还可切换显示焊脚尺寸、板厚、送丝速度、散热器温度、焊接速度等。该界面可选择 2 步、4 步、焊铝特殊 4 步及点焊操作模式；可选择单脉冲 / 双脉冲 / 非脉冲焊接模式；还可选择机器人及焊接专机经常用的 TIG 接触引弧焊接模式以及选择焊条电弧焊功能。焊机配有过温、过电流报警指示灯以及起弧成功指示灯，方便配套焊接专机或焊接机器人使用。

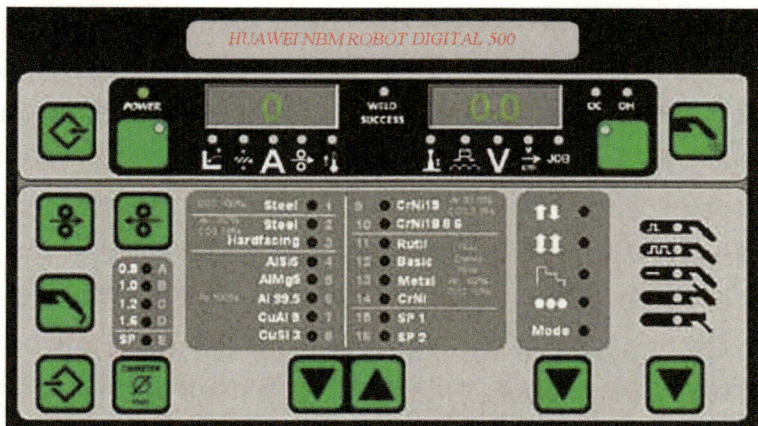

图 16-32　NBM-500RD 逆变脉冲焊机主界面

　　该款数字化焊接电源还配有移动通信控制系统，可在智能终端上安装华巍公司开发的 App 软件，对远程监控设备的运行状态进行故障诊断，处理设备运行中的突发状况，合理安排和调度多台（套）设备的生产节拍，实现效率和资源最大化利用。同时，该款 App 的远程监控功能也可以方便快捷地知道在使用过程中遇到的问题，并在线为客户解决，降低售后成本。移动终端 App 如图 16-33 所示。

图 16-33　NBM-500RD 逆变脉冲焊机 App 界面

为了与"工业4.0"接轨，麦格米特公司推出全数字IGBT 64kHz工业重载智能化焊机，实现开放式专家操作模式，满足客户专业要求。针对特种应用市场，也可实现量身定制的焊接效果；标配增强型CAN BUS接口及各类丰富的接口协议，使焊机和机器人、自动工装、群控系统能实现无缝数字对接；基于麦格米特专家焊接数据库的建立，一元化操作与宽适应范围的电弧特性相结合，大幅提升自动化焊接系统的可操作性和容忍度；全数字控制配合业界顶级的电源抗干扰设计，即使在极端温度、湿度、电网波动、浪涌冲击、高频传导辐射等条件下，焊接参数输出始终如一；高精度采样控制，实现了单片机在全电流范围（30～500A）内的高品质稳定焊接；机器人机型同时标配模拟接口和各类数字接口，实时反馈焊机参数，配合机器人算法，完美实现电弧跟踪，高达500kHz的高速数字通信系统，避免了采用中继设备带来的畸变和延时，大幅提高系统的响应节拍；灵活的通信协议配置，深度开放焊接参数，将焊接极限大幅延伸，追求"更稳""更快""热变形更小"等。通过设备网实现自主研发的焊机与FANUC机器人的通信，并将焊枪作为机器人手臂的一部分与机器人手臂融为一体，提高焊接的灵活性和便捷性。图16-34为Artsen PM400 F脉冲智能焊机与机器人通信系统。

图16-34　麦格米特 Artsen PM 400 F 脉冲智能焊机与机器人通信系统

第 17 章　高能高速焊接装备

17.1　激光焊接装备

17.1.1　激光焊接技术特点及发展现状

20 世纪 60 年代，激光的出现是人类史上最重大的科学成果之一。各类高能激光器的研制成功为人类提供了全新的、高品质的高能束热源，而热源正是焊接技术的核心。在各类激光加工技术中，激光焊接是目前重点发展的技术。20 世纪末，欧美各国已将激光焊接技术充分应用于工业制造，特别是在汽车制造领域，激光焊接已经大量被应用。近年来我国激光焊接技术在制造领域的应用也日益增长。随着工业制造的快速发展，环保、节能、高效、敏捷的加工技术将成为发展重点，而激光焊接技术 恰好符合这一发展趋势，因此它将会成为 21 世纪最有发展前景的应用技术之一。

1. 激光束基本特性

（1）激光的高方向性

激光通过直径为 D 的孔径时，由于衍射会产生一定发散。激光器输出的光束发散角度小于 $10^{-3} \sim 10^{-5}$ 弧度。激光的高方向性使其能在有效的长距传递的同时，还能保证聚焦得到极高的功率密度，这两点都是激光加工的重要条件。

（2）激光的高亮度

激光的高方向性带来两个结果：光源表面的亮度高；被照射地方光的照度大。一个仅有 10mW 功率的 He-Ne 激光器可产生比太阳高几千倍的亮度，可在屏幕上形成面积很小但照度很大的光斑。不仅如此，具有高亮度的激光束经透镜聚焦后，能在焦点附近产生数千度乃至上万度的高温，这就使其可加工几乎所有的材料。

（3）激光的高单色性

激光的单色性比一般光要高出 $10^6 \sim 10^7$ 倍以上。He-Ne 激光器产生的 632.8nm 波长谱线，谱线线宽只有 10^{-9}nm。由于激光的单色性极高，从而保证了光束能精确地聚焦到焦点上，得到很高的功率密度。在各种激光器中，气体激光器在方向性上表现最为突出，其次则是固体激光器，半导体激光器在这方面的表现则稍逊一些。

（4）激光的高相干性

相干性主要描述光波各个部分的相位关系。以适当方法将同一光源发出的光分成两束，再使两束光重合便产生明暗相间的条纹，这就是光的干涉。从激光器中发射出来的光量子由于共振原理，在波长、频率、偏振方向上都是一致的，这就使得激光的相位在时间上是保持不变的，合成后能形成相位整齐、规则有序的大振幅光波。一般也将激光称作相干光。使用激光作为全息照相的光源，也正是利用其相干性好的特点。

2. 激光焊接工艺特点

由于激光具有高亮度、高方向性、高单色性和高相干性的特性，因此激光焊接工艺具有其他焊接工艺无法比拟的优点。

（1）装备适应性：高度柔性自动化焊接

激光束经聚焦后可获得很小的光斑，可对光束强度与精细定位进行有效控制，激光束易于导向、聚焦、实现方向变换，极易与机器人或数控机床设备集成，实现高柔性和自动化焊接，对复杂工件的几何适应性极强。可按时间与空间对激光束分光，能进行多光束同时加工及多工位加工，为微型焊接、精密焊接提供了条件。

（2）环境和空间适应性：能在大气下或特殊条件下进行焊接，空间可达性高

激光光束通过电磁场或气体流场不会偏移，相比电弧焊接热源稳定性极高。相比电子束焊接，激光在真空、大气及活性和惰性气体环境中均能施焊，光束本身质量基本不受环境气氛影响。激光焊接能透过玻璃或对光束透明的材料进行焊接，激光束形态可通过调节聚焦模组进行控制，可以焊接难以接近的部位，进行非接触远距离焊接，具有很大的灵活性。

（3）高效优质焊接特性：高速精密焊接，焊缝深宽比大，热影响区小

激光焊接最为突出的特点就是可以将激光束聚焦到很小的区域，从而得到高功率密度的热源，使得激光焊接速度可以大大提高，薄板拼焊中激光焊接速度可达 15m/min。同时输入工件的热量低，焊接热变形和热影响区小。由于激光能量密度大，易于得到深而窄的焊缝，焊缝深宽比大。因此激光焊接由于比能小、热影响区小、焊接变形小而特别适合精密、热敏感部件的焊接，并且可以免去焊后矫形等工艺流程。

（4）材料适应性：可焊接难焊接材料和异种材料

激光束可以被聚得很细，光斑能量密度很高，几乎可以汽化所有的材料，适用于相同或不同材质、厚度的金属间的焊接，对高熔点、高反射率、高导热率和物理特性相差很大的金属焊接特别有利。激光焊接为铝合金、镁合金、钛、石英等难焊接材料开辟了新的空间。在塑料焊接方面激光焊的应用也越来越多。

3. 激光焊接工艺发展现状

目前激光焊接技术的应用形式主要有激光熔焊、激光－电弧复合焊、激光钎焊／熔钎焊、激光熔－压复合焊和激光飞行焊。

（1）激光熔焊

利用激光作为热源，使工件的被连接部位局部熔化成液体，然后冷却结晶成一体，两个工件就牢固地焊接在一起。激光熔焊有两种不同类型的模式，热传导焊接和深熔焊接模式，如图 17-1 所示。当激光束密度小于 $10^9\,\mathrm{W/m^2}$ 时，激光焊接表现为热传导模式，工件表面吸收的激光能量主要通过熔化材料的热传导和流体对流输送到材料的深度方向上，焊接熔深较小。当激光束密度达到 $10^9\,\mathrm{W/m^2}$ 时，会使材料局部强烈蒸发，蒸汽反冲压力"挖掘"熔池，甚至可以穿透工件形成稳定的"匙孔"，形成深而窄的焊缝。在稳定的小孔激光焊接过程中，由于激光等离子体的压力、液态金属表面张力和金属蒸汽压力的动态平衡，小孔仍然保持开放的状态，随着激光束沿着焊缝快速前进，"锁眼"也随之移动，熔融金属环流小孔并在其痕迹内凝固，这会产生一个又深又窄的内部结构均匀的焊缝，焊缝深度能够比焊缝宽大十倍，达到 25mm 甚至更多。

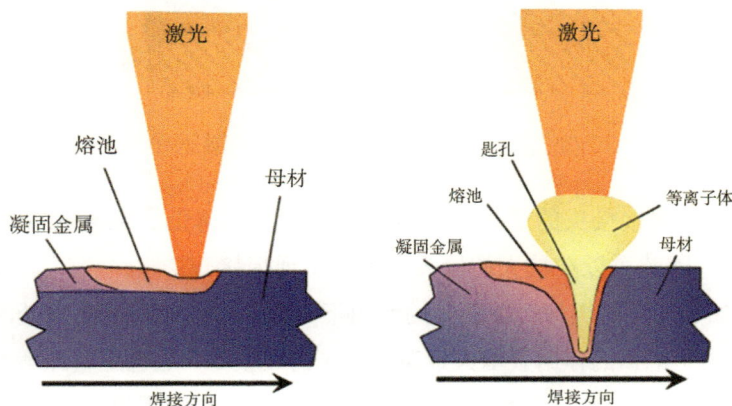

图 17-1　激光热传导与激光深熔焊接示意图

（2）激光 - 电弧复合焊

激光 -MIG 电弧复合焊接的原理如图 17-2 所示，激光与电弧同时作用于金属表面同一位置，焊缝上方因激光作用而产生激光致等离子体云，等离子体云对入射激光的吸收和散射会降低激光能量利用率，外加电弧后，低温低密度的电弧等离子体使激光致等离子体被稀释，激光能量传输效率得以提高；同时电弧对母材进行加热，使母材温度升高，母材对激光的吸收率提高，焊接熔深增加。另外，激光熔化金属，为电弧提供自由电子，电弧收缩，电弧的能量利用率也得以提高，从而使总的能量利用率提高，熔深进一步增加。激光束对电弧还有聚焦、引导作用，使焊接过程中的电弧更加稳定。

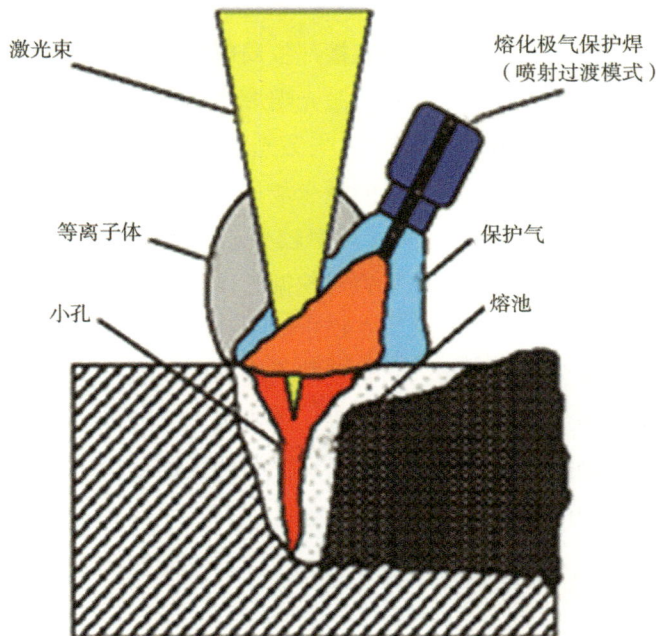

图 17-2　激光 -MIG 电弧复合焊接原理示意图

1）提高了焊接接头的适应性。由于电弧的作用降低了激光对接头间隙装配精度的要求，因此可以在较大的接头间隙下实现焊接。

2）增加了焊缝的熔深。在激光的作用下电弧可以到达焊缝的深处，使得熔深增加。同时由于电弧的作用会增大金属对激光的吸收率，这也是熔深增大的原因。

3）改善焊缝质量，减少焊接缺陷。激光的作用使得焊缝的加热时间变短，不易产生晶粒过大而且使热影响区减小，改善了焊缝组织性能。由于在电弧的作用下复合热源能够减缓熔池的凝固时间，使得熔池的相变充分地进行，而且有利于气体的溢出，能够有效地减少气孔、裂纹、咬边等焊接缺陷。

4）增加焊接过程的稳定性。由于激光的作用在熔池中会形成匙孔，它对电弧有吸引作用，从而增加了焊接的稳定性。而且匙孔会使电弧的根部压缩，从而增大电弧能量的利用率。

5）提高生产效率，降低生产成本。激光与电弧的相互作用会提高焊接速度，由于电弧的作用使得用较小功率的激光器就能达到很好的焊接效果，与激光焊相比可以降低设备成本。

（3）激光钎焊／熔钎焊

激光钎焊是以激光作为热源，采用比母材熔点低的材料作为钎料，将钎料加热至高于钎料熔点但低于母材熔点的温度，利用毛细作用使液态的钎料熔化润湿母材并充满接头间隙，使其与母材相互扩散的焊接方法。激光钎焊的关键在于合理地控制激光功率分配。如果激光束汇聚在钎料上，则钎料温度过高会导致熔化过快，而母材温度不足使钎料不能很好润湿母材，影响填充效果，钎缝成形变差。如果激光束汇聚在母材上，则钎料温度有可能过低，导致钎料流动性或活跃性降低，母材可能过热熔化，导致钎料直接进入熔池形成熔焊，形成的脆性相也影响钎缝性能。激光钎焊时的钎料可以采用预置方式，也可以采用送丝方式。钎焊加热温度一般较低，对激光功率密度的要求较低，因此一般采用散焦的方式进行加热。这样既可以降低激光的功率密度，也可以根据钎缝尺寸调节激光的光斑大小和形状。激光钎焊接头通常采用卷边对接和搭接两种方式。

在熔点相差较大的异种金属焊接过程中，低熔点金属受热源加热而熔化，形成熔焊接头；而高熔点金属在焊接过程中始终保持固态，同时与低熔点液态金属发生冶金反应，形成钎焊接头。因此，熔钎焊接头同时具有熔焊和钎焊的特征。与纯粹的熔焊相比，熔钎焊有效避免了焊接过程中异种金属的液相混合，抑制了脆性金属间化合物的产生。图 17-3 所示为典型的钢铝异种材料熔钎焊接头。

（4）激光熔－压复合焊

利用激光作为热源，将被焊金属相互接触部分除去氧化膜及其他污染物，并加热至塑性状态或局部熔化状态，然后通过特殊的机构给焊件施加一定的压力，使金属原子间相互接近到晶格距离，从而结合形成牢固的焊接接头。

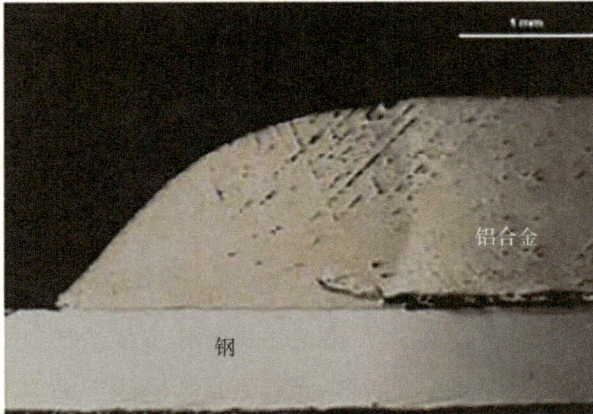

图 17-3　典型的铝钢异种材料熔钎焊接头

（5）激光飞行焊

　　激光飞行焊技术是近年来出现在国内外市场上的一种新型高效焊接技术，针对多点焊接能够极大提高生产效率。激光飞行焊接技术是通过机器人手臂的移动与激光扫描仪的高动态定位运动配合使用，将激光器中的激光束通过光纤传递到安装在机器人上的可编程聚焦光学头（PFO）上，安装在 PFO 中的两片高速扫描反射镜促使激光束按照事先编制的程序路径进行高速精确运动，通过远心透镜聚焦实现钣金件的焊接。在汽车制造业中，激光飞行焊接技术可应用于汽车座椅板、仪表相关件、车门结构件、行李箱盖以及其他特殊材质（如镀锌材质）薄板的焊接工艺中。激光飞行焊与传统的激光焊接的主要区别是激光束定位方法不一样。激光飞行焊接技术通过将激光束入射到扫描振镜的 X、Y 轴两个反射镜上，由计算机控制反射镜的角度，实现激光束的任意偏转。通过负透镜的线性移动，使焦点位置在 Z 方向上产生一定的调节范围，通过具有一定功率密度的激光聚焦在待加工工件表面的不同位置实现焊接连接。振镜组的动态移动，使振镜镜片在扫描镜头内将激光光束快速在焊点之间切换，由于聚焦镜聚焦距离长，反射镜小角度偏转即可实现激光束在焊点（缝）之间快速切换，其定位时间几乎为零，从而可以实现多点的快速焊接。

17.1.2 激光焊接装备与发展现状

1. 焊接用工业级大功率激光器类型

现用于焊接的激光器主要分为气体激光器、固体激光器、半导体激光器和光纤激光器，应用最为广泛的是以 CO_2 激光器为代表的气体激光器和以 Nd:YAG 激光器为代表的固体激光器，近年来光纤激光器迅猛发展，其具有电光转换效率高、功率上限大、光束质量好等优点，成为高端激光焊接市场的宠儿。

CO_2 激光器主要的工作物质由 CO_2、氮气、氦气三种气体组成。CO_2 是产生激光辐射的气体，氮气及氦气为辅助性气体。CO_2 激光器的光束为远红外光，波长为 $10.6\,\mu m$，其主要优势在于技术成熟，可达到的功率大，能达到 100kW 甚至更高，但存在 CO_2 激光不能采用光纤传输、焊接时产生光致等离子体严重、金属对其反射率高（大部分金属对这种光的反射率达到 80% ～ 90%）等缺点。典型 CO_2 激光器结构与传输系统如图 17-4 和图 17-5 所示。

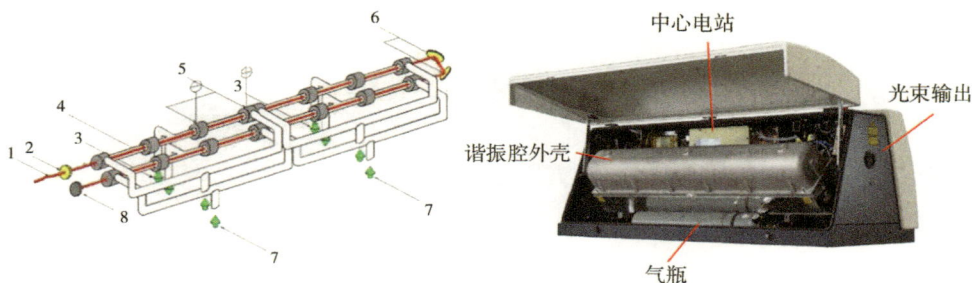

图 17-4　轴流式 CO_2 激光器结构示意图

1—激光束　2—输出镜　3—气体出口　4—直流激励放电
5—直流电极　6—折叠镜　7—气体入口　8—后镜

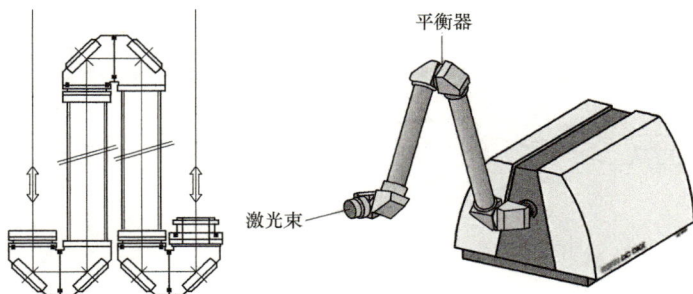

图 17-5　CO_2 激光器柔性臂式光束传输系统基本原理

  Nd:YAG 激光器采用钇铝石榴石晶体作为其激活物质，晶体内的 Nd 原子含量为 0.6% ～ 1.1%，属固体激光，可激发脉冲式激光或连续式激光。Nd:YAG 激光器产生的光束主要是近红外光，波长为 1.064 μm，金属对这种波长的光吸收率较高，大部分金属对于其反射率为 20% ～ 30%。只要使用标准的光镜就能使近红外波段的光束聚焦为直径 0.25mm 的光斑。Nd:YAG 激光器的功率一般能达到 4 000 ～ 6 000W，现在最大功率已能达到 10 000W 以上。固体激光器可以用光纤传输，焊接设备柔性大大增强。典型 Nd:YAG 激光器及其光纤传输系统如图 17-6 和图 17-7 所示。激光焊接头基本结构如图 17-8 所示。

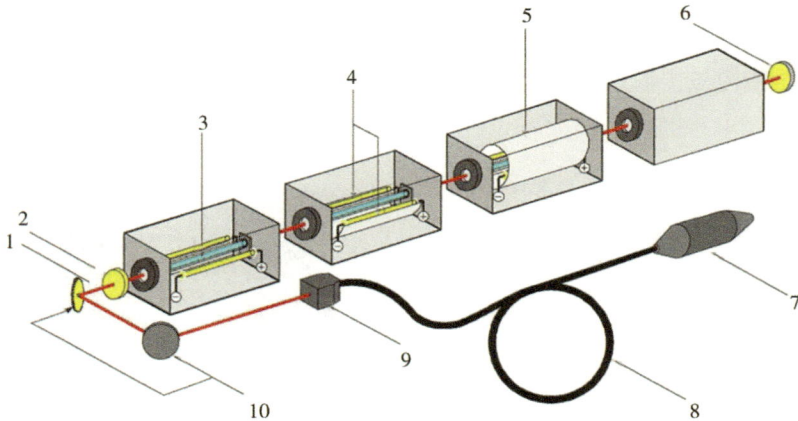

图 17-6　典型 Nd:YAG 激光器结构示意图

1—激光束　2—输出镜　3—Nd：YAG 棒　4—激励灯　5—反射镜
6—后镜　7—聚焦单元　8—光纤　9—耦合单元　10—光束转向镜

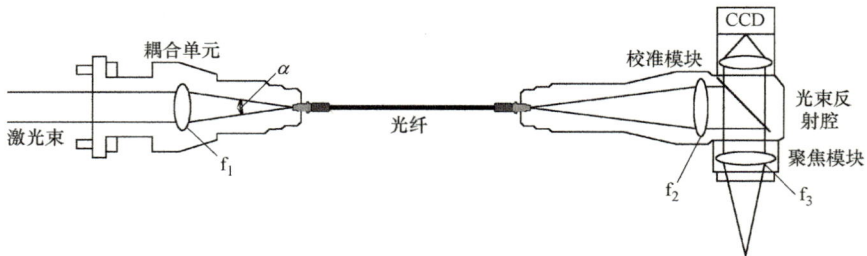

图 17-7　柔性光纤传输 - 准直 - 聚焦焊接系统

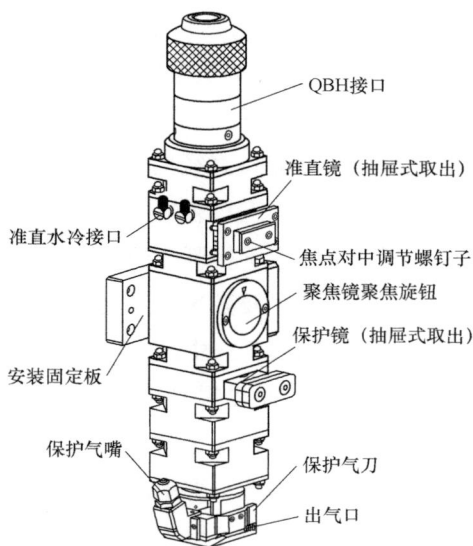

图 17-8　激光焊接头结构组成示意及参照实物

光纤激光器是固体激光器的一种，是一种性能非常优良的固体激光器。相对于传统的固体激光器而言，光纤的表面积与自身体积的比值非常高，从而使光纤激光器拥有良好的散热效果，在没有冷却的条件下可以连续工作；光纤自身柔韧性好，便于缠绕，因此可以设计出结构小巧的激光器；使用布拉格光栅作为谐振腔，更加便于使光纤激光器结构紧凑，整体体积小，便于携带。光纤激光器拥有良好的光束质量，能够满足微加工以及精密加工的要求，在机械加工领域扮演着非常重要的角色。而且光纤激光器的输出波长便于调谐，通过改变掺杂在光纤内部的稀土含量，可以输出不同波段的激光，也使得光纤激光器能够满足许多领域的应用。除此之外，全光纤化的结构设计使得光纤激光器损耗小、效率高，便于与其他光学器件耦合。目前光纤激光器的最大功率已可达 100kW 级别。

半导体激光器发射激光的波长一般为 1 064nm、532nm、355nm，金属对其的吸收率相对较高，其发射功率一般从几瓦到几千瓦。半导体激光器除了具有激光器的共同特点外，还具有体积小、重量轻、驱动功率和电流较低、工作效率高、寿命长等特点。但由于早期半导体激光器的发射功率和光束质量都较差，其在大功率激光器领域内主要作为气体激光器或固体激光的泵浦光源使用，一般仅以辅机的身份应用于焊接领域。但得益于近年来大功率半导体激光器技术的不断发展，制约其在激光加工中应用的两个重要指标——功率和光束质量正在提高和改善。目前，国际上工业用大功率半导体激光器技术已取得了巨大进步，大功率半导体激光器的输出功率已经能够达到 10kW 以上，在 1kW 时的光束质量已经能够小于 12mm·mrad，其光束质量已经超过了同功率全固态激光器的光束质量。

2. 激光焊接集成系统与装备

激光焊接所用光斑直径约为 0.2～0.6mm，焊缝对中要求非常严格，导致激光焊接对焊件坡口加工与装配的精度要求非常苛刻。通常单一的激光对接焊所允许的坡口间隙不得大于板厚度的 1/10，错边不得大于板厚度的 1/6。因此激光焊接技术的广泛应用需要激光器及其控制系统、焊接运动控制系统、焊接专用工装的集成化设计。当前工业生产中所用的激光焊接集成装备主要有两类：①基于数控机床 CNC 系统的激光焊接机，这类激光焊接机多用于小型高精密结构件的激光焊接，焊接加工环境完全由保护罩与外界隔离，工作环境与安全性较好；②柔性机器人激光焊接系统，采用激光器装载激光传输光纤和激光头，可以实现大型复杂结构的激光焊接，突出优势是加工柔性高，可焊接空间范围大，适应复杂空间曲线焊缝轨迹的焊接。集成式 CNC 激光焊接机系统结构图如图 17-9 所示。

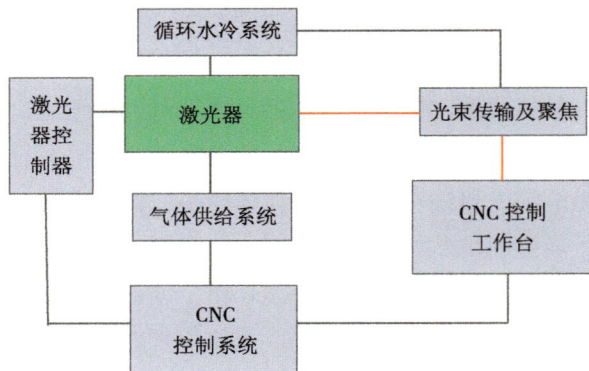

图 17-9 集成式 CNC 激光焊接机系统结构图

17.1.3 激光焊接的典型行业应用

1. 激光焊接在汽车工业的应用

如图 17-10 所示，激光加工技术在汽车领域已有广泛深入的应用，包括激光切割、激光焊接和激光打标，其中焊接是最主要的应用。从 20 世纪 80 年代开始，激光焊接技术开始运用于汽车车身制造领域，主要是应用于车身分总成与总成的焊接。在开发激光焊接新技术方面，激光深熔焊的发展以及大功率激光器的出现，使得激光焊接技术进入了长期以来一直被传统焊接技术所垄断的汽车车身制造领域，在汽车车身的制造过程中得到了极为广泛的应用。激光深熔焊技术以其较高的焊接速度和优良的焊接质量，大大提高了激光焊接技术在车身制造领域的应用。

图 17-10　激光加工技术在汽车制造中的应用：焊接、切割、打标和硬化

车身的激光焊接主要有分总成焊接、侧围与顶盖的焊接、后续焊。德国是最先把激光焊接技术运用于汽车制造的国家。以宝马公司和大众公司为例可以看到，在 20 世纪 90 年代中期，宝马公司利用激光焊接机器人完成了宝马 5 系列轿车的第一条焊缝，焊缝总长度达 12m。到 2003 年 7 月，激光焊缝的总长度累计达到 150 万 m，并建立了一个五轴多功能激光焊中心，用于车顶外壳与框架的焊接。在新的激光焊接技术方案上，德国大众途安轿车激光焊点的数量达到了 1 400 个、焊缝的总长度达 70m。此外，意大利菲亚特公司在大多数钢板组件的焊接装配中采用了激光焊接，日本的日产、本田和丰田汽车公司在制造车身覆盖件中也都使用了激光焊接和切割工艺。图 17-11 所示为某汽车白车身激光焊接生产线。

2. 激光焊接技术在船舶制造中的应用

1992 年，Vosper Thornycroft 在欧洲船厂安装了第一台激光加工设备。目前欧美及日本的一些造船厂已经采用激光焊接技术，采用的激光焊接设备如图 17-12 和图 17-13 所示。具有典型代表意义的是德国的 Meyer 造船厂已经全部采用激光 - 电弧复合焊接方法进行船舶的焊接，共安装四台 12kW 的 CO_2 激光器，以满足船体板材不同焊接长度的要求，焊接速度能够达到 3.0m/min。此外，美国 Bender 造修船有限公司也成功完成了激光焊接船体平面分段，在制造成本和质量上取得了巨大进步。随着铝合金材料日渐成为船舶加工制造的关键材料，激光－电弧复合焊接技术在铝合金材料焊接方面的优势也更加明显。目前国内造船厂尚未应用激光焊接技术，而激光焊接技术在船舶舱壁结构焊接、舰船夹层板等对变形要求严格的结构焊接中表现出巨大的应用前景。

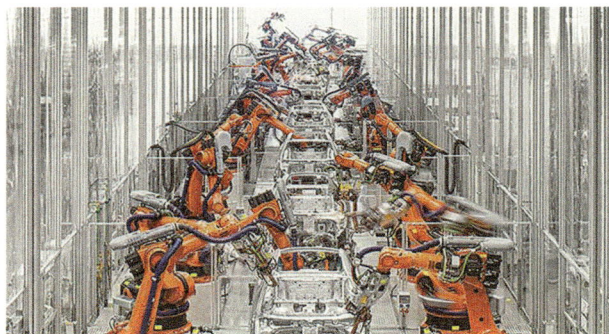

图 17-11　汽车白车身激光焊接生产线

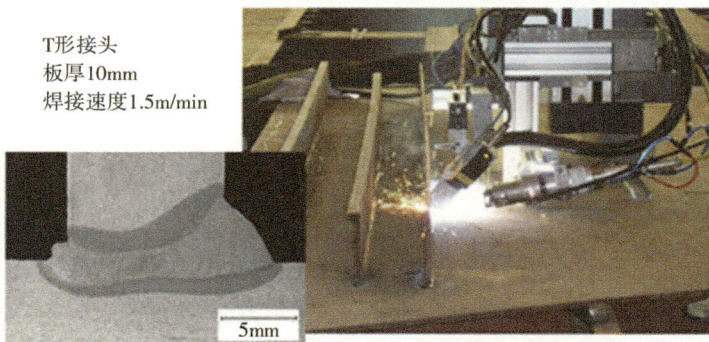

图 17-12　某船板激光 - 电弧复合焊接设备

图 17-13　Meyer 造船厂激光焊接设备

3. 激光焊接在航空航天中的应用

高功率激光焊接技术是激光技术在航空航天领域应用的重要方面之一。在航空航天领域,钛合金和铝合金应用比例不断扩大。其中,钛合金广泛应用于飞机上,并已由次承力结构件转为主结构件,铝合金是运载火箭及各种航天器的主要结构材料。激光焊接具有能量集中、焊缝成形好、操作简单、易于监测等优势,非常适合焊接各种厚度的钛合金及铝合金材料。空客公司在 A318 客机上首次应用了激光束焊接技术,这一技术替代了传统的铆钉焊接法,可以实现大幅减重,连接效率提高 60 倍以上。比起传统的焊接技术,激光焊接拥有精度高、无需钎料等显著优势,通过激光焊接,空客 A380 从第 7 舱到第 19 舱节约下来的铆钉质量就达 20t,这 20t 的载重量全部"变成"了座位数。图 17-14 所示为空客 A380 制造过程应用的大型龙门式双侧激光焊接系统,系统配备了激光焊缝跟踪传感器,具有动态随焊定位装夹功能。

图 17-14 空客 A380 铝合金壁板 - 桁条 T 形接头双侧激光焊接系统

17.1.4 激光焊接发展前景

虽然激光焊接具有很多其他焊接方法无法比拟的优点,但是国内激光焊接的大规模工业应用仍有一些问题亟待解决,主要体现在较高的制造与操作成本和较低的能量转换效率等方面。目前,激光焊接技术正朝着低成本、高质量的方向发展,具有很大的发展潜力和发展前景。激光焊接技术迅猛发展的同时,也面临着一些新的课题,有待进行深入研究。

1. 新型高效低成本高可控激光器的研究

激光焊接的优点众多,当前市售工业级激光器的最大恒定功率已经达到了 100kW 级别,但电光转换效率仅约 30%,加上材料对激光的吸收率通常在 20% ~ 70%,激光焊接整体的能量利用率偏低。开发应用转换效率更高、同时成本更低的激光器是激光焊接领域的技术需求和发展趋势之一。德国 IPG 公司最新的光纤激光器的电光转换效率已经达到 45%。国产大功率光纤激光器近年发展迅速，武汉锐科光纤激光技术股份有限公司已经推出最大功率达到 20kW 的连续光纤激光器产品，但电光转换效率不超过 30%。未来国产激光器的发展空间很大。

2. 激光能量分布的精细化控制

虽然激光焊接的材料适应性非常广，但实际生产中材料、板厚、接头形式等的组合变化非常多，采用单一的高斯能量分布的激光光斑未必是特定焊接过程的最优工艺选择。双焦点激光焊接正是为了克服单焦点激光焊接在间隙适应性、缺陷敏感性方面存在的不足而提出的，目前已经得到一些应用。如图 17-15 所示，双焦点激光通常采用单一激光器通过光路调制，形成两个聚焦光斑，光斑排列形式可以是沿焊缝方向串行排列、并行排列或交叉排列。更高级的方式是可调光斑模式，即单一光斑的能量分布可调。全球最大的光纤激光器生产商 IPG 公司在 2018 年就推出了一种最新的可调模式光束的激光器——YLS-AMB 系列，此可调模式光束功能使客户能够在操作过程中变更输出光束模式，并提高切割和焊接的灵活性。可调模式光束（AMB）功能可程序化调整输出光束模式，将小光斑高能量高亮度核心光束与较大环形光束任意组合。凭借 2 万 W 的总输出功率，可调模式光束（AMB）功能可以通过相同的激光器对任何厚度材料进行最佳处理，并且可实现超过 45%（标准 IPG）的行业领先的电光转化效率。

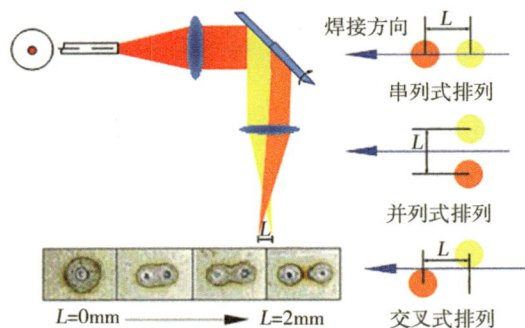

图 17-15　双焦点激光焊接原理示意图

3. 智能化机器人激光焊接关键技术与装备

智能化是未来制造业的主要趋势，智能激光焊接系统一般以高度柔性的机器人为载体，并集成以下关键技术：

机器人焊接焊缝位姿识别与智能路径规划技术：针对复杂焊缝结构，基于机器视觉扫描测量焊缝位姿，提取焊缝特征信息，生成机器人焊接轨迹，并在机器人任务空间内进行智能路径规划。

多信息融合的激光焊接过程在线质量检测与控制技术：激光焊接对焊缝对中要求非常高，因此高速激光焊接过程往往需要配备结构光视觉焊缝跟踪传感器。目前激光焊缝跟踪传感器的应用渐趋广泛，国产激光跟踪传感器发展迅速。但对于高速激光焊接过程，国产激光跟踪传感器尚需在焊缝图像特征识别处理速度上进一步提高。采用后置激光传感器扫描凝固焊缝，可以对焊缝表面形貌进行监测，评价焊缝成形质量。图 17-16 所示为机器视觉在激光焊接过程的应用示例，激光扫描传感器主要用于焊缝跟踪和焊后成形扫描，CCD 相机被动视觉主要用于熔池形貌轮廓的检测和控制。

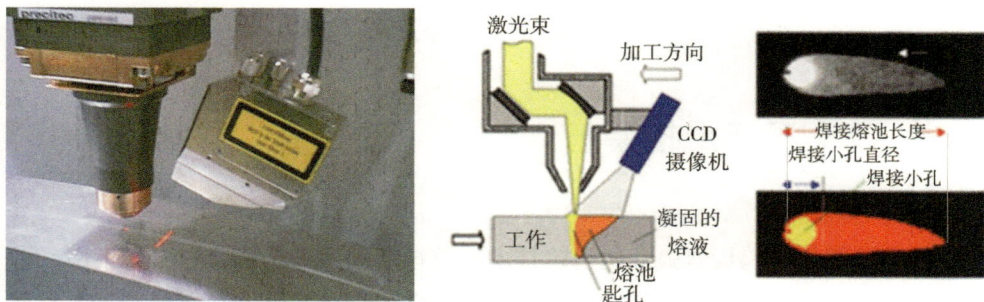

图 17-16　激光扫描传感器和被动机器视觉在激光焊接过程监测上的应用

当前激光焊接熔透状态的有效检测和控制方法是研究的难点。激光深熔焊过程中必然伴随小孔的形成和光致等离子体的产生，同时伴有声信号的辐射。光致等离子体的动态行为和焊接过程声信号及焊接质量状况有密切关系，是对激光焊接质量进行实时监测和控制最重要的信息源。基于多传感器信息融合，智能综合检测焊缝中心、熔池几何形貌和焊缝熔透状态是激光焊接质量在线控制的发展方向。

目前与此相关的学术研究已经较多，但相对成熟的商业化产品较少。2018年 5 月 IPG 公司推出了一款具备多信息传感综合智能检测激光焊接过程的高度集成化焊接头——LDD-700 激光焊接头，如图 17-17 所示。该系统具备焊接全过程监测功能，采用此单台设备配置 Omni 软件系统，即可实现多种测控模式：焊前的焊缝追踪、工作距测量、焊接过程中实时熔深检测以及焊后焊缝质量评价。借助在线相干成像光束的主动引导，可实现在焊前、焊中及焊后及时分析并诊断出缺陷。

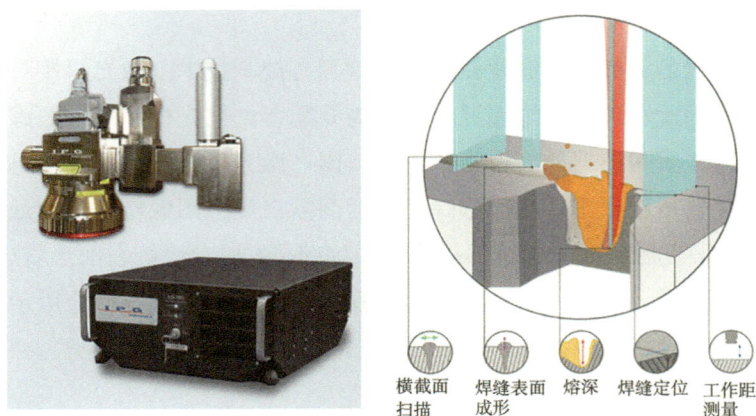

横截面   焊缝表面   熔深   焊缝定位   工作距
扫描   成形   测量

图 17-17　IPG 公司 LDD-700 型激光焊接全过程检测系统

17.2　等离子弧焊接装备

17.2.1　等离子弧焊接特点与发展现状

等离子弧焊是钨极氩弧焊的进阶技术。该技术利用在非熔化电极与工件或者非熔化电极与压缩喷嘴之间形成的等离子弧来完成金属的焊接。焊接过程中不需额外施加压力，可以填充也可不填充焊丝。实际上，所有的焊接电弧都是部分电离的等离子体，但是通常将压缩后的等离子体称为等离子弧。为得到这种特殊形式的电弧，非熔化电极被放置在等离子弧焊枪内部，并通过喷嘴形成一个包围电极的气体空间。通常采用单独的气路为该气体空间提供电离介质，电弧将空间内气体加热电离从而形成等离子体。通过等离子弧焊枪的喷嘴对所形成的电弧等离子体进行拘束，使其横截面受到限制，温度得到提高，电离更加充分，电弧内粒子流速也显著增大，形成等离子体射流。等离子体射流的能量和温度取决于产生电弧等离子体所需的电能，通过等离子弧焊枪在常规工艺参数下能产生 28 000℃（50 000 ℉）的等离子弧，并具有良好的指向性。

等离子弧焊适用于大多数金属全位置施焊。等离子弧焊的能量密度处于激光焊和自由电弧焊之间，兼具自由电弧与高能束的优点。与激光、电子束相比，等离子弧设备在造价、维护费用、工作环境和装配需求及焊枪运动灵活性等方面具有明显优势。与常规自由电弧相比，等离子弧以其更优秀的电弧品质，在焊接、切割和表面处理方面均表现出强大的生命力，在航空航天、汽车工业、船舶制造、压力容器、医疗器械等高端装备制造中具有不可替代的优势。

早在 20 世纪，类似等离子弧的设备就已经出现并被应用于处理铁矿石和高强度电弧的研制。E.Mathers 在其 1911 年的一项专利中，首次将等离子弧描述成一种热源的形式。20 世纪 20 年代，Irving Langmuir 在其的研究中将该热源命名为等离子体。1953 年，美国 UnionCarbide 公司的 Robert Gage 发现，TIG 电弧经过压缩后电弧能量更加集中，电弧温度和射流速度大幅度提高。为有效控制电弧的温度和射流速度，等离子弧焊枪技术得到了极大的发展。第一台实用的等离子弧金属加工工具是 1955 年发明的等离子弧切割炬。这种高温、高速的拘束态电弧很快被用于切割非铁金属，并在进一步的研究后将其应用于材料加工领域。1961 年首套等离子弧焊接设备上市，1978 年马歇尔飞行中心（MSFC）将变极性等离子弧焊接技术开发并应用到运载火箭储箱纵缝和环缝的焊接中，获得符合美国军方标准的无缺陷焊缝。

在等离子弧焊接中，离子气在焊枪内部流动并包围电极，气体在电弧中电离，形成等离子体。自由燃烧的电弧在通过固定尺寸的喷嘴孔道时受到孔壁的机械压缩作用，使电弧截面在径向上受到拘束而不能扩展；由于水冷喷嘴的冷却作用，靠近喷嘴内壁流过的气体被冷却而不易电离，冷气流均匀地包围着电弧，使电弧外围受到强烈冷却，在弧柱与喷嘴之间形成一层导电导热性很差、几乎中性的冷气膜，迫使带电粒子流（离子和电子）往弧柱中心集中，使弧柱区受到热压缩作用；另外，径向受拘束的电弧电流通道横截面缩小，电流密度增加，弧柱电流自身产生的磁场对弧柱中带电粒子的洛伦兹力显著增加，从而进一步对电弧产生电磁收缩效应。由于以上三重压缩效应，使电弧在流经喷嘴时受到强烈拘束，并从喷嘴中喷出形成等离子射流，该射流又成为连通电极和工件的导体。等离子射流以极高的速度冲击熔池，为避免形成湍流，在大多数等离子弧焊接应用中，离子气流量通常控制在 0.1L/min 至 5L/min。此外，离子气在等离子焊枪内部被高度电离（和钨极氩弧焊相比），电离度可能在 1% 至 100% 之间，同时还有可能产生二次和三次电离。因此，单凭离子气无法保护焊接熔池免受大气污染。通常，焊接过程中所使用的保护气体通过另外的气路提供，使等离子射流和保护气体环境相互独立，保证等离子射流对工件的冲击面积被保护气体完全覆盖，从而避免焊接熔池被污染。保护气体可以选用与离子气相同或者不同的气体。

形成等离子射流的关键部件是等离子弧焊枪喷嘴，等离子弧焊枪的典型结构如图 17-18 所示。其中，影响电弧等离子体通过的两个关键参数为：喷嘴直径和孔道长度。孔道形状同样影响着等离子射流的状态，通常孔道为圆柱形，也可以具有一定的收敛或发散锥度。从电极端部到喷嘴外端面的距离称为电极缩进，从喷嘴外断面到被焊工件表面的距离称为焊枪高度或弧高。前文所述的气体空间为电极和喷嘴内壁之间的空间。离子气直接进入该气体空间被电弧电离然后通过喷嘴流向工件。在喷嘴内部离子气通道上通常会设置特殊的气路使气流旋转，通过旋转射流使等离子体进一步聚焦。和传统钨极氩弧焊接工艺相比，等离子弧焊枪钨极位于焊枪内部，电弧通过收缩喷嘴准直和聚焦在相对较小的半径上，因此等离子弧射流截面在弧高变化时变化很小，因此，和钨极氩弧焊相比，等离子弧焊接工艺中弧高在一定程度上的变化对焊接过程的影响较小。此外，钨极内缩的特性大大降低了焊接过程中钨极被金属蒸汽污染的可能性，提高了焊接过程的稳定性和钨极寿命。

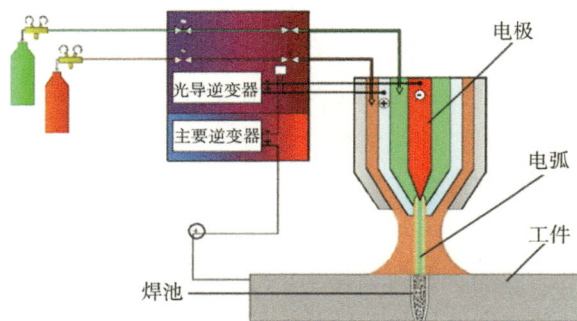

图 17-18　等离子弧焊枪的典型结构

等离子弧焊接工艺的优势主要体现在：

1）良好的电弧指向性。

2）良好的起弧性能（无须和工件起高频或者接触）。

3）小电流下具有较高的电弧稳定性。

4）与自由电弧相比具有更高的能量密度，因此具有更高的焊接效率。

5）对电弧高度变化不敏感。

6）厚板对接（8mm）可以不使用填充材料。

7）焊缝热影响区小，变形小，正面和背面余高小。

8）在穿孔焊接模式下具有可靠的熔透质量。

等离子弧焊接工艺的劣势主要体现在：

1）和自由电弧焊接装备相比具有更高的设备成本。

2）和自由电弧焊接工艺相比，对装配间隙和错边更加敏感。

3）等离子弧焊枪的结构更加复杂，更多的零件需要更复杂的日常维护。

4）为保证焊接质量一致性，需要保证钨极内缩量和钨极尖端形状一致，极大增加了维护成本。

17.2.2　等离子弧焊接装备发展现状

1. 等离子弧焊接电源

等离子弧焊接工艺在工程应用的初期使用直流电源，在低碳钢和不锈钢厚板的焊接时采用直流正接方法，由于铝合金工件表面氧化膜的存在，采用了直流反接方法。用直流反接等离子弧焊接方法对厚板铝合金进行焊接时，焊接稳定性和焊接质量都比 TIG 焊提高很多，但由于钨极接正极，焊接过程中烧损较严重。为了解决直流反接等离子弧焊接时钨极烧损问题，水冷空心铜棒被作为直流反接等离子弧焊接时的正电极，从而减少了电极烧损量，提高了焊接过程稳定性。但是采用直流电源焊接铝合金时，无论选正极性焊接方法还是反极性焊接方法，都不能很好地解决去除氧化膜和电极烧损的矛盾。

交流等离子弧焊接方法经过了从正弦波交流等离子弧焊接方法、方波交流等离子弧焊接方法到变极性等离子弧焊接方法的发展过程。正弦波交流等离子弧焊接方法包括由直流电源和交流电源组成的双电源方法和单电源交流等离子弧焊接两种方法。双电源的直流电源接在钨极与喷嘴之间，交流电源接在钨极与工件之间或喷嘴与工件之间。单电源方法则只有一台交流电源，输出端接了阻抗匹配器，工作原理是交流电弧由正极性变反极性时帮助主弧顺利引燃，保证交流等离子主弧的稳定燃烧。但是采用正极性弦波交流电流引燃等离子弧时难以保持电弧的稳定，这是因为在电弧压缩过程中以及弧长较长时，电弧电流过零后再燃弧困难；此外电极尖端的烧损也严重影响了电弧根部的稳定性。因此，正弦波交流等离子弧焊接方法不能从根本上解决喷嘴烧损和铝合金焊接时交流电弧稳定性问题。

方波交流等离子弧焊接方法的出现在一定程度上解决了铝合金等离子焊接时的钨极烧损和交流等离子电弧不稳定问题。但因反极性时间的减小有限，正、反极性电流幅值不能随意改变，焊接工艺规范的调节和焊接质量的控制仍受到很大的限制。随后出现的变极性等离子弧焊接方法具有不平衡的正接和反接电流和时间在不同的半波内，因此在铝合金焊接中具有独特的优势。电弧极性的快速切换有效解决了电弧的过零再引燃问题，在保证阴极清理作用的前提下尽可能减少反极性时间，可以有效降低对钨极的产热，从而减轻钨极的烧损。变极性等离子弧焊接工艺在航空航天领域的特殊工况下得到了非常有效的应用。

2. 等离子弧焊接操作系统

等离子弧焊接操作过程与钨极氩弧焊接类似，只是增加了一些必要的附加设备。因此，等离子弧焊接操作模式同样可分为手工焊接模式、半自动或自动焊接模式和机器人焊接模式。在这些操作模式中如何选择需依照等离子弧焊接工艺模式来确定。微束等离子弧焊接、熔入型等离子弧焊接可以选择手工、半自动或自动和机器人焊接，但是穿孔型等离子弧焊接工艺无法手工执行。

手工等离子弧焊通常适用于小电流，如 0.1 ～ 50A。施焊时需要认识到等离子弧良好的方向性，不像自由电弧那样会沿工件边沿弯曲，因此，焊枪轴线必须要一直指向焊缝中心。此外，等离子弧焊过程对弧高变化不敏感，所以弧高调节不如钨极氩弧焊那样重要。

半自动等离子弧焊操作系统通常指可以预先设置等离子弧焊接过程的控制参数，但是需要手动起弧及控制行走时间的等离子弧焊接操作系统。和半自动钨极氩弧焊相比，半自动等离子弧焊的优点是点燃主等离子弧的过程中不需要采用高频引弧，因此等离子弧焊接工艺能更好地和一些敏感电子设备配合，如焊接机器人、微处理器控制设备、电子采集测试设备以及可编程序控制器等。

自动等离子弧焊接控制系统通常指可以针对等离子弧众多的焊接参数提供精确控制，从而大大改善焊接质量和提高焊接生产率的等离子弧焊接控制系统。该类操作系统能很好地完成多工艺参数的匹配控制，如在穿孔等离子弧焊接中协调控制离子气流量、电流、送丝速度和焊接速度，从而实现稳定的穿孔焊接过程。

机器人等离子弧焊接控制系统通常包括多种闭环反馈系统来协助控制系统实时调整焊接参数，无须人工干预即可适应焊接接头中出现的不可预见的几何形状以及位置变化，如装配间隙变化、错边、变形等。一些机器人系统还配备实时监控系统，根据焊接过程实时调整焊接参数来保证焊接质量的一致性。

3. 等离子弧焊接过程控制

目前对焊缝成形稳定性的控制有两种方法：一是恒定参数焊接或者预置变参数焊接的开环控制；二是闭环反馈实时控制，以适应变焊接条件下工件的稳定焊接。

在早期的工程应用中以及在固定环境的简单焊缝下，多采用恒定参数开环控制进行焊接。其最主要的思路是通过先期的焊接工艺试验获取关于焊接过程或者焊缝成形的一系列信号，并根据这些信号与试验中所采用的焊接参数相对应，在后续的焊接过程中选取能得到良好焊缝成形的恒定参数或预置变化规律的焊接参数，最终实现稳定的焊接过程，获得良好的焊缝成形，属于开环控制。

采用实时检测闭环控制以适应变焊接条件情况下工件的焊接，是焊接领域的发展趋势。当前，国内外对等离子弧焊接过程及质量实时监控技术越来越重视并开展了大量基础研究工作。在传感方法上，提出了多种小孔行为的检测方法；在信息分析方法上，开展了对多信息特征量的提取和融合的研究；在控制方法上，开展了以模糊逻辑和神经网络为主要内容的人工智能的应用研究。

实现穿孔等离子弧焊闭环控制的关键是能提取到合适且能准确反映穿孔熔池稳定性的特征信号，这是实现焊接过程模型化和自动化的最重要部分。从国外近几年的焊接技术发展动态来看，均以焊接过程的在线质量监控为目标，致力于多传感器和新一代电弧信息传感器的开发，实现焊缝跟踪、熔池成形及熔透程度的控制。

等离子弧焊接过程是一个大惯性系统，当检测到失稳信号时已难以避免熔池的破坏了。因此，需要对熔池状态进行预判并施加主动调节。然而现阶段技术还未达到提前判断并主动调节的完全智能控制水平，因此对部分参数进行预设，部分参数进行局部闭环控制的"宏观编程，微观自主"的回路控制是当下的最优选择。

4. 典型等离子弧焊接装备

以变极性等离子弧环缝焊接系统为例。环缝焊接系统中的焊接电源系统由变极性等离子焊接电源、等离子焊枪和冷却系统组成，运动机构由卧式环缝焊机、精密操作机、行走台车等几大部分组成，此外还包含控制系统、激光焊炬高度控制系统、专用脉冲送丝机、焊接过程监控系统、专用焊接接头等组件。

变极性等离子弧焊接电源是整个系统的核心，其采用模块化设计策略，包括控制单元、逆变单元、变极性单元、维弧单元、辅助单元和专用制冷水箱。模块化结构具有系统便于升级、便于维修维护和电源稳定性好等优点。变极性电源以单片机为控制核心，对焊接电流、变极性频率、基值电流及变极性同步电路进行控制。单片机控制的变极性主电源可以独立调节正、反极性电流幅值和时间，控制焊接过程中的离子气流量、电流波形时序，并可在正极性或反极性半波中叠加高频脉冲，或结合变极性周期调制低频脉冲，实现焊接过程中的多脉冲协调控制。

通常，全套焊接系统会设置一台综合控制系统，实现对焊接电源系统、运动系统以及其他附属系统的综合控制。其他焊接辅助系统的控制均可与主控制器相连接，系统主控制器可对送丝机、焊缝跟踪装置、焊接电源、焊枪行走机构、弧高控制器等机构进行集中控制。系统具有故障自诊断功能，对焊接电源、冷却水、保护气、各动作互锁状态由传感器监视，具有故障报警和自动锁定焊接功能。在焊枪没有得到压力足够的冷却水、保护气、离子气时，不得起动焊接。系统能实时监控、调整焊接参数，包括焊接电流、离子气流量、送丝速度、环向焊接速度、焊枪高度等参数的预设值和实际执行值，具有所有焊接参数的升降、衰减的可编程控制功能，通过编程可实现良好的小孔收弧成形性能。系统具有急停按钮，带有可移动手持式遥控盒，用于起停焊接、焊缝对中、焊枪调整、焊枪送丝等操作。

为应对等离子弧焊接过程中出现的突发状况，需要配备等离子弧专用焊接机头。等离子弧焊接机头严格按照工业标准进行设计，能够在极其恶劣的环境下工作。等离子弧焊接机头通过焊枪的自转解决焊接过程中出现的电弧偏斜问题；通过焊枪平移解决不等板厚焊接及错边焊接时焊接位置改变问题；通过焊枪伸缩调节弧高。通过送丝调节系统的平移以及伸缩装置以达到最佳送丝角度。等离子弧焊接机头具有很高的集成度，将送丝系统、等离子枪姿态调整、视频监控系统有机地组合成一个整体，体积小、重量轻、操作简便且容易维护。

17.2.3 等离子焊接的发展前景

对于如何对等离子弧的热力输出进行改进，从而让穿孔熔池形成最优的热力分布，国内外从等离子弧成弧机理方面，对焊接电弧的改进与创新进行了大量的研究。

山东大学的武传松等对脉冲等离子弧焊展开研究，通过对电流波形的改进，更加灵活地控制熔池热输入，实现"一脉一孔"的焊接过程，以电脉冲对熔池施加主动冲击来减轻环境变化引起的熔池扰动，扩宽了工艺参数的调节裕度和焊接的适用范围。以色列 Plasma Laser Technologies 公司成功将等离子弧焊接和 MIG 焊接工艺结合成一种复合焊接工艺——SUPER-MIG 系统，通过双电弧的相互增益大幅度提高了焊接速度。美国肯塔基大学张裕明等为进一步增加熔深，开发了 TIG-PAW 双面双弧焊接技术，通过工件两面对置的焊枪形成回路，限制了工件端的等离子弧扩散，显著提高了对焊件的熔透能力。美国国家航空航天局（NASA）的 D. J. Rybicki 等在空心阴极焊接的基础上，开发出了三重气体等离子弧焊接技术，通过电极中心的次级离子气的加入，能有效地提高能量利用率，提供刚度更好、更加稳定的等离子弧，以及通过不同离子气体的配合使用来调整等离子弧及熔池状态。

由于大量的研究工作，目前对等离子弧焊接的工艺参数优化已经比较成熟，如果单从调整焊枪结构或工艺参数的角度来进一步提高熔池稳定性和焊接工作效率相对困难，因此，引入除电场外的其他物理场进一步提高焊接热源能量密度，通过干预电弧的运动状态进而对熔池造成影响，或采用等离子为辅助热源改善其他焊接工艺等方法，均引起了厂家和用户广泛的重视。

激光-等离子复合焊接综合了激光和等离子弧的优点，能量密度进一步提高，且等离子弧良好的电弧刚性比其他电弧更能有效地控制能量输入和热源位置。根据激光和电弧的相对位置，复合焊接有同轴和旁轴两种模式。旁轴复合模式装置简单，易于实现，目前的研究大多基于此模式，但是其可调因素较多，工艺优化相对困难；同轴复合模式能保证热源中心的重合对称，且热源分布和焊接方向无关，空间占用小，与旁轴复合模式相比更适合智能焊接和空间位置焊接，其主要问题是焊枪的加工难度较大。

电子束-等离子复合焊接采用同轴方式进行。等离子弧作为真空和大气环境的节点，在电子束为等离子弧提高能量密度的同时，等离子弧内部的粒子稀疏区域也减少了电子束因碰撞导致的能量损失，高速流动的稠密等离子体能有效地保护其内部的电子束流不受外界气体粒子的影响，同时等离子弧电流流线的自磁效应对电子束有着聚焦的作用，二者的互相增益使该方法的能量利用率大大增加，且在非真空环境下施焊的能力大大降低了电子束焊接的成本，但是依然高昂的焊接成本和较为复杂的系统使其仍处于研究阶段。

采用磁场、机械振动等手段影响等离子弧的运动状态，通过等离子弧对熔池流动施加干扰的方法也具有很高的研究价值。其中振动脉冲等离子弧焊接方法在焊枪端安装轴向振动装置，通过等离子弧的往复振动搅动熔池，在不影响焊接稳定性的前提下细化焊缝晶粒，提高了焊缝性能。磁控等离子弧焊接方法通过磁场影响等离子弧内粒子运动轨迹，试图将等离子弧进行进一步的压缩。而搅拌摩擦-等离子弧复合焊接方法则仅仅将等离子弧作为一个指向性好、输出稳定的辅助热源，对焊缝进行预热以提高焊接效率。

国内外对创新型等离子弧的研究进行了很多探索，每一种新型等离子弧的开发都加深了对等离子弧成弧机理和电弧-熔池作用机制的认识，为有效地实现等离子弧输出的热力解耦、改进穿孔熔池的稳定性提供了思路，也对今后的新型等离子弧开发提供了重要参考。

17.3 电子束焊接装备

17.3.1 电子束焊接技术

电子束焊接（EBW）是目前最成熟的高能束流加工方法之一，20 世纪 60 年代初，开始应用于核能工业、飞机制造业和宇航工业中贵重金属的焊接。电子束焊接随着现代核能、航空和宇航等尖端技术的应用而迅速发展起来，成功地解决了为现代尖端产品而研发的各种新型材料焊接问题。在汽车工业和机械制造业等领域逐渐代替了以往的加工方法和生产流程，应用日益广泛。

电子束焊接工作原理如图 17-19 所示。电子的产生、加速和会聚成束是由电子枪完成。图 17-19 中阴极又称发射极，灯丝将阴极加热后以热发射和场致发射方式逸出电子，在电场作用下电子将沿着电场强度的反方向运动。通常在阴极与阳极之间加上几十到几百千伏的高电压（即加速电压），电子在阴阳极间的高压（25～300kV）加速电场作用下被拉出，电子在离开阴极后被加速到 0.3～0.7 倍光速并飞向阳极，穿过阳极中心小孔后，由于会受到空间电荷效应而导致电子束流发散，为此利用电磁透镜（即磁聚焦线圈）把发射后的电子束重新会聚，经一级或二级电磁透镜聚焦后，形成密集的高速电子流，借助惯性到达工件。偏转线圈是用来控制焦点位置的，可以使电子束做重复性摆动或偏移，以实现电子束的扫描功能。

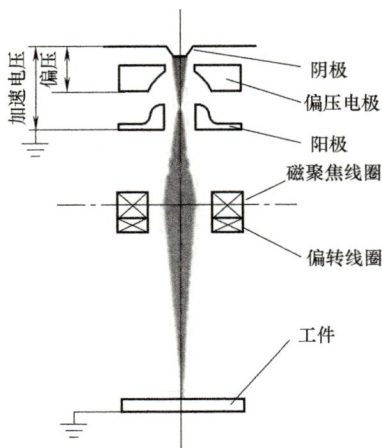

图 17-19　电子束焊接工作原理

为了防止高电压击穿和减小电子束流的散射及能量损失，电子枪内的真空度须保持在 0.1Pa 以上。高能的电子束流撞击工件表面，电子动能转变为热能而使金属熔化和蒸发，工件表面熔化的金属被金属蒸汽的反冲击力排开而使电子束撞击深处的固态金属，从而在被焊工件上迅速钻出一个小孔，小孔周围被液态金属包围，随着电子束与工件的相对移动，液态金属沿小孔周围流向熔池后部，并冷却凝结成焊缝。

由于电子束焊接与普通熔焊的常规方法相比有本质的不同，因此电子束焊接方法具有以下特点：

1. 极高的能量密度

电子束的能量密度可达 $10^6 \sim 10^9 \, \text{W/cm}^2$，比大功率氩弧高 2～4 个数量级。同时，电子束特殊的能量转换机制具有很高的能量转换效率，这样不但可以实现高速焊接（每分钟数十米）、深穿透焊接〔焊接厚度达 150mm（钢）和 300mm（铝合金）〕，深宽比达 50:1，而且焊接时输送到焊件上的总能量和引起的焊接变形几乎比常规弧焊小一个数量级，对材料的热影响也相当小，甚至可以把精加工后的零件焊在一起，而不需要焊后再加工。

此外，极高的能量密度提供了用电子束焊接任何金属，甚至包括陶瓷等非金属，以及复合材料的可能性。

2. 理想的保护条件

众所周知，焊接技术的发展史是同不断改进和完善熔池的保护条件紧密联系着的。电子束焊接大多是在真空中进行的，真空是一种理想的保护环境，对焊缝金属和整个零件几乎没有任何污染。目前真空电子束焊接常用的真空度都在 $10^{-1} \sim 10^{-2} \, \text{Pa}$ 之间，这比工业用一级氩气的纯度要高几个数量级。这样纯净的环境，对熔化金属只有净化、提纯作用，而不会带来任何污染。此外，电子束本身是没有任何化学性质的，通常电子束焊接不需要另外填充材料，从而避免了热源和填充材料带来的污染。

3. 良好的可达性和可控性

在所有荷电基本粒子中，电子具有最小的质量（其静止质量为 $9.1 \times 10^{-28} \text{g}$），很高的荷质比（$1.74 \times 10^8 \text{C/g}$），可以几乎无惯性地受到电场或磁场的控制。这样就使得电子束在目前已知的各种焊接热源中，成为一种最容易操纵的热源，它允许在很宽的范围内调节输送到工件上的热量，很精确地施加到接头处，并能在很大的距离（数十毫米到上千毫米）内输送能量。这样就可以对复杂零件的不易接近部位、可达性差的接头进行焊接，也可焊接某些空间焊缝或遮挡焊缝（多层焊缝）。

此外，电子束的功率和焦点直径都可以精确调整，这样其功率密度便可根据需要很方便地进行调节，既可以散焦在较大的面积上进行焊前预热或清理，也可以聚焦在很小的面积上实现精密焊接甚至切割，这是常规焊接热源无法实现的。

近年来随着电子束偏转技术的发展，在焊接电子束以极高的频率进行扫描的同时，人们可以对电子束的焦点位置和功率分布进行控制，这就允许在一个焊件上同时施焊多条焊缝，这是采用激光束也很难实现的，进一步显示出电子束焊接良好的可达性和可控性。因而电子束焊接在航空、航天、核工业、汽车、压力容器以及工具制造等高技术制造领域正日益得到广泛的应用。

17.3.2　电子束焊接装备与发展现状

在电子束焊接设备的研制开发方面具有实力的公司有德国的精密技术有限公司（PTR）、英国的剑桥真空工程有限公司（CVE）以及英国焊接研究所（TWI）、法国的泰克米特（TECHMETA）公司以及乌克兰的巴顿电焊研究所等。

德国莱宝公司 1966 年从哈米尔顿公司引进电子束焊机制造技术，很快便发展成为世界上最大的高压型电子束焊机的制造商之一。1989 年莱宝公司又把电子束焊机的制造与销售权转让给德国精密技术有限公司。德国精密技术有限公司与其兄弟公司——SST 公司均成为德国专业的电子束设备制造商，并一脉相承发展起来，其研制的电子束设备功率为 $1 \sim 60kW$，真空室的大小从 $0.05m^3$ 到 $630m^3$，SST 公司生产的小型电子束设备如图 17-20 所示。

图 17-20　德国 SST 公司生产的电子束设备

目前，英国最大的电子束焊机制造商当属剑桥真空工程有限公司。该公司由托瓦克公司和温格特公司于 1987 年合并而成，在过去的 20 多年间，为世界各地提供了 500 多台电子束焊机，其中包括 100 多台高压型焊机，其设备如图 17-21 所示。位于剑桥市郊的英国焊接研究所在电子束焊接领域的研究也十分活跃，长期以来和企业合作开发大功率电子束焊接和非真空电子束焊接方面，取得了许多成果。

图 17-21　英国剑桥真空工程有限公司生产的电子束焊接设备

　　法国泰克米特公司是目前法国最大的电子束焊接设备生产厂商。该公司创建于 1964 年，专门从事电子束焊接技术、设备、工艺的研发并承接电子束加工业务。据称，泰克米特公司已向世界各地销售 500 多台电子束焊接设备，包括美国波音（Boeing）、法国透博梅卡（Turbomeca）在内的世界著名航空航天制造企业都有泰克米特公司的设备在运行，其设备如图 17-22 所示。

图 17-22　法国泰克米特公司生产的电子束焊接设备

　　乌克兰巴顿电焊研究所真空电子焊接分部为苏联、中国、东欧、日本、美国、德国、英国、韩国的航空航天、机械及汽车制造、仪器仪表等行业总共生产了 800 台以上真空电子束焊接系统和整套装备，领先开发了合金钢、铝合金、钛合金、铜合金等多种材料焊深从 0.1mm 到 400mm 直线及空间曲线焊缝的真空电子束焊接工艺。进入 21 世纪以来，巴顿电焊研究所推出的第十代真空电子束焊接设备，如图 17-23 所示，已得到美国及德国市场的认可及高度评价。

图 17-23　乌克兰巴顿电焊研究所第十代真空电子束焊接设备

　　上述几家公司及研究所的电子束焊接设备在国际上都有较高的知名度，所研发的电子束焊机各有其适用性及特点。其中乌克兰巴顿电焊研究所生产的中高压电子束焊机技术成熟、性能稳定，在苏联的航空宇航焊接试验中得到了成功的实践应用；而法国泰克米特公司生产的焊机在低电压、中电压方面有着优异的综合性能。

　　20 世纪 60 年代初，我国跟踪世界电子束焊接技术的发展，开始了电子束焊接设备及工艺的研究工作。航空工业总公司北京航空工艺研究所、广西桂林电器科学研究所及中科院沈阳金属研究所均是最早开展此项工作的几家单位之一。该三所均自行研制出了中高压的真空电子束焊接设备，并用其成功进行了一系列的电子束焊接理论探索及工艺试验，为我国电子束焊接技术的起步及发展做出了贡献。随着我国对外开放的不断深入，进入 20 世纪 80 年代以后，我国多家科研单位及大型工业企业引进了国外先进的电子束焊接设备，从而使我国的电子束焊接技术在研究与应用上逐步发展壮大。至今已研制生产出不同类型和功能的电子束焊机上百台。我国成功研制的第一台电子束焊机是 GDH-15 型高压电子束焊机，主要用于航空动力机械制造，其功率为 15kW，加速电压为 150kV。我国第一台自主设计和制造的高压电子枪、大型真空室高压电子束焊机是北京航空工艺研究所于 1992 年研制的，填补了国内空白，达到当时世界先进水平。目前我国的中小功率电子束焊机已接近或赶上国外同类产品的先进水平，有明显的性能价格比优势。

　　在我国，电子束焊接技术已广泛应用于汽车工业、齿轮加工业、精密仪器及电子仪表制造业、电工电能领域和航空航天领域的制造及维修业。我国重型汽车集团在"七五"期间，采用电子束焊接方法成功实现了从奥地利引进项目的板材冲压货车桥壳的生产。在中国南方航空动力机械公司，许多航空发动机关键零部件和民品的生产都使用了电子束焊接技术。北京航空工艺研究所在 30 多年的时间里，进行了一系列的电子束焊接工艺研究，对诸如铝合金、钛合金、不锈钢、超强钢及高温合金等均进行了较为系统的研究，例如在某型新研制的航空发动机上，电子束焊接工作量占 25% ～ 30%，可以说整个发动机就是用电子束焊接连接起来的。电子束焊接技术在我国齿轮加工业中也得到了广泛的应用，电子束焊接分体齿轮制造技术的应用提高了齿轮综合力学性能，极大地降低了成本，提高了生产效率。

从 20 世纪 80 年代末以来，电子枪设计和试验技术有了新进展，设备配置水平有了新提高，电子枪普遍配置了涡轮分子泵，高频逆变开关式高压电源代替了中频机组，特别是这一阶段电子技术、计算机技术和自动控制技术的新成果几乎都在电子束焊接技术中得到了应用和体现，包括普遍采用了 PLC 和 CNC 控制系统，可以实现包括逻辑程序、焊接参数及运动等全部过程的自动控制和监测；多种形式的焊接对中和焊缝跟踪系统，设备故障自诊断系统；有的还可向用户提供加工基本软件和电子束专家管理系统等软件包。

17.3.3　异种材料电子束的焊接

电子束焊接技术独特的能量传递方式和转换机制赋予其有别于其他热源焊接的许多特点，这些特点使其非常适合于进行异种材料的连接。例如，电子束焊接能量密度很高，对任何材料，包括高熔点钨、钼等材料，都能快速熔化；电子束焊接加热、冷却速度快，在焊接两种易生成脆性金属间化合物的金属时，有利于抑制脆性金属间化合物的产生；电子束聚焦光斑很小，偏转方便，可精确控制焊接界面两侧的能量输入，控制焊缝熔合比。

根据电子束焊接的特点，对于焊接性较差的异种金属的电子束焊接，目前主要采取以下两种工艺方法。

1. 能量精确控制法

该工艺借助电子束焊接能量精确可控的特点，在焊接异种金属接头时控制能量在两侧金属的分布，从而控制两侧金属的熔化量。主要控制方法有偏束法和扫描轨迹法：偏束法指在焊接时通过焊枪的移动或偏转使电子束入射到某一侧母材上；扫描轨迹法则是通过控制线圈和扫描函数发生器，使电子束按照特定的轨迹扫描，从而实现对电子束能量分布的控制。

2. 过渡材料法

针对一些冶金上不相容的异种金属的连接，通过填充另一种（或几种）与两者皆相容的金属箔片（或金属丝）来改善接头的冶金性能，从而实现电子束焊接。添加过渡金属材料的方法可以通过机械镶嵌，也可以通过表面熔覆或者堆焊的方法。

如在钛合金与铌合金焊接时，电子束需偏向铌合金一侧，焊接后进行散焦修饰，焊缝外观光亮平滑，接头成形均匀，没有产生表面裂纹、咬边等缺陷。在 QCr0.8 铬青铜和 TC4 钛合金的电子束焊接过程中，采用偏铜侧电子束焊接方式可以改善接头组织，使焊缝熔合区主要由铜基固溶体组成，降低焊缝的硬度，提高力学性能。在进行钛合金和不锈钢的电子束焊接时，可将 Cu 作为填充材料，有助于抑制 Ti-Fe 金属间化合物的产生，得到无裂纹的焊缝，其抗拉强度能够达到母材的 60%。

真空电子束焊接是金属与陶瓷的一种有效焊接方法。但陶瓷与金属的焊接接头容易在热应力作用下开裂，因此焊接时要注意减小焊接应力。焊接时要进行适当的焊前预热和焊后后热，以降低冷却速度，缓解残留应力。高纯 Al_2O_3 陶瓷与难熔金属（W，Mo，Nb，Fe-Co-Ni 合金）电子束焊接时，宜采用高压电子束焊机。

从电子束焊接的国内外研究现状可以看出：电子束焊接在异种材料的连接中具有其他方法无法比拟的优越性。对于同种材料不同系列以及冶金相容性较好的异种金属接头，电子束焊接已经能够实现较满意的连接，但对于易生成金属间化合物等脆性相的异种金属接头或金属与金属间化合物材料之间的电子束焊接大都采用添加过渡金属或偏束的工艺，尚不能得到性能十分优良的接头。预热和焊后后热能够降低焊接热应力，但目前的电子束焊接设备只能实现局部加热，还不能实现整体预热和整体焊后后热，因此对热应力的缓解效果还十分有限。因此，今后的研究在进一步改进焊接工艺的同时，还应该从设备改进入手，使电子束焊接设备尽量实现多功能化，能够满足更多新工艺的需求，以更好地实现异种材料的连接。

17.3.4 电子束焊接的发展前景

近年来，随着电磁场控制技术的发展，并结合电子束在磁场中易控的特点，开发了一种多束流电子束焊接技术（Multibeam Welding Technology），通过电磁场的控制实现电子束的快速偏转扫描，实现两束以上的电子束对材料或结构进行焊接。多束流电子束可以由多个电子枪产生，也可以由 1 个电子枪通过电磁场的控制而产生。电子束在不同的位置快速移动，由于移动的频率很高从而产生多束流电子束的效果，如图 17-24 所示。

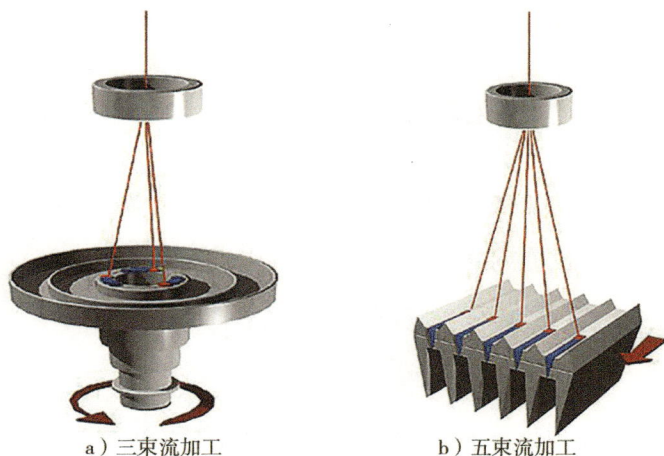

a）三束流加工   b）五束流加工

图 17-24　多束流电子束加工示意图

多束流电子束焊接可以方便、迅速地调节焊接过程中的热量分布，从而对其力学过程和冶金过程进行动态控制，提高焊接效率，减小应力和变形，防止焊接过程中的热裂倾向，改善难熔易裂材料的焊接性、焊缝性能等，形成高质量的加工部件。图 17-25 所示是德国 Pro-beam 公司采用三束电子束同时焊接齿轮的实例，结果表明与单束电子束焊接相比，此种方式可以明显减小齿轮焊接变形，而且大大提高了加工效率。

图 17-25　三束电子束焊接齿轮

电子束焊接经过几十年的发展，研究的广度和深度在不断地加大，在焊接理论和工艺实践上取得了积极的研究成果。但由于电子束焊接过程中电子束与金属间的深穿快速物理化学冶金作用，以及当前研究分析手段上的局限性，使得焊接机理的本质研究有待进一步深入。基于电子束焊接异种材料能力的优越性，当前各国在异种材料的电子束焊接方面逐步扩大了研究范围，目前航空航天用的高温结构材料及先进的新型结构材料与钢铁金属材料、非铁金属材料的异种材料电子束焊接已经成为各国高度关注的研究热点。

随着电子束焊接技术的进一步发展，其应用范围也会相应扩大，焊接质量和效率也会更好，定将为人类社会的发展进步做出更大的贡献。

17.4 激光 - 电弧复合焊接技术与装备

17.4.1 激光 - 电弧复合焊接技术特点

激光－电弧复合焊接技术是将物理性质、能量传输机制截然不同的两种热源复合在一起，作用于同一加工位置，既充分发挥了两种热源各自的优势，又相互弥补了各自的不足，从而形成一种全新高效的焊接热源。经过近 40 年的快速发展，激光－电弧复合焊接技术在船舶、汽车、石化等领域实现了不同程度的工业应用，与激光、电弧等单一热源焊接相比体现出了独特的技术优势。

1. 增加焊缝熔深、提高焊接速度

由于激光与电弧的相互作用，不仅使复合热源的能量效应大于两个单独热源的能量效应之和，同时导致被焊接材料能够吸收、利用更多的能量，从而提高熔池深度，获得较大的焊缝熔深。现有研究表明，4kW 以上大功率激光－电弧复合焊接时，复合焊接熔深与大功率激光单独焊接熔深相比略有增加，而焊接速度可以成倍提高；1kW 以下低功率激光－电弧复合焊接时，焊接熔深和焊接速度可以与 4kW 以上大功率激光单独焊接效果相当，因此可以显著降低焊接成本，改善焊接能耗。

2. 提高焊接桥接性

常规用于焊接的激光光斑直径小于 1mm，为了保证激光光束有效作用于被焊接材料，因此激光焊接对被焊工件的组对间隙即桥接性要求非常严格，一般要求组对间隙小于 0.5mm。在激光－电弧复合焊接中，电弧加热、熔化工件表面，形成了具有较大尺寸范围的熔池，远大于单激光焊接熔池尺寸，有利于增强焊接桥接性，降低对被焊工件组对间隙的精度要求，可放宽至 2mm。同时，对填丝或者熔化极复合热源焊接而言，焊丝金属的加入增加了焊接熔池中熔融金属的数量，不仅有利于增强焊接桥接性，同时降低了对错边、对中度、不等厚的焊接工装精度要求。

3. 改善焊缝成形，减小焊接变形

激光－电弧复合焊接形成的具有较大尺寸范围的熔池，改善了熔池熔融金属与固态母材之间的润湿性，有利于预防咬边的形成。同时，在获得相同焊接熔深的条件下，复合焊接速度远高于电弧焊接，因此复合焊接热输入减小，焊后变形也随之减小。特别在大厚板的焊接中，由于复合焊接道数减少，焊后矫形的工作量也相应减少。

4. 改善微观组织及性能

激光－电弧复合焊接过程中，电弧的加入降低了复合焊接熔池凝固、冷却速度，有利于预防焊接裂纹的形成，为消除合金元素和杂质元素偏析、晶界夹杂的形成提供了有利条件，同时有利于优化焊缝金属相变及组织转变行为，最终改善了焊接接头的微观组织及力学性能；对填丝或者熔化极复合热源焊接而言，焊丝金属的加入也可以适当调整焊缝的化学成分，从而改善了焊接接头的微观组织及性能。

5. 更适用于焊接高反射金属材料

电弧预热、熔化某些对激光反射率较高的金属材料表面（如铝及铝合金、铜及铜合金等），提高了激光－电弧复合热源焊接过程中材料对激光的吸收率，从而实现了构件的大熔深焊接；同时，当工件作为焊接电源阴极时，基于电弧阴极清理机制，电弧可以提前清除工件（如铝合金）表面氧化膜，从而实现焊缝的优质连接。

17.4.2 激光－电弧复合焊接技术装备与发展现状

激光－电弧复合焊接方法由于其优越的焊接性能，逐渐在实际工业生产中崭露头角。目前，激光－电弧复合焊接方法主要发展成为两类代表性技术及装备，一类是以激光为主、电弧辅助的大功率激光（激光功率大于 4kW）－电弧复合焊接技术及装备，另一类是以电弧为主、激光辅助的激光诱导电弧复合焊接技术及装备。上述两类技术及装备已经在汽车、船舶、飞机以及机车等领域得到推广应用。

1. 汽车制造业

大功率激光－MIG 电弧复合焊接装备在大众、奥迪公司的 Phaeton、宝来、Audi A2、Audi C6、Audi A8 等型号车身焊接中得到产业化应用。其中，Phaeton 车型车门 48 处复合焊缝长度约 3.57m，焊缝主要是角焊缝的搭接接头及部分对

接接头，其车门及焊缝接头分别如图 17-26a、b 所示；Audi A8 车型侧梁顶上复合焊缝长度约 4.5m，其焊接过程如图 17-26c 所示。激光 -MIG 电弧复合焊接也在汽车零件生产中得到应用，其中戴姆勒汽车车轴生产厂家采用激光 -MIG 复合焊焊接 204 车型的车轴元件，焊接速度能提高 30%。

a）Phaeton车门　　　　　b）Phaeton车门焊缝接头　　　　　c）A8复合焊接

图 17-26　汽车车身激光 - 电弧复合焊接应用

2. 船舶制造业

大功率激光 -MIG/MAG 复合焊接可单道单面焊双面成形，与常规的电弧、埋弧多道焊相比，缩短了生产周期，因此先后在德国 Meyer 造船厂（见图 17-27a）及 Kvaerner Warnow Werft 造船厂（见图 17-27b）、丹麦 Odense 公司、芬兰 Kvaerner Masa 公司及意大利 Fincantieri 公司实现了实际应用；激光诱导电弧复合焊接装备在我国山海关造船有限公司（见图 17-27c）实现了推广应用。

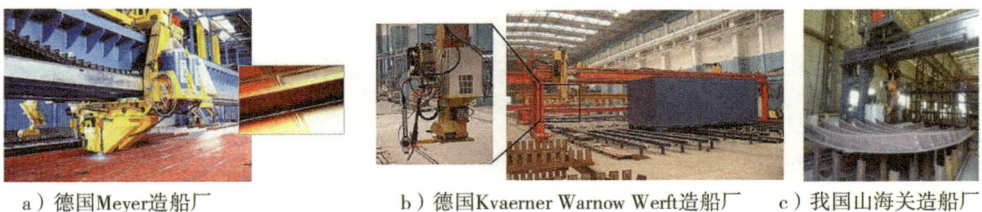

a）德国Meyer造船厂　　　　b）德国Kvaerner Warnow Werft造船厂　　　c）我国山海关造船厂

图 17-27　激光 - 电弧复合焊接在造船制造业中的应用

3. 飞机制造业

国内利用激光诱导电弧复合焊接技术，解决了大气环境下框形钛合金结构件单面焊双面精确成形的难题，并开发出了飞机钛合金关键零部件激光诱导电弧复合焊接成套装备（见图 17-28），在飞机制造企业实现了推广应用。

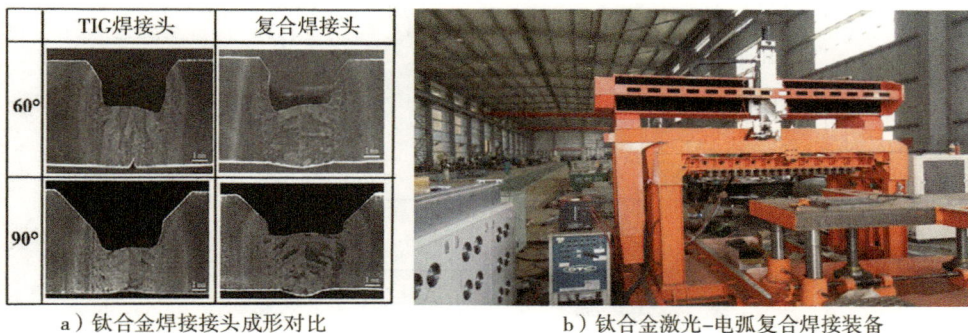

<table>
<tr><th></th><th>TIG焊接头</th><th>复合焊接头</th></tr>
<tr><td>60°</td><td></td><td></td></tr>
<tr><td>90°</td><td></td><td></td></tr>
</table>

a）钛合金焊接接头成形对比　　　　　　b）钛合金激光–电弧复合焊接装备

图 17-28　激光诱导电弧复合焊接装备在飞机制造业中的应用

17.4.3　典型激光－电弧复合焊接技术

根据电弧种类的不同，激光－电弧复合焊接方法主要包括：激光 -TIG 焊、激光－等离子弧焊、激光 -MIG/MAG 焊、激光－多电弧焊、激光－埋弧焊等。根据激光器种类的不同，包括 CO_2 激光焊接、YAG 激光焊接以及光纤激光复合电弧焊接。根据激光与电弧相对空间位置的不同，复合焊接方法又分为：前后分离（tandem welding）、旁轴复合、同轴复合。激光－电弧复合焊接方式如图 17-29 所示。下面对各种激光－电弧复合焊接技术的原理和特点进行阐述。

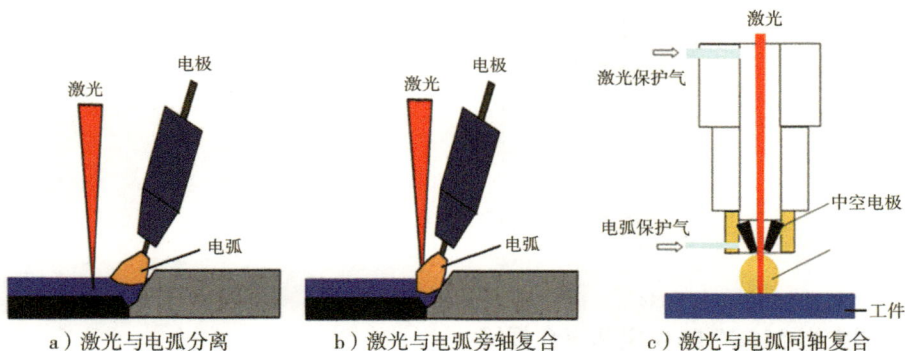

a）激光与电弧分离　　　　b）激光与电弧旁轴复合　　　　c）激光与电弧同轴复合

图 17-29　激光 - 电弧复合焊接

1. 激光 -TIG 电弧复合焊接

对激光－电弧复合焊接的研究最早就是从 CO_2 激光与 TIG 电弧的旁轴复合开始的，激光－电弧旁轴复合焊接如图 17-30 所示。TIG 电弧焊为非熔化极焊接，因此激光复合焊接工艺过程相对简单，激光束与电弧即可以是同轴排布，也可以是旁轴排布。

213

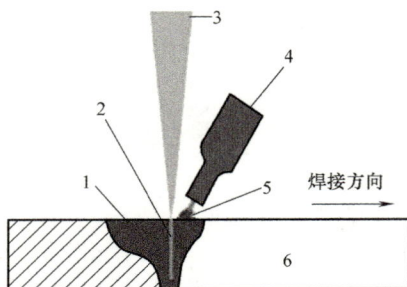

图 17-30 激光 -TIG 电弧旁轴复合焊接
1—熔池 2—小孔 3—激光束 4—TIG 焊枪 5—电弧 6—工件

激光 -TIG 电弧复合焊接不仅可以采用单面复合焊接，还可以采用激光与 TIG 电弧双面复合焊，如图 17-31 所示。研究表明，激光 -TIG 双面复合焊可以显著增加接头熔深，降低焊缝中气孔的数量，改善焊缝成形，其能量利用率得到了显著提高，接头横截面积和熔化效率是单独激光焊和单独钨极氩弧之和的两倍。

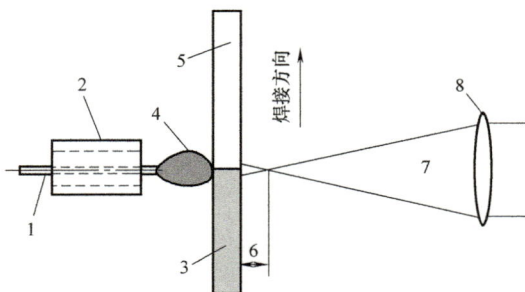

图 17-31 激光 -TIG 电弧双面焊
1—电弧电极 2—喷嘴 3—焊缝 4—电弧 5—工件 6—激光焦距 7—激光束 8—聚焦镜

2. 激光 -MIG/MAG 电弧复合焊接

激光 -MIG/MAG 电弧复合热源焊接不仅可以采用旁轴复合方式（见图 17-32），也可以采用同轴复合方式。但是，由于激光 -MIG/MAG 电弧同轴复合焊焊炬的设计比较复杂，因此，对该同轴复合焊接方法的研究较少，但与目前常用的旁轴激光 -MIG 电弧复合焊相比，激光 -MIG 电弧同轴复合可以在工件表面提供对称热源，焊接质量不受焊接方向影响而适于三维焊接。

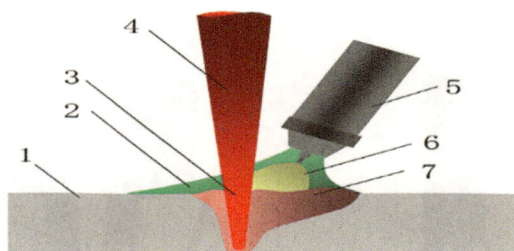

图 17-32　激光 -MIG 旁轴复合焊接

1—工件　2—保护气　3—匙孔　4—激光　5—MIG 焊枪　6—电弧　7—熔池

3. 激光 - 等离子弧复合焊接

与激光 -TIG 电弧复合热源焊接一样，激光 - 等离子弧复合焊接即可以是旁轴复合（见图 17-33），也可以是同轴复合（见图 17-34）。激光 - 等离子弧同轴复合方式又分为两种，一种是激光束从环状电极产生的等离子弧中间穿过到达工件表面；另一种是激光束从空心钨极中间穿过到达工件表面。激光 - 等离子弧同轴复合焊接时，等离子弧呈对称分布环绕在激光束周围，会对焊缝产生热处理作用，降低焊缝的冷却速度，有利于改善焊缝残留应力分布状态及微观组织性能。

4. 激光 - 双电弧复合焊接

德国亚琛大学焊接研究所（ISF）的研究人员将复合焊接的理念加以拓展，开发出一种激光与双 MIG 电弧的复合焊接设备，如图 17-35 所示。激光 - 双电弧复合焊接是将激光与两个 MIG 电弧同时复合在一起组成的焊接工艺。两个焊枪采用独立的电源和送丝机构，通过自己的供线系统分享焊接机头，每个焊枪都可相对另一焊枪和激光束位置任意调整。与一般的激光 -MIG 复合热源相比，激光 - 双电弧复合热源的焊接速度提高 33%，单位长度的能量输入减少 25%，且焊接过程非常稳定，远远超过普通激光 -MIG 复合热源的焊接能力。

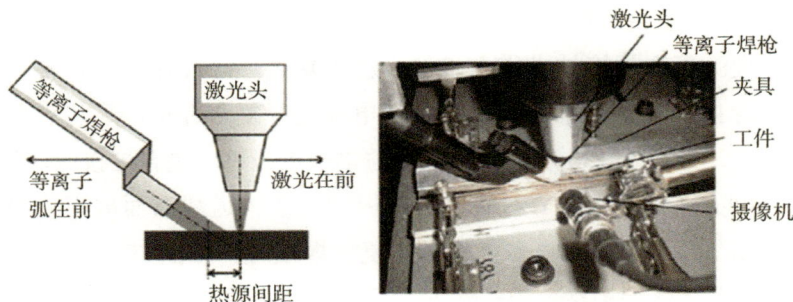

图 17-33　激光 - 等离子弧旁轴复合焊接原理

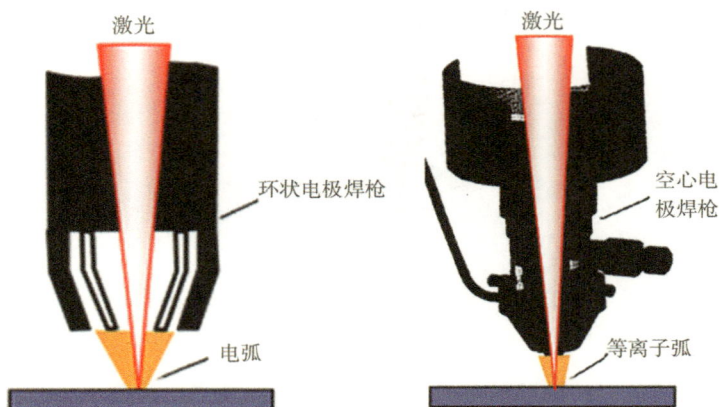

图 17-34　激光 - 等离子弧同轴复合焊接原理

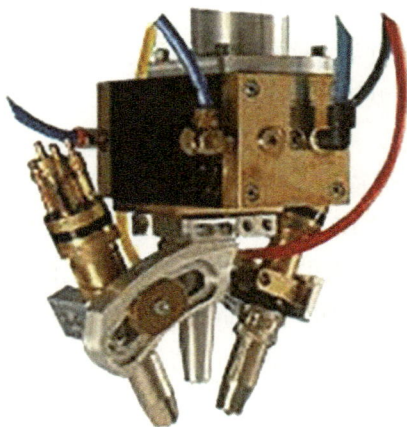

图 17-35　激光 - 双 MIG 电弧复合焊枪

5. 激光 - 埋弧复合焊接

激光 - 埋弧复合焊接技术作为一种全新的复合热源焊接方法，特别适合应用于大厚板焊接中。激光不仅可以和单一电极进行复合焊接，还可以和多电极进行复合焊接，如图 17-36 所示。当激光与单一电极进行复合焊接时，如图 17-36a 所示，可以一次性实现 Y 形坡口大厚板的高速单道焊双面成形，焊接速度可高达 2.5mm/min。当激光与多电极进行复合焊接时，如图 17-36b 所示，在采用合适的焊剂及优化焊接参数的条件下，可以一次性焊透 80mm 厚的工件，焊接速度高达 5m/min。

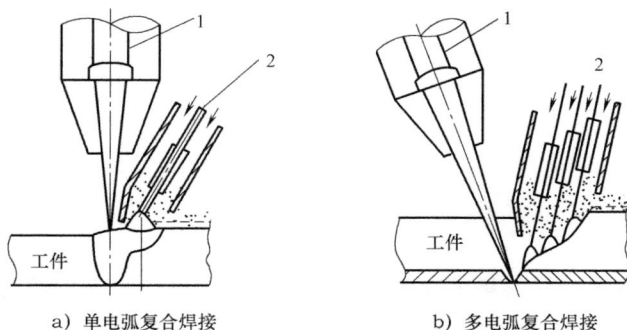

a) 单电弧复合焊接   b) 多电弧复合焊接

图 17-36　激光 - 埋弧复合焊接原理

1—激光束　2—焊丝

17.4.4　典型激光 - 电弧复合焊接的发展前景

国内外研究结果表明，激光－电弧复合焊接技术与传统电弧焊接相比，焊接效率可提高 5～10 倍，焊接变形和能耗降低 50% 以上，在船舶、石化中厚板、汽车薄板及航空航天轻量化零部件等焊接制造领域具有巨大的应用前景。随着焊接领域节能减排压力的增加以及激光－电弧复合焊接装备的产业化推广应用，激光－电弧复合焊接可部分替代传统电弧焊和激光焊设备，蕴藏着巨大的经济和社会效益。

第 18 章　焊接材料生产装备

18.1　无镀铜焊丝生产线

天津市金桥焊接材料集团有限公司较早自主研发无镀铜焊丝的技术和设备，产品和应用比较成熟。无镀铜焊丝生产技术具有以下特点：

1. 生产过程无污染

用绿色无污染的新材料、新工艺代替了传统焊丝高污染、高能耗的酸碱清洗工序和化学镀铜工序，真正实现了不使用污染性的化学辅料，不产生废液、废渣、废气。

2. 设备占地面积小、节约空间

用仅 5m 长的功能化处理设备代替了 100m 长的传统镀铜生产线。

3. 设备智能化程度高

无镀铜焊丝生产线具有较高的自动化水平，在生产过程中可对温度、拉丝速度、模具尺寸、润滑状态、设备运行能耗等各项参数进行实时数据采集并根据运行数据自动调控，修正不恰当的工艺点，对生产过程中使用的辅料进行自动、智能补给，使生产工艺和产品质量更加稳定可靠。

4. 生产成本低

在取消镀铜工序的基础上优化了粗、细设备结构，使之更容易操作，无镀铜焊丝的人工成本仅为传统焊丝的 35% 左右，能耗成本仅为传统焊丝的 80% 左右。

5. 操作人员劳动强度低

在无镀铜焊丝生产过程中开创性地使用了机器人代替操作工完成焊丝层绕和包装工序，通过程序对专用工具的控制实现了各种原本靠人工才能完成的动作和功能，极大地减轻了工人劳动强度，进一步稳定了产品质量、保证了产品品质的一致性。自动层绕和自动包装设备的使用节约了层绕、包装工序 50% 的人员投入，充分缓解了企业用工难问题。

无镀铜焊生产线设备如图 18-1 ～图 18-6 所示。

图 18-1　无镀铜拉丝设备

图 18-2　无镀铜核心设备

图 18-3　自动层绕设备

图 18-4　自动上料设备　图 18-5　自动叠纸盒设备　图 18-6　自动包装设备

18.2　桶装焊丝装备

随着工业生产的自动化程度越来越高和人力成本的不断增加，机器人等自动化焊接设备的使用越来越多，对焊丝的线性、包装形式等提出了新的需求。15 ～ 20kg 盘装焊丝已不能满足所有需求，必须能够提供长时间、连续不断的焊丝供给，才能最大限度地提高自动化生产线的利用率。因此，大容量的桶装焊丝已成为必然的发展趋势，每桶 100kg、250kg、350kg 规格的桶装焊丝所占比重越来越大，甚至已有每桶 500kg 的需求。

18.2.1　与盘装焊丝相比桶装焊丝的优点

1. 焊丝线性好

相对于盘装焊丝，桶装焊丝的曲率半径更大，在桶内焊丝处于自然状态，任何的线性不一致都将使焊丝的弯曲程度不同甚至翘起而装不成桶。事实上，在焊丝装桶的过程中就是对焊丝线性的最好检验，只有线性良好且一致的焊丝才能做成桶装，才能形成规则均匀整齐的花瓣，从而保证了桶装焊丝良好一致的线性，如图 18-7 所示。

图 18-7　桶装焊丝俯视图

2. 放线端送丝阻力小且稳定

焊丝送丝性能的优劣直接影响到焊接成型的好坏。焊丝的送丝性能是评价焊丝优劣的重要指标，而在送丝过程中焊丝在送丝软管中形成的阻力与焊丝的软硬和直线度有关。除去送丝软管中的送丝阻力，放线端放线的阻力能否均匀也直接影响到整个送丝阻力的均匀程度。桶装焊丝的装桶原理是每装一圈焊丝预扭一周，在上抽放线时正好将预扭力释放。如果没有压板，将桶装焊丝头松开，焊丝可以自行弹出桶外。桶装焊丝上抽时只需克服焊丝和压板的摩擦力及悬空段焊丝的重量（重量可以忽略不计），因压板的重量不变，故摩擦力几乎为定值。而盘装焊丝需要克服整个盘重的惯性及与塑盘承载轴的摩擦力，随着焊丝的使用二者均为变值。可见桶装焊丝的送丝阻力更小更稳定。

3. 保质期更长

纸桶的结构为全密封结构，桶内放入干燥剂加盖密封，可与外部空气隔绝，使得焊丝的保质期更长。

4. 焊接成形好

桶装焊丝良好一致的线性，更小更稳定的送丝阻力使焊接时送丝更顺畅，焊丝从焊嘴的伸出段一致性更好，电弧稳定，焊缝更加均匀，平整度更好，从而使焊缝质量得到改善，包括良好的熔合、更少的飞溅、更好的焊接成形等。

5. 焊接工作效率高

桶装焊丝的大容量，可以节省更换焊丝等焊接辅助时间，降低停工成本。良好的焊接成形，降低焊后修复工作量，提高了焊接工作效率。

6. 桶装焊丝的生产效率高

桶装焊丝的容量大，与盘装焊丝相比大大减少了换盘（桶）频次，无须扎头、打底以及频繁的起动停止，使得桶装机的自动化程度更高，一个操作工可以同时操作多台设备。降低了工人劳动强度，提高了焊丝生产效率。

18.2.2 桶装机的工作原理

桶装机由工字轮恒张力放线机、储线张力装置、主机（包含矫直机构、牵引送丝机构、飞轮、平台上下机构、平台振动机构、平台旋转机构、出桶机构）和电控系统四部分组成，图 18-8 所示为河南省西工机电设备有限公司的桶装机设备组成图。

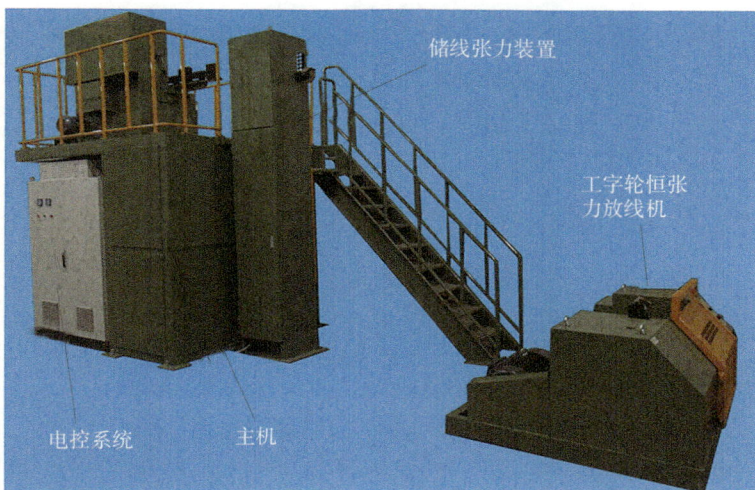

图 18-8 桶装机组成

通过 PLC 全数字化控制，变频器驱动电机，人机界面交互策略，桶装机可实现装丝操作、自动报警及停机、故障检测等功能，除穿丝、矫直、取放桶外可实现全自动运行。

牵引送丝机构是整个机组的定速环节，由 PLC 通过牵引变频器驱动牵引电动机带动牵引卷筒，决定整机运行的速度。工字轮恒张力放线机的变频器通过储线张力装置的无接触位移传感器反馈进行 PID 调节，控制放线电动机实现恒张力主动放线，实现与主速度的匹配。矫直机构位于储线张力装置与牵引送丝机构之间，通过各两组水平、垂直方向多轮系矫直器完成对焊丝的矫直。飞轮变频器依据 PLC（根据速度脉冲）的运算结果控制飞轮电动机带动飞轮实现精确的花瓣直径和预扭处理。平台上下变频器依据 PLC（根据丝位传感器的信号）发出的指令控制平台上下电动机带动平台上下，保证飞轮下沿与已装焊丝的距离，使装桶顺利运行。PLC 控制步进电动机驱动平台旋转，严格与飞轮按比例同步，实现桶装焊丝的梅花状排列。平台振动电动机变频器依据 PLC（根据设定振动参数）发出的指令控制平台振动电动机带动平台振动，使焊丝排列更均匀。图 18-9 所示为 HST400 型桶装机外形，图 18-10 所示为 HST560 型和 HST2000型桶装机外形。

图 18-9　HST400 型桶装机外形

图 18-10 HST560 型和 HST2000 型桶装机外形

18.2.3 不同型号桶装机的送丝机构和飞轮结构

HST400 型桶装机送丝机构采用一对送丝轮夹着（由气缸产生夹紧力）焊丝向前滚动送丝（见图 18-11），采用变频器的力矩工作模式，速度自动跟随主速度，适用于生产 CO_2 气体保护焊丝和不锈钢焊丝等受挤压不易变形的实心丝，其优点在于便于矫直操作及监测矫直效果。

HST560 型和 HST2000 型桶装机送丝机构采用同步带包裹焊丝在送丝卷筒上送丝（见图 18-12），其优点在于对焊丝的压力小，主要应用于药芯焊丝和铝焊丝的桶装生产，同样也可以生产 CO_2 气体保护焊丝和不锈钢焊丝等其他实心焊丝。

图 18-11 送丝轮向前滚动送丝

图 18-12　同步带包裹在送丝卷筒上送丝

HST400 型、HST560 型和 HST2000 型桶装机的飞轮的结构不同在于：

HST400 型、HST560 型桶装机飞轮采用倒立水桶式结构（见图 18-13），下口未封闭，适用于有内芯纸桶和无内芯纸桶。由于飞轮与纸桶的回转中心不能重合（为了形成梅花状排线），使得飞轮与纸桶的间隙一边较大且飞轮中空，在高速运转的情况下，由于焊丝的离心力使焊丝和纸桶壁碰撞，焊丝有可能弹起并进入飞轮内及飞轮与纸桶的间隙中，有乱丝的风险，因此，运行速度一般小于 15m/s。

HST2000 型飞轮（见图 18-14）采用内外双桶结构。外桶不旋转，内桶旋转，内外桶间隙小且均匀，内、外桶下口封闭形成一个平面，只能使用无内芯的纸桶，但避免了由于焊丝的离心力使焊丝和纸桶壁碰撞而弹起并进入飞轮内及飞轮与纸桶的间隙中的可能，因此，运行速度可大于 20m/s。

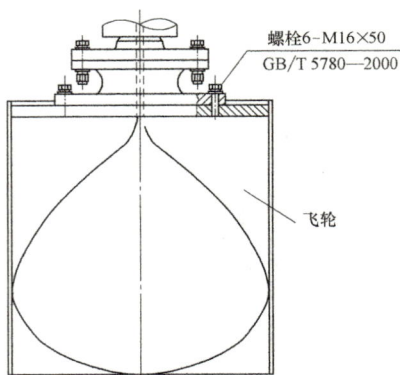

图 18-13　飞轮采用倒立水桶式结构

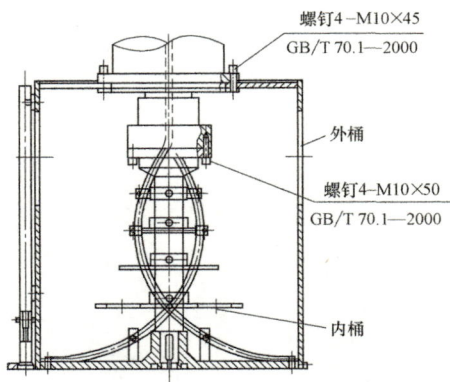

图 18-14　飞轮采用内外双桶结构

18.2.4 纸桶规格及飞轮更换

通用的纸桶有 4 种规格（纸桶内径 × 纸桶内深，重量以实心焊丝为例），如图 18-15 所示。

1）ϕ490mm×350mm 纸桶。适用于 ϕ1.2mm 及以下焊丝的 100kg 包装。

2）ϕ490mm×740mm 纸桶。适用于 ϕ1.2mm 及以下焊丝的 250kg 包装。

3）ϕ640mm×700mm 纸桶。适用于 ϕ2.0mm 及以下焊丝的 350kg 包装。

4）ϕ750mm×950mm 纸桶。适用于 ϕ2.0mm 及以下焊丝的 500kg 包装。

对于不同规格的纸桶只需更换不同直径的飞轮。HST400 型、HST560 型桶装机有 ϕ420mm、ϕ550mm 两种直径的飞轮，分别适用于 ϕ490mm、ϕ640mm 的纸桶。更换飞轮时只需要拆卸如图 18-13 所示 6 个 M16×50 的螺栓即可。

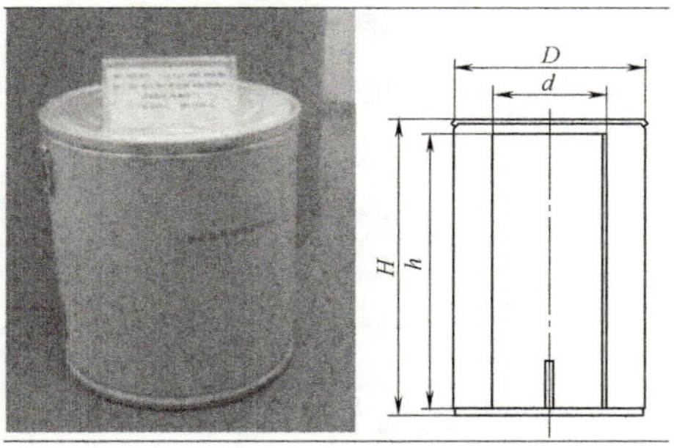

纸筒规格	D/mm	d/mm	H/mm	h/mm
1	ϕ490	ϕ300	390	350
2	ϕ490	ϕ300	760	740
3	ϕ640	ϕ450	760	700
4	ϕ750	无	950	无

图 18-15 纸桶规格

HST2000 型桶装机有 ϕ475mm、ϕ619mm、ϕ725mm 三种直径的飞轮，分别适用于 ϕ490 mm、ϕ640mm、ϕ750mm 的纸桶。更换飞轮时只需要拆卸如图 18-14 所示 4 个 M10×50 整体取出内桶，然后拆卸 4 个 M10×45 螺钉取出外桶，安装时先装外桶，再装内桶即可。

18.2.5 桶装机的安装（以 HST2000 型为例）

HST2000 型桶装机的安装示意图如图 18-16 所示。

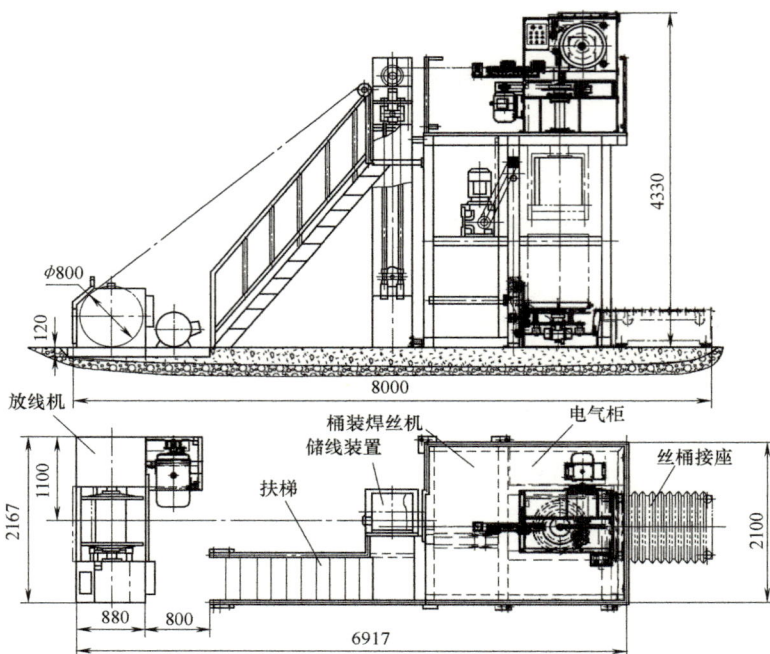

图 18-16　HST2000 型桶装机安装示意图

18.2.6　焊丝桶装机技术规格

以 HST400、HST560 和 HST2000 为例，焊丝桶装机技术规格见表 18-1。

表 18-1　焊丝桶装机技术规格

项　目	HST400	HST560	HST2000
设计最高收线速度 /(m/s)	15	15	25
收线焊丝规格 /mm	$\phi 0.6 \sim 2.0$	$\phi 0.6 \sim 2.0$	$\phi 0.6 \sim 2.0$
放线工字轮规格	根据客户提供的工字轮图样定制		
机组标称功率 /kW	32（工字轮不同，功率有所增减）		
机组占地尺寸 /mm	2 100×8 300	2 100×7 400	2 100×8 000
机组总质量 /kg	约 6 000		

18.2.7　高速桶装生产装备

天津市金桥焊接材料集团有限公司对桶装机装置进行技术改造，已在生产中得到良好应用。高速桶装生产装备具有生产速度更快、设备运行更平稳和装桶质量更高、焊丝品质更好等优点。

1. 生产速度快

通过改善桶装机装置使焊丝装桶速度提升至 20m/s，与传统桶装机的焊丝装桶速度（≤10m/s）相比，生产效率可提升 1 倍以上。

2. 设备运行更平稳

由于设备是基于 20m/s 的高车速设计的，因此各个高速旋转的部件加工精度极高、运行时动平衡更好，设备振动极小。

3. 装桶质量高、焊丝品质更好

为了配合高速装桶工艺，桶装机上配备了全新的焊丝调直装置，保证焊丝松弛直径更大（接近于直线）、翘距更小（≤10mm）。优良的线性使得焊丝在连续性点焊等复杂的焊接工况时送丝更加平顺、再起弧能力好，长距离焊接时焊丝落点一致性好，焊缝更加笔直。

新型高速桶装机如图 18-17 所示。

图 18-17　新型高速桶装机

18.3　数控金属篮筐制造系统

18.3.1　金属篮筐式焊丝盘

目前我国焊丝成品特别是细规格焊丝的包装主要有塑料盘、金属篮筐、桶装三种形式，其中以塑料盘形式包装为主，占比约 95% 以上。国内使用的气体保护实心焊丝、药芯焊丝、铝及铝合金焊丝等20kg以下规格包装均采用塑料盘形式。而国际上由于塑料材质存在环保问题，目前在欧美日等发达国家均拒绝使用塑料盘包装的焊丝，我国用于出口的气保护实心焊丝、药芯焊丝则全部采用金属篮筐形式。低成本和环保因素是欧美等发达国家选用金属篮筐的根本原因。

金属篮筐与塑料盘相比具有诸多优势：

首先，金属篮筐在层绕包装及运输使用过程中不会造成开裂。塑料盘包装的焊丝在焊丝层绕完成后，随着两端卡盘松开，焊丝卷的张力需要完全由塑料盘承受，特别是在塑料盘底径根部形成很大的应力，容易造成塑料盘开裂。实际使用中，几乎所有的塑料盘开裂均是在底径根部。塑料盘一旦开裂，焊丝卷就会失去一边的约束，造成整卷焊丝无法正常放线，也就完全无法使用。

其次，金属篮筐的原材料成本大大低于塑料盘的材料成本。生产金属篮筐所用的原材料为直径4.0mm的镀铜钢丝，每只金属篮筐重量约为368g。每只塑料盘重量约650～700g，塑料材质种类繁多，掺杂回收料越多，材质越脆。金属篮筐具有显著的低原料成本优势。

此外，金属篮筐式焊丝盘具有环保优势。塑料盘的使用给环境保护带来很大的不利影响。全国每年仅气保焊丝和药芯焊丝的使用量已超过200万t，每吨焊丝需要50个塑料盘，全年就产生废弃塑料盘1亿多只，7万t的废弃塑料盘给环保处理带来巨大压力。采用金属篮筐包装每吨焊丝可降低包装成本200多元，全国每年可节省包装成本近4亿元。因为是金属材质，金属篮筐可以不断地被回收利用，社会效益显而易见。

带金属篮筐的全自动焊接生产可以提高产品质量稳定性，降低人力成本，是金属篮筐生产的发展方向。郑州高端装备与信息产业技术研究院有限公司研制成功的全自动金属篮筐生产成套设备填补了国内空白，在国内处于领先水平，在国际上处于先进水平。金属篮筐以及金属篮筐生产设备具有巨大的发展潜力和广阔的市场前景。

18.3.2　全自动金属篮筐式焊丝盘生产线研制背景

金属篮筐式焊丝盘属于低值消耗品，只有通过全自动化生产才能有效降低人工成本，凸显其低原料成本优势。

从欧美等西方国家的经验看，金属篮筐包装形式替代塑料盘包装形式是大趋势。随着我国对环境保护的重视，使得金属篮筐包装的推广应用成为可能。全自动金属篮筐式焊丝盘的焊接生产可以提高产品质量稳定性，降低人力成本，是金属篮筐生产的发展方向。

18.3.3　生产工艺流程

数控全自动金属篮筐式焊丝盘的生产工艺流程为：工字轮放线→矫直→送线→折弯成形→成形自动落料→工位转换→成形自动落料→工位转换→篮筐组焊→工位转换→自动取料与码垛。生产过程中无须人工干预，实现了从放线到码垛的全自动生产。

18.3.4　生产工艺及主要装备组成

全套设备包括：2 台工字轮线材放线机、单元成型机 1、单元成型机 2、篮筐组焊机、自动码垛五大部分。其中单元成型机包含了自动落料机构，篮筐组焊机包含了工件装夹夹具、多工位同步转换行星机构、弧面单次双点电阻焊机构，单元成型机与篮筐组焊机组合成为一体机，整套设备集中紧凑摆放，既降低了物料转移难度，又减小了设备的占地面积。

1. 微张力工字轮自动放线机

微张力工字轮自动放线机采用变频电动机驱动实现主动放线，自主设计了摆杆式张力检测装置，精确检测张力大小，控制放线机主动放线，实现放线速度与线框成形装置的匹配，将放线张力控制在合适范围内。

2. 金属篮筐单元数控折弯成形机构

金属篮筐单元的尺寸精度和外观形状直接影响篮筐的自动焊接。由于线材特性不同，以相同的折弯成形参数折不同性能的线材，折成的形状完全不同。为了满足不同特性的线材，线材折弯成形采用了触摸屏人机交互与 PLC+ 伺服电动机驱动控制，实现数字化调整篮筐单元的折弯成形。

单元成形采用四台伺服电动机分别控制转角、滑架、转架、送丝动作。该装置不仅能生产金属篮筐用的线框单元，还可以实现其他各种线框成形，是一种万能成型机。

3. 多工位同步单次双点焊

金属篮筐组焊采用多工位同步动作形式，单元上料工位、焊接工位、下料工位接续转换。每个工位焊接夹具同步转动，实现了单元上料、单元组焊以及下料的同步协调动作。

主工位及焊接工位采用伺服电动机驱动同步行星齿轮机构控制篮筐装夹夹具的位置转换，位置控制精准、调整方便。主工位电动机转动时通过大盘带动 4 个工件装夹夹具转动，实现工位转换功能，转动完成后执行一次下料动作。焊接工位电动机转动时通过同步行星齿轮机构带动 4 个篮筐装夹夹具同步自转。焊接工位电动机转动一次，焊接工位完成一次焊接动作、同时上料工位完成一次上料动作。

组焊采用自动电阻点焊，每一次焊接同时焊接两个焊点。每一次焊接连续完成气缸压紧、预热、焊接、回火、松开等动作。

4. 自动码放机器人

金属篮筐组焊完成后，采用坐标机器人实现篮筐的自动码放。坐标机器人从取料工位自动取料。为了减小码放占地面积以及确保篮筐码垛不垮塌，篮筐采用插压叠放。

5. 全自动控制系统

在全套生产设备中，篮筐折弯成形、自动上料、组焊工位转换以及篮筐的自动码垛均采用伺服电动机驱动控制。采用触摸屏人机交互技术，方便调整篮筐单元成形参数以及调整码垛取放料位置。

18.3.5　应用前景

金属篮筐数控全自动生产技术的突破，实现了金属篮筐这种量大、低值、易耗品的全自动生产，显著降低金属篮筐的生产成本，提高产品质量稳定性，充分发挥了金属篮筐低原料成本优势，同塑料盘相比金属篮筐有非常大的成本节省空间，使其替代塑料盘成为可能。金属篮筐替代塑料盘可以显著降低焊丝包装费用，对整个焊接行业来说，焊丝作为一种常用耗材，焊丝成本降低也就意味着机械加工成本降低。因此，金属篮筐数控全自动生产技术的突破，对焊丝生产行业乃至机械制造业技术进步有着明显的积极意义和推动作用。

18.4　铝焊丝生产装备

18.4.1　铝合金焊接材料工艺装备

在铝合金焊接材料原材料制备过程中，气杂含量的控制技术、第二相均化细化技术及晶粒细化技术是制约国产原料的瓶颈技术。国外高性能铝合金焊丝原料的生产均采用先进的熔炼、精炼和连铸连轧技术（见表 18-2），生产的铝合金线坯化学成分可以实现在线检测和精确控制，除气除渣工艺先进，再加上各种搅拌和过滤技术的应用，所以合金内部含氢量小，夹杂少，几乎不存在偏析。在使用过程中焊丝的焊接工艺性好，无飞溅和掉屑，焊接电弧稳定，焊接接头内部质量和力学性能高。

而目前国内铝合金焊丝原材料熔炼基本上都是采用普通反射炉或燃气炉进行

合金冶炼，盘条也都是采用简陋的水平引铸工艺，不仅缺乏先进的炉内和炉外精炼技术，导致熔体内部质量差，而且铸造线坯组织粗大，气孔、夹渣和偏析严重，镁含量和氢含量不受控制，在使用过程中容易掉屑堵塞导电嘴，影响电弧稳定性，焊丝内部气孔和夹渣含量多，影响铝合金焊接接头性能，无法满足对焊接工艺性和质量稳定性的要求。

焊丝表面状态的均一性和趋于稳定的送丝阻力是制约国产焊丝使用性能的关键，其生产工艺和设备是在焊丝制备过程中需要突破的瓶颈。

目前国内铝合金焊丝生产大致有三种工艺：水平引铸连拉法、立式半连续铸造 - 挤压法和连铸连轧法。三种工艺生产的铝合金线杆性能比较见表 18-3。

表 18-2　国外采用连铸连轧技术概况

序号	焊丝品牌	国别	是否采用连铸连轧技术	备注
1	SAF	法国	是	CCR 生产线
2	Alcotech	美国	是	CCW 生产线
3	Indalco	加拿大	是	CCR 生产线
4	ESAB	美国	是	CCR 生产线
5	SUNITOMO	日本	是	CCW 生产线
6	SAFRA	意大利	是	CCW 生产线

表 18-3　目前国内三种工艺生产的铝合金线杆性能比较

工艺方法	气含量	晶粒度	焊接强度	综合性能
水平连铸	高，不可控	较大	低	差
铸锭挤压	低	不均匀	一般	一般
连铸连轧	低	小	较高	好

18.4.1.1　三种工艺流程及特点

1. 水平引铸连拉法

工艺流程：合金配料→铝锭及配料合金溶化→水平铸造抽出线杆→收卷。

特点：水平连铸工艺相对简单，从炉中直接抽出线杆，缺少精炼、在线除气和过滤环节，无法精确控制产品成分及气体含量。另外，在合金凝固环节是通过冷却水直接冷却，冷却速度快，晶粒较为粗大，造成线杆的力学性能较差。

产品需经过多次拉拔和退火工艺才能完成，极大地改变了铝焊丝的晶粒结构，夹杂物和氢污染不可控。

2. 立式半连续铸造 - 挤压法

工艺流程：合金配料→铝锭及配料合金溶化→保温精炼→在线除气→过滤→半连续铸锭→均匀化退火→锯切成定尺寸→车削去表皮→挤压线杆。

特点：铸锭挤压工艺与连铸连轧工艺在合金熔炼、精炼、除气、过滤工艺环节是一致的，但在铸锭过程中，采用铸锭挤压工艺，铸锭截面一般为直径 178mm 的圆，截面面积相当于连铸连轧铸锭面积的十倍。由于半连续铸锭截面面积较大，所以在冷却过程中，外部冷却速度较快，心部冷却速度较慢，外圆在快速急冷过程中形成细小的等轴细晶，心部形成粗大柱状晶，甚至伴有组织疏松和成分偏析，对后续挤压线杆的质量产生不利影响。

铸锭挤压生产工艺复杂，工序多，成品率低（70% 以下），而且受天气影响很大。挤压成直径 10.5mm 大铝杆后必须经过轧制，多次退火多次拉拔，极大地改变了铝焊丝的晶粒结构，夹杂物和氢污染不可控，导致成品质量不稳定，严重影响其送丝稳定性和焊接性能。

3. 连铸连轧法

配套了熔炼、连铸连轧、拉丝、刮屑、排绕等系列流水线生产技术，可生产各种铝合金盘条、焊丝。

连铸连轧生产工艺流程：合金配料→铝锭及配料合金熔化→保温精炼→在线除气→过滤→上引铸锭→表面处理→粗轧→精轧→在线冷却→收卷。

连铸连轧生产设备特点：通过合金熔炼与精炼来保证合金成分；通过在线除气、过滤降低熔体中的气、渣含量；通过铜结晶轮上引铸锭，针对高强铝合金设计小截面连续铸锭，在快速急冷作用下形成细小晶粒，同时保证截面组织均匀，无偏析和心部组织疏松；通过铣削铸造尖角等表面处理手段去除铸造偏析和氧化夹杂；通过粗轧、精轧及轧制温度的控制，精确控制线材的尺寸精度和力学性能的一致性；通过在线冷却温度和速度控制，获得半硬态组织，方便后续拉拔加工。铝合金线杆连铸连轧工艺装备如图 18-18 所示。

| 冶炼炉 | 除气除渣 | 均匀化处理 | 控制台 |

| 粗轧轧机 | 双轮收线 | φ6.0mm铝杆 |

| 精轧 | 拉拔 | 表面处理 | 层绕上盘 |

图 18-18　引进的连铸连轧工艺装备示例

18.4.1.2　国产铝焊丝精拉机组

1. 设备组成

放线机—张力机—刮削机—张力机—三轴油浸式水箱拉丝机—张力机—收线机。

2. 技术特点

本工序设备采用先刮削后拉拔工艺，比成品刮削工艺提高了刮削的操作性，可去除退火后所产生的氧化皮，避免氧化层碎片在拉拔过程中被压涂在焊丝内部，或混在拉拔油中，拉拔油采用连续过滤，有效地提高了拉丝模、拉丝油的使用寿命及焊丝的品质。拉拔油温度可控，可提高模具的润滑性，保证焊丝表面光亮度。GL50-30 铝焊丝精拉机组如图 18-19 所示。

18.4.1.3　铝焊丝拉拔抛光生产线

1. 设备组成

放线机—张力机—刮削机—张力机—两联拉丝机—抛光机—超声波清洗槽—

热水洗槽—抛光机—烘干装置—牵引机—张力机—收线机。

图 18-19　GL50-30 铝焊丝精拉机组

2. 技术特点

本工艺结合精拉机组进行二次刮削，操作简单可控，运行速度快，再进行拉拔整圆，保证焊丝表面光亮度和圆度。利用超声波清洗和抛光技术，进一步清洁焊丝并对其表面进行抛光处理，使焊丝具有良好的送丝性。QX40-30 铝焊丝拉拔抛光生产线如图 18-20 所示。

图 18-20　QX40-30 铝焊丝拉拔抛光生产线

18.4.1.4　直条切断生产线

1. 设备组成

放线机—张力机—擦丝矫直架—刮削牵引机—张力机—矫直切断机—收料器。

2. 技术特点

该生产线是集刮削、矫直、切断、打号为一体的全自动铝丝直条切断连续生产线。本生产线可以实现铝丝的连续剪切，长度均一，剪切效率高，是普通剪切生产效率的两到三倍。与传统工艺相比，该生产线除去了清洗和抛光工序，有效地减少了环境污染，降低了劳动力成本。剪切与打号同步进行，有效地去除了成品丝的后续环节，操作简单快捷。ZGX500-3直条切断生产线如图18-21所示。

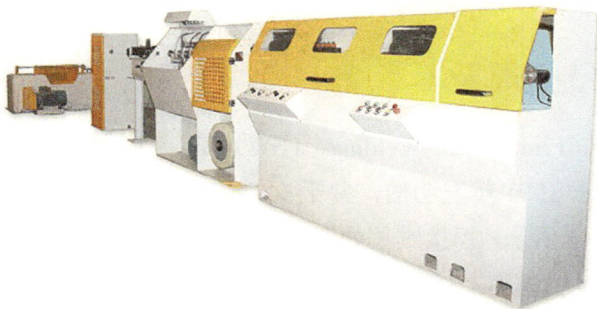

图18-21　ZGX500-3直条切断生产线

18.4.1.5　全自动焊丝层绕机

1. 设备组成

放线机—张力机—层绕主机。

2. 技术特点

全自动焊丝层绕机主要包含主轴系统、排线机构、顶紧卸盘机构、输盘机构、剪切折弯机构、盘库系统、篦线机构和电控柜等，通过机械机构传动和电气自动化控制，来完成焊丝绕卷（上下盘）的全过程，减少层绕辅助时间，减少层绕过程中的人工干预，提高了绕卷效率，可减轻工人的劳动强度和用工成本。AR-3000 I 型全自动焊丝层绕机如图18-22所示。

图18-22　AR-3000 I 型全自动焊丝层绕机

第 19 章　焊接新技术及其装备

19.1　搅拌摩擦焊及其装备

搅拌摩擦焊（Friction Stir Welding，FSW）是一种新型的固相连接技术，是英国焊接研究所于 1991 年发明的，并于次年在英国申请了发明专利。搅拌摩擦焊的原理如图 19-1 所示，焊接过程如图 19-2 所示，旋转的搅拌针插入到工件中，在搅拌针和工件及轴肩和工件之间产生的摩擦热的共同作用下，待焊工件金属发生塑化，但没有达到熔点，随着搅拌头的前进，在搅拌针及轴肩的搅拌混合作用下，形成固相连接。搅拌摩擦焊技术首先在铝合金、镁合金等轻金属结构领域得到应用，同时在高熔点材料领域也得到了一定发展。搅拌摩擦焊除了具有普通摩擦焊技术的优点外，还可以进行多种接头形式和不同焊接位置的连接。

搅拌摩擦焊自发明后很快被投入到工业化应用中，如宇航制造工业、汽车工业、船舶制造工业和高速列车制造工业等，并已成功应用于各类金属材料的焊接，取得了显著的经济效益和社会效益。挪威研制了世界上首套搅拌摩擦焊商业设备，可焊接厚 3 ～ 15mm 的铝合金船板；1998 年美国波音公司的空间和防御实验室引进了搅拌摩擦焊技术，用于焊接某些火箭部件；麦道公司也把这种技术用于制造 Delta 运载火箭的推进剂储箱。

搅拌摩擦焊可分为常规搅拌摩擦焊、载流搅拌摩擦焊、静轴肩搅拌摩擦焊、双轴肩搅拌摩擦焊、机器人搅拌摩擦焊及搅拌摩擦点焊。

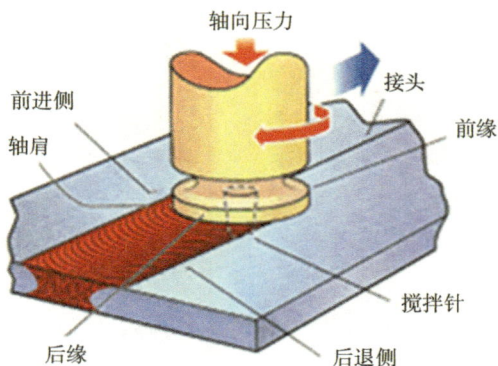

图 19-1　搅拌摩擦焊示意图

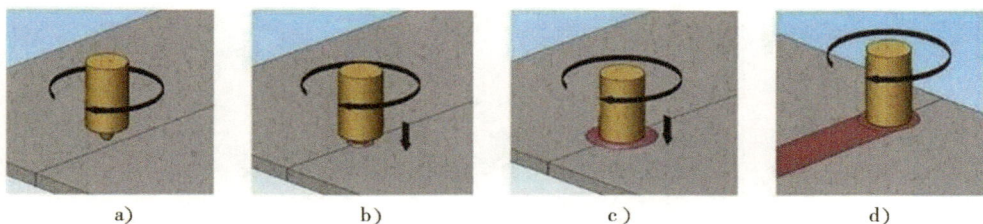

图 19-2　搅拌摩擦焊工艺过程图

19.1.1　常规搅拌摩擦焊接设备

搅拌摩擦焊接设备主要由主机、焊接工装、控制柜等组成。根据焊接对象不同，常见的搅拌摩擦焊设备可大致分为悬臂式、C 形和龙门式三大类型。

图 19-3 所示为 C 形搅拌摩擦焊设备，C 形设备适用于薄板产品的平面二维搅拌摩擦焊接。该设备具有占地面积小、结构紧凑稳定、焊接厚度小、成本低及性价比高的特点。主要适用于新能源汽车及电力电子等领域，如散热器、液冷板、电动机壳及电池托盘等。

图 19-3　C 型搅拌摩擦焊设备

图 19-4 所示为悬臂式搅拌摩擦焊设备。焊接过程中，搅拌头固定在悬臂上随着悬梁而运动，该设备搅拌头的运动范围比较大。该设备主要用于焊接铝合金、镁合金的纵向焊缝、T 形焊缝、环焊缝，控制方式为三轴数控。

图 19-5 所示为典型的龙门式搅拌摩擦焊设备，其主机头固定在龙门上，可实现搅拌头的三维运动。该类型设备可以实现高强铝合金、镁合金、铜合金等材料的平板直缝、型材纵缝、筒体纵缝、筒体环缝、平面二维曲线和空间三维曲线的焊接。适用于大尺寸、大范围、大厚度的散热器、热沉器和板材等工业产品的焊接。

图 19-4　悬臂式搅拌摩擦焊设备

图 19-5　龙门式搅拌摩擦焊设备

　　长期以来，航空航天工业以追求轻量化为目标，飞机机翼、运载火箭燃料储箱等设备均选取比强度高的铝合金材料。波音公司是首家在实际产品上应用搅拌摩擦焊技术的航空航天制造公司。进入 21 世纪，TOWER 等企业将搅拌摩擦焊技术应用于汽车工业中并收获了诸多方面的成功，包括铝合金车身、汽车悬挂支架、发动机安装支架及轻合金车轮等的搅拌摩擦焊技术应用。同时，英国焊接研究所（TWI）与德国宝马公司对搅拌摩擦焊技术在汽车车身制造中的应用展开了一系列研究，包括应用于汽车车轮、底盘、油箱等部件的焊接。在欧洲一些国家，搅拌摩擦焊技术已在铝质汽车零部件制造中得到广泛应用。在轨道交通工业中，日本日立公司最早将搅拌摩擦焊技术应用于铝合金车体部件的焊接制造中。瑞典萨帕公司、日本轻金属公司已实现了搅拌摩擦焊技术在地铁车辆铝模块化部件焊接中的应用。现在，伴随轨道车辆高速安全、轻质降噪等要求的进一步严苛，铝合金车体相关结构大规模应用了尤为适用搅拌摩擦焊的大型铝合金中空挤压型材。现阶段，全球大型轨道车辆生产商，包括日立、西门子、阿尔斯通等公司均已广泛采用搅拌摩擦焊技术进行铝合金车体制造。

19.1.2　电流辅助搅拌摩擦焊接设备

电流辅助搅拌摩擦焊接（Electrically Assisted Friction Stir Welding，EAFSW）是一种电流提供的内生电阻热与摩擦热源结合的复合热源搅拌摩擦焊接技术。电流辅助搅拌摩擦焊接设备如图 19-6 所示，一般情况下电流辅助搅拌摩擦焊接设备主要由主机、控制系统、载流系统、焊接工装及其他辅助设备（冷却系统、气体保护系统等）组成。焊接原理如下：在传统搅拌摩擦焊接的基础上，将电流引入焊接工件中，利用搅拌头与工件摩擦产生的摩擦热和电流流过工件产生的电阻热将搅拌针周围材料快速软化，从而在轴肩的锻压作用下实现良好的焊缝成型。

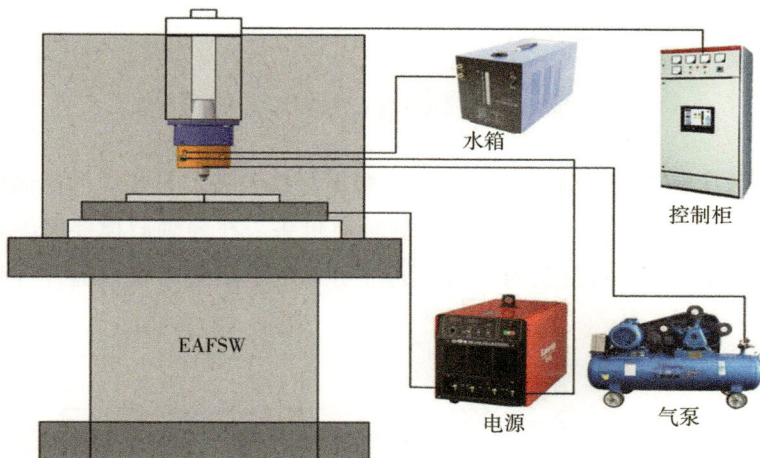

图 19-6　电流辅助搅拌摩擦焊接设备

图 19-7 所示为常见的几种电流辅助搅拌摩擦焊接的导电回路，导电回路的不同会影响整个电流回路，从而实现对电阻热产生位置的控制。图 19-7a 中所示电流路径为电源→搅拌针→工件→垫板→电源，主要是为了增加搅拌针根部的热量，消除传统搅拌摩擦焊接中搅拌针根部因热量不足而引起的未焊透缺陷。Santos 等人利用此方法有效改善了搅拌针根部以下材料的黏塑性，在相同焊接参数下，将根部的未焊透深度从 15.5μm 降低到 3.3μm；图 19-7b 中导电块位于前进侧的工件处，电流路径为：电源→搅拌针→一侧工件→导电块→电源，主要是为了增加单侧工件的热输入，改善接头微观组织，实现力学性能的提升。Han

等人利用此方法改善了接头前进侧搅拌区和热影响区之间的晶粒尺寸突变，缓解了因晶粒尺寸突变而引起的应力集中，有效提升了接头抗拉强度；图 19-7c 中电流路径为：电源→导电铜棒 1 →工件 1 →工件 2 →导电铜棒 2 →电源，在焊接过程中，电极随搅拌头实时移动，保证待焊接区域的电流密度最大，充分提升焊接热输入与能量利用率，Liu 等人利用此方法，实现了 6061 铝合金和 780 钢的焊接，焊接过程中有效降低了轴向压力，同时在接头内部形成了铝-铁互锁特征，这将有利于提升接头的力学性能。

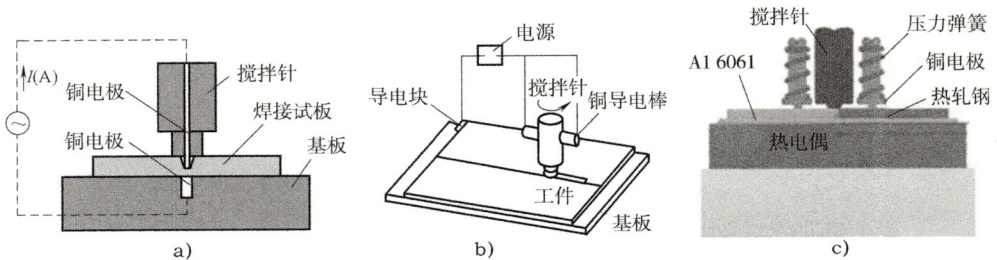

图 19-7　电流辅助搅拌摩擦焊接导电回路

图 19-8 所示为电流辅助静轴肩搅拌摩擦焊接设备，与传统的电流辅助搅拌摩擦焊接设备不同的是，主机机头为静轴肩机头。在静轴肩搅拌摩擦焊接中，搅拌针的磨损和断裂问题尤为突出，通过引入电阻热能够有效提升搅拌针的使用寿命。

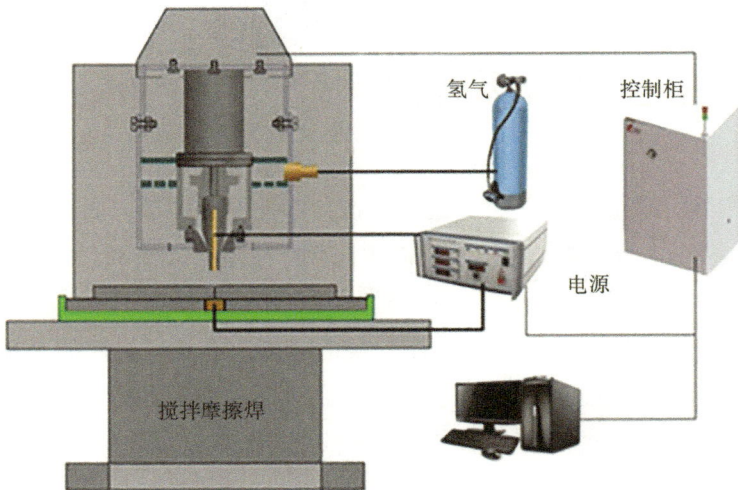

图 19-8　电流辅助静轴肩搅拌摩擦焊接设备

电流辅助搅拌摩擦焊接，可以通过改变电流的大小实现对电阻热的控制，也可以通过控制电流回路实现对产热位置的控制。与传统搅拌摩擦焊接工艺相比，电流辅助搅拌摩擦焊接主要优势如下：

1）减小轴向压力，提高焊接过程稳定性。

2）提高材料软化程度，从而延长搅拌头的使用寿命。

3）增加额外热输入，提高焊接效率。

4）为钢、钛合金等硬质金属的搅拌摩擦焊接提供辅助热源，扩展工艺参数。

5）若引入高频脉冲电流，可以利用电致塑性来提升接头延伸率。

电流辅助搅拌摩擦焊接也存在很多不足之处，如引入电流后系统较为复杂，需要考虑设计绝缘系统，以及在大电流焊接时安全问题不容忽视等。总而言之，电流辅助搅拌摩擦焊接，目前还处于初步探索阶段，对于电流辅助搅拌摩擦焊接设备和电致塑性相关理论等都有待进一步研究。

19.1.3 静轴肩搅拌摩擦焊接设备

为克服传统搅拌摩擦焊技术的局限性，英国焊接研究所于 2004 年开发了静轴肩搅拌摩擦焊（Stationary Shoulder Friction Stir Welding，SSFSW），它不仅能有效实现低热传导材料如钛合金等的焊接，而且在铝合金角焊缝及 T 形焊接接头的制造中具有明显的优势，可以实现无填充材料及有填充材料的各种不同板厚角焊缝的连接。SSFSW 作为一种新型的搅拌摩擦焊技术，其原理如图 19-9 所示，在焊接过程中，内部搅拌针处于旋转状态，而外部轴肩不转动，在焊接过程中仅沿着焊接方向滑动前进，由于受到静止轴肩、搅拌针两侧未发生黏塑性转变材料以及底板的约束，位于搅拌针前方的材料在搅拌针的挤压作用下发生剧烈塑性变形并从搅拌针外侧向搅拌针后方流动，对搅拌针后方形成的空缺位置进行填充并形成焊缝。

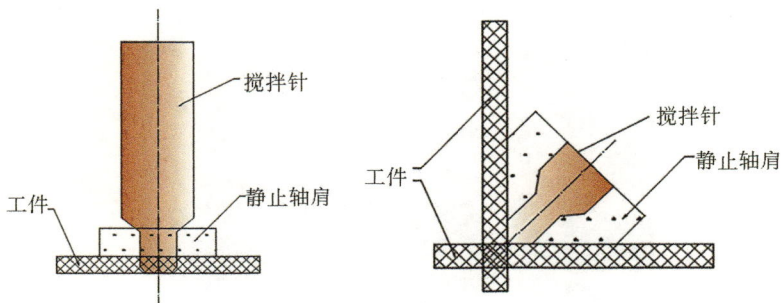

图 19-9　SSFSW 原理

为了实现钛合金的 SSFSW，TWI 设计了如图 19-10 所示的 SSFSW 设备，其中搅拌针 11 固定于刀柄 3 内与搅拌轴 1 相连，静止轴肩通过内部的支撑轴承 6 与搅拌工具脱离并实现其静止不动。由于钛合金焊接时温度较高且其在高温下极易氧化，该 SSFSW 工具中装备有对主轴冷却的水冷装置 4 以及气体保护装置 5、13 与 14。图 19-11 所示为 TWI 开发的铝合金窗 T 接头焊接工具，静止轴肩通过轴承与刀柄相连，搅拌针为光滑圆柱，试板厚度为 8mm，据此推测，搅拌针直径大约为 8mm 左右。静止轴肩为直角形状，为了使轴肩与试板表面紧密接触，轴肩向外凸出大约 1 ~ 2mm。

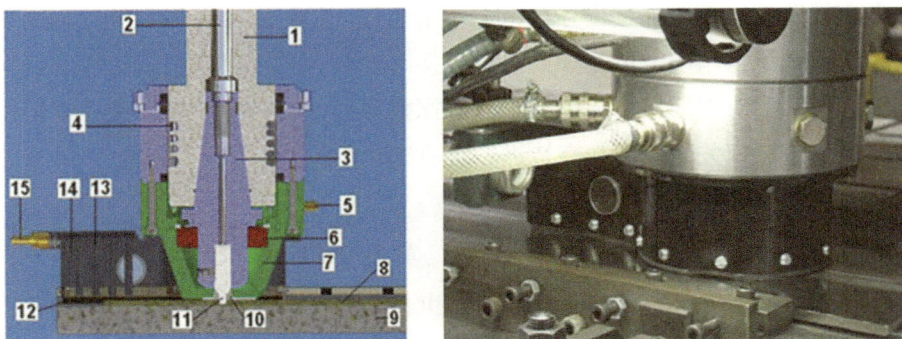

图 19-10　SSFSW 设备示意图

1—旋转轴　2—拉杆　3—刀柄　4—循环水冷装置　5—进气口
6—支撑轴承　7—固定罩　8—钛板　9—垫板　10—滑行块
11—搅拌针　12—密封圈　13—冷却气管　14—气室　15—进气口

图 19-11　SSFSW 的 T 形接头焊接工具

欧洲宇航防务集团（EADS）也研制了用于铝合金焊接的 SSFSW 机器人，如图 19-12 所示，他们将此项技术命名为 Delta-N，并称 SSFSW 技术为下一代搅拌摩擦焊技术。由于焊接试验为铝合金平板对接，因此不需要保护气氛和冷却装置，其焊接工具结构得到极大简化，仅包含一个静止轴肩与一个搅拌工具，如图 19-13 所示。欧洲宇航防务集团通过此机器人成功实现了空间三维焊缝的焊接，证明 SSFSW 配合焊接机器人可以成功实现空间三维焊缝的焊接，从而大大提高了搅拌摩擦焊的灵活性。

图 19-12　欧洲宇航防务集团的 SSFSW 机器人

图 19-13　静止轴肩辅助 FSW 工具

自从 SSFSW 技术发明以来，一些研究机构对 SSFSW 进行了一定的探索，但其搅拌针多具有一个旋转的小轴肩，其焊接原理与传统 FSW 极为相似，静止轴肩仅仅辅助焊缝成形，所以并不是实际意义的 SSFSW。除此之外，由于小旋转轴肩的存在，其只能用于对接和搭接接头的焊接，并不能用于角接头和复杂形式接头的焊接。

由上可见，SSFSW 在钛合金和铝合金的对接、T 形接头及增材制造中的诸多优势及可行性已经得到了充分的验证。SSFSW 技术中搅拌工具的设计为核心问题之一，其核心技术由 TWI、英国相关高校以及大型航空航天公司所掌握。目前为止，对不同接头形式的 SSFSW 接头焊接参数范围、接头组织特点和缺陷等方面未有系统深入的研究，并且有关 SSFSW 接头的疲劳性能和断裂韧性等重要力学性能的研究未见报道。

19.1.4　机器人搅拌摩擦焊接设备

随着搅拌摩擦焊技术的工程化应用，为实现搅拌摩擦焊的高质量焊接，必须要有一个性能优良的机械本体。焊接设备的本体对焊接质量起着决定性作用，这是由于：①在焊接过程中，搅拌头肩部和焊接表面要充分接触；②搅拌主轴要时刻垂直于工件表面；③焊接下压力、前进阻力以及转矩要控制在合理区域内。而目前的搅拌摩擦焊设备功能单一，仅限于二维平面的焊接，但在航天航空领域应用的大型薄壁曲面，需要进行三维复杂曲面的焊接，因此，一种新型的机器人搅拌摩擦焊设备应运而生。机器人搅拌摩擦焊（Robot Friction Stir Welding，RFSW）是一种运用机器人作为载体的搅拌摩擦焊接技术，利用工业机器人与先进搅拌摩擦焊技术的结合，提高焊接装备的自动化程度与焊接生产效率，并进一步提高搅拌摩擦焊作业柔性，适用于空间复杂结构的批量化生产。机器人作为一种先进的机电一体化高度集成的产品，它可以通过程序的编制来进行重复性的工作，能够实现不同的作业任务。机器人搅拌摩擦焊接设备如图 19-14 所示。

图 19-14　机器人搅拌摩擦焊设备示意图

1. 机器人搅拌摩擦焊的优势

随着搅拌摩擦焊技术研究的深入和工程化应用推广，越来越多的产品制造采用了这项新型焊接技术。同时产品的结构也越来越复杂，工业机器人具有较高的柔性，可以实现复杂轨迹运动，使复杂结构件的焊接成为可能。机器人搅拌摩擦焊接技术可提升焊接自动化程度和生产效率，其技术优势和社会经济效益显著。使用机器人搅拌摩擦焊焊接时，由于机器人柔性化程度高，焊接过程稳定且无须人为干涉，因此，焊接质量可以得到显著提升，且有利于降低焊接生产成本。机器人搅拌摩擦焊的主要技术优势有：

1）节能、高效，焊接过程无污染。

2）适用于复杂结构焊接，如平面二维、空间三维等结构。

3）可匹配外部轴，扩展机器人工作空间。

4）可实现多模式过程控制，如压力控制、转矩控制等。

5）接头质量良好，焊接过程稳定。

6）工装夹具易于制造，成本相对较低。

7）工作空间大，可承受高负载，具有高刚度，易于操作。

2. 机器人搅拌摩擦焊不同机构类型分析

搅拌摩擦焊机器人主要有串联关节型、混联型和直角坐标型。串联关节型机器人结构如图 19-15 所示。串联关节型机器人搅拌摩擦焊系统由机械臂、传动轴、伺服电动机、变速器以及机头部位的 FSW 模块等组成。串联关节型机器人结构紧凑，具有高重复精度和灵活性，工作空间大，易于移动作业。但其关节柔性较大，结构刚度较小，承载能力不强，本体质量较大。ABB、FUNUC、东南大学、浙江大学等对其展开了研究。

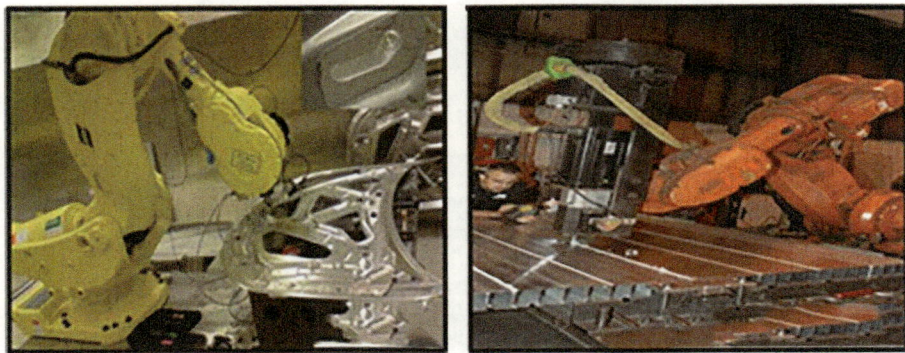

图 19-15　串联关节型机器人

直角坐标型机器人支撑件是机床，整体结构承载能力强，刚度好，适用于重载高速作业场合，其结构形式如图 19-16 所示，但体积大，质量大，工作空间小。

在坐标型机器人领域，MTS 公司及沈阳自动化研究所都对其展开过深入研究。MTS 为 NASA 研制了两台大型坐标型机器人搅拌摩擦焊系统用于航天器焊接，成功完成了火箭储箱封底及猎户座飞船的焊接。

图 19-16　直角坐标型机器人

混联型机器人工艺柔性高，刚度好，承载能力强，但控制系统复杂，工装结构设计也较为复杂，不太适用于工业生产，其结构形式如图 19-17 所示。德国 GKSS 研究所、意大利马尔凯大学及我国天津大学、浙江理工大学在该领域都有深入的研究。意大利马尔凯大学研制了一种搅拌摩擦焊混联机器人，压力可达 15kN，重复定位精度达 0.3mm。

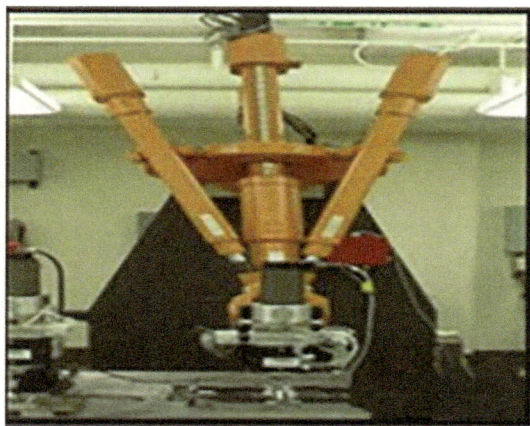

图 19-17　混联型机器人

机器人搅拌摩擦焊系统通常采用串联关节型机器人，因为其灵活性好、自由度高、成本低廉，非常适用于进行三维焊接。FSW 机器人与空载运行状态的工业机器人不同，FSW 机器人在工作过程中，其机头部位与焊接工件相接触，并产生相互作用力，为了保持运行稳定，不仅要求机器人关节连接处具有极高的牢固度，还要求机器人系统集成压力控制、转矩控制、位移控制、焊缝追踪等多种控制模块于一体。例如，美国 FSL 公司基于 ABB 机器人系统开发的机器人搅拌摩擦焊系统，同时集成了压力、转矩、位移和温度控制模块。

3. 机器人搅拌摩擦焊的工业应用

高强铝合金复杂空间曲面壁板焊缝质量是保证航天、航空大型复杂曲面铝合金结构服役性能的关键。搅拌摩擦焊无熔化，热输入小，焊接变形及残留应力低，接头力学性能优异，是高强铝合金复杂空间曲面壁板结构焊接的理想技术。搅拌摩擦焊机器人系统具有灵活性好、智能化水平高等特点，采用搅拌摩擦焊机器人系统是提高新型轻质高强铝合金复杂空间曲线焊缝质量和焊接效率的有效途径和必然趋势。

19.1.5 回填式搅拌摩擦点焊设备

1. 原理

回填式搅拌摩擦点焊（Refill Friction Stir Sport Welding，RFSSW）是由德国 GKSS 研究中心于 1999 年发明的，解决了传统搅拌摩擦点焊（FSSW）接头表面存在的匙孔问题，大大提高了接头的强度和耐蚀性能。它的搅拌头主要由三个独立的部件组成，分别是压紧套（Clamp）、套筒（Sleeve）和搅拌针（Pin），其中压紧套主要是为了防止软化材料被挤出表面。RFSSW 的焊接过程有四个阶段（见 19-18）：第一阶段，压紧套压紧工件，套筒和搅拌针开始旋转；第二阶段（又称下压阶段），套筒开始下压，金属发生软化并被挤入到搅拌针向上运动形成的空腔中；当套筒插入到预设的下压深度后，第三阶段（又称回填阶段）开始，搅拌针下压，套筒回撤，直到搅拌针和套筒回到工件表面，先前挤入到搅拌针底部的金属又被回填到套筒回撤形成的匙孔中；第四阶段，搅拌头停止旋转并撤离，焊接过程完成，形成无匙孔焊点。需要注意的是，在下压阶段和回填阶段之间还可以增加一个停留阶段，即让套筒停留在预定深度一段时间。

根据 RFSSW 的工艺原理，可将 RFSSW 设备的运动分为 4 个独立的运动，分别为：主轴的轴向运动，套筒和搅拌针的旋转运动，套筒的轴向运动和搅拌针的轴向运动。RFSSW 焊接设备如图 19-19 所示。

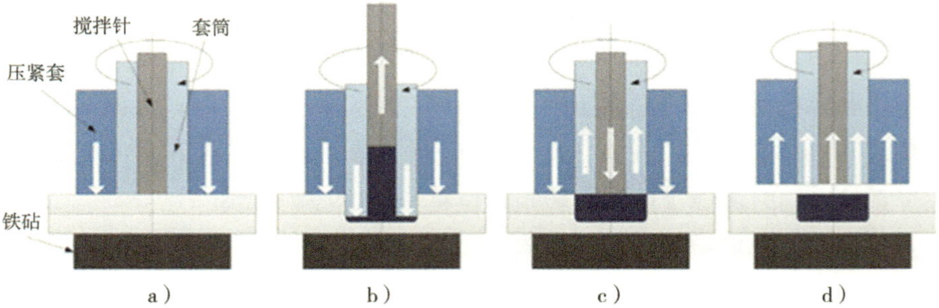

图 19-18　RFSSW 焊接过程示意图

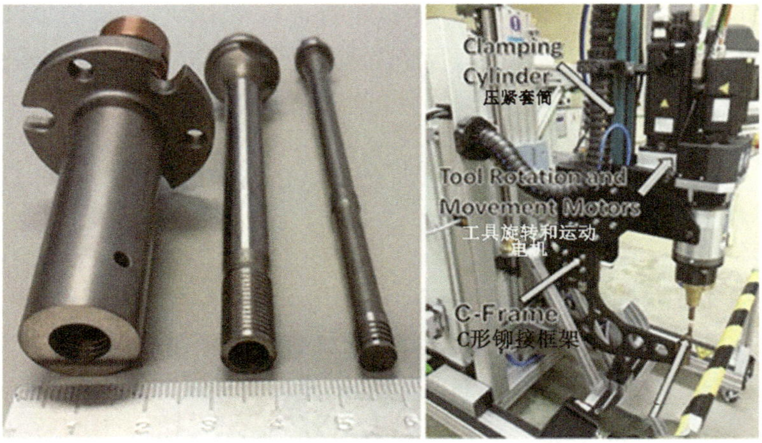

图 19-19　RFSSW 焊接设备

　　套筒轴通过轴承安装在另一个螺母座内，螺母座通过丝杠与电动机连接，螺母座带动套筒轴沿轴向上、下做直线运动，从而实现套筒的轴向运动。搅拌针轴的中段通过轴承安装在螺母座内，螺母座通过丝杠与电动机通过联轴器联接，螺母座带动搅拌针轴向上、下做直线运动，从而实现搅拌针的轴向运动。搅拌针轴与套筒轴通过花键副（内花键套）联接，套筒轴与外花键套组成另一组花键副，外花键套通过轴承安装在壳体上，旋转运动由电动机、轴承、联轴器实现。主轴的轴向运动采用气液增压缸进行驱动，提供焊接过程中的压紧力。

2. 回填式搅拌摩擦点焊设备控制系统

　　设备控制系统主要由运动控制系统（集成有 SINAMICS S120 伺服平台）、人机界面 HMI、分布式 I/O 模块 ET200M、执行器件，以及各种开关、检测传感器等构成。设备的运动由 SIMOTION D 控制器来控制完成，具体控制如下：由 SIMOTION D 来控制点焊主轴的旋转运动、搅拌针轴的轴向运动和套筒轴的轴向运动，由分布式 I/O 控制模块 ET200M 来实现限位开关、液压缸压力、电磁阀控制等数字量信号的输入和输出。SIMOTION D 与 ET200M 之间通过 PROFIBUS-DP 主从通信协议进行通信，其中 SIMOTION D 数控系统作为通信主站，ET200M 作为通信从站。RFSSW 设备控制系统结构如图 19-20 所示。

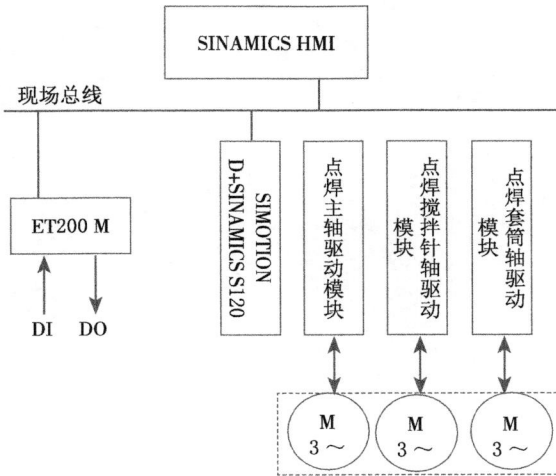

图 19-20　RFSSW 设备控制系统结构

3. 回填式搅拌摩擦点焊技术的工业应用

回填式搅拌摩擦点焊在对铝合金等轻质材料的连接上拥有无可比拟的优势，且更具有实际工程应用价值。德国、美国、日本及加拿大等发达工业国家对此项技术的研究走在国际前沿，并已成功地将回填式搅拌摩擦点焊技术应用到某些实际工业生产中。

RFSSW 技术不仅可以用于结构件的生产，还可以用来修复损伤的结构件，可以减少铆钉、螺钉等的使用量，达到简化修理工艺，降低结构重量的目的。

美国空军技术应用中心（AFTAC）分别采用 FSW、RFSSW 及铆接制造飞机带筋壁板试验件，以检测不同连接方法的结构件的力学性能。试验结果表明 RFSSW 接头件抗剪强度高于铆接，且塑性位移提高了 40%，RFSSW 接头的疲劳强度高于铆接。

美国 Advanced Materials Processing and Joining Center（AMP）公司运用 RFSSW 对平板和 T 形筋板成功进行了回填式搅拌摩擦点焊，焊点表面成形美观、无退出孔或内部缺陷，如图 19-21 所示。

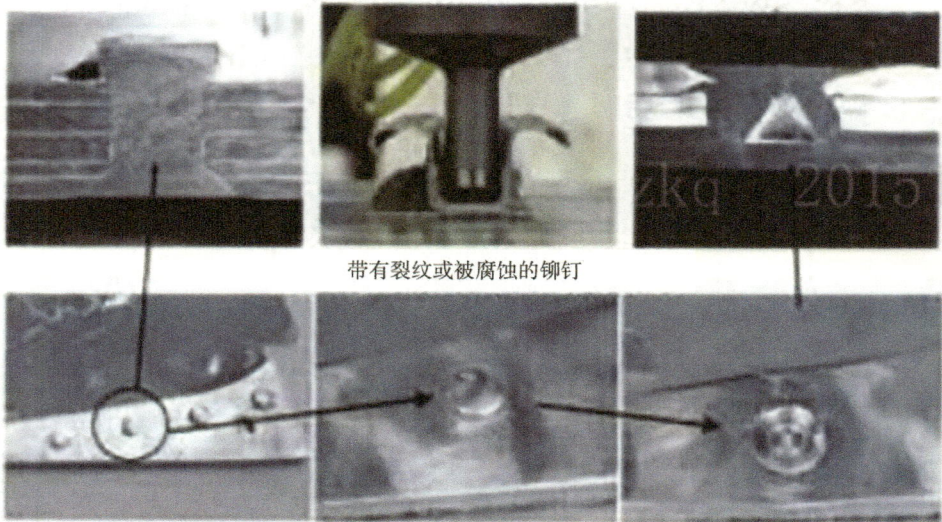

带有裂纹或被腐蚀的铆钉

图 19-21　利用 RFSSW 修复机翼蒙皮结构中的铆钉

上海航天设备制造总厂采用自主研发的 FSSW-SK-003 型机器人搅拌摩擦点焊机对某运载火箭条带进行回填式搅拌摩擦点焊代替铆接工艺试验，试验表明 RFSSW 单点接头的剪切力达到 2 889N，抗剪强度比铆接提高 51%。

19.2　电弧增材制造及其装备

19.2.1　背景

增材制造技术是以数字模型为基础，将材料逐层堆积直接制造出三维实体的新型制造技术，相比于传统的减材制造，其在加工效率、材料利用率、结构易构性和自动化程度等方面均具有突出优势，特别适用于复杂形状零件的快速成形。金属增材制造技术作为增材制造技术的一个重要分支，按照热源类型和材料形式可分为激光选区熔化技术（SLM）、电子束选区熔化技术（EBSM）、激光立体成形技术（LSF）、电弧增材制造技术（WAAM）等，各种技术的优势和劣势对比见表 19-1。

表 19-1 各种金属增材制造技术对比

项目	SLM	EBSM	LSF	WAAM
热源类型	激光	电子束	激光	电弧
材料形式	粉床	粉床	粉末	丝材
工作环境	惰性气体	真空	惰性气体	开放环境
零件尺寸	中小型	中小型	中小型	大中型
制造效率	低	低	低	高
成形精度	高	高	高	低
后续加工	少	少	少	较多

其中，电弧增材制造技术通常以 MIG、TIG、PAW 等电弧为热源，将金属丝材熔化后按照设定的成形路径进行层层堆敷，直至整个零件近净成形。从表 19-1 中可以看出，电弧增材制造技术相比于其他增材制造技术具有如下优势：①制造成本低，电弧热源和金属丝材相比于激光热源和金属粉材而言具有明显的成本优势；②生产效率高，电弧热源的高能量以及金属丝材的高进给使得熔敷速率能够达到每小时几千克甚至每小时十几千克，而激光增材制造技术难以达到 1kg/h；③材料适用性广，可将各种焊接用金属焊丝用于增材制造，克服了某些材料如高强铝合金的制粉难度大、安全性低的问题；④环境依赖度低，可在开放环境下作业，无须依赖于大面积惰性气体保护环境和真空环境。另外，电弧增材制造出的零件在力学性能方面优于铸件，经过适当的调制手段可与锻件相当。以上诸多优势使得电弧增材制造技术在制造大中型结构件时具有明显优势，例如壁板类结构、回转体结构等，是产品研制阶段大中型结构件快速制备的理想手段。同时也需注意到，电弧增材制造技术的成形精度较低，所需后续加工较多，技术的成熟度不及激光增材制造技术，随着电弧增材制造技术的不断发展，这些问题将会逐步得到改善。

电弧增材制造技术起源于 20 世纪初西屋电器 Baker 申请的一项专利 —— 以电弧为热源逐层堆焊制造出 3D 金属零件，但该方法在早期并未引起过多的关注。直到 20 世纪 90 年代，受益于计算机技术及数字化控制技术的快速发展，电弧增材制造技术受到国内外研究机构越来越多的重视，研究涉及成形工艺、应力变形控制、组织性能调控、软件规划等多个关键问题，并且该技术已经初步进入了实用化阶段。

19.2.2 国内外电弧增材制造成形工艺现状

国内外研究机构在电弧增材制造成形工艺方面开展了大量研究，既涉及基本结构的成形工艺，如单层单道、单层多道、多层单道、多层多道等，也涉及特殊结构的成形工艺，如薄壁结构、悬臂结构、交叉结构、拐角结构等。这些成形工艺为制造复杂结构件奠定了基础。

美国 Kentucky 大学系统地研究了 GMAW 增材制造技术，提出了层厚自适应切片方法和路径规划方法，分析了熔滴过渡形式对零件成形尺寸和热输入的影响，优化了成形过程中起、熄弧端及熔滴过渡方式控制策略，获得良好的成形效果，如图 19-22 所示。

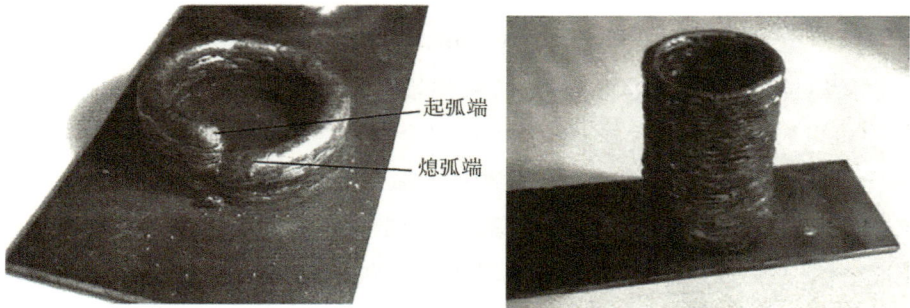

图 19-22 电弧增材制造起、熄弧端优化前后对比

美国 Southern Methodist 大学研究了变极性 GTAW 增材制造技术，探讨了焊接电流、电弧长度、焊接速度、送丝速度对熔覆层金属尺寸的影响，分析认为第一层焊接所需的能量最大，以后各层逐层递减，直到达到热平衡之后则可以保持恒定热输入，成形零件如图 19-23 所示。

图 19-23 变极性 GTAW 增材制造筒状结构件

哈尔滨工业大学针对 GMAW 增材制造系统，分别采用神经网络和二次回归建模方法，建立了焊接速度、送丝速度、电弧电压与熔覆层宽和熔覆层高的模型，同时采用圆弧、抛物线和余弦函数拟合了单层单道熔覆层截面的形貌，进而计算出多层多道理想搭接间距，如图 19-24 所示。

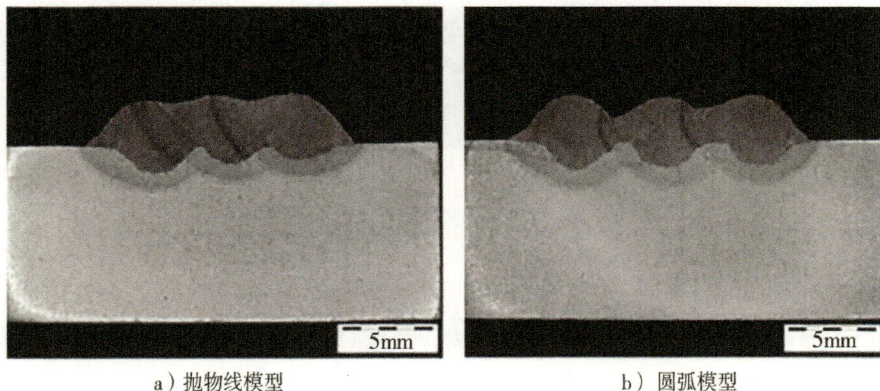

a）抛物线模型   b）圆弧模型

图 19-24　多层多道旱道搭接间距模型

北京航空航天大学将 HPVP-GTAW 焊接电源用于铝合金增材制造试验，保持电弧正向电流 120A 和沉积层数不变，研究了不同送丝速度 WFS/ 焊接速度 TS 条件下铝合金成形尺寸的变化，可实现对成形高度和成形宽度的有效控制，并获得成形尺寸稳定的薄壁构件，如图 19-25 所示。

a）2319 薄壁构件   b）5356 锥形筒体构件   c）2319 柱形筒体构件

图 19-25　电弧增材制造薄壁结构件

英国 Cranfield 大学利用冷金属过渡焊接工艺（CMT）工艺制造倾斜结构薄壁件，提出了全位置焊接方法，改变传统焊枪始终沿垂直方向的堆积方式，无须添加辅助支撑即可实现不同倾斜度和封闭薄壁件的成形，如图 19-26 所示。该研究在大量工艺试验的基础上得到了焊接速度（TS）、送丝速度（WFS）、焊丝直径（WD）、保护气体成分对不同角度倾斜墙壁的成形的影响规律。

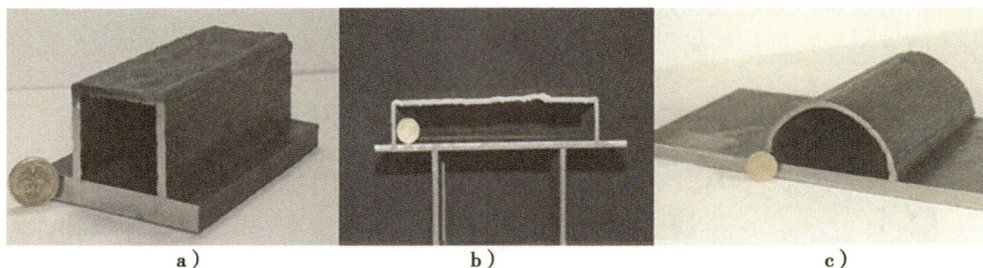

图 19-26　电弧增材制造封闭薄壁件

澳大利亚 Wollongong 大学针对电弧增材制造中两条焊道交叉点处出现隆起的问题，提出了直角搭接的成形工艺，既能够避免交叉点处隆起问题，又能够减少交叉点处应力集中问题，如图 19-27 所示。

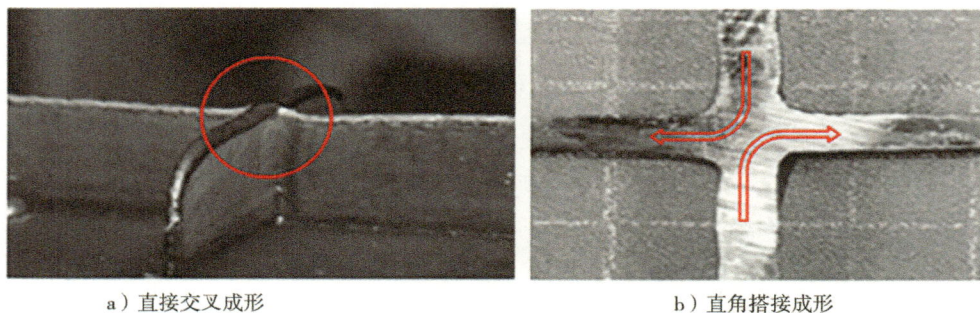

a）直接交叉成形　　　　　　　　　　　b）直角搭接成形

图 19-27　直角搭接成形工艺

北京工业大学针对电弧增材制造在加工复杂零件时拐角处成形精度低、易出现驼峰的问题，提出了一种自适应工艺参数控制算法，一方面焊枪运行速度跟随拐角曲率的增大而自行降低，从而使得机械系统能够平滑换向；另一方面送丝速度与焊枪运行速度相匹配也随之降低，从而保证拐角处的熔宽和熔高均匀，图19-28 所示对比了采用自适应工艺控制前后的拐角精度。

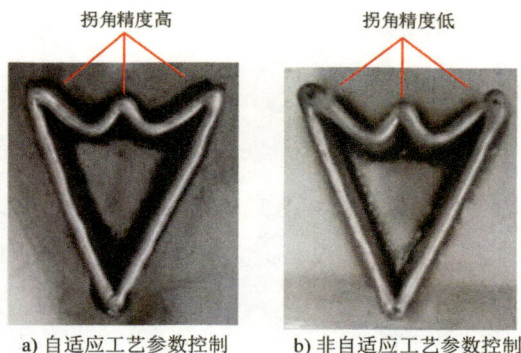

拐角精度高   拐角精度低

a) 自适应工艺参数控制   b) 非自适应工艺参数控制

图 19-28 自适应工艺参数控制提高拐角精度

19.2.3 国内外电弧增材制造应力变形控制现状

在电弧增材制造中，由于温度分布不均和热量累积使得零件各部位的凝固冷却不一致造成残留应力，并引起变形和开裂等工艺缺陷，国内外研究机构从不同的角度提出了减小残留应力和变形的方法。

美国 Foroozmehr 等人通过仿真和实验比较了沿长边、沿短边、自外向内、自内向外四种不同的沉积路径对于残留应力分布的影响规律，如图 19-29 所示。结果表明沿短边方向的沉积路径能够减小温度梯度，进而产生更小的残留应力；而从外向内的沉积路径则会导致更大的温度梯度以及更大的残留应力。

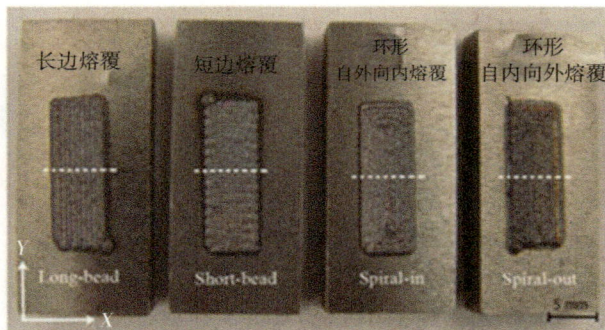

图 19-29 增材制造四种沉积路径试验

美国 Aggarangsi 等人采用前置和后置局部预热的方式来调控零件的温度梯度，在一定程度上可以减小残留应力，如图 19-30 所示；而当采用整体均匀预热的方法时，能够减小 18% 的残留应力，取得了更好的调控效果。

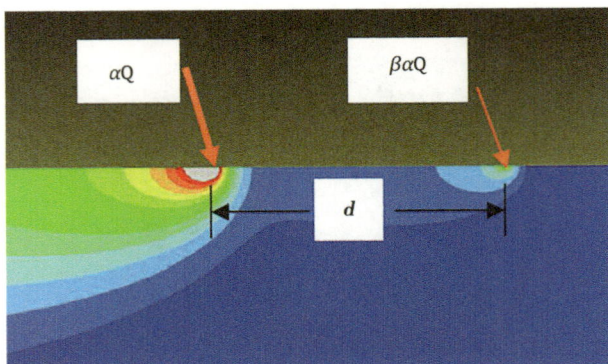

图 19-30　前置局部预热调控零件残留应力

张海鸥等人在电弧增材制造中引入了额外的感应加热作为第二热源，并对无第二热源、提前预热和焊后持续加热 3 种状态下的残留应力进行分析，结果发现后两种方案都会增加热输入量并减小残留应力，而且提前预热的效果更为明显，如图 19-31 所示。

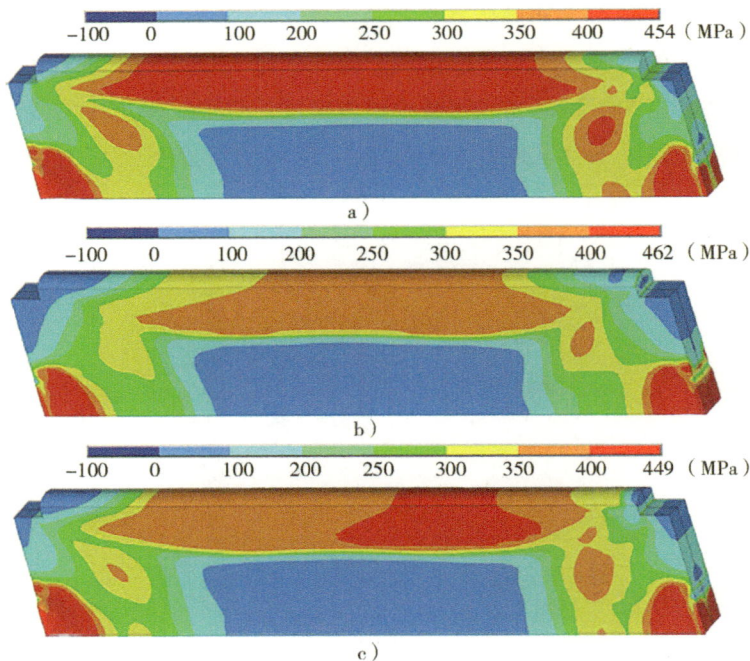

图 19-31　不同加热状态条件下残留应力比较

英国 Colegrove 等人将传统的高压轧制工艺引入到电弧增材制造中，整个系统装置如图 19-32 所示，该方法能够有效地减小零件的残留应力和变形，并且起到改善晶粒组织的作用。

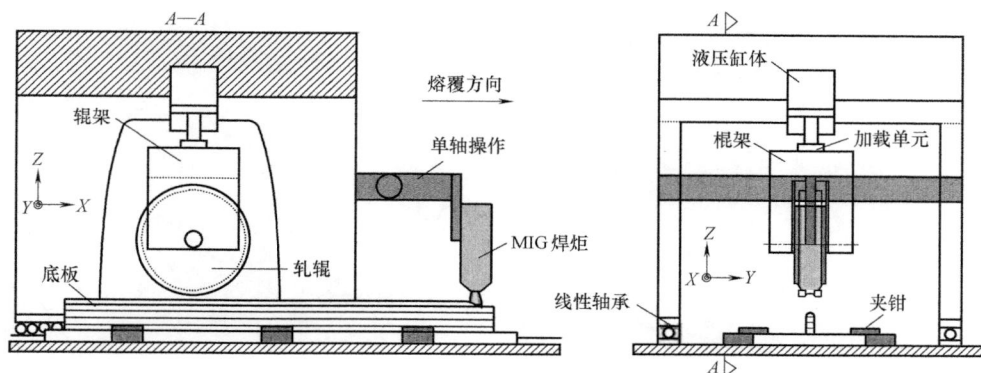

图 19-32　电弧增材制造结合高压轧制工艺

19.2.4　国内外电弧增材制造组织性能调控现状

电弧增材制造过程是一个复杂的热物理过程，由于电弧热输入较高，已沉积成形部分受到后续移动电弧热源的往复热作用，使得成形过程中的热积累显著，不同的热过程决定了成形构件微观组织和力学性能的差异。如何改善微观组织，提高力学性能是研究工作的重点。

英国 Gu 等人分别采用 T6 后热处理以及不同强度轧制加压的手段，用于调控 2219 铝合金增材制造零件的微观组织和力学性能。结果表明，后热处理的作用效果更为显著，而 15kN、30kN、45kN 的轧制加压也能在不同程度上起到调控效果。部分结果如图 19-33 所示。

美国 Wang 等人采用 VP-GTAW 焊接电源对 5356、4043 铝合金成形及组织性能进行了研究，研究表明沉积层在顶层有良好的枝晶结构，中部和下部有粗大的柱状细胞结构，在侧壁的表层有细小的等轴晶。在层间结合区，呈现出晶粒外延生长和柱状晶粒长大趋势。析出相主要分布在枝晶间区域和晶界。硬度值从底层到中层到顶层都有轻微增加的趋势。4043 铝合金电弧增材制造零件的不同部位微观结构如图 19-34 所示。

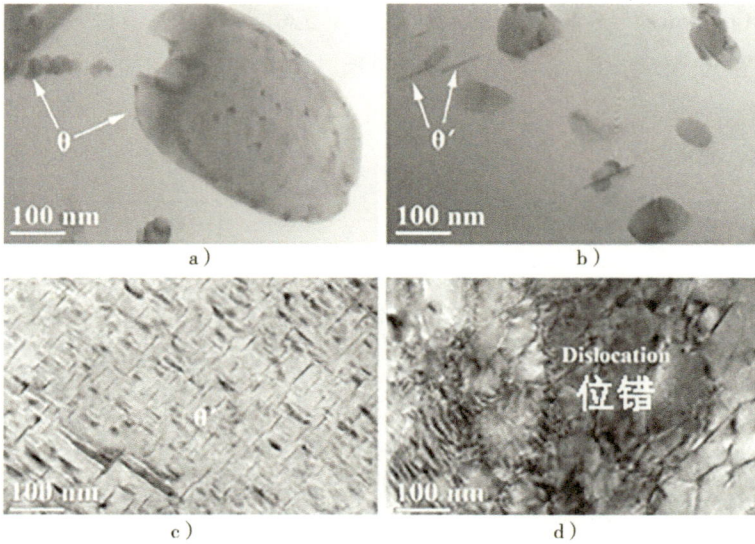

图 19-33　热处理和轧制加压调控的透射电镜图像

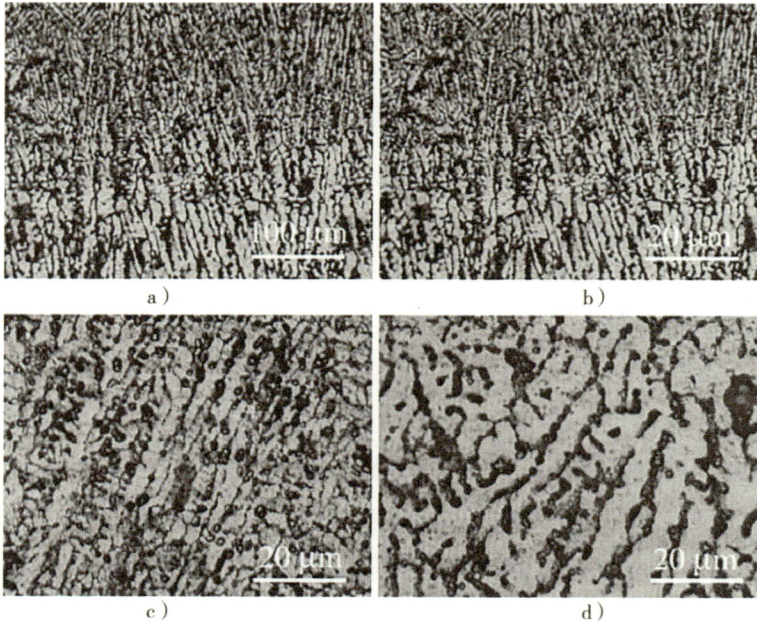

图 19-34　4043 铝合金电弧增材制造零件的微观结构

　　哈尔滨工业大学研究了 2219 铝合金电弧增材制造试样不同区域的组织形貌。顶部圆弧区组织为等轴树枝晶，枝晶轮廓较为明显；在顶部圆弧区与中部区的过渡区，其组织由等轴树枝晶变成呈多边形的胞状晶，树枝轮廓变得模糊甚至消失，且在过渡区层间下方位置含较多的条带组织；在试样中部区层内组织，其组织变化较为明显，在一层内其组织由上到下可分为粗大胞状晶、共晶组织、胞状晶、柱状晶和平面晶，不同部位的微观组织如图 19-35 所示。

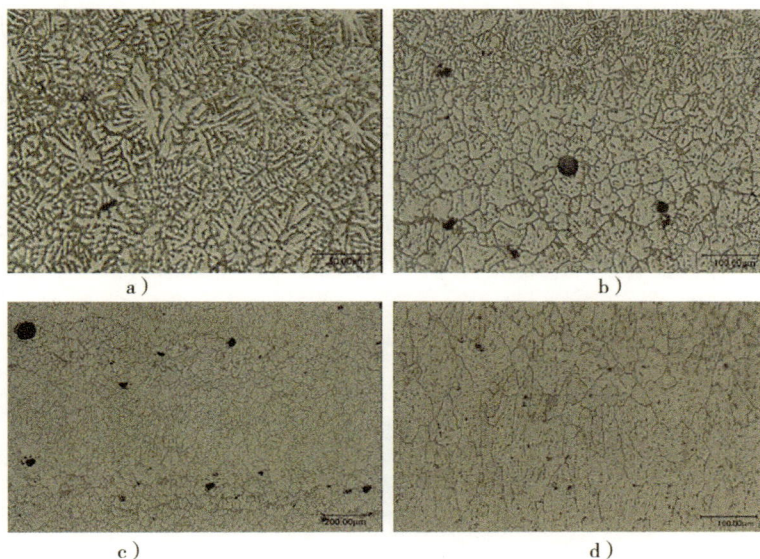

图 19-35　2219 铝合金电弧增材制造不同部位的微观组织

北京航空航天大学采用 AC-GTAW 焊接装备用于 2319 铝合金的增材制造试验，研究分析了热输入、工作环境（空气、充氩）及送丝速度等因素对铝合金成形件内部气孔的影响。结果表明热输入对气孔缺陷影响最大，控制热输入可有效减少气孔数量及其尺寸；采用氩气环境能明显改善成形过程中的气孔缺陷；适当控制送丝速度也有助于减少气孔缺陷。部分结果如图 19-36 所示。

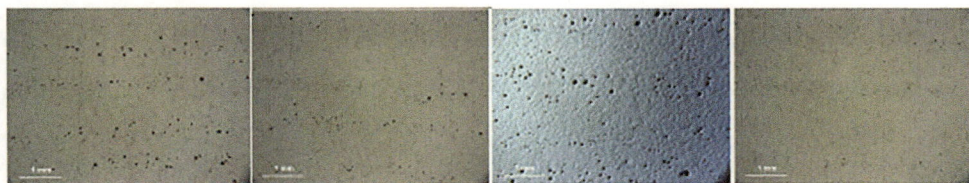

a）378.63J/mm空气1.3m/min　　b）265J/mm空气2.2m/min　　c）330.9J/mm氩气1.8m/min　　d）231.6J/min氩气2m/min

图 19-36　AC-GTAW 焊 2319 铝合金增材构件气孔分布

19.2.5　国内外电弧增材制造软件规划现状

电弧增材制造系统的自动化程度依托于软件规划技术，也就是 CAD/CAM 技术。通用的 CAD/CAM 软件如 UG、CATIA、MasterCAM 均是针对减材制造而开发；而 Magics RP、3D manage、3D Lightyear 等软件均是针对增材制造而开发，但这些软件只是面向通用 3D 打印技术，并非专门针对电弧增材制造，所以在某些特定场合仍无法完全适用。

英国 Morgan 等人研究了工件不同生长方向对于成形过程支撑的影响及后处理效率的影响，通过设计优化算法搜寻到最小支撑体积所对应的生长方向，图 19-37 给出了半圆形筒形结构不同生长方向的示意图。

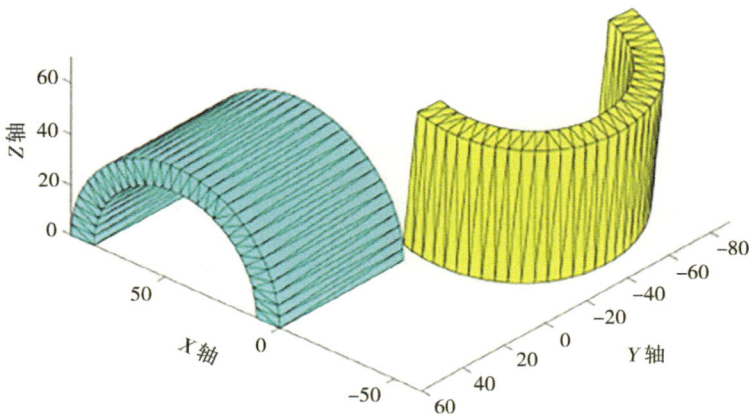

图 19-37　半圆形筒形结构不同生长方向示意图

澳大利亚 Ding 等人设计了特殊的多向分层切片算法，改变了传统单一方向切片分层的策略，可实现同一零件不同部位的不同切片分层方向，从而有效减少支撑结构和材料，该算法可从 CAD 模型直接生成加工指令代码。多方位切片分层模型示意图如图 19-38 所示。

另外，R.S Ransing 等人针对薄壁结构的增材制造成形问题，提出了 MAT（Media Axis Transformation）路径规划方法，能够有效填充薄壁结构内部区域，避免出现间隙，如图 19-39 所示。

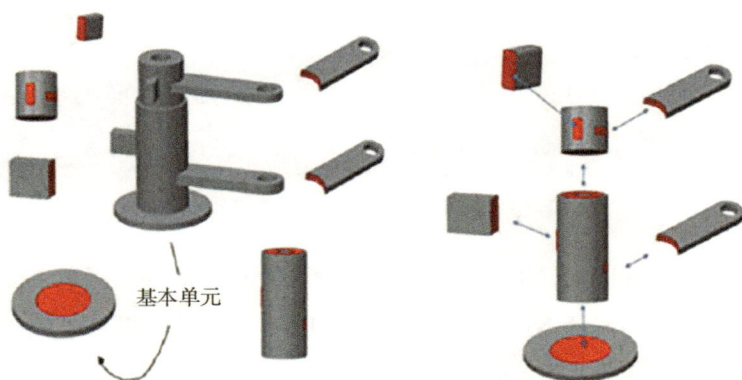

图 19-38　多方位切片分层模型示意图

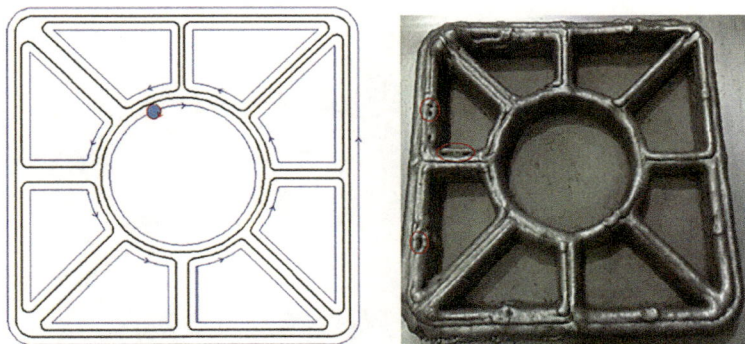

图 19-39　薄壁结构路径规划算法及成形零件

英国 Zhu 等人针对增－减材复合制造系统提出了软件规划流程，涵盖了零件特征提取、沉积方向规划、工艺序列规划、刀具路径规划等 10 个关键步骤，极大提高了系统的自动化程度。

19.2.6　电弧增材制造实用化案例

当前，电弧增材制造在大中型结构件成形方面从原型阶段已经逐步走向实用化阶段。英国 Cranfield 大学与 Airbus、Rolls-Royce、BAESystem、Bombardier Aerospace、Astrium、欧洲宇航防务集团等一大批航空航天企业开展广泛研究合作，研究目标对接工业化应用，图 19-40 所示为利用电弧增材制造打印出的长 1.2m 的钛合金飞机机翼部件，全程只需要 37h。

图 19-40　电弧增材制造飞机机翼部件

　　挪威 Norsk Titanium（NTi）公司向全球航空业提供的其具有自主专利的快速等离子体沉积（RPD）技术，以钛合金材料为主，商业化程度非常高。空中客车 A350 飞机 14% 的组件为钛金属零件，如果按照传统方法制造，估计每架飞机会产生约 69 853kg 的钛金属废料，但如果采用 RPD 技术，则可以在废料、能源使用和交货时间方面节省 230 万美元。图 19-41 所示为该公司的若干产品。

图 19-41　NTi 公司电弧增材制造产品

19.3　磁脉冲焊接及其设备

　　磁脉冲焊接（Magnetic Pulse Welding，简称 MPW）是一种新型的基于电磁脉冲成形的固相焊接工艺，是电磁脉冲成形的主要应用之一。它是将磁脉冲焊接设备中存储的电能通过放电回路转化为金属材料的动能，再利用两种材料的高速碰撞实现金属的冶金结合。磁脉冲焊接设备构造及实物图如图 19-42 所示，图 19-42a 所示为磁脉冲设备构造，图 19-42b 所示为磁脉冲焊接设备。设备主要由控制系统、充电系统、高压脉冲电容器组、放电回路四部分组成。根据待焊接零件焊缝的尺寸要求，设备储存能量为 2 ～ 200kJ。

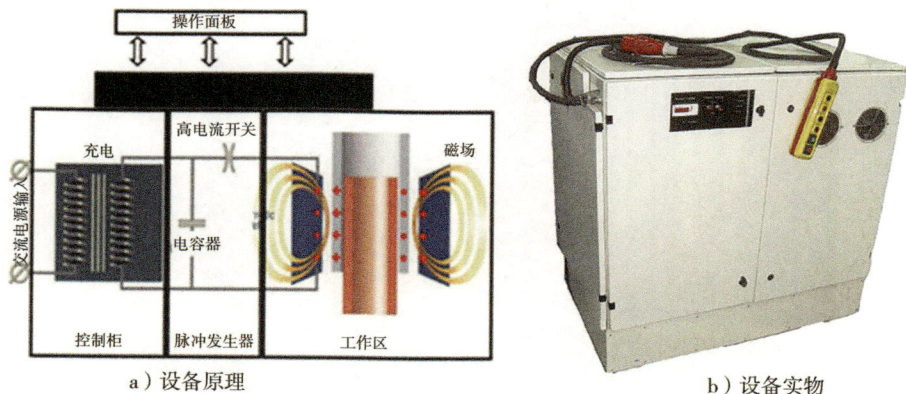

a）设备原理   b）设备实物

图 19-42   磁脉冲焊接设备及原理

磁脉冲焊接的原理如图 19-43 所示。磁脉冲焊接是利用电容器组（见图 19-44）对感应器放电，瞬时激发一个高压、高频电流，使置于线圈中的金属产生感应电流，与线圈（集磁器）之间形成一个幅值巨大的磁压力。当电容器充电达到设定值后，控制系统断开充电回路，闭合放电开关，此时在放电回路的线圈内通过瞬间变化的电流（100 ～ 300kA），同时在集磁器和外管表面产生感应电流，在外管与集磁器之间产生强度很大的磁场，当上述磁压力达到或超过金属塑性极限时，金属迅速变形，并被加速到很高的速度，结果管与管高速碰撞，如果碰撞角度合适，在两金属接触面的先撞击点上产生射流以及高应变速率的金属塑性流动，该射流冲刷或清除了两金属工件待焊接面的附着物，使两洁净金属表面在高压下紧密结合而形成金属键接，在两金属间的交界面处局部区域内，两金属层相互扩散，从而在交界面处形成冶金结合的焊缝。

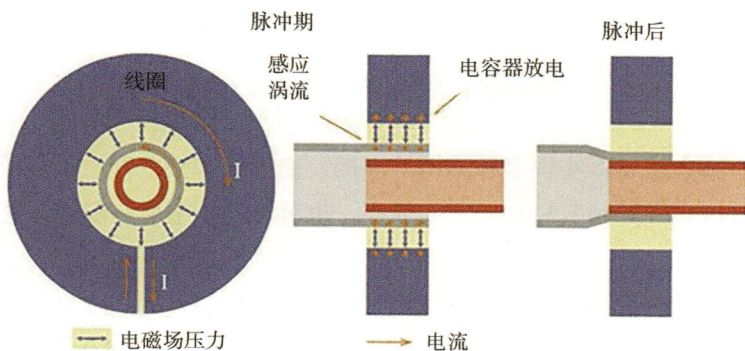

图 19-43   磁脉冲焊接原理

图 19-44   磁脉冲焊接设备用电容器组

线圈是磁脉冲焊接装置的主要部件，作用是将电能转化为磁场能使工件变形。线圈的材质、形状和结构影响工件的焊接质量，并且决定了线圈的使用寿命。目前在工业生产应用中，根据待焊零件的外形特点和批量需求，常采用单匝、多匝、平板和一次性线圈等（见图 19-45）。

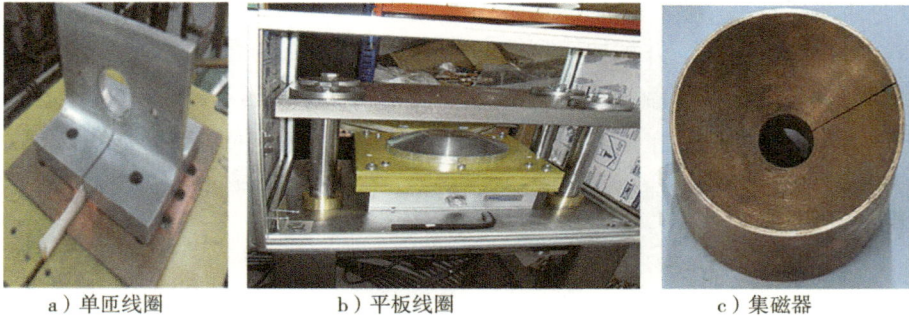

a) 单匝线圈   b) 平板线圈   c) 集磁器

图 19-45   磁脉冲线圈及集磁器

这种焊接方法可以实现多种结构的焊接，例如管 - 杆、管 - 管、板 - 板的焊接，不但可以实现同种及异种金属的焊接，也可以用于金属 - 陶瓷、金属 - 塑料的连接装配。

基于电磁脉冲焊接的原理，该技术只能实现搭接的连接。可采用磁脉冲焊接进行加工的金属材料包括：异种型号铝合金、铝 - 铜合金、铝 - 镁合金、铝 - 钛合金、铝－钨合金、铜－铜合金、铜－钢、镍－钛合金、镍－镍合金、钛合金－不锈钢等。与传统的焊接工艺相比，磁脉冲焊接技术具有以下优势：

1）非接触式的固相连接，不影响零件表面的粗糙度。

2）常温连接，几乎没有热影响区，构件装配精度高。

3）接头强度高，接合强度优于较弱母材。

4）气密性、耐蚀性、急冷急热（热循环）性能良好。

5）高速率过程，连接在毫秒级时间内完成，可实现高效率的生产过程。

6）主要参数比较容易控制、调整，重复性好，便于实现工业化生产。

7）适宜于异种材料及焊接性差的材料的连接。

8）不需太多的表面预处理，无须后续清理工序及焊后热处理，无须填充材料及保护气体。

9）无烟尘、飞溅、紫外线及电磁辐射等，属绿色环保的连接工艺。

当然，磁脉冲焊接也受到一些条件的限制，主要有：

1）小批量生产的成本很高，较适于大规模生产。

2）生产速度受到工件取放时间的制约。

3）受设备能量和频率的制约，目前只能进行较小尺寸零件的焊接。

4）焊接件之一必须是良好的导体或至少有一导电的镀层。

5）不适宜于壁厚过大和过小管件的焊接。

磁脉冲焊接的典型工艺流程如下：覆件（连接件／变形件）或基件（被连接件／静止件）的表面处理→装入工装中进行磁脉冲焊接→精整或热处理→超声波检查→性能测试→成品。其中部分步骤可以调整或省略。磁脉冲焊接工艺基本要求如下：

1）两金属的待焊接表面应清洁和具有一定的粗糙度是基本要求，因此，在焊接前，要先认真做好表面处理工作。一般可用喷砂、砂纸打磨或化学处理（如酸洗）等方法来清除两个待焊接表面的氧化层和吸附层，然后再用丙酮或酒精擦拭，待干燥后，立即进行磁脉冲焊接，以防止再次产生氧化和吸附现象。

2）两管或板之间的间隙应尽量均匀，不能太大或太小。对于平板焊件，间距为 1～4mm，对于管类连接件，间隙为 1～2.5mm。

3）材料要有良好的电导率或良好的导电镀层，较高的强度和抗冲击性能。对于导电性不佳的材料，可以在待焊工件表面粘贴导电性好、塑性强的铝箔或铜箔作为驱动层。

影响磁脉冲焊接效果的因素很多，包括：焊接件材料性质、几何形状及尺寸、电参数、连接间隙、初始连接角度等。对于特定零件的具体工艺要求，可以调整的工艺参数有：放电能量、连接间隙和接头形式。

磁脉冲焊接工装简单，无须介质及保护气体及填充金属，不损伤零件表面，精度高，对于一些特殊零件，磁脉冲焊接是优先选用的工艺方法。基于磁脉冲焊接的特点，其在国内外引起了家电、航天、汽车零部件等生产企业的关注，目前在一些异种材料的管件连接中得到了应用，例如美国波音公司民用飞机转矩管的装配连接（见图9-46），德国宝马公司汽车悬架零件（见图9-47）等。麦格纳和达纳公司的汽车用消声器、滤清器等薄壁且密封性要求高的零件均已成功应用磁脉冲焊接技术实现批量生产，获得了良好的经济效益。

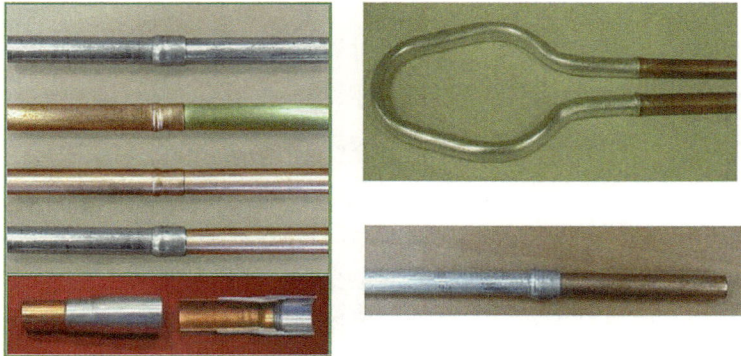

图 19-46　磁脉冲焊接在异种管件焊接中的应用

图 19-47　磁脉冲焊接在汽车零部件中的应用

磁脉冲焊接在铝－玻璃钢连接时的应用如图19-48所示。该类零件在低温材料的储存转移罐中比较常见，采用磁脉冲焊接得到的铝壳体和玻璃钢连接具有良好的气密性和连接强度，达到了使用需求。

图 19-48　磁脉冲焊接在铝与玻璃钢连接时的应用

磁脉冲焊接在中小管件的异种焊接及金属管件与非金属材料的连接装配上有着非常广泛的应用前景。随着对磁脉冲焊接工艺研究的深入，待焊工件间隙、工艺适应性和设备可靠性等问题都得到了妥善的解决。将磁脉冲焊接技术应用于航空航天产业的中小直径管件的连接和焊接生产，能有效提高产品的可靠性，降低焊接或连接结构的重量，提高运载工具的续航能力。

图 19-49　铝－钢磁脉冲焊接零件扭转测试

铝－钢、铝－铜、铝－钛等异种材料焊接管件的扭转和气密性测试结果如图19-49、图19-50所示。采用磁脉冲焊接得到的零件具有良好的力学性能和气密性。

图 19-50　磁脉冲焊接零件气密性测试

19.4　双丝三电弧焊接及其装备

19.4.1　概述

　　提高焊丝熔敷率和降低焊接热输入是电弧焊接技术的两个基本要求。单独提高焊丝熔敷率或者单独降低焊接热输入，目前都有很多成熟的技术。但是由于焊丝熔敷率与焊接热输入两者都与焊接电流成正比，因此任何通过提高焊接电流来提高焊丝熔敷率的举措必然导致焊接热输入的增加，反之任何通过控制焊接电流降低焊接热输入的举措也必然导致焊丝熔敷效率的下降。这样一来，在常规电弧焊接方法中提高焊丝熔敷率与降低焊接热输入成为一对无法解决的矛盾。在实际焊接应用中，为了保证热输入敏感材料焊后的金相显微组织和力学性能，降低焊接结构的变形量，焊接电流通常被限制在一个较低的水平。由此可见，制约焊接效率的因素往往不是焊接电源的输出功率，而是来自控制焊接热输入的需要。

19.4.2　Tri-Arc 双丝电弧焊接的基本原理

　　Tri-Arc双丝电弧焊是一种针对低焊接热输入要求的新型高效电弧焊接方法，如图 19-51 所示。在图 19-51a 中，VPPS 为可变极性电源，PPS1 和 PPS2 为两台直流脉冲电源，以及两台送丝机和一把 Tandem 双丝焊枪。通过控制上述三台电源的极性和脉冲相位关系，可以在焊丝 E1 与焊接工件 Work 之间建立第一电弧 A1，在焊丝 E2 与焊接工件 Work 之间建立第二电弧 A2，在焊丝 E1 与 E2 之间建立第三电弧 A3。A3 电弧是非转移弧，A3 电弧的热量主要用于熔化焊丝，对于焊接工件的加热作用很差，这是在保持低焊接热输入的同时获得高焊丝熔敷率的关键。为了详细说明 Tri-Arc 双丝电弧焊的基本工作原理，以下从静态和动态两个角度去分析。

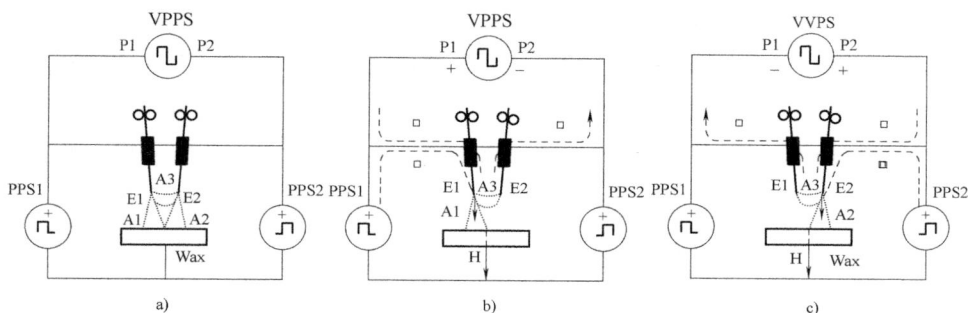

图 19-51　Tri-Arc 双丝电弧焊工作原理示意图

从静态分析的角度图 19-51a 可分解为图 19-51b 和图 19-51c 所示的两个过程：

过程一，图 19-51b：PPS1 恒压输出，E1 极性为 DCEP，电弧 A1 建立在 E1 与焊接工件之间，流过电弧 A1 的电流为 I_1，VPPS 恒流输出，电极 E2 极性为 DCEN，A3 电弧建立在两根焊丝 E1 与 E2 之间，流过 A3 电弧的电流为 I_3。此时，PPS2 为零电流输出（断开），因此电弧 A2 熄灭。需要特别说明的是，此时流经焊丝 E1 的电流并不等于流过电弧 A1 的电流，而是流过电弧 A1 与 A3 的电流之和，即 $I_{E1}=I_1+I_3$，流经焊丝 E2 的电流为 I_3，流经焊接工件 Work 的电流 $I_4=I_1$。

过程二，图 19-51c：PPS2 恒压输出，E2 极性为 DCEP，电弧 A2 建立在 E2 与焊接工件之间，流过电弧 A2 的电流为 I_2，VPPS 恒流输出，电极 E1 极性为 DCEN，电弧 A3 建立在两根焊丝 E2 与 E1 之间，流过 A3 电弧的电流为 I_3。此时，PPS1 为零电流输出（断开），因此电弧 A1 熄灭。需要特别说明的是，此时流经焊丝 E2 的电流并不等于流过电弧 A2 的电流，而是流过电弧 A2 与 A3 的电流之和，即 $I_{E1}=I_2+I_3$，流经焊丝 E1 的电流为 I_3，流经焊接工件 Work 的电流 $I_4=I_2$。

通过上述过程分解，Tri-Arc 双丝电弧焊的基本工作过程可以看作是两个相互对称的旁路电弧焊接过程的组合，显然这样组合具有旁路电弧焊接方法所具有的高焊丝熔敷率、低焊接热输入的特点，但是双熔化极旁路电弧方法的稳定性问题目前尚未得到很好的解决。

为了说明三电弧双丝方法的稳定性问题，则需要将图 19-51b 与图 19-51c 所示的两个静态的分离过程以动态的方式连续起来，建立如图 19-52 所示的电流波形图。在图 19-52 中，t_0-t_1 期间，对应于图 19-51b，t_1-t_2 期间对应于图 19-51c，以此类推两种状态周期性交替进行。在图 19-52 中，如果单独看 E1 或 E2

中的任意一根焊丝的电流波形 I_{E1} 或 I_{E2} 都相当于交流脉冲 MIG 焊。对于交流脉冲 MIG 焊可以分为 DCEP 与 DCEN 两个期间进行分析。在 E1 的 DCEP 期间（t_0-t_1），PPS1 为恒压输出，相当于脉冲峰值，因此具有弧长自身调节作用，同时 VPPS 的 P1 为正，P2 为负，VPPS 恒流输出，电流方向与 PPS1 一致，均为从电极 E1 流出；E1 的 DCEN 期间（t_1-t_2），PPS1 输出电流为零，VPPS 的 P1 为负，P2 为正，此时只有 VPPS 恒流供电，相当于脉冲维弧电流，但是电流方向是流入电极 E1 的。由于 E2 与 E1 的波形相同，只是相位相差 180°，即 E2 的 DCEN 对应于 E1 的 DCEP，E2 的 DCEP 对应于 E1 的 DCEN，因此无须重复上述分析。通过上述波形分析可知，在 Tri-Arc 双丝电弧焊接中，电极 E1 和 E2 都相当于工作在 U-I 脉冲方式下，因此电弧 A1、A2 的弧长都会被自动调节，而只要 A1、A2 的弧长稳定了，A3 电弧自然也就稳定了，因此 Tri-Arc 双丝电弧焊接系统也就稳定了。

由图 19-52 所示的 Tri-Arc 双丝电弧焊电流波形看，可以将其看作是"交流电流驱动的 Tandem 双丝电弧焊"，事实上将 PPS1 和 PPS2 换做变极性电源，并去除 VPPS，Tri-Arc 双丝电弧也是成立的。Tri-Arc 双丝电弧焊不仅使用与 Tandem 双丝电弧焊相同的焊枪，而且可兼容 Tandem 双丝电弧焊的工作方式，即图 19-51 中的 VPPS 停止工作，Tri-Arc 双丝电弧焊就变为常规的 Tandem 双丝电弧焊。由于焊丝在 DCEN 周期具有更高的单位电流熔敷系数，Tri-Arc 双丝电弧焊可以实现比 Tandem 双丝电弧焊更高的焊丝熔敷率。

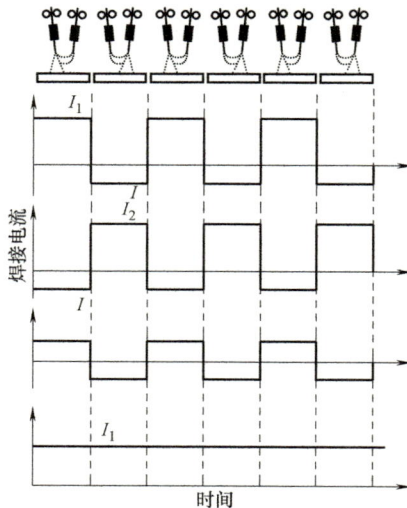

图 19-52　Tri-Arc 双丝电弧焊接电流波形

19.4.3　Tri-Arc 双丝电弧焊的应用

图 19-53 所示为 Tri-Arc 双丝电弧焊的实际电流波形与电弧形态的高速摄像同步图。粗实线电流波形是焊丝电流，细实线电流波形为焊接工件电流，其相对关系与图 19-52 所示的原理波形图是一致的。但是在图 19-53 中 A3 弧并不很清晰，仅在下行的第一个图像中可见较明显的 A3 电弧。不过通过稳定的负向电流及下降的焊接工件电流都可以证明 M（A3 电弧）弧是稳定存在的。电弧在电流换向的瞬间是建立在两根焊丝的最短电弧通路上，但是因为所采用的 Tandem 双丝焊枪的焊丝夹角小（18°以下），由 A3 电弧上方指向工件方向的磁力很强，A3 电弧被推向焊接工件方向，且造成电弧分散，因而看不到集中的电弧通道。这也正是以往旁路电弧研究中的一个技术障碍，为此不得不增大焊枪夹角（45°以上）。

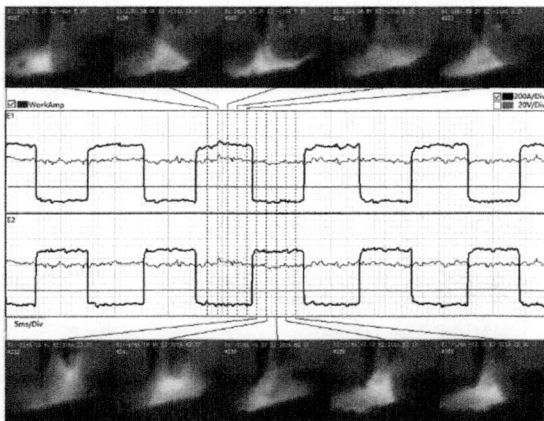

图 19-53　Tri-Arc 双丝电弧焊电流波形与电弧形态高速摄像同步图

固定焊接条件和焊接参数如下：焊丝材料 E50，焊丝直径 1.2mm；工件材料 Q345，工件板厚 10mm；保护气为 92%Ar+8%CO_2；焊接速度为 1.5m/min；送丝速度为 10.3m/min；焊丝干伸长为 15mm；焊接电压 V_PPS1=V_PPS2=38.6V。通过改变 VPPS 电源的输出电流，即 A3 电弧电流，可以调节流入焊接工件的电流。具体实验数据参见表 19-2 中的数据 I_w 和 I_3，其中 I_w 是实测的流入焊接工件的电流，I_3 是给定的 A3 电弧电流，由于 VPPS 是恒流源特性输出，所以实际电流值与给定值相同。

271

表 19-2   A3 电弧电流对流入焊接工件电流及焊缝熔深的影响关系

试验 A		试验 B		试验 C		试验 D	
I_w/A	I_3/A	I_w/A	I_3/A	I_w/A	I_3/A	I_w/A	I_3/A
438	20	412	50	291	150	239	180

在表 19-2 中给出的四组实验数据表明，增加 A3 电弧电流 I_3，流入焊接工件的电流 I_w 下降，与前述工作原理分析结果一致。而且还可以看到对应的焊缝剖视图中的熔深也随着 A3 电弧电流 I_3 的增加而降低，注意此时的送丝速度是不变的，即在相同的焊丝熔敷率条件下，焊缝的熔深，或者说焊接热输入可以通过 A3 电弧的电流 I_3 进行控制。

图 19-54 进一步通过焊接变形比较证明 A3 电弧电流对于焊接热输入的调节作用。在采用上述相同的焊接条件时，通过图 19-54 可见，当 I_3=20A 时焊接热输入较大，焊接工件有严重的翘曲，在焊缝结束端甚至出现了烧穿；而当增加 I_3=150A 时，焊接工件基本平整，无明显翘曲。

图 19-54   A3 电弧电流对降低焊接工件变形的作用

图 19-55 所示为薄板高速焊接的实际工件焊缝成形效果，在图 19-55 中：板厚 1.5mm，焊接速度 2.5m/min，背面无衬垫。上述焊接实验除了说明 Tri-Arc 双丝电弧焊有控制焊接热输入的作用之外，还说明 Tri-Arc 双丝电弧焊是一种适应高速焊接的电弧焊接方法，焊接速度分别是 1.5m/min 和 2.5m/min。众所周知，常规电弧焊方法在高速焊接时的主要问题是产生焊缝咬边和驼峰焊道，对此有很多理论分析，其中最关键的问题是：焊接电流增加时焊丝熔敷量的增加不能与电弧压力增加相匹

配（前者与电流呈线性增加，后者与电流呈二次方增加），而 Tri-Arc 双丝电弧焊因为可以通过提高 A3 电弧的电流来降低流入焊接工件的电流，也就是降低了对焊接工件的电弧压力，因此可以实现高速焊接。由表 19-2、图 19-54 和图 19-55 中的焊缝剖视图和焊道外观图可见，焊缝无任何咬边和驼峰焊道等表面缺陷。由此可见 Tri-Arc 双丝电弧焊不但适合于大厚板的高效焊接，也适合于薄板的高速焊接。

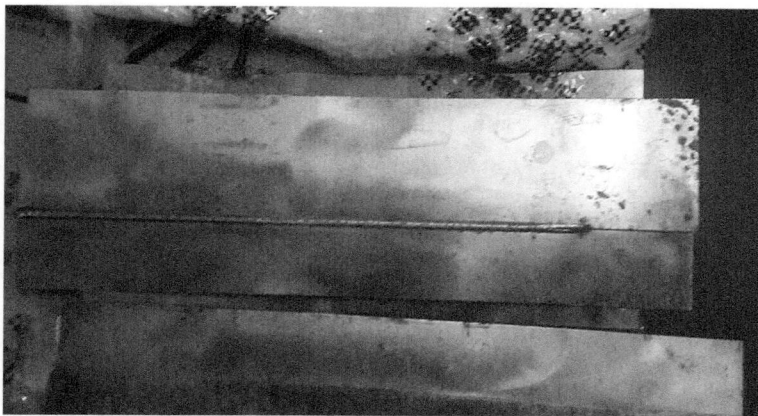

图 19-55　Tri-Arc 双丝电弧焊薄板高速焊接应用

　　Tri-Arc 双丝电弧焊的高焊丝熔敷率、低焊接热输入的特性非常适合于电弧堆焊、电弧增材制造和电弧钎焊等方面的应用。Tri-Arc 双丝电弧焊在送丝速度一定的条件下，通过增加 M 电弧（A3 电弧）的电流，理论上可以实现完全的间接电弧，但是为了保证焊丝干伸长的自动调节作用，必须保证一定的电流通过焊丝到焊接工件，因此实际上做不到完全的间接电弧。图 19-56 所示为使用 Tri-Arc 双丝电弧焊的耐磨堆焊的应用结果，通过使用 Fe-Cr-C-B 系耐磨堆焊焊丝，焊丝直径 1.6 mm，当送丝速度为 6m/min 时，熔合比仅为 0.07，即使送丝速度达到 12m/min（等效单丝的送丝速度 24m/min）的时候，焊缝的融合比也仅有 0.27。

图 19-56　Tri-Arc 双丝电弧焊的耐磨堆焊应用

19.4.4　Tri-Arc 双丝电弧焊新特性

Tri-Arc 双丝电弧焊是一种低焊接热输入的高效电弧焊接方法。Tri-Arc 双丝电弧焊使用 Tandem 双丝焊枪，可兼容 Tandem 双丝电弧焊工作方式。Tri-Arc 双丝电弧焊具有与 Tandem 双丝焊一样甚至更高一些的焊丝熔敷率。在 Tri-Arc 双丝电弧焊中重新定义了焊接电流，焊接电流被分为焊丝电流和焊接工件电流两个参数，且分别可控。在送丝速度一定时（焊丝熔敷率一定），流入焊接工件的电流可以通过 A3 电弧的电流调节。当 A3 电弧电流等于 0 时，Tri-Arc 双丝电弧焊转变为 Tandem 双丝电弧焊，此时的焊接热输入最高；随着 A3 电弧电流增加，流入焊接工件的电流下降，焊接热输入下降，最终可以接近与非转移电弧一样的低焊接热输入。Tri-Arc 双丝电弧焊特别适合于对焊接热输入敏感材料的高效焊接，如电弧堆焊、电弧增材制造等要求高焊丝熔敷率且低焊接热输入的应用。Tri-Arc 双丝电弧焊具有适应高速焊接的特性。综上所述，Tri-Arc 双丝电弧焊从根本上解决了在常规电弧焊接方法中提高焊丝熔敷率与降低焊接热输入这一对无法解决的矛盾。

19.5　缆式焊丝电弧焊及其装备

缆式焊丝电弧焊是以缆式焊丝为熔化极的一种创新型弧焊方法。缆式焊丝采用多根药芯或实心焊丝旋转绞合而成，其中一根焊丝（称为中心丝）位于中间，其余焊丝（称为外围丝）围绕中心丝旋转绞合。图 19-57 所示为不同用途设计的几种缆式焊丝，目前应用最多的是图 19-57a 所示的 1×7 型缆式焊丝（见图 19-58）。

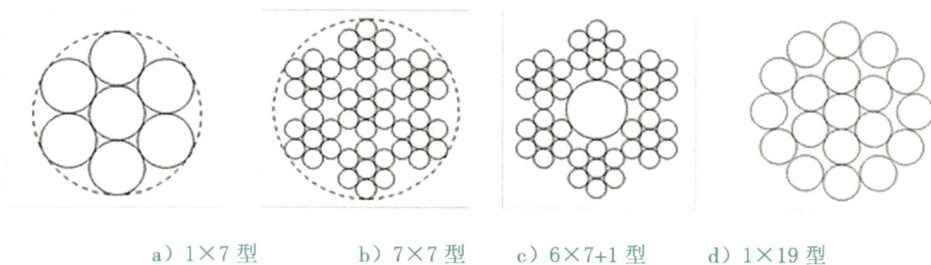

a) 1×7 型　　　b) 7×7 型　　　c) 6×7+1 型　　　d) 1×19 型

图 19-57　不同类型缆式焊丝截面示意图

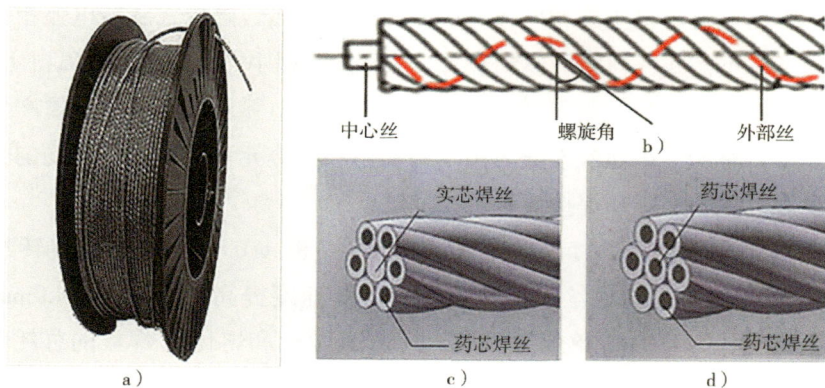

a）实物图　　b）焊丝示意图　　c）中心丝为实心焊丝　　d）中心丝为药芯焊丝

图 19-58　1×7 型多股焊丝（缆式焊丝）示意图

缆式焊丝电弧焊只需 1 台弧焊电源、1 台送丝机、1 把焊枪，即可实现缆式焊丝的各根焊丝同时熔化。缆式焊丝克服了传统焊丝直径增大时不易盘绕的缺点。缆式焊丝可灵活、方便和快捷地调整一根或几根焊丝的合金成分，从而为提高焊接效率、改善焊缝质量开辟了一条新的技术途径。

在焊接过程中送丝机连续送进的缆式焊丝（以 1×7 型为例）不断熔化，每一根（小直径）焊丝由于绞合在中心分焊丝周围，呈圆柱螺旋线轨迹，因此随着焊丝的不断送进，绞合的缆式焊丝不断熔化，致使 6 根外围焊丝端部阳极区（直流反接）围绕中心焊丝端部阳极区同步旋转而形成独特的自主旋转焊接电弧。图 19-59 所示为高速摄像系统拍摄的缆式焊丝气保焊旋转电弧图片。

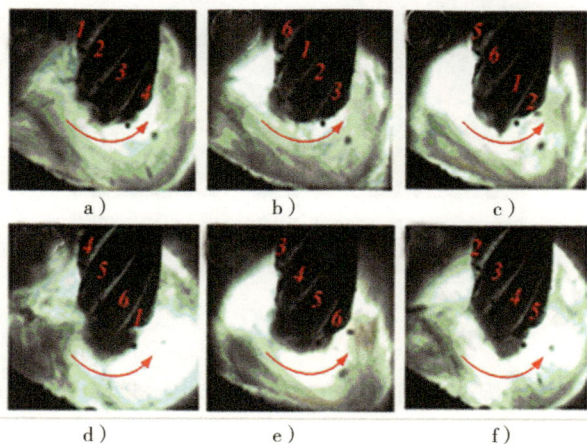

a）　　　　　b）　　　　　c）

d）　　　　　e）　　　　　f）

图 19-59　缆式焊丝气保焊旋转电弧图

275

缆式焊丝电弧焊自主旋转电弧与机械式旋转电弧、磁控式旋转电弧相比，从形成原理上讲不需要任何附加驱动装置。在焊接过程中，由于焊接电弧自主旋转，使得其对焊接母材的加热面积增大，同时自主旋转电弧对熔池液态金属产生强烈的搅动作用，有助于熔池液态金属中气体溢出和合金元素在熔池内的均匀分布，从而减少焊缝缺陷，提高焊接质量。

在相同焊接条件下，$\phi 2.4mm$ 缆式焊丝（7 根 $\phi 0.8mm$ 分焊丝旋转绞合而成）气保焊与 $\phi 2.4mm$ 单丝气保焊相比，熔敷速度提高约 40%；$\phi 4.0mm$ 缆式焊丝埋弧焊相比 $\phi 4.0mm$ 单丝埋弧焊，制备 1t 焊丝和熔化 1t 焊丝的总耗电量节省 24%、总耗时节省 14%。

缆式焊丝电弧焊使用的焊接电源与一般焊丝电弧焊相同，只需采用专用的送丝机、焊枪和导电嘴。

19.6 冷金属过渡焊接及其装备

由奥地利 Fronius International GMBH 公司在 2005 年研发了 TransPuls Synergic 冷金属过渡技术工艺（Cold Meatal Transfer，CMT，见图 19-60），是在直流 MIG/MAG 短路过渡基础上开发的一种革新焊接技术，与传统的气保焊 MIG/MAG 相比，其金属溶滴过渡热输入量更小。

图 19-60　CMT 焊接

从原理上讲，CMT 焊与传统的 MIG/MAG 焊相比有两个最大的不同之处：

1）CMT 焊接送丝不是恒定前进的，而是做送进 / 回抽的往复运动。当焊机的 DSP 处理器监测到一个熔滴短路信号时，焊机就会让焊丝进行回抽，帮助熔滴脱落，焊丝每秒钟回抽频率高达 150 次。图 19-61 所示为焊丝熔滴脱落示意图。

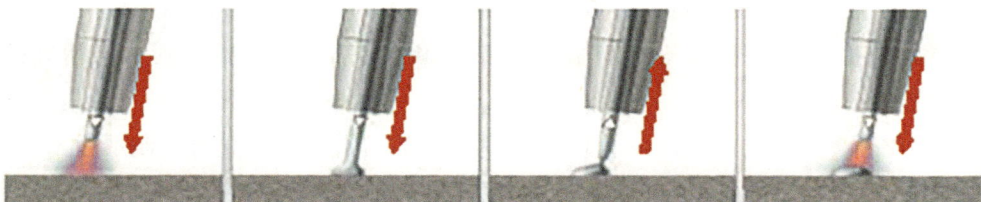

图 19-61　焊丝熔滴脱落示意图

2）熔滴过渡在几乎无电流状态下完成。当熔滴过渡瞬间，焊机会让电流降至几乎为零，当熔滴通过焊丝回抽拉断后，又回到正常的电压和电流，整个焊接过程实现"热－冷－热"交替转换。图 19-62 所示为 CMT 焊熔滴过渡时的送丝速度 V_D、焊接电流 I_a、焊接电压 U_a 的关系图。

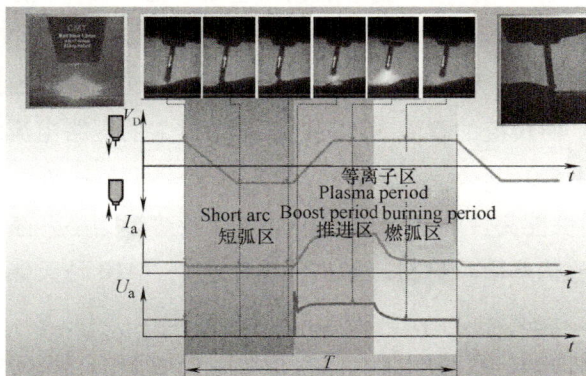

图 19-62　CMT 熔滴过渡时波形图

CMT 焊接的优点：

1）CMT 焊热输入量更低。直流 MIG/MAG 焊熔滴同工件短路时，由于表面张力的原因，形成小桥，同时电流一直上升，直到小桥汽化爆断，而 CMT 焊熔滴同工件短路，电流瞬间降至几乎为零。

2）通过焊丝回抽主动干预熔滴过渡，使熔滴过渡频率／周期更稳定，从而使焊接过程更精确、稳定。短路／脉冲等过渡方式都是通过熔滴表面张力、电磁收缩力、熔滴重量综合起作用，属"自然"或"自发"过渡，容易受外界条件的干扰（如焊丝拉拔的粗细、工件表面张力等），过渡的频率和短路电流的峰值都是变化的，结果是每个过渡热量不尽相同，因而在焊薄板时有时会焊穿。而 CMT 焊是通过焊丝回抽主动控制熔滴过渡的频率，降低了外界因素的干扰，过渡周期更稳定，热量输入控制更精确，因而可实现采用直径 1.2mm 的焊丝焊接厚度为 0.3mm 的薄板，而普通 MIG/MAG 焊是做不到这样精确控制热量的。

3）CMT 焊机同著名的 TPS 全数字化焊机一样，采用全数字化焊机制造技术（逆变电源，DSP 精确控制），可进行软件升级（包括新的焊接工艺，新的焊机功能），在不改变硬件的情况下保证焊机的先进性。

4）CMT 焊机在设计时除具有 CMT 功能外，还包含了目前现有的 MIG/MAG 焊工艺，以满足客户的不同焊接要求，做到一机多用。

CMT 焊机的优点：

1）热输入量低，焊接变形小。前文所述，CMT 焊热量是所有的 MIG/MAG 焊工艺中热输入量最低的，另外由于热输入量低，因而工件变形小。可用 1.2mm 直径焊丝实现 0.3mm 的铝合金板的对接焊。

2）真正的焊接过程无飞溅。由于熔滴过渡是通过焊丝回抽拉断的，消除了飞溅产生的因素。而传统的直流 MIG/MAG 是通过大的短路电流爆断使熔滴脱落（爆断产生大量飞溅）。

3）焊缝力学性能高，裂纹倾向小。CMT 焊接热影响小，晶向组织好，焊缝强度高。尤其对一些热敏感材料，如高强度结构钢、410 马氏体不锈钢，热裂纹倾向小。

4）间隙容忍性好，对装配要求低。相对于普通 MIG/MAG 焊，同样的送丝速度，CMT 焊的电流和电压更低，熔池所含的热量要小，桥联能力更好。

5）焊接质量可靠性高，质量再现性好。普通 MIG/MAG 焊机，电弧长度的控制是通过电压反馈方式（恒压模式），但容易受到焊接速度和工件表面因素（如油污）的影响。而 CMT 焊电弧长度的控制是机械方式的，焊丝回抽高度一致，电弧长度也就一致了。另外 CMT 工艺熔滴过渡周期精确、稳定，焊接一致性高。

6）焊丝回抽引弧，引弧无飞溅，引弧速度快。焊接过程中起弧时总是容易出现缺陷，其主要原因一是因为大的短路电流易产生飞溅；二是因为刚起弧时难以稳定。CMT 工艺通过焊丝回抽，拉起小电弧至设定的高度，然后开始焊接，起弧无飞溅，起弧时间只需要 30ms。

7）CMT+P（冷金属过渡脉冲复合工艺），可自由增加焊接热量，实现不同的焊缝成形。CMT 技术提供一个最低能量的平台，在此基础上，可叠加脉冲过渡，脉冲 /CMT 交替过渡（一个 CMT 过渡后，过渡方式转为 1 个或几个脉冲过渡）。通过这种方式可自由增加热输入量，可以达到不同的焊缝成形，或者是提高薄板的焊接速度。图 19-63 为不同 CMT+P 混合脉冲数量的熔深。

8）焊枪配有推拉式送丝机构。拉丝机采用 AC 伺服电动机，送丝稳定可靠。送丝系统中除一台四轮送丝机外，在枪头上还有一个 AC 伺服电动机拉丝，确保了精确的送丝和恒定的接触压力。图 19-64 所示为手工 CMT 焊焊枪。

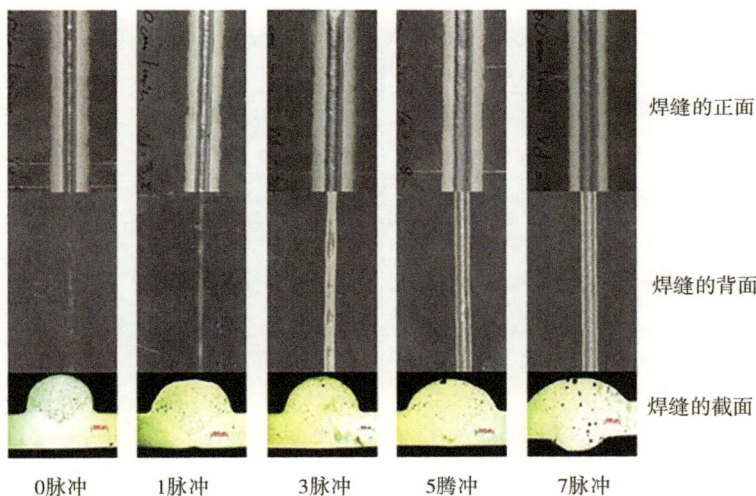

焊缝的正面

焊缝的背面

焊缝的截面

0脉冲　　1脉冲　　3脉冲　　5脉冲　　7脉冲

图 19-63　不同 CMT+P 混合脉冲数量的熔深

图 19-64　手工 CMT 焊推拉丝焊枪（AC 伺服电动机）

9）焊机内存专家焊接工艺系统（见图19-65），操作简单。好的焊接电源只是为高质量、高度一致性的焊接提供了硬件基础，但最终影响焊接质量的是配套的焊接工艺，这在当今高技术操作人员短缺的情况下尤为重要。如何降低对工人的素质要求，同时又能实现高质量的焊接，是全世界的工业领域所面对的问题。

10）工业发展使材料得以发展和应用，而奥地利福尼斯公司的数字化焊机是一个工艺加载的平台，如果需焊接特种直径焊丝或特殊的焊接材料，可通过计算机直接将新的焊接专家系统下载到焊机中，减少和缩短客户调试和工艺试验的时间及成本。

图 19-65　CMT 焊接专家系统

11）可配备套各种型号机器人一起使用（见图19-66），如 KUKA、ABB、FANUC、Motoman、IGM、Comau。

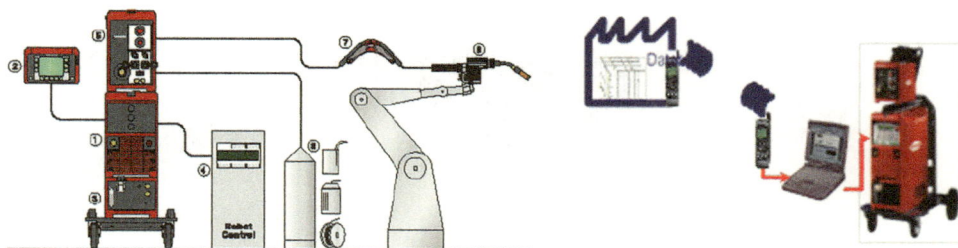

图 19-66　CMT 配套机器人使用

12）配备相应的 PC 软件，成熟的焊接产品的焊接参数可以备份到其他焊机或计算机中，从而实现所有焊机焊接工艺的严格统一。焊接工艺计算机化管理，为产品质量的一致和重现提供了基础。

13）焊接质量监控。配备 RCU5000i 多功能遥控器（可选），可以对焊接质量进行自动监控。

CMT 焊也有交流焊接技术：CMT Advanced（见图 19-67）。CMT 交流焊接技术提供更加灵活的焊接应用：增加 60% 的熔敷率，优越的搭桥能力，工艺稳定性更高。

CMT 焊的扩展——Pin 功能（见图 19-68）：是将焊丝直接焊在工件上，其中长度、端面形状（球状、平面、尖状）可根据需要设定。

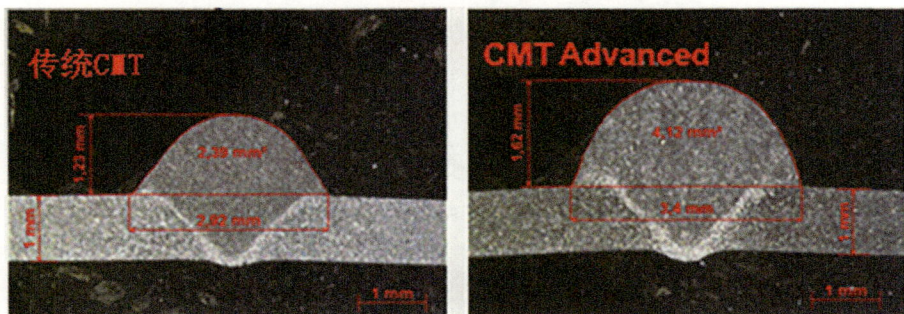

图 19-67　CMT 交流焊接技术

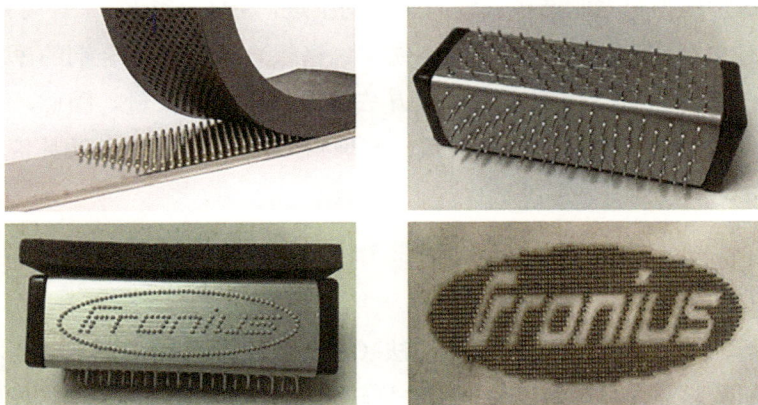

图 19-68　CMT 焊的扩展——Pin 功能

2017 年有厂家推出了智能化的 TPS i CMT 设备，它的应用范围更广。智能化焊机的高速运算能力，高速的内部通信是焊接工艺多策略控制焊接的前提。嵌入式的操作系统简化了操作，Webserver 提供了网络服务，使焊机融入"中国制造 2025"成为可能。高动力的伺服电动机是实现新工艺的硬件基础，送丝运动参与熔滴过渡，改变了电弧的形态，创新出众多的全新焊接工艺（见图 19-69）。

图 19-69　CMT 焊接机器人技术

19.7　窄间隙热丝 TIG 焊接及其装备

19.7.1　概述

随着锅炉压力容器制造中高温高压化的推进，9%Cr、12%Cr 等高 Cr 钢的使用量越来越多；在核发电设备中，不锈钢、铬镍合金等高合金钢的厚板大量被使用。这些特殊材料，用普通的焊接方法很难保证焊接质量。因此，在锅炉以及核电等发电设备的制造与维护领域，窄坡口 GTAW 就成了必须具备的一种焊接技术。

19.7.2　电极摇动式窄坡口热丝 GTA 焊接法

19.7.2.1　焊接法的原理

电极摇动式窄坡口热丝 GTA 焊接法（以下简称摇动 HST 法）的基本构造如图 19-70 所示，通过将倾斜安装电极的旋转头伸入窄坡口内左右旋转使电弧左右摆振，实现电弧摇动。旋转控制参数可以与速度、角度、停止时间一起从控制装置进行输入，可以与电弧电流进行同期控制来得到最适合的焊道。焊枪为水冷式，通过耐热性塑料进行绝缘，保护气也从其前端流出。在工件表面设置 2 次保护罩，2 次保护系统的气体保护方式与窄坡口 GMA 焊接相同。

在焊丝上增加电流，加热焊丝，帮助熔化

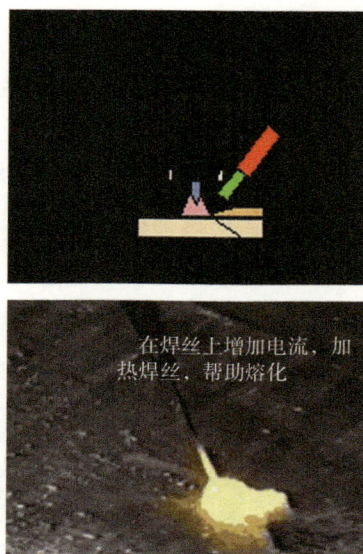

图 19-70　热丝 TIG 焊接法的原理

19.7.2.2　焊接效率

摇动 HST 法通过电极摇动，采用低电弧电流也可以获得大的熔池，所以可以完成高速送丝。图 19-71 所示为在国际核聚变试验反应堆的部分模型制造时事先进行的试验结果。一般来说，30 ～ 50g/min 的熔敷量作业情况比较多见。

截面宏观形貌			
姿势	仰焊	立焊上进	平焊
层	11层	11层	11层
焊接速度	最大50g/min	最大35g/min	最大61g/min

图 19-71　不同程度的熔敷量情况对比

19.7.2.3 电极摇动式窄坡口热丝 GTA 焊接法应用实例

摇动 HST 法适用于各种姿势，这里介绍几种焊接装置。

1. 下向焊接装置

下向焊接装置如图 19-72 所示。坡口宽度与窄间隙熔化极气保护焊的坡口宽度相同，大约为 10mm。在厚壁管子焊接中，实施无人监控运行，在焊接时间较短的底板焊接中实施 2 台 / 1 人运行。

图 19-72　下向焊接装置

2. 横向以及全位置焊接装置

横向以及全位置焊接装置如图 19-73 所示，坡口形状与下向焊接大致相同。

接头形状的例子

圆周焊接状况（全姿势）　　横向焊接状况（横焊）

图 19-73　现场厚壁管道焊接

19.8 管道自动焊接及其装备

19.8.1 长输管道自动焊接技术简介

自动焊是指借助于机械设备完成焊接过程，焊接操作工只起引导作用，对焊接操作工的技能不作过高的要求。长输管线环焊缝全位置自动焊的关键技术在于提高管线焊接质量和施工效率，降低工人劳动强度，同时减少焊接过程对人员技术水平的依赖。管道自动焊接技术具有焊接效率高、焊缝成形美观、降低工人劳动强度等优点。在全球范围内使用的管道自动焊接方法有自动埋弧焊、电阻闪光焊、钨极氩弧焊和全位置熔化极气体保护自动焊等。目前，在实际管道工程中大量使用的是全位置熔化极气体保护自动焊。

19.8.2　长输管道自动焊接装备

长输管道自动焊接施工工序如图 19-74 所示。

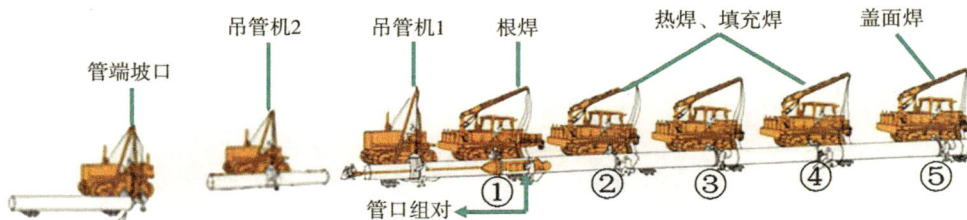

图 19-74　长输管道自动焊施工工序示意图

长输管道自动焊接一般采用实心焊丝（或金属粉芯）气体保护、薄层多道、窄间隙焊接工艺，使用的核心施工装备包括坡口机、内焊机（带铜衬垫内对口器）、外焊机等。

19.8.2.1　管端坡口整形机

管端坡口整形机（以下简称为坡口机）主要用于长输油气管道焊接时现场坡口加工（见图 19-75）。整机分为主机和液压站两大部分，主机完成定位和切削，液压站提供动力，可加工 V 形、U 形、X 形以及各种复合形坡口，还可对超标管口、损坏管口进行整形加工。主机旋转刀盘上的跟踪仿形机构可确保加工坡口的形状、尺寸、钝边厚度均匀一致。

图 19-75　国产 PFM 坡口机及液压站

在现场施工中，可以采用吊管机运载液压站并吊起坡口机实施坡口加工，也可以采用吊管机和挖掘机自身的动力源为坡口机提供动力，后者效率更高。

19.8.2.2　带铜衬管道气动内对口器

带铜衬管道气动内对口器（见图19-76）整机结构与普通气动内对口器一样，采用卧式构架布局形式，由扩涨装置、行走装置、导向保护栏操纵装置、气动系统等部件组成，与普通的气动内对口器唯一的不同点就是在两排涨靴之间安装了一排随涨靴一起升降的铜衬垫。铜衬垫的材质为铬锆铜，熔点较高（熔点高于1 600℃），起衬托铁液作用，确保焊缝的背面成形。

图 19-76　带铜衬管道气动内对口器

19.8.2.3　管道内环缝自动内焊机

内焊机整机采用卧式长构架结构，主要由涨紧机构、扩涨导向保护装置、焊炬自动定位对中机构、多焊炬同步焊接驱动机构、专用焊接单元、行走及制动机构、气动系统、自动控制系统等组成（见图19-77）。6～8个专用焊接单元（小口径内焊机也可以布局4个焊接单元）均匀布局在多焊炬同步焊接驱动机构的旋转滑环上，焊炬自动定位对中机构确保焊接单元的中心与被焊管口处于同一平面。

由于使用实心焊丝气体保护焊接工艺，焊接时，内焊机（以适应1 219mm管径为例）单侧焊接单元1、2、3、4同时起弧，沿管道内环缝逆时针方向焊接，如图19-78a所示。每个焊接单元完成45°中心角对应的圆弧长度的焊接，焊到相应位置时，停止焊接，此时各个焊接单元所处位置如图19-78b所示，搭接区长度 10 ~ 30mm。接着焊接单元 5、6、7、8 同时起弧，沿管道右侧的内环缝顺时针方向焊接，焊到相应位置时，停止焊接。此时，管道环焊缝根焊完毕，八个焊接单元重新回到初始位置。

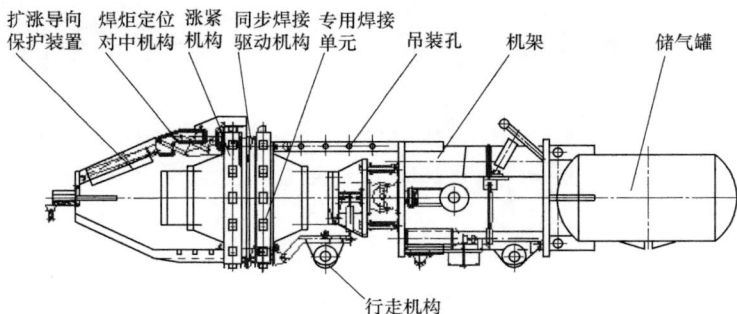

图 19-77　PIW 内焊机结构示意图

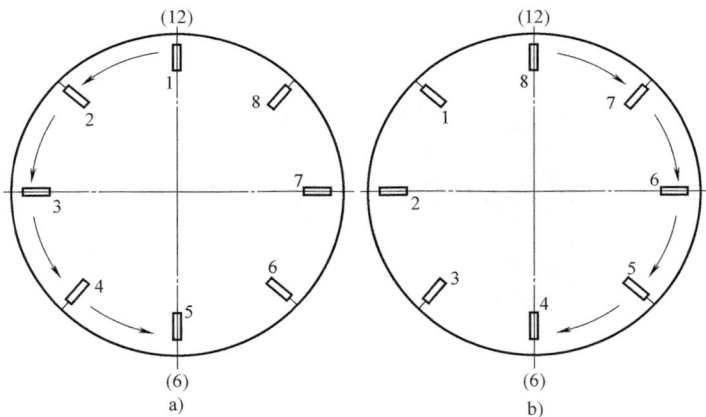

图 19-78　内焊机焊接方式示意图

19.8.2.4　全位置自动外焊机

1. 单焊炬外焊机

由两台各装一支焊枪的焊接小车沿环形轨道从管道的顶部分别向下焊接，采用实心焊丝熔化极混合气体保护焊。焊接过程中的参数全部预设在控制系统中，焊接过程由焊接小车在电弧跟踪系统的引导下自动完成。单焊炬外焊机分根焊机和填充盖面焊机两种形式，如图 19-79 所示。

图 19-79　国产 PAW2000 单焊炬管道全位置自动焊机

2. 双焊炬外焊机

由两台各装两支焊枪的焊接小车沿环形轨道从管道的顶部在电弧跟踪系统的引导下分别向下焊接，采用熔化极混合气体保护焊。双焊炬外焊机主要用于焊缝的填充和盖面，工效较单焊炬外焊机更高，是目前主流机型（见图 19-80）。

图 19-80　国产 CPP900-W2 管道双焊炬全位置自动焊机

19.8.3　工程应用

中国石油天然气管道局开发的长输管道全位置自动焊成套设备（坡口机、多焊炬自动内焊机和单 / 双焊炬自动外焊机）已规模应用于西气东输二线、西气东输三线管道工程的实际焊接施工中。

19.8.4　新型管道自动焊接技术

19.8.4.1　管道全位置自保护药芯焊丝自动焊接系统

管道全位置自保护药芯焊丝自动焊接系统主要由安装焊炬的焊接小车、导向轨道、自动控制系统、焊接电源及送丝机等组成（见图 19-81），可顺序完成环缝的热焊、填充焊、盖面焊。自保护药芯焊丝全自动焊具有抗风能力强（风速≤8m/s，不使用防风棚）、焊接效率高、焊缝质量好、成形美观、焊接缺陷少、工人劳动强度低等优点。

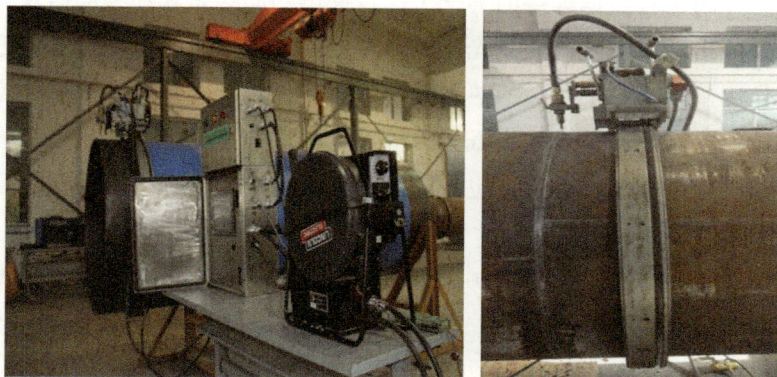

图 19-81　中国石油天然气管道局研制的管道全位置自保护药芯焊丝焊接系统

目前，只有中国石油天然气管道局和俄罗斯开展了管道全位置自保护药芯焊丝自动焊的研究。

19.8.4.2　单弧双丝自动焊技术

中国石油天然气管道局于 2009 年开始管道全位置单弧双丝自动焊接系统的研究工作，目前已成功生产出样机。管道全位置单弧双丝自动焊接系统主要由焊接小车（焊枪的运动载体）、嵌入式摩擦轨道、智能控制系统、焊接电源及送丝机等组成。焊接工艺为内焊机根焊 + 单弧双丝全位置自动焊热焊、填充焊、盖面焊。焊接效率可比现有单焊炬管道全位置自动焊提高约 15%；焊接电流密度高、熔池自然熔宽大、焊接参数适应范围宽、电弧稳定、焊缝成形美观。

19.8.4.3　激光 - 电弧复合焊接技术

当前一些知名管道公司正在与众多焊接权威机构合作，将管道焊接技术研究的重点由常规电弧焊转向激光焊和激光－电弧复合焊。如英国焊接研究所（TWI）、奥地利福尼斯公司、德国菲茨（Vietz）公司、美国爱迪生焊接研究所（EWI）等，但截至目前，国际上还没有实现管道激光－电弧复合焊技术的现场应用，激光焊技术多集中应用于薄板焊接，如汽车制造业。

在激光－电弧复合焊技术中，激光的引入提高了电弧的稳定性，从而可以获得更高的速度和更大的熔深。纯激光焊应用中的一个突出难题是工艺上对接头对口精度要求高。激光焊在电弧的辅助作用下，桥接能力得到提高，使上述难题得到了解决。

将激光焊用于管线钢焊接的另一个比较突出的问题是其焊缝的微观结构不仅易碎且其耐冲击性也很差，而激光-电弧复合焊接技术可以解决这个问题。电弧具有预热作用，同时由于电弧的热影响区较大，使复合焊焊缝的降温速度低于纯激光焊焊缝的降温速度，从而降低了焊缝硬度，增加了韧性；来自电弧焊的焊丝填充物能控制焊缝金属的特性，也起到降低热裂纹敏感性和提高焊缝金属韧性的作用。

中国石油天然气管道局于2009年开始管道全位置激光-电弧复合焊装备及焊接工艺研究，通过开展焊接机理研究，完成了样机研制（见图19-82），在大量试验的基础上，解决了大钝边厚度情况下管道底部焊缝内凹的问题，X70、X80钢焊接试验表明，焊缝成形美观，无损检测基本上没有焊接缺陷，理化性能满足相关标准的要求。下一步将在海洋管道焊接中推广应用。

图 19-82　中国石油天然气管道局研制的管道全位置激光-电弧复合焊接系统

19.8.4.4　多焊炬自动焊接技术

2012年，中国石油天然气管道局开展了管道多焊炬自动焊机的研究工作。

多焊炬自动焊机是管道全位置自动焊接技术的发展趋势。由于多焊炬气体保护自动焊机的焊炬多，焊接速度快，焊接效率高，因此可实现管道全位置的高效焊接。这种设备的主要特点是焊机位置固定，可以用于海洋管道敷设。由于这种设备体积较大，且其轨道装卡定位相当困难，因此不适合于长输管道的现场流水作业。

第 20 章　典型钎焊装备

20.1　连续式气体保护钎焊炉

连续式气体保护钎焊炉是一种高效、优质、低成本的无氧化钎焊设备，适用于复杂结构零部件的批量连续式焊接。连续式气体保护钎焊炉已广泛应用于汽车、家用电器、五金等多个行业。依据传送方式的不同，连续式气体保护钎焊炉可以分为网带式、推杆式和辊底式三种，目前国内生产和应用最广泛的是网带式连续气体保护钎焊炉。在生产制造过程中具体选择哪种类型的钎焊炉和保护气氛应根据被焊工件材料的种类和尺寸大小来决定，常用的保护气氛见表20-1。

表 20-1　炉中钎焊常用的还原性保护气体

序号	气源	最高露点/℃	成分近似值（体积分数，%）				备注
			H_2	N_2	CO	CO_2	
1	放热式气体	室温	1～5	87	1～5	11～12	低氢
2	放热式气体	室温	14～15	70～71	9～10	5～6	脱碳
3	吸热式气体	-40	15～16	73～75	10～11	—	—
4	吸热式气体	-40	38～40	41～45	17～19	—	增碳
5	氨分解气体	-54	75	25	—	—	—
6	瓶装氢气	室温	97～100		—	—	—
7	净化的氢气	-59	100		—	—	—
8	工业氮-氢混合气	-37	5	95	—	—	—
9	高纯氮气	-46	—	99.9～100	—	—	—
10	氮基气氛	-60	N_2: 88～98，（H_2+CO）：2～12				氮与甲醇裂解后的混合气体

网带式连续气体保护钎焊炉能高效率地连续作业，并且可以精确地控制焊件在加热室和冷却室中的时间。网带式连续气体保护钎焊炉通常分为水平网带式和桥形网带式两种。水平网带式的炉膛为平直状态，桥形网带式的炉膛呈弓桥形，如图20-1、图20-2所示。

图 20-1　水平网带式连续气体保护钎焊炉

图 20-2　桥形网带式连续气体保护钎焊炉

网带式连续气体保护钎焊炉通常由加热系统、冷却系统、传动系统、控制系统及供气系统等装置组成。冷却系统采用水套结构，长度约占炉子总长的 $1/2 \sim 3/5$，一般长度大于 3m。网带材料一般采用耐高温不锈钢丝编成，电动机采用变频调速或电磁调速，加热炉体的绝热保温采用半纤维或全纤维结构。加热元件根据炉子额定温度选择，低于 1 000℃ 一般选用合金电阻材料，高于 1 000℃ 采用硅碳棒。加热电源采用 380V 电压 Y 形接线方式，采用过零触发元件和移相触发元件无触点输电。采用 AI 人工智能工业调节器控制加热温度和输出控制信号源，设备由各种传感器、PLC、执行元件实现机电一体化控制。

对于铁基、铜基焊接材料（包括碳钢、合金钢、铸铁、铜及铜合金等），因其 Cr、Mn 等元素的含量很低，对保护气氛的露点要求相对也较低，一般都选用水平网带式连续气体保护钎焊炉。水平网带式连续气体保护钎焊炉可根据工艺要求设定预热、升温、钎焊和冷却等几个温区。加热室温度可控，控温精度可达 ±（2～3）℃，对于碳钢焊接材料，所用保护气氛的露点应控制在 -7℃以下，保护气氛为中性高纯氮气和高纯氢还原气氛的组合。对于不锈钢材料，由于其含有大量的合金元素 Cr，Cr 极易氧化，而其氧化物又极难还原（在纯氢保护条件下，温度为 1 000℃时，氢气的露点为 -50℃时，铬的氧化物才处于氧化与还原的平衡状态）。因此，为了保证钎焊时炉内气氛的高纯度，钎焊不锈钢的连续气体保护钎焊炉均采用桥形结构。

桥形钎焊炉是利用氢气的密度远低于氧气和氮气的特性，在炉管内上方一直保持氢气氛围，通过高纯氢气的不断输入，迫使炉内气体外排，并阻止外界空气侵入，从而保证了炉内氢气持续的高纯度，也保证了不锈钢焊件的钎焊质量。桥形网带式连续气体保护钎焊炉通常采用分解氨气作为保护气体，气体的纯度要求其露点在 -60℃以下。桥形网带式连续气体保护钎焊炉的网带传动、速度控制、冷却方式、加热元件、温度控制、保护气氛的导入以及冷却方式等均与水平网带式连续气体保护钎焊炉的基本相同。图 20-3 所示为采用网带式连续气体保护钎焊炉钎焊的部分产品。

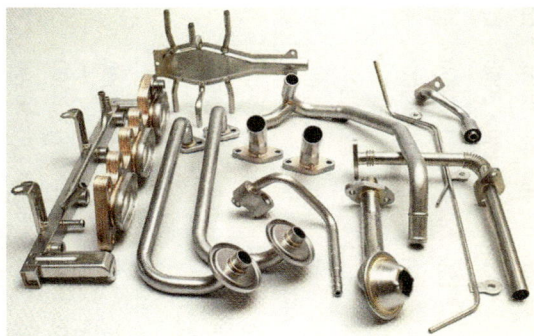

图 20-3　网带式连续气体保护钎焊炉钎焊的部分产品

连续式气体保护钎焊炉国内目前已能够自主生产，且在汽车、轨道交通、船舶工程等多个领域得到了推广应用，表 20-2 为国内部分网带式连续气体保护钎焊炉的型号及技术参数。

表 20-2 国内部分网带式连续气体保护钎焊炉的型号及技术参数

序号	型号	额定功率/kW	加热室有效尺寸/mm（宽×高×长）	额定温度/℃	带宽/mm	外形尺寸/mm（长×宽×高）	应用
1	HDZ003ZT	120	410×125×4300	1125±5	410	18500×2000×1200	散热器、制冷压缩机和微波炉零件钎焊
2	RCWA10-24	50	240×80×2500	1120±5	210	8100×1200×1200 冷却段长度：9000	电冰箱的全排管与消声器盖钎焊、汽车冷却器、液力变矩器、不锈钢器皿钎焊
	RCWA11-500	120	220×120×5000	1150±5	200～400		
	RCWA8-45QH	120	280×120×3600	700	—	冷却段长度：8000	铝散热器、冷凝器、蒸发器、不锈钢与铝零件的钎焊
	RCWE-42QH	120	400×60×5000	800		冷却段长度：5600	
3	RCWE12-13×180×8	30	160×80×1800	1150	130	—	不锈钢燃油分配器、空调四通阀体、截止阀和换向阀、热水器交换器、磁控管的钎焊
	RCWE12-45×450×16	145	490×160×4500	1150	450		
	RCWE9-31×280×30	90	350×300×2800	950	310	—	平行流冷凝器、层叠式蒸发器、汽车散热器钎焊
	RCWE9-42×350×30	120	460×300×3500	950	420		
4	NGL80-12Q	84	400×100×4100	1150	—	—	碳钢、不锈钢、铜合金制件钎焊
5	NGG110	110	600×150×3500	1150	590	—	轿车变速器齿轮钎焊
	RCWE12-18×250×10	30	180×100×2500	1150	—	12000×2000×1240	电冰箱和空调压缩机零件、汽车和自行车零件钎焊
	RCWE12-60×680×17	290	600×170×6800	1150	—	25000×1848×1792	
6	JDM-6-10	6	140×30×715	1100	—	全长：2500	不锈钢制品钎焊
7	RCWA7-58-480	72	150×560×4800	700	—	—	铝钢钎焊
8	HB-45-12	45	170×150×2600	1150	—	—	不锈钢机油冷却器、散热器钎焊
	HB-180-12	180	350×180×6500	1150	—		

20.2　真空钎焊炉

真空钎焊设备是采用电阻热作为热源进行真空钎焊的加热设备，主要由真空钎焊炉和真空系统两部分组成。真空钎焊炉加热均匀，焊件变形小，钎焊过程可免除钎剂的使用，焊后工件洁净，可以免除清洗，并且钎焊的产品质量较高，可以方便地实现其他钎焊方法难以实施的金属和合金的焊接，因此在航空航天、汽车、制冷及电子等领域获得了广泛的应用。真空钎焊炉可分为热壁真空钎焊炉和冷壁真空钎焊炉两种类型。其中应用最为普遍的是冷壁真空钎焊炉。

冷壁真空钎焊炉自带加热器，炉壁采用双层水冷却结构，钎焊过程中钎焊炉外壳始终保持冷却状态。冷壁真空钎焊炉常用来钎焊不锈钢、铝及铝合金、陶瓷等材料，其结构分为立式或卧式两类，由于立式炉往往会受到厂房空间高度的限制，因此大型的真空钎焊炉以卧式的居多，炉膛的结构有单室、双室和多室。冷壁真空钎焊炉按照钎焊加热温度的不同可分为高温真空钎焊炉和中温铝真空钎焊炉两种。

20.2.1　高温真空钎焊炉

高温真空钎焊炉的炉体均采用水冷夹层结构，外壁为碳钢，内壁为耐水蚀不锈钢。加热元件有钼丝、钼带、钼棒和石墨管等类型。加热元件的分布方式有圆周加热型和全方位加热型两种，以确保炉温的均匀性。加热时保温用隔热材料可采用全金属型或复合型。全金属型隔热材料通常由耐热不锈钢片与钼片组成；复合型隔热材料采用耐热不锈钢片、钼片与碳毡或硅酸铝纤维等组成。目前大多数的高温真空钎焊炉的隔热层多由多层碳毡组成。

真空机组一般由机械泵与油扩散泵或机械泵与罗茨增压泵、油扩散泵等组成。根据不同工艺要求选用不同的真空机组。温度控制采用智能温控仪，可实现升温、保温和降温的自动控制。升降温度可调，同时还可显示温度和时间等参数。

充气冷却系统有鼓风机外循环结构和鼓风机内循环结构等几种类型，以促使焊件快速冷却。

目前，国产的真空钎焊炉的整个工艺过程控制都采用了可编程序控制器（PLC）完成，全部动作均有联锁保护，具有手动和自动两种操作方式。此外，还都设有完善的报警及保护装置。高温真空钎焊炉的规格品种繁多，结构形式也不相同。图 20-4 所示为典型的卧式单室高温真空钎焊炉，其最高加热温度能够达到 1 300℃，极限真空度为 6.6×10^{-4} Pa，主要结构由炉壳、加热室、真空系统、循环风冷系统、控制系统和安全保护系统等组成。

图 20-4　卧式单室高温真空钎焊炉

为了提高高温真空钎焊炉的生产效率，国内外都开展了三室或更多室的半连续式高温真空钎焊炉的研制。图 20-5 所示为三室半连续式高温真空钎焊炉。

图 20-5　三室半连续高温真空钎焊炉

该钎焊炉有效均温区为 950mm×500mm×500mm，最高温度为 1 300℃，温度均匀性为 ±5℃，工作真空度为 10Pa，炉体为钢质圆筒夹层结构，圆筒的两端分别为准备室（装料、抽真空）和冷却（卸料）室，中间为钎焊加热室。采用石墨毡作为隔热层，加热元件使用石墨带。冷却室顶部装有风扇，风扇下端为铝翅片钢管组成的热交换器，同时设有充填惰性气体的阀门。三室之间用闸板阀隔开并密封，机械泵与罗茨泵二级抽真空。炉内压力数值和动态过程由控制柜面板上的数字模拟面板显示。焊件在三室之间的传递靠电动机密封驱动传递机构，入炉后全部自动操作程序由 PLC 控制，钎焊温度及保温时间由欧陆 818 温控仪控制。此炉在运行过程中，加热室始终保持在比较高的温度，无须反复升降温，节省了能源，特别适合不必预热和成批零件的钎焊，大大提高了钎焊效率，如每钎焊一炉高温合金焊件，平均只需要 40min 左右。这种半连续三室高温真空钎焊炉结构复杂、造价高，此外充填的惰性气体的露点应低于 -40℃。

目前国内已有数十家企业能够制造高温真空钎焊炉，其中以卧式炉型居多，并已形成系列化产品，同时向半自动化、自动化方向推进，其中不少产品已经远销海外。高温真空钎焊炉已广泛用于航空航天、电子器件、核工业、机械家电、汽车、工具和轻工五金等多个行业。

20.2.2 铝真空钎焊炉

铝真空钎焊炉是铝及铝合金在真空钎焊时所用的加热设备，在空分机热交换器、工程机械散热器、液压泵站散热器、汽车散热器、空调蒸发器、雷达网格天线、波导及液压传动机构的油冷器等部件的真空钎焊方面广泛应用。

铝真空钎焊炉通常为卧式结构，主要分为间歇式（单室）和半连续式（三室或更多室）两种。目前在国内生产和应用最为广泛的是充气冷却的卧式单室铝真空钎焊炉。

图 20-6 所示为卧式单室铝真空钎焊炉，它由炉体、加热室、除镁装置、真空系统、电控系统、水冷系统和气冷系统等组成。炉体与前后盖均为夹层水冷结构，外壁为碳素钢，内壁为不锈钢。炉体端面法兰与前后炉盖之间装有密封圈，保证真空炉在负压下的密封。加热室为多层不锈钢辐射屏组成的矩形结构，镍铬电阻带配置在矩形加热室的四周和前后炉盖，多区加热，多区控制，保证了良好的温度分布和均匀加热，以确保炉内的炉温均匀度在 ±（3～5）℃范围内。所用真空机组由旋片式机械泵、罗茨增压泵和油扩散泵组成，极限真空度可达 8×10^{-4}Pa。在高真空挡板阀和真空室之间有镁收集器。气冷系统采用充氮气进行冷却，气体压强为 0.08MPa。电控系统采用触摸屏或键盘操作工控机控制系统，可同时控制多台可编程温控仪，连续实时记录炉温和真空度等参数，并有多种故障声光报警显示。大多数铝真空钎焊炉有手动和自动两种控制方式。大型铝真空钎焊炉炉门开关系统采用电动机驱动方式。

图 20-6　卧式单室铝真空钎焊炉

三室卧式铝真空钎焊炉用于汽车空调和工程机械的铝质蒸发器、冷凝器、油冷器及涡轮增压冷却器等部件的真空整体钎焊。炉型结构为三室半连续式真空电阻炉，其内部结构与三室半连续高温真空钎焊炉相似，分别为前端用于装料和预抽真空的准备室，中间段为钎焊加热室以及尾端为充氮气的冷却卸料室。加热室始终处于真空及加热状态。此类过程的铝真空钎焊炉在生产线上使用了十多年，运行仍然保持正常。

目前国内已能批量制造各种真空钎焊设备，包括各种气淬的真空钎焊炉和三室半连续钎焊炉。国内制造的目前亚洲最大真空钎焊炉，均温区尺寸已达到 $1\,550\text{mm}\times1\,800\text{mm}\times800\text{mm}$，在 800℃时，其温度均匀性能够达到 ±3℃，极限真空度不低于 $3\times10^{-3}\text{Pa}$，最大载荷达到 18t，这表明我国制造的真空钎焊炉的主要技术性能已接近国际先进水平。但我国的真空钎焊设备与欧美及日本等的先进设备相比仍存在不小的差距，特别是在真空机组和阀门方面，零件加工精度低、耐磨损性能差、质量不够稳定、使用寿命较短、维修量大，在节能和降噪等方面也需要进行改进。

20.3　自动火焰钎焊设备

火焰钎焊设备是用可燃气体或液体燃料的气化产物与氧或空气混合后燃烧产生的气体火焰作为热源进行钎焊的加热设备。火焰钎焊设备主要由气源、阀门、传输气体的软管或管路系统、焊炬、喷嘴、安全装置及其他辅助装置等组成。火焰钎焊使用的气体包括乙炔、天然气、甲烷、丙烷等，不同的气体火焰温度有所不同，可根据具体的需要进行选择。火焰钎焊最常用的气体是氧乙炔，燃烧时最高温度可以达到 3 100℃以上，由于钎焊所需要的温度一般比较低，很少超过 1 200℃，因此在钎焊过程中常使用火焰的外焰进行加热，因为该区域火焰的温度较低而且横截面积较大。使用中性焰、还原焰来防止母材和钎料的氧化。

火焰钎焊相比其他钎焊方法具有灵活性高、适应性强、操作简单等特点，因此在早期的钎焊制造中大量应用，作业方式以手工操作为主。但对于大批量、精密部件的火焰钎焊，手工操作容易造成质量不稳定、工作效率低、工人劳动强度大等问题，近年来随着生产制造自动化的日益推进，自动火焰钎焊设备逐渐步入了钎焊设备的研发行列，且已初步形成规模。

自动火焰钎焊机是采用数字程序控制系统使火焰钎焊过程全部自动进行的设备。自动火焰钎焊机通常用于大批量生产，是针对某特定产品的专用设备。选择自动化火焰钎焊设备必须考虑焊件的尺寸和结构，钎焊接头形式、要求的生产速率，以及焊件的组装、钎料和钎剂的预置、加热方式、焊件的冷却和卸载等一系列问题。自动火焰钎焊机通常有转盘式和直线式两种，其中以转盘式应用居多。转盘式自动火焰钎焊机一般为多工位的，如 6 工位、8 工位、12 工位，甚至还有更多工位，一般结构都比较复杂，图 20-7 所示为典型的 12 工位转盘式自动火焰钎焊机。该设备由分度装置、加热机构、送料机构、冷却系统及自动控制系统等部分组成。

图 20-7　12 工位转盘式自动火焰钎焊机

分度装置是该钎焊机的关键部件，它是由工件夹具、转盘、分度机构、减速器及驱动电动机组成。12个工件夹具沿转盘圆周均布，夹具可方便地装卸壳体，并保证了管与壳体的定位精度。夹具与转盘一起装在分度机构上，分度机构将减速后的连续转动变为间歇运动，实现12工位的分度和定位。

该钎焊机每个工位拥有自己的加热机构，能够实现对工件的预热和钎焊，加热机构安装在旋转台面上。为了保证加热均匀，加热机构装有两把射吸式焊炬和摆动机构。焊炬的位置（即加热点）以及加热火焰的状态均可任意调节，摆动机构带动两把焊炬进行前后摆动，两把焊炬和摆动机构可整体快速进退。

送料机构安装在焊接工位上，并与加热机构相配合。为实现钎料的自动送给，该钎焊机选用 $\phi1.2 \sim 1.4mm$ 的盘状钎料，采用气动送料方式，即由3个小气缸的相互运动，完成钎料的分段送进，送进长度和速度均可无级调节。

该钎焊机的气路分压缩空气、燃气和氧气3路。压缩空气经滤水、减压后进入汇流板，再由汇流板分配给电磁阀，控制各加热与送料机构的快速进退及钎料的压紧送给等动作，其压力为0.4MPa。燃气和氧气采用两路并联供气，其压力分别为0.04MPa和0.2 ~ 0.3MPa。燃气回路除总进口减压阀具有防止回火功能外，在每把焊炬的进气端还串有回火保险器，以确保安全。

冷却系统由风冷和水冷两部分组成，风冷用于冷却最后焊完的接头，水冷主要用于冷却夹具，避免连续焊接时夹具过热变形，影响铜管定位精度。

电控系统是以可编程序控制器为中心，通过分度、加热、送料等动作的22个限位传感器实现各动作的闭环和时序控制。电控系统设有手动和自动两挡。手动挡可对各动作进行单控，自动挡为正常焊接状态，即开始点火、转盘分度、焊件检测、加热、送钎料焊接、风冷、水冷等动作按编好的程序自动运行。为保证设备运行和操作人员的安全，电控系统还设有急停和复位按钮。

国内在自动火焰钎焊方面已开展了大量工作，部分产品也已走出国门，推向海外。但与美国、日本等发达国家相比，自动火焰钎焊设备还存在精度不足、智能化程度不够、在线监测方面研究滞后等问题。目前国外部分企业已率先开展了将协同机器人与火焰钎焊相结合的研究并推出了柔性智能火焰钎焊设备，突破了传统自动火焰钎焊专机只能用于专有工件的限制，扩展了钎焊产品的加工领域，且操作界面更加直观化，而国内在这方面还缺乏相关的研究。

20.4　自动感应钎焊装备

感应钎焊设备俗称感应加热装置，就是依靠焊件在交变磁场中产生的感应电流的电阻热来进行钎焊的加热设备。感应钎焊具有加热速度快、可进行局部加热的特点，特别适合于回转体的钎焊。感应钎焊设备可以钎焊钢、铝、铜、磁性材料、硬质合金以及金刚石等大量工业材料，在许多工业部门获得了广泛的应用。

感应钎焊机通常由高频电源、机械装置（包括工作台及其气动升降机构，或工作台的转动机构，二维微调机构及焊件夹具），以及水冷系统、气路系统和电控系统组成。感应钎焊机大多为专用设备，生产效率高，焊缝质量稳定可靠。感应钎焊机在制冷行业（如冰箱和空调的主阀体与两端管及毛细管、先导阀阀体与导管、电磁换向阀、四通换向阀等）、电机行业（如发电机绕组、变压器绕组）、航天工业（液体火箭发动机推力室、卫星导管）以及其他一些工业部门（如不锈钢－铝／铜复底锅、铜散热器、涡轮叶片、汽车换向器、硬质合金锯片）获得了广泛应用。感应钎焊机按自动化程度高低可以分为半自动和自动两种。

1. 半自动感应钎焊机

半自动感应钎焊机焊件的装卸工序及起动均由人工操作，而钎焊过程全部自动进行。以铜散热器高频感应钎焊专机为例，钎焊采用 SP30B 型高频电源，感应圈是扁盘式的；机械装置有气动升降机构、二维微调机构及焊件夹具；电控系统主要由时间继电器、无触点开关和从焊接电源内获取的钎焊结束信号搭建的控制回路来实现电路控制。当带动感应圈的气缸下降到加热位置，气缸上的无触点开关闭合，继电器通电，延时 2s 后，钎焊机开始加热—保温—冷却，然后电源发出钎焊结束信号，气缸上升，取出焊件至工作过程结束。整个钎焊过程全部由根据流程图编制的计算机程序控制。半自动感应钎焊机属间歇性工作机械，主要用于中小批量生产。半自动感应钎焊通常采用钎剂保护，但也可在氩气保护下或在真空容器中进行施焊。

2. 自动感应钎焊机

自动感应钎焊机利用传送带或转盘连续不断地将焊件送入和带出加热位置，感应器呈盘式或隧道式。工作时感应器一直通电，由选定的焊件送进速度来控制加热规范。这种感应钎焊机生产效率高，主要用于小件的大批量生产。

20.5　波峰焊装备

波峰焊是一种以熔融锡钎料液作为加热热源，对印制电路板（PCB）与电子元器件待焊处进行浸渍软钎焊的设备。它利用机内的机械泵或电磁泵，将熔融钎料压向波峰喷嘴，形成一股平稳的钎料波峰，并源源不断地从喷嘴涌喷出来，单面装有电子元器件并涂敷好钎剂的 PCB 经预热后，以直线平面运动方式通过钎料波峰，完成 PCB 元器件焊接。波峰钎焊机是表面组装技术（SMT）用的主要软钎焊设备之一，适用于表面组装器件（SMD）的焊接，并已在"插贴混装"方式的表面组装组件上普遍采用。波峰钎焊机自动化程度高，适宜大面积大批量 PCB 元器件焊接。图 20-8 所示为典型的波峰钎焊机钎焊过程。

图 20-8　波峰钎焊机钎焊过程

波峰钎焊机是通过早期的水平浸焊设备发展而来，通常由波峰发生器（波峰焊系统）、PCB 传输系统、钎剂喷涂系统、PCB 预热系统、冷却系统以及电气控制系统等多个部分组成，在有必要的情况下还可以添加风刀、油搅拌和氮气保护装置。

20.5.1　波峰发生器

波峰发生器是波峰钎焊机的核心部件，由机械泵、喷嘴、挡板、钎料槽、加热器等组成，可分为机械泵式和液态金属电磁泵式两大类。早期波峰发生器主要采用机械泵作为波峰发生器的动力源，但是由于机械泵存在结构复杂、选装零件多、机件极易磨损、维修困难、可靠性差等问题逐渐被液态金属电磁泵所取代。

液态金属电磁泵可分为传导式和感应式两类。传导式电磁泵具有结构简单、磨损小、寿命长，并且钎料槽容积明显缩小等优点，但由于其产生的波峰高低不稳定，因此必须添加升压器系统，此外对电极材料也有十分苛刻的要求。

20世纪90年代初，我国开发出了第一代单相感应式电磁泵，紧接着又成功研制了第二代感应式电磁泵——三相异步感应式电磁泵。单相感应式电磁泵结构简单，无任何转动件，永不磨损，寿命可以认为是无限的，因此基本不用维修，但是这种泵在宽波峰和高波峰的制造方面非常困难。而三相异步感应式电磁泵除具有单相感应式电磁泵的优点以外，其波峰平稳光滑，钎料槽表面钎料面平稳，波峰钎料无旋转扰动，氧化渣的量明显下降，在制备宽波峰和超高波峰方面也显现出了其独特的优势，目前三相异步感应式电磁泵已大批量生产，并广泛应用于无铅双波峰钎焊机的制造上。

20.5.2 钎剂喷涂装置

在波峰焊前，应先将钎剂施加到PCB元器件的底部，这时可以采用泡沫、波峰、刷子、鼓轮喷雾及喷嘴喷射等方法来实现，其中喷嘴"场喷射"方法特别适合无须清洗和不含挥发性有机化分合物的钎剂。钎剂被喷射时呈现雾状，并被向上喷射至印制电路板组件的底部，可精确地控制整体施加的钎剂量。在施加钎剂过程中，也可以利用超声波将钎剂雾化，有时候也采用一把热风刀，将钎剂铺展开，以确保钎剂渗透入凹陷部位。

20.5.3 预热装置

预热的目的是提高PCB组件和钎剂的温度，有助于在PCB进入钎料波峰时降低热冲击，同时也促进钎剂活化。预热通常采用三种方式：强迫对流、石英灯和热棒。强迫热空气对流是一种有效的高度均匀的预热方式，特别适合于水基钎剂；石英灯是一种短波长红外线加热源，它能够做到快速预热；热棒的热量由较长的红外线热源提供，波长较长的红外线能够很好地渗透入印制电路板材料之中，满足快速加热。

20.5.4 钎料波峰焊

涂覆钎剂的PCB组件离开预热区，通过传输带穿过熔融的钎料波峰。钎料波峰是由钎料槽内熔化的钎料上下往复运动而形成的，波形的长度、高度和特定的流体动态特性，可以通过挡板的强迫限制来进行控制。

20.5.5 传输系统

传输系统是一条安放在滚轴上的金属传送带，它支撑印制电路板移动通过波峰焊整个区域。印制电路板组件一般通过机械手予以支撑。传输带的速度和角度可以控制，当组件底部从钎料波峰中出来时，微小的仰角（4°～9°）对钎料的脱离是有好处的，可将细间距引脚之间的钎料桥连现象降低到最低程度。

20.5.6　波峰钎焊机的分类

现在波峰钎焊设备采用计算机控制，不仅可以降低成本、简化系统结构、提高可靠性和维修操作简便，而且经过模式识别、判断、运算和决策，实现对系统进行最优的实时自适应控制和无瑕疵软钎焊。

波峰钎焊机按照波峰形状通常可分为单波峰钎焊机、双波峰钎焊机和喷射空心波钎焊机，目前应用最广泛的是双波峰钎焊机。

1. 单波峰钎焊机

单波峰钎焊机是利用一个垂直的钎料波峰完成 PCB 单面软钎焊的设备。它借助机内的机械泵，把熔融钎料由狭长出口不断垂直向上喷出，形成 20mm 高的波峰。这种波峰钎焊机的缺点是钎料波峰垂直向上的力，会给一些较轻的元器件带来冲击，产生大量的漏焊或桥连，这种波峰钎焊机目前应用已不广泛。

2. 双波峰钎焊机

双波峰钎焊机是利用两个钎料波峰完成 PCB 单面软钎焊的设备。它是采用一个大增压室把熔融钎料压入喷嘴，从而形成双向波峰，所形成的钎料波透过喷嘴凸缘而上升，形成钎料波峰。双波峰钎焊机有两个钎焊波峰，前一个波峰较窄，有 2～3 排交错排列的小峰头，在这样多头、上下左右不断快速流动的湍流波作用下，钎剂气体被排除掉，表面张力也被削弱，从而获得良好的焊接效果。后一个波为双方向宽平波，可以除去多余钎料、消除飞边、桥连等缺陷。

我国生产波峰钎焊机的厂商有数十家，这些厂家对大多数波峰钎焊机进行了"无铅化"技术改造，例如，增加钎剂喷雾装置、延长预热区长度、改用三相异步感应电磁泵波峰发生器等，使普通波峰钎焊机升级为无铅波峰钎焊机。

3. 喷射空心波钎焊机

喷射空心波钎焊机是利用机内产生的喷射空心波进行 PCB 元器件软钎焊的设备。该种钎焊机所使用的喷射动力泵是一种特制的电磁泵，它利用外磁场与熔融钎料中流动电流的双重作用，迫使钎料按左手定则确定的方向运动。调节磁场与电流的量值，可方便地调节泵的压差和流量，从而达到控制空心波高度的目的。喷射波为空心波，厚度为 12mm，与 PCB 成 45° 逆向喷射，喷射速度高达 100cm/s。空心波与 PCB 接触长度仅为 10～20mm，接触时间仅为 1～2s，因而可大大减小热冲击。当完成一块 PCB 焊接后，自动停止喷射，钎料全被防氧化油层覆盖，减少了钎料进一步氧化。喷射空心波钎焊用钎料槽一般都很小，最大容量只有几十千克，钎料耗量最少。

20.6 再流焊装备

再流焊设备是进行 PCB 元器件软钎焊用的关键设备。它利用外部热源将 PCB 上预置的钎料膏熔化，并将 PCB 表面组装元器件的电极或引线与 PCB 焊盘润湿，形成软钎焊接头。再流焊设备是表面组装技术的重要组成部分，依据加热方法的不同，可以分为红外、气相、热风、激光和热板等多种再流焊设备。目前，常用的再流焊设备为热风对流再流焊机、气相再流焊机、红外热风再流焊机和激光软钎焊机。

20.6.1 热风对流再流焊接装备

热风对流再流焊机又叫作热风回流焊机，其原理是利用强制循环流动的热空气或氮气作为热源来加热 PCB 元器件的一种软钎焊设备。工作过程中其利用机内的加热器与风扇，使加热区的空气或氮气不断被加热，并实现对流循环。热风对流再流焊机具有加热均匀、温度稳定的特点，消除了传统热板传导加热的缺点。另一方面，其再流区内还可以设置多个温区，分别进行温度控制，从而获取合适的焊接热循环。图 20-9 所示为国产的 8 温区热风对流再流焊机，在其焊接过程中可以通入氮气以减少焊接过程中的氧化。但是热风对流再流焊机的强风可能会导致元件产生位移，同时热空气也容易造成 PCB 元器件氧化，这些事项在焊接操作过程中均应该给予足够的重视。

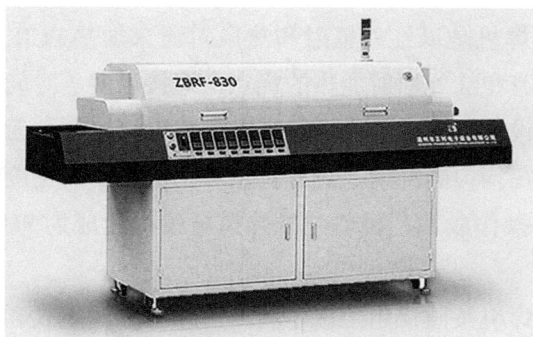

图 20-9　国产 8 温区热风对流再流焊机

20.6.2　气相再流焊机

　　气相再流焊机是表面组装技术所需要的关键设备，它是利用氟氯烷系溶剂的饱和蒸汽凝结时释放出来的汽化潜热作为热源加热 PCB 元件的一种软钎焊设备。气相再流焊具有加热均匀、热冲击小、钎焊应力低、钎焊温度能保持一致的特点，这是因为蒸汽的温度由溶剂的沸点所决定，因此可以用于热敏元件的焊接。气相再流焊机焊接加热不受表面组件结构的影响，钎料的桥连可控制到最低程度，同时还可以在无氧环境中进行钎焊，确保连接的可靠性。另外其还具有热转换效率高、加热速度快的特点。

　　气相再流焊机可以分为间歇式和连续式两类，前者为立式气相再流焊机，如图 20-10 所示，大多为实验室或者小批量生产应用，后者为隧道式气相再流焊机，适用于大批量的生产线工作，如图 20-11 所示。

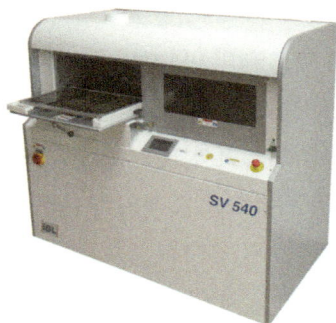

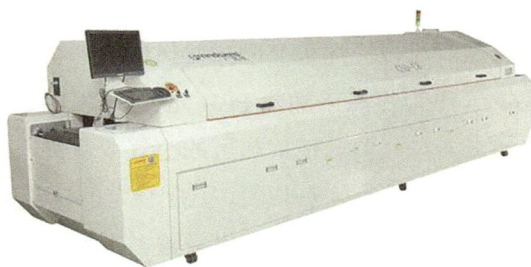

图 20-10　立式气相再流焊机　　图 20-11　隧道式气相再流焊机

20.6.3　红外热风再流焊机

　　红外热风再流焊机是以红外辐射和热风对流来加热 PCB 元器件的软钎焊设备。它具有热风对流和红外辐射加热的优点：焊接温度 - 时间曲线的可调性，使再流焊能有效地按设定的温度曲线进行，温度均匀，PCB 与元器件之间温差小，不同的元器件都可在均匀的温度下进行再流焊，可用于高密度组装，具有很高的生产效率和较低的操作成本。目前红外热风再流焊已成为 SMT 大批量生产中的主要焊接方式。

　　红外热风再流焊机按照使用工况不同，可以分为间歇式和连续式两种。间歇式红外热风再流焊机大多作为试验和小批量生产用，其通用性好，结构紧凑，使用方便。连续式红外热风再流焊机适用于生产线工作，由于其操作和维修简单，已成为红外热风再流焊机的主流。红外热风再流焊机所用的循环热气体主要有空气和氮气两种。通入氮气代替空气，可以避免 PCB 元器件表面氧化，改善钎料的润湿性，可减少钎剂炭化，便于焊后清洗，与免清洗膏结合，可进行免清洗再流焊接。

20.6.4　激光软钎焊机

激光软钎焊机是以激光为加热热源，将光能转变为热能进行再流焊的设备。激光软钎焊利用激光束优良的方向性和高功率密度特点，通过刮削系统将激光束聚焦在很小的区域，在很短的时间内，使能量集中在局部加热区。焊接过程是先加热引线，通过钎料膏向基板传热，当温度达到钎料熔化温度时，钎料膏熔化，润湿基板、引线，从而形成焊点。激光软钎焊是非接触快速局部加热，避免了电子元器件和 PCB 因过热而出现的损伤。在微电子再流焊封装中，激光软钎焊机已用于高密度引线表面贴装器件的再流焊，热敏感和静电敏感件的再流焊，BGA外引线凸点的制作、返修和 TAB 器件引线的连接等。例如，对引线中心距小于0.65mm 的 QFP 器件与 PCB 焊盘的软钎焊连接，激光软钎焊有效地解决了气相再流焊、热风再流焊及红外热风再流焊等方法在焊接细间距元器件时极易发生的相邻引线桥连和开口的难题。

20.7　浸渍焊连续式钎焊装备

浸渍钎焊设备是把焊件的局部或整体浸入熔融的钎料或混合的盐槽中，借助液体介质的热传导将焊件加热到钎焊温度的一种钎焊设备。由于所选熔化的液体介质的质量远大于焊件，其热容量大、导热性好，因此能迅速、均匀地加热焊件，焊件的变形小。钎焊过程中载热介质保护了焊件不会氧化、脱碳。浸渍钎焊设备结构简单、生产率高，易于机械化。根据浸渍钎焊设备所用的载热介质不同，可以将其分为盐浴浸渍钎焊设备和钎料浴浸渍钎焊设备两大类。

第 21 章　焊接装备发展建议

我国现有焊接装备生产厂家 800 多家，产品同质化严重，行业面临兼并、结构调整，优胜劣汰是必然趋势，企业为提高竞争力，应对老产品进行梳理，提高零部件标准化率。目前我国的焊接自动化率只有 20%，与发达工业国家 80% 的自动化率差距甚远，自动化焊接应用市场巨大。目前电焊机行业处于产能大于需求的状态，上游资源、人工成本及原材料价格成本不断提高，销售平均价格却处于下降区间，企业利润日渐微薄。更有不少企业急功近利，为适应新市场体制，把有限的利润投入到扩大企业规模和产量上，依靠低质、低劳动力成本发展，企业技术实力增长与规模和产量增长不匹配。

国外焊接装备企业看准了我国庞大的消费市场，纷纷在我国建厂。由于国外企业具备更为先进的技术，在能耗方面更为节约，对国内企业造成巨大的压力，致使电焊机行业的竞争更加激烈。同时国内企业的出口创汇减缓，出口增速呈下降态势。此种形势，对焊接装备行业形成了严峻挑战。

在国内机器人和配套焊接电源还没有一定技术积累的情况下，焊接机器人的发展再一次给国际知名机器人和高端焊接电源制造商带来了占领中国市场机会，国内同行面临着更多的挑战。

在机遇和挑战下，国内焊接装备行业应在以下几方面加大研发力度，克服技术壁垒。

（1）加大基础性和共性技术研究

加大基础技术和基础产品的共性技术研发投入，开展电弧焊机、中频电阻焊机、自动化钎焊装备接口的标准化设计和接口规范的研究。

（2）提高产品兼容性

加大焊接设备和焊接自动化设备的电磁兼容性的研究，建立相互兼容的标准，更好地为数字化和智能化焊接服务。

（3）建立研发共享平台

建立行业大型科研设备共享平台，做到有条件的资源共享，主要进行面向市场的基础研究，起到降低研发成本的作用。

（4）建立专业性参数标准

加强变压器、电感等通用基础件的研究和焊接工艺基础研究，建立焊接装备行业通用件的参数标准库或出版相应手册和不同焊接对象、不同焊接方法的工艺优化数据库。

（5）焊接装备和焊接材料的技术融合

加强焊接电源企业和焊接材料企业的深度融合，为用户提供材料、装备和工艺的全套解决方案。

（6）加强行业标准化工作

加强行业标准的制订，特别是针对新型焊接装备和焊接工艺的标准的制订，尽快减小与国外水平的差距

加强焊接机器人制造技术、机器人与电焊机接口和工艺标准的制订，促进自由关键核心技术的突破，避免全行业被国外公司技术垄断。

在具体实施方面建议按照以下途径进行：

（1）找准电焊机行业在"中国制造2025"中的位置

遵循"中国制造2025"行动纲要，以人才为本，创新为驱动力，质量为先导，优化产业结构，发展绿色制造，通过实施规划纲要和指导意见，为后续发展奠定基础。

（2）建立产业战略联盟和技术创新联盟

大力发挥行业协会和学会的作用，加强电焊机行业企业之间的沟通，建立技术创新联盟，优势互补，提高企业的整体技术水平。在此基础上，逐步形成电焊机行业的产业战略联盟，为减少同质化竞争创造条件。

（3）协会／学会应加强行业引导，鼓励电焊机企业向"专精特"发展

引导中小企业利用特色资源、工艺、技术等研制生产具有企业特色的产品，形成新的竞争优势。企业要实现专精特发展，需要从以下方面加强工作：

1）增强企业技术创新能力，加大技术投入、引进技术人才。

2）实施中小企业知识产权战略。

3）提高企业信息化应用水平。

4）提升产品质量和创建品牌。

5）提高经营管理水平。

第 4 篇

切 割 装 备

第 22 章　我国金属切割装备发展现状

22.1　切割工艺概述

切割在焊接领域统指热切割（以下统称切割），是指利用化学反应能、电能和光能的切割法，由于在切割时都伴有热过程，一般统称为热切割法。现代工业上应用的热切割法主要包括氧气切割法、等离子切割法、水射流切割法和激光切割法。

切割和焊接被称为"钢铁裁缝"，几乎同时诞生于 100 多年前。随着焊接技术和切割技术不断相互促进发展以及行业需求的不断增大，对自动化程度要求不断增加，一个多世纪以来，切割技术及装备正向着多样化、智能化方向快速发展。随着我国经济的稳步提升，国内基础制造业及相关行业呈现出蓬勃发展的良好局面，带动了我国焊接和切割设备行业的快速发展。近十年来，随着国内造船等大型行业的发展，我国钢铁产量逐年增加，极大地推动了世界钢铁工业的发展，也为我国经济持续高速发展做出了重大贡献。多年来，钢铁工业提供的各类钢铁产品确保了国内机械、交通运输、建筑、国防等基础行业的发展。作为世界上消耗钢材最多的国家，随着技术的进步，焊接结构件在建筑、工程机械、船舶、交通运输、冶金、石化、电力及压力容器等行业得到广泛的应用。热切割是焊接成品加工过程中的首要步骤，也是保证焊接质量的先决条件。利用先进的现代切割技术，不但可以保证产品的焊接质量，提高劳动生产率，同时也使企业产品的制造成本大幅度下降，缩短了产品的生产周期。随着新工艺、新技术的广泛运用，智能化精密切割已成为切割设备发展的趋势，且需求不断扩大。

1. 氧气切割

氧气切割技术是应用最为广泛的切割加工碳钢和低合金钢的热切割方法。丙烷、丙烯、石油气、天然气及混合型燃气等新型燃气已经替代乙炔气成为切割工艺中的主要燃气，新型燃气的应用降低了氧气切割的应用成本，提高了生产安全稳定性，并且更为清洁环保。割炬、割嘴等氧气切割工具的改进，以及各种机械化、自动化切割设备的研究、发展及应用，尤其是数控切割机的广泛应用，使得氧气切割的精度、质量和效率大幅提高。

我国舰船、海工、石化等重点行业发展迅速，钢材的加工量剧增，氧气切割的应用仍然十分广泛。同时，相关的氧气切割工艺、装备的研发、应用也随之持续推进。目前，我国氧气切割工艺、装备技术已经较为成熟，并在大厚度精密切割、超大厚度极限切割等高质量、高水平的切割加工领域达到国际先进水平。

2. 等离子弧切割

等离子弧切割技术可用于低碳钢、低合金钢、不锈钢、铝及其合金等金属材料的切割加工，在 1 ~ 50mm 厚度低碳钢、1 ~ 80mm 厚度不锈钢板材的高速、高质量切割加工中应用广泛，是应用量与氧气切割不相上下的钢材切割加工手段。

等离子弧切割投入工业应用以来经历了较长时间的发展，进一步细分出小电流等离子切割、非高频引弧等离子切割、水再压缩等离子切割、水下等离子切割、精细等离子切割等技术。

国内等离子弧切割机的生产及应用以 300A 以下的中小电流等离子弧切割机为主。300A 以上的大电流等离子切割电源及配套核心部件主要由海宝、凯尔贝等国外公司生产。

我国热切割市场上的精细等离子切割机主要采用海宝、林肯凯博等国外知名品牌提供的精细等离子电源、数控系统、调高系统和专门的精细小孔切割编程软件等。

江阴市六和智能设备有限公司研发了国内首台数字化精细等离子弧切割系统 LH-270A，其主要技术指标与国外同类产品相当。

3. 激光切割

激光切割技术具有热变形、热影响区小、切割精度高、适合于柔性生产等特点，在各种金属和非金属的高精度零件的生产加工中得到广泛应用，大量应用于石油机械、纺织机械、工程机械、核工业、航空航天、船舶、汽车制造等行业。

近年来，我国激光切割设备技术和产业发展迅速，高功率光纤激光器被大量应用。从普通幅面到超大幅面、从平面（二维）到坡口和曲面（三维），都有成熟的商业化产品。此外，光路设计、切割工艺控制技术也很成熟，在驱动方面普遍采用高速伺服系统，在性能与价格方面已具备较强竞争力。

目前，全球激光切割设备市场份额主要由德国 TRUPMF、瑞士 BYSTR-ONIC 和意大利 PRIMA 三家公司占据。我国激光切割设备企业主要有：深圳大族激光公司、上海团结普瑞玛公司、奔腾楚天公司、武汉法利莱公司、苏州领创公司，另有中小激光企业近百家。与美国、欧盟、日本等的先进企业相比，我国的激光切割设备仍然存在一定差距，国产设备只能占领国内中低端市场。激光切割设备中的高功率激光器、激光加工专用控制系统、激光光束传输控制、高度跟踪系统等核心技术以及高端激光切割设备仍依赖进口，制约了我国激光切割产品和技术的发展。

4. 水射流切割

水射流切割主要应用于航空航天、汽车制造、船舶制造等行业中复合材料的切割加工，在玻璃、建材、造纸、皮革和食品行业也有应用。切割加工过程中不产生热影响，不改变被加工材料的材质，精度较高，是对氧气切割、等离子弧切割、激光切割等利用热源进行切割的工艺方法的有效补充。

5. 数控切割

我国数控切割设备主要以二维坐标数控切割机为主，可根据用户需求及工艺需要搭载不同的热切割工艺。我国现有数控切割机制造企业 500 余家，便携式数控切割机年产量可达 20 000 台，轻型、大型龙门数控切割机年产量约 10 000 台，各种数控切割机的产销量和保有量居世界第一。

随着我国二维坐标数控切割机的发展，数控切割设备出现两极化发展。一个方向是向低成本、轻量化、专业化发展，如利用高强度型材制造的单悬臂便携式数控切割机，重量轻、成本低，但运行精度、加工质量和效率并未下降，能够满足低成本要求的简单下料切割加工；另一个方向是向高集成度、高利润、高技术、多工序、多工艺复合化发展，如多种类型的专机化新产品：平板坡口切割机、管板切割一体机、等离子钻切一体机等高端热切割装备，满足复杂切割成形加工中高质量、高效率的需求。

22.2　切割装备行业基本情况

1995 以前，国内很少有专门的数控类切割机具，一般采用氧乙炔手工割炬，或能直线行走的切割小车，只有少数大型国营船厂从国外进口了数控火焰和等离子切割机。当时，只有上海和哈尔滨两地有企业开始生产数控类切割机。

经过 20 多年的不断发展，我国的切割装备从无到有、从小到大，从火焰切割到等离子切割再到激光切割，从平面切割到坡口切割再发展到三维立体切割，其加工方式从最初的钢板（平面）切割发展到钢管相贯线以及方管、球扁钢等特殊型材的切割加工。

我国在切割机具方面已取得丰硕成果，不但满足了国内需求，而且出口数量逐年提高，已经形成门类齐全的切割机具工业体系。

但是，切割机具装备行业仍存在以下几点问题：①产能过剩，同质化恶性竞争加剧。随着我国经济新常态时期的到来，经济增速放缓，产能过剩问题突出，切割机具行业同样也出现了恶性竞争的局面，由于缺少行业标准和准入制度，同行间互相打价格战，使得整个行业的利润下降，从而导致研发投入和产品质量的下降；②缺乏核心技术，大多数企业沦为给国外企业打工的角色。大而不强是我国企业的普遍现象。切割机具行业除了火焰类切割机以外，其他核心零部件如等离子电源、激光源、高档数控系统和伺服系统，以及机器人等核心部件长期依靠国外品牌，国内只有低档次产品，这是中国制造业之痛；③由于行业无序恶性竞争，严重影响企业利润。市场上劣质产品以超低价格抢占市场，整个行业的产品质量难以提高，严重影响行业的健康发展。

22.3　切割技术与装备发展趋势

22.3.1　切割技术发展趋势

热切割作为一种材料加工方法发展至今，工艺种类繁多，设备类型多样，尤其我国经济近十年来发展迅速，工业化进程不断加快，带动了国内焊接切割行业的快速发展。

我国作为世界上消耗钢材最多的国家，随着工业技术的发展进步，焊接结构件在建筑、工程机械、船舶、交通运输、冶金、石化、电力及压力容器等行业得到广泛运用。板材切割是焊接成品加工过程中的首要步骤，也是焊接质量的重要保证。利用先进的现代切割技术，不但可以保证产品的焊接质量，提高劳动生产率，同时也使得企业产品的制造成本大幅度下降，缩短了产品生产周期。随着新工艺、新技术的广泛运用，智能化精密切割已成为切割机具行业发展的趋势。

在"中国制造 2025"实施所带来的需求和"互联网+"的驱动下，切割技术在我国工业领域中所占的地位必将越来越重要，网络性、智能性、高效性、环保性必将是切割技术发展的最终方向。目前，我国切割技术与国外相比，无论在技术上还是在设备上均存在较大差距：在切割技术上，国外的等离子切割、激光切割技术应用广泛，切割工艺已形成了较为完善的体系，切割质量已达到很高的水平，而我国在等离子电源、激光器和对应割炬上基本都依赖进口；在设备上，国外许多高效工厂已经建立了远程操控的无人切割厂房，大部分用户基本实现无尘切割，而我国的切割工人工作环境差，劳动强度高。由此可见，无论从技术上还是设备上要想赶上国外先进水平，我国焊接切割行业还有很艰难的路要走。

目前，我国在工业上主要应用的切割技术有氧气切割、等离子切割、激光切割和水射流切割等。随着我国综合实力的不断提高，发电装备、航空航天装备、海洋工程装备及高技术船舶、深海探测装备、先进轨道交通装备、节能与新能源汽车等领域正面临新的大发展、大调整、大变革，传统工业产业模式不断转型。目前工业结构不断向信息化、知识化、现代化、全球化趋势发展，经过近十年的发展，多种切割技术发展已逐渐趋于平衡，在各自行业领域均具有不可替代的优势，在今后的十五年内，如无较大的技术突破，多种切割技术应各自向其优势方向发展推进，共同促进我国工业不断发展，为"中国制造2025"提供基础技术支撑。

1. 氧气切割技术

早在19世纪末和20世纪初，氢－氧火焰和氧－乙炔火焰便用于焊接和钢板熔割等，但真正利用铁－氧燃烧反应原理的氧气切割法的工业化应用，通常认为是从1905年开始的。

氧气切割法自1905年进入工业化应用以来成为利用氧化反应切割的主要切割方法，与机械加工切割相比，其具有设备简单、投资费用少、操作方便且灵活性好、切割质量良好等一系列优点，一直是工业生产中切割碳素钢和低合金钢的常用方法。

20世纪40年代，通过对割炬和割嘴的研究改进，研制出了新型扩散型快速割嘴，使切割速度和质量有了进一步提高。到了20世纪50年代中期，各种机械化、自动化切割设备相继诞生，尤其是数控切割机和工业机器人切割机的出现，使切割质量和效率大幅度提高，解决了各种形状复杂成形零件的自动切割问题。在此之后，随着制造业的高速增长，钢材的加工量大增，氧气切割进入了应用的全盛时期。

在氧气切割技术中，20世纪60年代以前，氧乙炔火焰切割机在热切割中使用最为广泛。但由于乙炔自身的危险性，生产过程中所消耗的能源多以及产生的污染大等问题，氧乙炔火焰切割在我国的应用逐渐减少，随着有关研究机构及企业相继投入大量资金，开发研究成本低、安全、环保的新型燃气，一批国内自主研发的新型工业燃气开始代替乙炔用于工业火焰切割。目前我国生产新型工业燃气的企业有近千家，应用量较大且使用范围较广的新型工业燃气包括丙烷气、丙烯气、天然气等，约占国内新型工业燃气市场份额的90%。同时，与新型工业燃气相配套的焊（割）炬生产企业也相继建成投产。丙烷等工业燃气的出现大大降低了火焰切割的燃气使用成本，而且切割效果与氧乙炔切割相近，安全稳定性却大大提高。

随着应用领域和工艺的不断进步，电子技术、计算机辅助技术以及机器人技术的不断成熟，氧气切割机具由最初的手工工具逐渐发展出了轻便型小车式机具、仿形机具、专用割圆机具、型材切割机具，至今已发展成以数控切割机为主的多元化氧气切割机具共存的局面，向机械化、智能化领域迈出了坚实的一步。由于工业燃气和自动化机具的不断发展以及新氧气切割工艺和新型机具不断涌现，氧气切割技术已成为我国各工业领域不断发展所必不可少的关键技术。

2. 等离子弧切割技术

等离子弧切割 1955 年投入工业化应用，当时以氩气作为工作气体，主要用于切割铝及其合金，以后逐步开发出用氮气、氮气 + 氢气等作为工作气体的切割方法，成为一种切割非铁金属的有效方法进而得以推广使用。但是这些惰性气体等离子弧切割法用于加工碳素钢时表面质量较差，切割速度不快。直到 20 世纪 60 年代开发出空气等离子弧切割法，用于切割碳素钢不仅切割面质量良好，而且速度也比氧气切割快得多，很快被工业上应用。到了 20 世纪 70 年代以后，一些钢材加工量大的加工厂和大中型造船厂都相继使用了这种切割方法。

随着技术的不断发展以及等离子弧切割优势的不断体现，等离子弧切割技术越来越受到人们关注，并作为新型高效切割技术不断得到发展，从最开始的不锈钢和非铁金属的切割、等离子弧水下切割，发展到现在的等离子弧精细切割集成系统技术，等离子弧切割已从原来的特殊用途切割转向现在广泛应用的高效化、高精度、环保化的切割技术，其切割精度接近激光切割的水平。

等离子弧切割适用于低碳钢、不锈钢和铝及铝合金等导电的金属材料，主要用于 1 ～ 50mm 厚度低碳钢的板材切割和高质量穿孔切割，1 ～ 80mm 厚度不锈钢和铝板材切割以及高质量穿孔切割。

3. 激光切割技术

激光加工技术是融合了光、电、机、材料加工及检测等学科的复合型先进制造技术。它与现代数控技术相结合构成的高效自动化加工设备，可以突破许多传统制造方法无法实现的技术瓶颈，在能源、钢铁冶金、船舶、汽车制造、电子电气工业及航空航天等国民经济支柱产业中发挥了不可替代的作用。

激光切割是利用聚焦后的激光束作为主要热源的热切割方法。在高功率数控激光切割成套设备开发及制造方面，经过十几年的发展，我国激光切割技术及装备从无到有，已逐步形成一定产业规模。尤其在近几年，随着国内激光产业的飞速发展，相关的激光技术与激光产品也日趋成熟。但与美国、日本等发达国家相比，我国的激光切割设备仍然停留在低端产品阶段。

4. 高压水射流切割技术

高压水射流切割技术是近几十年来发展起来的用途广泛的高新技术。它是将压力为数十至数百兆帕的高压水通过特殊设计的喷嘴高速喷出，利用高速水射流的动能的冲击作用来分割材料的一种加工方法。由于所用的压力高，也称作超高压水射流切割。这种切割方式的最大特点是非热源的高能量射流束加工，可切割几乎所有的金属和非金属材料。与火焰、等离子弧和激光切割相比，具有无尘、无味、无火花、无气体、无热影响区和无热变形等优点，不改变被切割工件的材质和性能，切口质量高，宽度小，可在材料任意处开始和终止，可切割三维曲形工件，并可实现在严禁明火作业区域的安全切割。该技术除了可用作切割外，还可以进行清洗和粉碎等工作。高压水射流切割技术加工成本低、切割质量好、无污染且能满足特殊的或复杂的加工要求，在倡导绿色环保的 21 世纪，开发和推广该项技术将具有重要意义。

目前，高压水射流切割技术还被广泛应用于汽车零部件加工制造、石油石化行业、易燃易爆设施的切割和除锈、核设施去污处理、军事装备的清洗、陶瓷切割、木材切割以及食品切割等领域，是环保清洁切割工艺的首选。

22.3.2　热切割装备发展趋势

从 2008 年爆发金融危机以来，随着船舶产业的衰退，以及从 2012 年起工程机械产能的下降，我国制造业进入下降周期，殃及上游钢铁行业和下游的切割焊接产业持续走低。

我国切割机制造业大部分企业在低迷的市场环境下，不是观望与等待，而是自练内功，不但在研发市场需求的切割新产品，改进传统切割产品结构，而且开始寻求复合化发展，向焊接生产线及自动化加工装备等更为广阔的领域拓展，为经济复苏积累实力。国际和国内企业均积极积累技术，研发各种类型的切割新产品与新技术，如：江苏博大数控成套设备有限公司（简称江苏博大）最新开发的第四代数控切割设备，宁波金凤焊割机械制造有限公司（简称宁波金凤）的球扁钢自动切割生产线及全自动摩擦焊技术，常州市华强焊割设备有限公司与捷克某公司合作生产的平板、管子、封头多功能复合切割机，上海通用公司研发的方管、矩形管全自动切割机，哈尔滨行健智能机器人股份有限公司的曲面板智能化切割装备，德国梅塞尔公司的高速等离子切割技术，日本田中公司的大功率光纤激光中厚板切割技术等。

1. 产线化发展

目前生产制造单一切割机的厂家非常少，越来越多的企业根据市场与技术发展，研发制造以热切割加工为中心，集上下料于一体的产线化产品。

各类型钢约占钢材总量的 46%，目前主要采用手工和机械切割，很少使用数控切割机或机器人切割。型钢切割生产线可以实现型材定位、标记、切割等功能，实现在型材端部切割特定形状端面及焊接坡口等成形切割，市场前景广阔。

切割加工的型材主要包括：H 型钢、矩形管、槽钢、T 型材、球扁钢、角钢、扁钢等。主要切割的形状有：切角、切断、切特定形状孔、切流水孔、切安装孔。

主要生产企业有：宁波金凤焊割机械制造有限公司、济南艾西特数控机械有限公司、山东凯斯锐智能装备有限公司等。

宁波金凤公司的球扁钢机器人切割生产线由高精度 ABB 机器人系统、海宝 HPR260XD 精细等离子切割机、自动上下料系统、除尘系统及球扁钢自动套料软件组成。

济南艾西特公司的型材机器人切割生产线由上下料系统、机器人、等离子切割机、除尘系统等七部分组成，适用于 H 型钢、矩形管、方管、槽钢、角钢等型材的多种形状切割。

FastCAM MultiBOT 公司的切割机械臂、江苏博大公司的型钢切割机由切割机械臂、多轴数控系统、智能切割软件组成，可切割圆管方管坡口、型钢坡口。

哈尔滨行健智能机器人股份有限公司的机器人切割机采用机器人视觉识别技术，开发了六轴联动坡口切割机器人设备，可自动切割三维曲面坡口，应用于压力容器封头、球形储罐及其他曲面钢板的测量、画线和二次坡口加工。

2. 复合化发展

复合加工中心的优势在于能将多种加工手段集于一体，同时完成后续焊接工艺的画线工序，尤其适合大幅面厚板加工。在高速机车的制造中，有大量钣金加工结构件、焊接件，特别是机车构架的横梁、端梁上孔群多，加工烦琐，采用数控等离子钻铣切一体化复合加工装备可以一次加工完成，大大提高加工效率。由于一次装夹加工成形，采用软件套料进行板材加工，零件加工精度和材料利用率也得到相应提高。

钻切复合一体机是平板切割向智能化、冷热加工一体化方向发展的高精度加工装备，一次装夹即可完成钻孔、切割等多道工序，实现跨平台多功能集成，无须后续手工或机械二次加工，减少辅助工序时间，降低人力成本，提高产品精度和生产效率。目前有江苏博大、无锡华联科技集团有限公司等多家大中型切割机企业研发生产平面钻切复合一体机。

3. 专机化发展

在钢构工程、石油石化、船舶制造、风电、核电等大型工程关键构件的切割加工中，需要对切割设备进行专机化设计，针对不同的加工对象而定向开发切割专机或工作站。

（1）管件切割设备

管道输送及各类管桁架结构在能源、压力容器、石化、海洋工程、造船、电力、交通运输及钢结构等领域中的广泛运用，进一步促进了我国管加工技术的快速发展。

（2）管件的下料尺寸、坡口切割精度直接影响管件的焊接质量

为提高管件下料精度和设备的自动化程度，针对不同管件、不同切割形式专业化设计的各类管件切割专机应运而生。包括：数控曲面切割机、数控相贯线切割机、相贯线切割生产线、管道预制生产线、移动式管件加工站等。

目前，国内各大切割机生产企业都进行了相关产品的研发生产。

第 23 章　主要切割技术及装备特点

23.1　等离子弧切割技术与装备

等离子弧切割通常分为普通等离子弧切割、精细等离子弧切割和类激光等离子弧切割 3 种（见图 23-1）。批量切割的垂直度一般为 3°～5°，精细切割的垂直度一般为 2°～3°。对于碳素钢切割而言，由于受到电源等的技术限制，不锈钢切割厚度最大到 160mm。等离子弧切割不锈钢如图 23-2 所示。

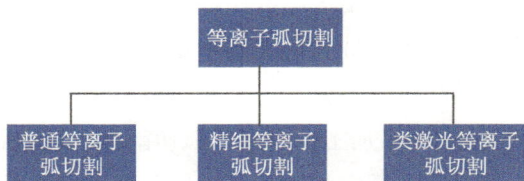

```
                    等离子弧切割
                         │
        ┌────────────────┼────────────────┐
   普通等离子          精细等离子         类激光等离子
   弧切割              弧切割             弧切割
```

图 23-1　等离子弧切割分类

图 23-2　等离子弧切割不锈钢

在等离子弧切割技术发展的几十年中，等离子弧切割技术经历了几个技术革新阶段：普通等离子弧切割，适用于批量切割；精细等离子弧切割适用于高质量切割；标准化集成系统，即一台等离子弧切割机具有批量切割和精细切割两种切割模式。如今等离子弧切割机厂商都在向等离子弧标准化平台方向发展。等离子弧切割技术经历了一次次创新，如电极采用钍钨极、铈钨极、锆电极、铪电极技术，割枪和电源冷却技术、快速强力保护帽穿孔技术、圆孔切割技术等，使企业生产力不断提高，切割质量得以提升。虽然技术水平不断提高，但也有很多弊端，如不同功率的等离子弧系统使用不同的割枪、不同的易损件、不同的气体控制和冷却系统，其操作规则和维护方法也不同，给培训带来困难，各种易损件、备件品种繁多，采购麻烦，资金占用量大，管理不便等。

近年发展起来的水下等离子弧切割技术的切割速度和切割厚度均不低于普通等离子弧切割技术，但却可使噪声减到 83dB 以下。目前国外使用最多的切割方式是水下切割台和水消声器合用，这种切割方式不但可降低噪声，还能有效滤除切割烟尘。

电子控制技术、光电控制技术、机器人技术等现代技术的蓬勃发展为等离子弧切割技术的进步奠定了基础，等离子弧切割在汽车、航空航天、精密加工领域显现出的优势使其市场需求不断增大。数控等离子切割机、机器人等离子切割以其在切割质量和性价比方面的良好表现被越来越多的用户使用，与传统的氧气切割相比，等离子弧切割的切割速度快，切口窄，热影响区小，这些优势对各个精加工行业均有重要意义，在许多加工中等离子弧切割甚至可以做到一次加工成形，基本替代机加工。尤其是在不锈钢和铝等导电的金属材料的板材切割和高质量穿孔切割方面，等离子弧切割有着无可替代的地位，其切割速度快、切割质量高以及经济效益好等综合属性的优势，使其在特殊金属及高质量产品的切割领域所占份额必将越来越大。

23.2　激光切割技术与装备

激光切割技术是一种利用光能进行切割的切割技术（见图 23-3）。

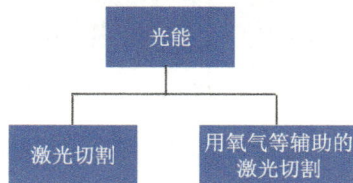

图 23-3　采用光能切割方法

激光切割技术广泛应用于金属和非金属材料的加工中，可大大减少加工时间，降低加工成本，提高工件质量。脉冲激光切割适用于金属材料，连续激光切割适用于非金属材料，非金属材料是激光切割技术的重要应用领域。但激光切割在工业领域中的应用是有局限性的，如用激光切割食物和胶合板就不可行，食物被切割的同时也会被灼烧，而激光切割胶合板则成本较高。

随着国内激光产业的飞速发展，相关的激光技术与激光产品日趋成熟。在激光切割机领域，目前呈现出 YAG 固体激光切割机、CO_2 激光切割机双足鼎立，光纤激光切割机后来居上的局势。图 23-4 所示为激光切割机。

图 23-4　激光切割机

YAG 固体激光切割机具有价格低、稳定性好的特点，但其能量效率较低（一般小于 3%），目前已有产品的输出功率大多在 600W 以下，由于输出能量小，主要用于打孔、点焊及薄板的切割。YAG 固体激光切割机的激光束可在脉冲或连续波的情况下应用，具有波长短、聚光性好等优点，适于精密加工，特别是在脉冲下进行孔加工最为有效，也可用于切削、焊接和光刻等。YAG 固体激光切割机激光器的波长不易被非金属吸收，故不能切割非金属材料。YAG 固体激光切割机还需提高电源的稳定性和寿命，即要研制大容量、长寿命的光泵激励光源，如采用半导体光泵使能量效率大幅增长。

CO_2 激光切割可以稳定切割 20mm 厚度以内的碳素钢，10mm 厚度以内的不锈钢，8mm 厚度以内的铝合金。CO_2 激光器的波长为 10.6μm，比较容易被非金属吸收，可以高质量地切割木材、亚克力、PP、有机玻璃等非金属材料。CO_2 激光切割机在光束出口处装有喷吹氧气、压缩空气或惰性气体 N_2 的喷嘴，用以提高切割速度和切口的平整度与光洁度。根据国际安全标准，激光危害等级分 4 级，CO_2 激光属于危害最小的一级。CO_2 气体激光还需解决大功率激光器放电稳定性的问题，以提高电源稳定性，延长使用寿命。

光纤激光切割既可做平面切割，也可做斜角切割，切割后的边缘整齐、平滑，适用于金属板材等的高精度切割加工。光纤激光切割机比普通 CO_2 激光切割机更节省空间和气体消耗量，光电转化率高，是节能环保的新产品，也是世界上的领先技术产品之一。

23.3 高压水射流切割技术与装备

高压水射流切割技术是近几十年发展起来的用途广泛的高新技术。图 23-5 所示为按动能分类的切割方法，图 23-6 所示为水射流切割机。

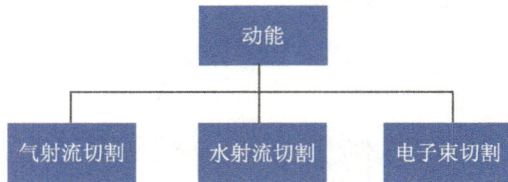

图 23-5 按动能分类的切割方法

图 23-6 水射流切割机

高压水射流切割技术主要应用于非金属材料切割，如陶瓷、木材、玻璃等非金属材料，是玻璃陶瓷工艺品、高档家具摆件等领域的最佳选择，可切割三维曲形工件，并可实现在严禁明火作业区域的安全切割，具有其他热切割技术不具备的优势。

超高压水射流技术（又称为水刀切割）是将普通的自来水经过加压装置加压后，将压力增加到 $100 \sim 400$ MPa 后，再使其经过直径约 $0.1 \sim 0.4$ mm 的喷嘴喷出，形成速度达 $800 \sim 1\,000$ m/s（约 3 倍声速）的高速水箭，形成切割水射流（俗称水刀），可用于表面清洗或各种软硬材料的切割。

水刀切割可分为纯水切割和添加磨料的水切割两种方式，各有其应用领域。适于纯水切割的典型材料（见图 23-7）包括：塑料、泡沫、纸张、橡胶、PVC、垫圈、密封圈、汽车内饰件材料、蛋糕、肉食品及其他软性材料等。适于添加磨料的水切割的典型材料（见图 23-8）包括：各种金属（不锈钢、碳素钢、铝、铜、钛）、石材、陶瓷、玻璃、复合材料（金属－金属，金属－非金属，非金属－非金属）等几乎所有材料。

图 23-7 纯水切割示例

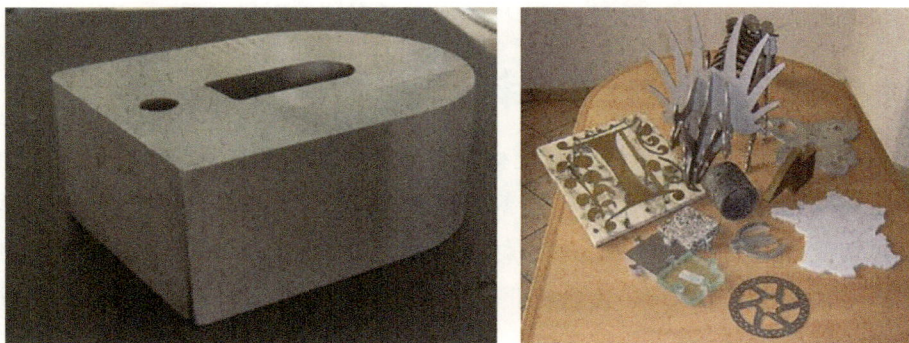

图 23-8 添加磨料的水切割示例

随着水射流应用技术的不断发展，用户对水刀切割提出了越来越多的要求，为满足这些要求，水刀切割技术发展经历了几个阶段（见图 23-9）。

二轴水刀 ▶ 三轴水刀 ▶ 四轴水刀 ▶ 五轴水刀 ▶ 多轴水刀

图 23-9 水刀切割技术发展阶段概况

南京大地水刀股份有限公司根据市场需求，研发出 X5 系列五轴水刀切割设备（见图 23-10），适用于金属板材坡口切割、材料的垂直精密切割、管材相贯线切割、空间曲面切割等。

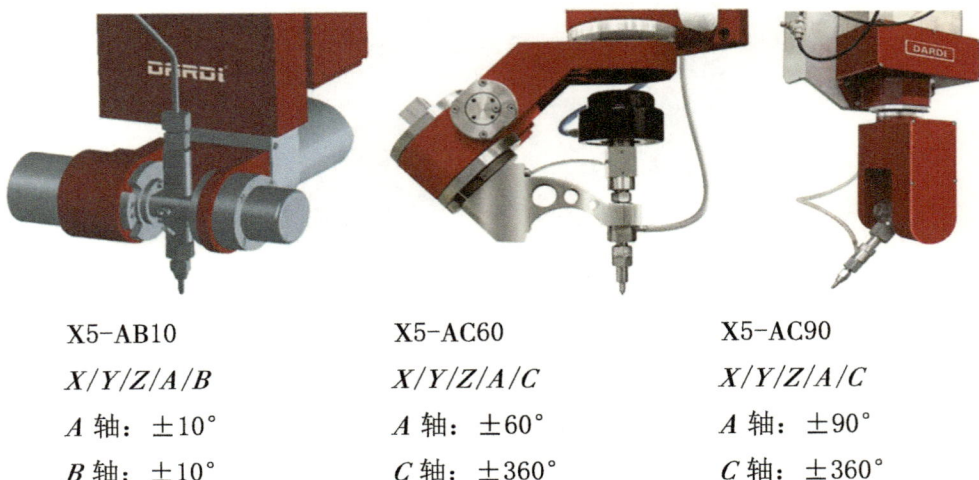

X5-AB10
$X/Y/Z/A/B$
A 轴：$\pm 10°$
B 轴：$\pm 10°$

X5-AC60
$X/Y/Z/A/C$
A 轴：$\pm 60°$
C 轴：$\pm 360°$

X5-AC90
$X/Y/Z/A/C$
A 轴：$\pm 90°$
C 轴：$\pm 360°$

图 23-10　X5 系列五轴水刀切割设备

23.4　大厚度切割技术与装备

切割厚度超过 300mm 的钢材统称为大厚度切割。随着大厚度切割技术的发展，行业内通常做了如下细分：切割厚度为 300 ～ 1 000mm 的钢材称为大厚度切割，切割厚度大于 1 000mm 的钢材称为超大厚度切割。大厚度切割主要用于重型机械制造、舰船制造、冶金行业、大型机床制造业、核电、水电、化工重型容器等领域。

按照切割材料或切割精度，大厚度切割又可以进行如下分类：

（1）大厚度火焰切割

主要应用于大型铸件的冒口、水口以及锻件的头部和尾部的余料切断，其切割断面质量要求一般。

（2）大厚度精密切割

主要用于有切割形状要求并且切割断面质量要求较高，切割后不进行机械加工或少加工的大型零部件，例如船用发动机曲拐外形的切割，大型吊钩的外形切割等。

（3）特殊材料大厚度切割

不锈钢、铸铁等特殊材料的大厚度切割通过使用氧－熔剂切割的方法实现，从而达到减少加工工作量，提高生产效率，降低成本的目的。

超大厚度火焰切割能力直接影响我国大型装备制造、造船以及炼钢等重型行业的发展。目前国内大型冒口火焰切割厚度已超过 3 000mm，达到国际先进水平，图 23-11～图 23-14 为我国超大厚度火焰切割的实际应用。

图 23-11　超大厚度冒口火焰切割

图 23-12　大型锻件的头部和尾部的余料切断

图 23-13　船用发动机曲柄外形切割

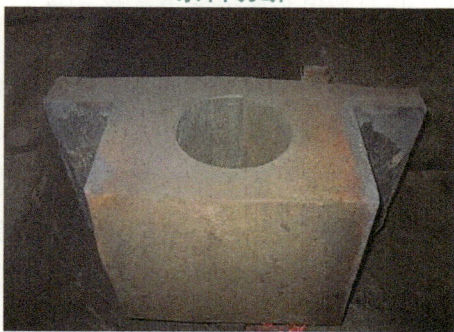

图 23-14　大型零部件的精密切割

23.4.1　应用领域及市场发展趋势

随着近几年超大型零部件的生产量不断提高，21 世纪基础制造装备的水平将主要体现在大型化、高精度、高效率、低成本和高柔性等几个方面。大型化是装备制造业高端产品的重要特征之一，例如三峡电站需要 1 200t 起重机；宝钢5m 宽厚板轧机机架需要质量超 700t 的铸件；神华煤液化装置的压力容器质量超2 000t；百万千瓦核电机组的蒸发器高 23m，质量 775t；60 万吨级乙烯裂解装置的精馏塔近 100m 高，丙烯塔质量达 743t。这些大型设备必须由大型基础制造装备完成制造，这就决定了基础制造装备向着大型化的方向发展。要制造大型设备和大型基础制造装备，就需要大型甚至超大型的铸／锻件作为毛坯来制造大型装备的零部件。而大型铸／锻件进行加工的第一道工序就是要通过切割来去除零件的冒口及多余重量来达到要求的尺寸、形状和重量，所以大型铸／锻件的火焰切割厚度和质量直接关系到后续加工的工作量的大小以及能源消耗的多少，因此，如果大型甚至超大型铸／锻件的火焰切割技术的研究开发成功，能够解决目前依靠手工切割导致精度差、材料利用率低、劳动强度大、环境污染严重的问题。由此可见大型甚至超大型铸／锻件的火焰切割技术亟须研究开发并投入应用，以达到满足基础制造装备大型化提出的高质量、高效率、低能耗等要求，提高我国装备制造业核心技术水平的目的。因此，研制适应形势需要的大厚度乃至超大厚度热切割技术及装备是必要的和急需的，同时也将是具有一定市场潜力的。

23.4.2　国内外大厚度热切割技术应用现状

近几年随着大型基础制造装备朝着大型化、高精度、高效率、低成本和高柔性等几个方面的发展，国内的重型机械行业、造船业、冶金业、大型机床制造行业的制造企业对超大厚度钢锭的火焰切割技术与自动化装备的需求就突显出来了。

代表超大厚度火焰切割技术装备最高水平的国家是德国、韩国、日本、意大利等国家，其装备可以实现 2 000mm 的大厚度火焰切割，切割精度较高，能源介质控制系统实现了自动化控制，对切割过程可以实时监控，切割安全，系统稳定，环保配套系统齐备，其中日本已经实现了 3 000mm 厚度的优良切割。

国内目前的切割设备能力可以达到 2 500mm 厚度的切割，实现了机械化切割，切割质量接近先进国家的水平。对于 2 500～3 500mm 的超大厚度火焰切割，国内主要采用氧气手工切割方法，其切割精度差、材料利用率低、劳动强度大、环境污染严重的问题亟待解决。

我国早在 20 世纪 70 年代就开始了对大厚度钢材的切割技术与装备的研究开发，经过 40 多年来的努力，我国在大厚度切割技术方面完成的科研课题有：1977 年完成"330"工程大厚度不锈钢冒口切割工艺及设备研究，切割厚度 1 200mm，属国内首创，解决了"330"葛洲坝电站工程水轮机叶片铸造不锈钢冒口切割的关键技术问题。1981 年完成大厚度精密切割工艺及设备的研究（800mm 厚），1991 年完成氧－液化石油气切割成套技术及设备研究，并且

先后为重型铸 / 锻件生产企业设计制造了 1 000 ～ 1 500mm 大厚度铸件冒口切割机和 2 500mm 超大厚度钢锭火焰切割机，应用于全国各地生产企业，在为企业服务过程中积累了丰富的经验并打下了牢固的技术基础。目前已经实现了大厚度、超大厚度切割技术与数字控制技术相结合的基本成熟的自动化设备在生产实践的成功应用。

23.4.3 大厚度火焰切割技术及装备的技术特点

由于大厚度火焰切割的应用场合是大型及重型零部件生产部门，由于切割厚度大、冷态工件和热态工件都需要进行切割、工件的截面尺寸经常变换等诸多原因，形成了大厚度火焰切割工艺及设备具有如下特点：

1）切割工艺难度大，其原因是：①钢材受热不均匀，上部热，下部冷，难于顺利割穿整个厚度；②钢材厚度过大，在钢材下部切割时氧气流动量减小，切割过程中后拖量大，切割速度难于控制；③钢材厚度过大，割炬及割嘴的设计制造难度大，且能源介质的控制难度增加；④切割过程中产生的熔渣多，若排渣不利就会造成切口底部堵塞，破坏切割。

2）氧气和燃气的压力高、流量大，其专用调压器、流量调节阀等专用控制元器件均需专门设计生产。

3）工作环境差，工作现场多为锻造和铸造车间。

4）割炬等受到热辐射的关键零部件需要采取冷却措施。

5）整个设备需要设计安装热辐射防护装置和阻挡熔渣飞溅装置。

6）切割过程中产生烟尘量大，需要配套环保排烟除尘设备。

23.4.4 大型铸锻件切割技术与装备

目前大厚度和超大厚度钢材的切割方法，除金属切削法以外，普遍采用火焰切割法。大厚度火焰切割工艺方法可以切割冷态和热态的钢材，具有工艺方法简单、经济性好、实用性强等诸多优点，被国内外广泛采用。

大厚度火焰切割设备由于技术难度高、市场容量有限、科研开发投资巨大，因此国内乃至世界上能够设计生产大厚度或者超大厚度火焰切割设备的企业及从事科研工作的机构十分有限。哈尔滨焊接研究所自 1977 年成功完成"330"工程大厚度（1 200mm 厚）不锈钢冒口切割工艺及设备研究后，经历了四十多年的努力，先后完成了多项大厚度切割技术科研项目的研究，同时为我国重型机械制造企业及相关行业企业提供了多台大厚度火焰切割设备，为我国重型机械制造企业的大型和超大型零部件生产提供了有效的服务。图 23-15 所示为 GHCNC-2500 型超大厚度铸钢火焰切割机，图 23-16 所示为 GHCNC-1600 型超大厚度曲柄火焰切割机，图 23-17 所示为曲柄切割实例。

图 23-15　GHCNC-2500 型超大厚度铸钢火焰切割机

图 23-16　GHCNC-1600 型超大厚度曲柄火焰切割机

图 23-17　曲柄切割实例

第 24 章　成套切割装备

24.1　大型数控平板切割装备

24.1.1　HQCombiCut 等离子／火焰切割机

HQCombiCut 等离子／火焰切割机，全面展现了生产企业精湛的工艺和先进的技术。该设备由常州市华强焊割设备有限公司（简称华强公司）与 MicroStep 公司合作生产。MicroStep 公司是欧洲乃至全世界顶级的数控切割机生产商，产品涉及等离子、激光、水刀，以及大量的客户定制自动化切割生产线。公司还有专业的套料软件、生产管理软件，广泛服务于造船、工程机械、海洋工程、化工容器等行业的平面坡口切割、管材型钢封头的直切与坡口切割。

HQCombiCut 等离子／火焰切割机是一款具有高精度龙门机架的机型，专门为高性能精细等离子和火焰切割设计，可配备火焰三割炬回转头、精细等离子割炬进行平板切割及无限回转坡口切割，机器可稳定地高速运动，龙门架上可安装 1～10 把火焰单割炬同时进行切割，该机器扩展性强，还可配备喷墨打印、画线装置、方（圆）管及封头切割装置、钻孔、攻螺纹装置等。HQCombiCut 技术参数见表 24-1。

表 24-1　HQCombiCut 技术参数（具体参数取决于实际配置）

项目	参数	项目	参数
切割长度 /mm	1 500～50 000	定位速度（mm/min）	≤ 30
切割宽度 /mm	1 500～8 000	控制系统	MicroStepiMSNC®
最大割炬数量 / 把	8	X 方向轨道类型	重轨
火焰	单枪	Y 方向轨道类型	直线导轨

华强公司与 MicroStep 公司合作生产的各款机型的可扩展性，都是源于模块化系统设计，可扩展至 28 个轴，根据客户特定的产品工艺要求，加载不同功能的工具站点，从而实现一机多能。

24.1.2　超高速等离子／激光高效能切割机

MeXcel 高效能切割机是梅塞尔切割焊接（中国）有限公司最新研发的一款多功能高端切割一体机（见图 24-1），是当下热切割行业高新设备的杰出代表。

它具有优异的高运行速度与高加速度，并配置有多种切割方式：等离子直线与坡口切割、激光切割、等离子与激光混合切割。

图 24-1　多功能高端切割一体机

24.1.3　汽车纵梁机器人等离子切割线

该生产线主要由自动上下料系统、物料传输系统、机器人切割系统、整线控制系统、除尘系统以及排料系统等组成，平面布置如图 24-2 所示。

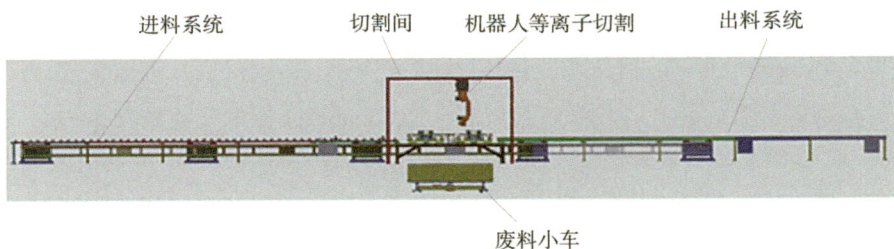

图 24-2　汽车纵梁机器人等离子切割线

图 24-3 所示为山东艾西特数控机械有限公司于 2012 年为福田戴姆勒有限公司制造的全自动上下料机器人精细等离子切割线。

该切割线有手动和自动两种控制方式，在示教编程或需要步进控制时，只需将控制旋钮旋至"手动"就能进行以上操作；反之在需要批量生产、全自动控制时，只需将旋钮旋至"自动"，整条切割线就会按照预先编好的程序运行。自动控制方式下的工艺流程如下：检测来料→行吊上料→传输系统进料→前端定位→起始点寻找→切割前端及翼面→工件后退→废料自卸→工件再向前→后端定位→起始点寻找→切割后端及翼面→出料→废料自卸→送料装置退回原位→等待下一个工件（切割过程中系统自动调整割炬头与工件之间的距离）。

图 24-3 全自动上下料机器人精细等离子切割线

24.2 型钢数控切割装备

在钢材数控切割行业，平板数控切割机，包括火焰、等离子和激光数控切割机非常普及。平板数控坡口切割机由于市场和价格等因素的影响，目前还不普及，但制造技术已比较完善。管材数控切割机，包括火焰、等离子和激光管子相贯线数控切割机（包括五轴联动管子相贯线坡口切割机）也相当普及，且大量出口。但型材的数控切割设备一直是我国开发的盲区，市场上只有少量进口设备，很少见到国产型钢数控切割设备，特别是自动化的型钢切割生产线。

江苏博大、宁波金凤、哈尔滨行健智能机器人股份有限公司和山东凯斯锐智能装备有限公司等企业新近研发生产了机器人型钢切割生产线（见图 24-4 ～图 24-7）。目前国内型钢切割主要采用带锯床进行半自动剪切，还没有实现数控切割。国产型钢机器人切割生产线的研发成功，标志着国内型钢的切割将实现数字化、网络化、智能化。

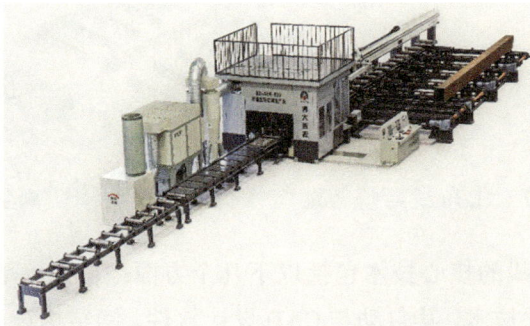

图 24-4 江苏博大型钢切割生产线

图 24-5　宁波金凤型钢切割生产线

图 24-6　哈尔滨行健智能机器人型钢切割生产线

图 24-7　山东凯斯锐智能装备有限公司型钢切割生产线

　　型钢切割生产线的核心技术包括以下几个方面：首先，是数字化、网络化、智能化的 CAM 软件技术，其自动与 CAD 设计软件、钢结构设计专用软件（Tekla 软件）相对接，自动读取 DSTV 零件图、结构图，进行零件切割的编辑、编程和套料；其次，是型钢切割生产线的设计制造技术，包括自动上下料系统、机器人或机械臂切割头、等离子切割机，以及除尘系统的设计制造；再次，是电气部分的开发，包括数控系统的开发，目的是使 CAM 编程软件生成的切割程序能够精准驱动和控制型钢切割设备进行型钢的数控切割；最后，是动态扫描识别技术，用于检测型钢的变形量，以便在数控切割时自动补偿和修正型钢的变形量。

机器人型钢切割生产线的研发成功，填补了我国在型钢数控切割领域的空白，为我国在钢材数控切割领域全面实现板材、型材、管材的数字化、网络化、智能化切割做出巨大贡献。

1. BD18 系列智能型钢数控切割线

BD18 系列智能型钢数控切割线（以下简称 BD18）是江苏博大研发的新型切割线，如图 24-8 所示。其结构刚性高、稳定性好、切割效率及加工精度高，产品灵活性强，安全、操作方便、能耗低，属环保型产品，主要用于型材的切割。产品整体布局紧凑、合理，占地面积小。

图 24-8　BD18 系列智能型钢数控切割线

生产线可自动切割矩形方钢、H 型钢和角钢等异型钢，如图 24-9 所示。该生产线采用多轴机械臂，配合精细等离子切割电源，实现多角度管型材切割，标配有烟尘净化装置、远程遥控设备及管材检测装备，同时具有完善的标准辅助装置，可实现管型材的自动上下料、零件自动分拣等。

该生产线采用机器人数字化控制，具有 6+N 多轴控制能力，整机控制轴数为 16 轴。加工流程实现了自动化，具有完备的智能化、软件化潜力。CAM 系统采用江苏博大定制的 BD_CAM_B 系列软件，具有型钢加工宏图库和 3D 模拟功能，针对矩方管、H 型钢和角钢优化了操作界面，使用方便快捷。

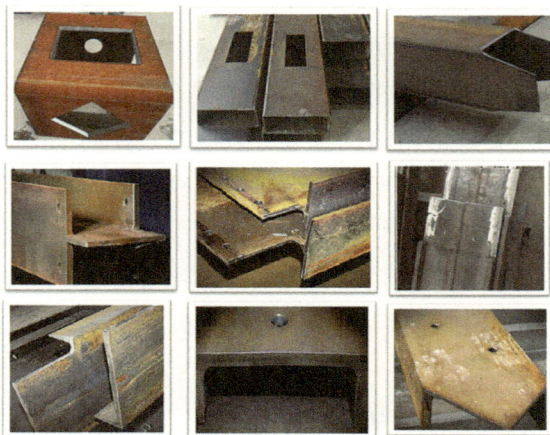

图 24-9　型钢加工样件

2. PKG 系列机器人 H 型钢切割生产线

宁波金凤焊割机械制造公司最新开发了一款 PKG 系列机器人 H 型钢切割生产线（见图 24-10）。生产线采用等离子切割方式，由机器人根据 CNC 编程套料软件自动生成的加工程序，完成对 H 型钢多种加工类型的快速切割。可一次性完成对 H 型钢的定长、坡口、内外锁口、螺栓孔、安装孔的切割，同时还可以根据生产工艺的要求实现对 H 型钢表面画线功能。该生产线具有自动化程度高、设备占地面积小、切割精度高等特点，单机多功能的切割生产模式将大幅度提高 H 型钢加工生产效率。

图 24-10　PKG 系列机器人 H 型钢切割生产线

3. CNCFG 系列方管自动切割机

CNCFG 系列方管自动切割机（见图 24-11）由上海莱克气割机有限公司研发生产，是一种高效切割型钢的自动化设备。该设备采用了多项专利技术，切割时工件（型钢）自动进入切割区域、等离子割炬环绕型钢作 360°转动切割。可切割的型钢种类为：矩方管、H 型钢、角钢、槽钢、球扁钢等；既能进行上述型钢的定长切割，也能切割各种形状尺寸的端头以及开孔。切割时或切割过程中，工件定位输送，切割完成后自动送出，不需工件自身进行转动，省略了繁复的工件调整过程和时间。该设备适合大批量型钢的高效率切割，从而使各型钢加工企业能彻底从低效率的手工切割和机械切割中解放出来，大大提高生产效率。

图 24-11　CNCFG 系列方管自动切割机

24.3　相贯线切割装备

1. 复合式数控相贯线切管机

江苏博大开发出复合式数控相贯线切管机（见图 24-12），主要用于圆管、矩方管、H 型钢等的切割加工。通过数控系统控制，可在管上切割直线和任意形状的曲线。配备火焰、等离子切割机可以方便地切割碳素钢管、不锈钢管。

其主机采用先进的双卡盘结构，搭载于固定机架上，可实现异步夹紧、同步驱动。数控系统五轴联动，带有外部遥控工作站，功能强大，操作方便。切割程序采用 3D 软件建模，整机界面友好，功能齐备，所见即所切，所切即所需。

该机具有以下特点：结构刚性高、稳定性好、切割效率及加工精度高，产品灵活性强，安全、操作方便、能耗低，属环保型产品，配有安全防护罩及管材上下工作台，产品整体布局紧凑、合理，占地面积小。

图 24-12　复合式数控相贯线切管机

2.BD 系列数控大直径管切割机

江苏博大的 BD 系列数控大直径管切割机（见图 24-13）是专为锅炉压力容器制造行业以及化工设备行业开发的大直径圆管专用自动化切割设备。该设备解决了传统的手工相贯线切割工艺复杂、切割效率低、加工精度低的问题，推动了行业内管道加工技术的发展。

该机采用钢结构主体，外形美观，动态性能卓越。采用 EtherCAT 总线控制系统，人机交换更加方便、合理。配套全数字总线交流伺服电动机控制系统，具有响应快、刚性好和精度高的特点。

图 24-13　数控大直径管切割机

该机具有强大的运算引擎，可快速计算出母管与支管复杂的相贯线。3D 显示切割轨迹，开孔位置、坡口，一目了然。软件可实现智能调整割炬姿态、单轴与多轴联动切换，并整合等离子切管引弧、速度控制等加工工艺，使切割更加高效。

该机搭载精细等离子切割源,轻松实现中厚碳素钢、不锈钢圆管的 I、A、V、X 坡口切割。

3. 相贯曲线自动切割 / 焊接六轴数控装备

相贯曲线焊接在核电装备、电站锅炉、造船、压力容器、油气输送、供水供暖等行业广泛应用。由于技术装备的限制,国内外广泛采用手工方式实施相贯曲线焊接,质量和效率远不能满足要求。大型、关键核心部件采用手工焊接,不但工作量大,且对焊工的技能、体能及责任心均有很高要求,焊接难度大,焊接质量不易保证。

莱州市得利安数控机械有限公司自主研发的相贯曲线自动切割 / 焊接六轴数控装备(见图 24-14),该装备具有以下优点:①相贯曲线自动切割 / 焊接一体化。通过更换割枪 / 焊枪,实现主管相贯孔切割和支管头切割(有坡口或无坡口),以及相贯曲线焊缝的自动焊接;②实现单层单道和多层多道焊接。相贯曲线几何参数、层道几何参数和焊接参数可设定;③实现摆动焊接;焊枪摆动参数可设定;④独有的防绕线技术;焊接过程中焊接电缆及气管不缠绕;⑤参数化编程;只需输入主管 - 支管几何参数、层道参数、焊接参数,即可自动生成加工代码;⑥三维实时仿真:切割 / 焊接加工前可通过仿真观察,验证加工过程,加工过程中可三维实时显示加工状态。

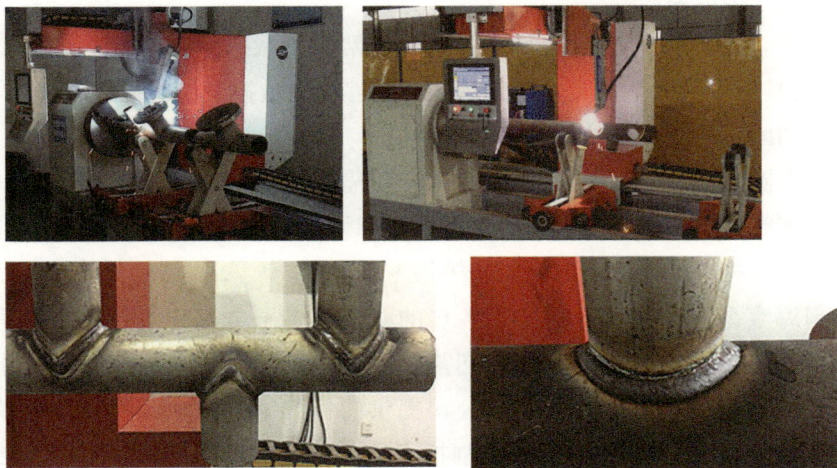

图 24-14 相贯曲线自动切割 / 焊接六轴数控装备

24.4 精细小孔切割技术与装备

数控火焰、等离子切割机经过 10 多年的发展，已经在我国制造业中得到了普及，各种龙门式数控切割机年产量超过 10 000 台。近几年发展起来的精细小孔等离子切割技术，是数控切割机向更高质量发展的主要体现。

精细小孔切割是在厚度为 5 ~ 25mm 的低碳素钢板上实现径厚比为 1 : 1 的小圆孔切割，在一定范围内可以取代钻孔和激光切割，如振动筛孔、风机插接部件长条孔、散热孔、过滤孔、螺栓光孔、电梯配重块穿孔等的切割加工。

小圆孔切割技术借鉴了激光切割小圆孔的技术，由编程套料软件提供优化的切割控制程序，通过调用等离子切割工艺库，控制切割速度、气体流量、弧压等相关参数得到较好的小圆孔切割效果。小圆孔的尺寸公差标准是内孔垂直度不大于 1°、圆度 ±0.20mm，小圆孔切割技术要求连续切割且圆孔的尺寸精度没有明显的变化。具有精细小孔切割功能的数控等离子切割机与常规数控等离子切割机相比，需要注意以下几个要素（依据重要性排序）：

1. 机床运动精度

精细小孔切割技术要求机床有较高的力学性能和精度，床身既要尽可能轻，又要有足够高的强度和刚度，其设计过程中最好经过有限元分析。所有结构件需要经过退火去应力处理，各个部件要有较高的加工精度。伺服系统要有足够的输出转矩余量以及较好的动态响应，以保证机床有足够高的加速度。

2. 等离子电源系统

等离子电源的切割质量是第二要素，正常切割状态下的切口垂直度不大于 2°，需要具有自动气体调整、控制功能，能够接受数控系统的控制指令。

3. 带切割工艺数据库的编程套料软件

针对小圆孔切割工艺要求，编程软件不仅需要具备完善的切割路径优化功能，而且需要带等离子切割工艺数据库，供编程和切割时自动调用，产生的程序中需含有弧压高度控制、等离子电源控制等指令。

美国海宝公司和凯博公司基于各自的精细等离子电源和数控系统最早在我国提出了精细小孔切割技术，并在切割机厂家进行了有成效的推广。济南艾西特数控机械有限公司基于美国凯博公司提供的精细等离子电源和数控系统，于 2011 年首先研制成功采用小圆孔切割技术的高精度数控等离子切割机，江苏博大、宁波金凤、上海通用汽车有限公司等十多家数控切割机厂都相继推出了高精度的等离子切割机，这种设备可广泛应用于汽车、农业机械、粮食机械、工程机械、高铁、建筑机械、锅炉、风机及刀具等行业板材零件的高精度切割加工（见图24-15～24-17），许多零件切割后几乎不需要后续加工，且大幅度缩短了零件加工周期，提高了生产效率，且大幅度降低了加工成本，与激光切割机相比，具有切割能力强（切割厚度范围宽）、购置成本低以及生产成本低等优点。

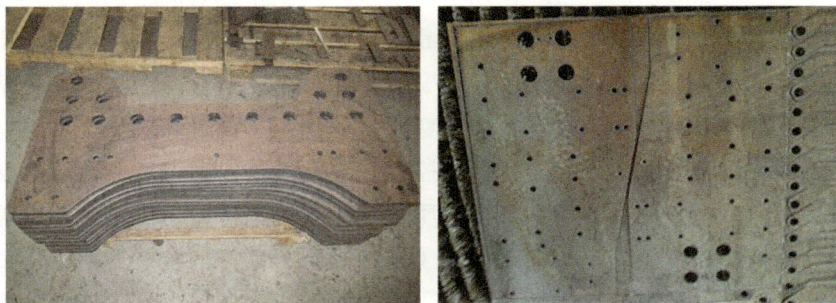

图 24-15　高精度等离子切割机在客车、货车行业中的应用

图 24-16　高精度等离子切割机在风机行业中的应用

图 24-17　高精度等离子切割机在农业机械中的应用

　　数控切割机市场两级分化现象日趋明显。一是低端切割机市场，以"小蜜蜂"小便携切割机和轻型龙门切割机为主，配套国产等离子电源和数控系统，价格1万～10万元，年产量2万台，主要满足大量中小企业需求。由于国产等离子电源和数控系统的质量和功能日趋完善，可以完全替代进口等离子电源和数控系统，经济实惠的国产数控火焰等离子切割机已经占据庞大的低端切割机市场，且大量出口海外。二是高端切割机市场，以全自动气体控制精细等离子切割机为主，其配套美国海宝、德国凯尔贝等国外进口品牌精细等离子电源，配套美国海宝和德国埃克曼等国外进口品牌数控系统和FastCAM切割工艺库软件，可实现精细小孔切割和全自动切割。通过软件编程套料，自动调用等离子切割工艺数据，通过使用EDGEconnect和Eckelmann高端数控系统实现气体自动控制及全自动切割，极大提高火焰等离子切割的切割效率和质量，实现了数字化、网络化、智能化切割。自动气体控制精细等离子切割代表了数控等离子切割的发展方向，主要满足大中型企业实现自动、高效、高品质的需求。目前，国内数十家大中型切割机生产厂家提供高端全自动气体控制精细等离子切割机（见图24-18、图24-19）。

图24-18　上海华威精细等离子切割机

图24-19　上海沪工精细等离子切割机

目前，国内生产等离子切割电源的企业有 30 余家。等离子切割机的最大输出电流基本上在 160A 以下，且通常以手工切割机型为主，机用等离子电源以及精细等离子电源较少。江阴市六和智能设备有限公司（简称江阴六和）以及成都华远电器设备有限公司开发了针对精细小孔切割技术的配套电源。

江阴六和与上海方菱计算机软件有限公司（简称上海方菱）联合研发了一套 LH270A 精细等离子电源特有的切割参数数据库，方便客户快速掌握精细等离子切割技术，实现专家级切割效果，发挥精细切割的最大优势。

相较于普通的等离子电源，LH270A 在技术上有巨大优势，主要表现在以下三个方面：

（1）切割效率高，使用范围广

相较于普通的等离子电源，LH270A 可以使用压缩空气、氧气、氮气、氩气、氩气 - 氢混合气（含氢量 35%，体积分数）等多种气体，以应对低碳钢、不锈钢、铝及铝合金等不同金属的切割。以低碳钢为例，LH270A 使用氧气作为切割离子气，空气作为切割保护气，最大的穿孔厚度为 38mm，相较于相同电流等级的空气等离子电源，切割速度提高约 50%。

（2）切割效果更出色，精细程度高

配合高精度机床，LH270A 对低碳钢的切割效果更为出色，切割面平整光亮，熔渣少，正常工况下垂直度可保证在 3°以内，减少加工工序。LH270A 配合上海方菱的数控系统和调高器，可实现 6 ~ 20mm 板厚范围内最小径厚比 1：1 的小孔切割，而且切割垂直度好，小孔形变小，可以满足客户的需求。目前，江阴六和与上海方菱是全球屈指可数的小孔切割技术领域最顶尖的企业（见图 24-20、图 24-21）。

图 24-20　精细切割样件

图 24-21　20mm 碳钢螺栓孔切割样件

（3）数字化控制，智能化程度更高

LH270A 主电源采用双路并联交错控制的斩波模块作为等离子电源的功率变换主回路，可靠性高，电流纹波小（见图 24-22）。采用高性能数字芯片，对电源和气路实现数字化控制，有完善的整体智能化控制和保护，拥有较高的易用性和可靠性。

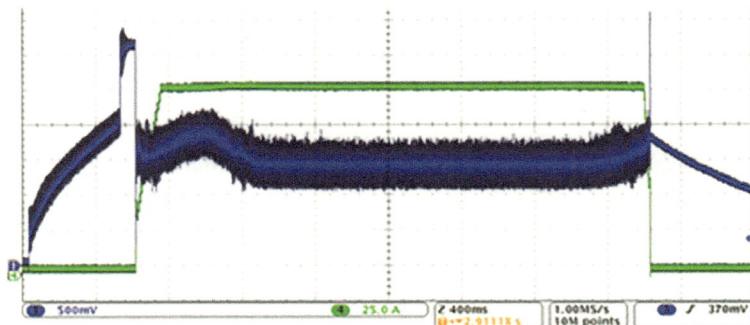

图 24-22　精细电流控制

LH270A 的技术性能和产品可靠性已达到国际同类产品水平。

青岛华远焊割设备有限责任公司（简称华远焊机）自主研发生产的 FLG-200HD/300HD/400HD 精细等离子切割机，可以实现高精度切割（见图 24-23）。该精细等离子切割机的成功研发和生产，是国内机用切割机电源的重大突破。该切割机以高质量的切割能力、较低的材耗、合乎国情的价格打破了国外精细等离子切割机的垄断，其多项研发成果已申请知识产权保护。

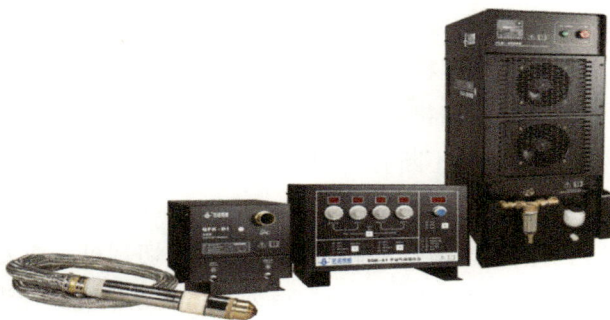

图 24-23　华远焊机精细等离子切割系统

华远焊机精细等离子电源系统主要由电源主机、手动气体操作台、高频箱、等离子割炬组成。该切割机搭载精密机床和数控系统可构成数控精细等离子切割系统，配置稳定的气源及适合的工艺，可得到非常优异的切口质量和精度，切割后的零件可以减少或避免二次加工，提高生产效率、降低成本，且降低了对操作工的要求。FLG-300HD 精细等离子切割机针对碳钢、不锈钢、铝的切割厚度分别可达到 38mm、32mm、25mm，如图 24-24 所示。

图 24-24　加工样件

该产品采用最新的逆变控制技术，较其他知名品牌产品采用的斩波和晶闸管整流技术更具优势。其主要特点有：①采用电流纹波控制技术，输出电流纹波小，切口平滑，切割质量稳定；②专业调校的割炬冷却系统，配置大流量、高扬程水泵和大功率散热结构，有效延长了割炬损耗件的使用寿命；③多种气体输入接口设计，适应多种气体切割工艺，实现各类金属材料的最佳切割；④优异的高频起弧控制技术，高频箱与电源结构分离，降低高频对数控系统的干扰，割炬电缆短，保证 100% 的起弧成功率；⑤完善的通信控制接口，方便扩展功能，更易与多种智能数控系统配套。

24.5　光纤激光与等离子组合切割

国家统计局 2013 年的相关数据表明，高功率激光切割设备在全球范围内累计有 4 万套，而在我国仅有 9 000 套左右。激光切割设备被广泛运用在各行各业中，如石油机械、纺织机械、工程机械、核工业、航空、船舶、汽车等。在国内制造业产能过剩，切割设备行业销售额和利润双双下滑的背景下，激光切割机市场依然保持了 20% 的旺盛增长，不断有新的激光切割机企业诞生，2014 年，我国激光切割机的年销售量突破了 3 000 台（套）。

2017 年，激光切割机产量已经超过火焰等离子切割机，成为数控切割机市场的主导产品。上海沪工焊接集团股份有限公司、大连华锐数控设备有限公司、上海通用重工集团有限公司和宁波金凤焊割机械制造有限公司等切割机厂家均开发了数控光纤激光切割机产品（图 24-25 ～图 24-28）。国内的激光切割机产品从配套小功率国产光纤激光器的高精度激光切割机，到配套大功率进口光纤激光器的大型高效光纤激光切割机，应有尽有，而且越来越多的企业加入了激光切割机的生产行列。

图 24-25　上海沪工光纤激光切割机

图 24-26　大连华锐光纤激光切割机

TAYOR

图 24-27　上海通用光纤激光切割机

图 24-28　宁波金凤光纤激光切割机

近几年，我国钢产量一直保持在年产 8 亿 t 水平。其中，中厚板 7 000 多万 t，冷热轧薄板 5 000 多万 t，各种冷热轧薄宽带钢和镀层板年产量超过 1.7 亿 t。以往，冷热轧圈和带钢圈多使用开卷机展平裁条，再使用压力机冲压零件。传统的冲压生产方式适合于单件大批量生产，其最大的成本来源是制作模具。而现在产品更新换代加快，且多是多品种小批量生产，因此传统的模具冲压生产方式逐步被光纤激光切割生产方式所取代。光纤激光切割机的优点是切割质量好，可直接用于产品组装，适合产品试制和小批量生产。传统模具冲压的零件一般会有飞边，需要人工打磨或机加工，生产周期和人工成本都高于激光切割。因此，从我国钢材产品构成和年产量，以及光纤激光切割机不断扩大的应用领域来看，激光切割机的产量将逐步超过火焰等离子切割机。

上海团结普瑞玛激光设备有限公司、深圳市大族激光科技股份有限公司、奔腾楚天激光（武汉）有限公司、武汉法利莱切割系统工程有限责任公司、苏州领创激光科技有限公司是国内较早开发数控激光切割设备的企业。

厚板切割是激光切割机重要的发展方向。日本田中（TANAKA）公司对此进行了大量的研发，为行业提供了有价值的参考资料。

厚板切割使用的激光切割机目前主要采用二氧化碳激光和光纤激光（见图24-29）。机体构造采用切割平台和切割机本体为一体的机床式、切割平台和切割机本体分离的龙门式两种。

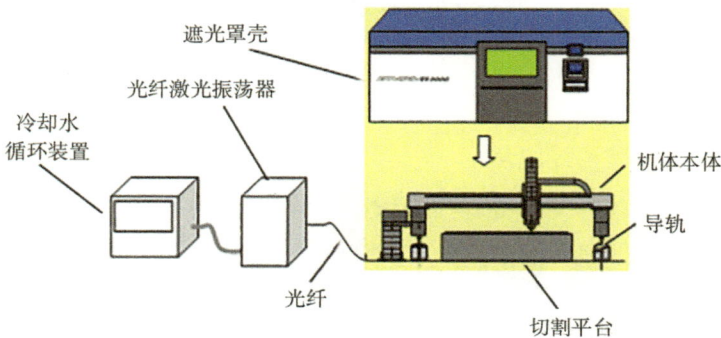

图 24-29　光纤激光切割机的构造

虽然二氧化碳激光（输出功率6kW）和光纤激光（输出功率5kW）都可以切割最大板厚32mm的碳钢（见图24-30，图24-31），看不出大的区别。但是，由于光纤激光切割厚板的应用时间较短，还没有对其进行深入的研究，因此在今后的发展过程中，其性能超过二氧化碳激光切割性能的可能性很大。

图 24-30　二氧化碳激光切割的样件（板厚32mm）

图 24-31 光纤激光切割的样件（板厚 32mm）

光纤激光切割技术发展的趋势是大功率激光器，如 6kW、8kW，甚至 10kW 的光纤激光切割机逐步进入工业应用，价格逐年快速降低。目前，6kW 光纤激光器的价格已经与 3～4 年前 2kW 光纤激光器的价格相当。随着 10kW 大功率光纤激光器的应用，切割速度和切割厚度不断提高。日本田中、昆山梅塞尔以及宁波金凤等著名切割机厂家都在重点推广切割大厚度（20～34mm）的大功率光纤激光切割机。特别是日本田中推出 6kW 和 10kW 光纤激光坡口切割机，可切割 20～40mm 厚度的材料，从穿孔时间、切割速度和切割质量上都有明显提高。随着 6kW 和 10kW 大功率光纤激光器的推广应用，以及其价格的持续降低，大功率光纤激光切割机势必挤压和侵食等离子切割机的高端市场。

目前，在汽车、建筑机械领域以薄板钣金加工为主的光纤激光切割机的普及尤为显著。近年来，随着各切割机厂家技术取得巨大进步，切割机的切割范围也扩大到中厚板领域。日本田中推出了适用于中厚板切割的 10kW 高功率光纤激光切割设备。

在光纤激光发生器领域，以拥有世界最高输出功率为 100kW 产品系列的 IPG Photonics 等欧美厂家具有压倒性优势。但几年前，FANUC 以及 FYUJIKURA 等一些日本厂家也开始着手数十千瓦级的高功率发生器的生产和销售。

光纤激光的发振效率比二氧化碳激光高 3 倍，且无须激光气体，保养次数大幅度减少，拥有低成本特征。最近，有发振效率从 30% 提高到 50% 的高效率系列和机器内藏小型冷却机系列等高端产品面世。

光纤激光的另一个特征是高输出力，能保持高品质光束。

日本田中于 2015 年发布了全球首款采用日本发那科公司生产的龙门式光纤激光切割机 FMR Ⅱ 系列（见图 24-32）。TANAKA 的 FMR Ⅱ 系列产品技术参数见表 24-2。

图 24-32　龙门式光纤激光切割机 FMR Ⅱ

表 24-2　FMR Ⅱ系列产品技术参数

设备型号	25	30	35	40	45	50	55
有效切割宽度 /mm	2 600	3 100	3 600	4 100	4 600	5 100	5 600
导轨跨距 /mm	3 500	4 000	4 500	5 000	5 500	6 000	6 500
	3 800	4 300	4 800	5 300	5 800	6 500	7 000
有效切割长度 /mm	3 000（导轨长度）						
光纤激光发生器厂家	FANUC		IPG			—	—
输出功率 /kW	3	6	2.5	5	10	—	—

其中 10kW 光纤激光切割机的切割能力如下：

1. 穿孔能力

穿孔是切割加工中的第一道工序。一般用脉冲穿孔，可获得稳定性高的小直径孔。随着板厚增加，穿孔所需的时间也相应增加。日本田中开发出穿孔时间大幅度减少的具有新型穿孔功能的"高速穿孔Ⅱ"。图 24-33 所示为 10kW 和 6kW 光纤激光切割机对板厚 40mm 以内的低碳钢脉冲穿孔所需时间的变化曲线及穿孔质量。可见 6kW 和 10kW 光纤激光对于板厚 25mm 以下低碳钢板的穿孔时间相差不大，但与 6kW 二氧化碳激光穿孔相比时间缩短 80% ～ 90%；其次，在穿孔质量方面，随着板厚的增加，材料上的挂渣也相应增加，除去挂渣后，都能得到极小孔。

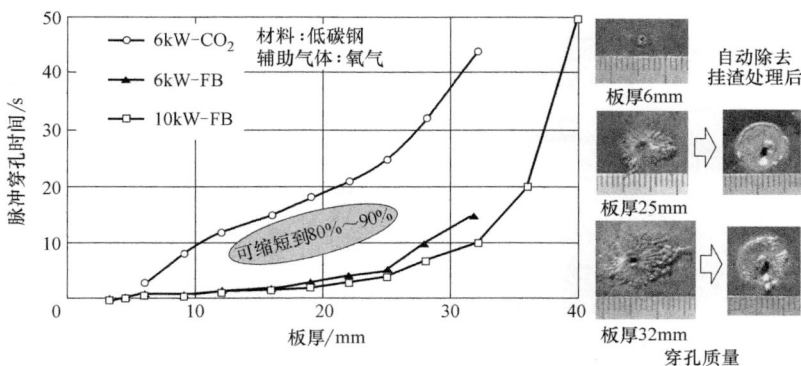

图 24-33　低碳钢光纤激光切割机脉冲穿孔时间和质量

2. 切割速度

图 24-34 是 10kW、6kW 光纤激光切割机以及 500A 等离子切割机对中厚低碳钢板的切割速度。由于 10kW 光纤激光切割机的输出功率高，可对 19 ～ 25mm 厚板实现 CW 切割，其切割速度比 6kW 光纤激光切割提高 20% ～ 70%，比等离子切割提高 40% ～ 60%。尤其是对于板厚 25mm 低碳钢，10kW 光纤激光的切割速度超过了 1 000mm/min。

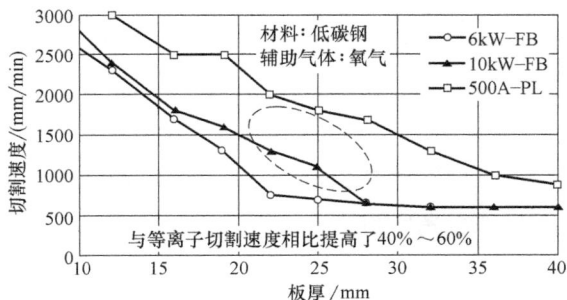

图 24-34　中厚板低碳钢光纤激光切割机的切割速度

3. 切割质量

表 24-3 为 25mm 碳钢二氧化碳激光和光纤激光的切割质量对比。6kW 光纤激光切割机 FMR Ⅱ 的切割质量与 6kW 二氧化碳激光切割机的切割质量是同等的。10kW 光纤激光切割机 FMR Ⅱ 由于实现了 CW 切割，其切口尺寸公差和拐角角度以及切割面的凹凸得到大幅度改善。

表 24-3　二氧化碳激光和光纤激光切割 25mm 厚碳钢的切割质量对比

	6kW 的 CO_2 激光	5kW 光纤激光	6kW 光纤激光	10kW 光纤激光
切割面的照片				
切割速度 /（mm/min）	650	650	700	1 100
切割面粗糙度 Ra/μm	49.0	85.3	39.5	40.7
切口宽度 /mm	0.91	1.06	0.60	0.33
拐角角度（°）	−1.0	−1.5	−1.0	−0.3
凹凸 /mm	0.20	0.45	0.15	0.13
挂渣	无	无	无	无

二氧化碳激光切割机切割板厚 25mm 的高强度结构钢极易发生切割过烧、切割槽等不良现象，而光纤激光切割机的切割品质则较稳定。两种切割方法的对比如下：

1. 不同表面状态低碳钢的切割

使用于造船、桥梁的涂装钢板以及抛丸材料的表面状态与一般黑皮钢板不一样。涂料成分带来的氧化反应、钢板表面上的凹凸带来的光束反射、熔融以及辅助气体气流的错乱等给切割带来不稳定因素，此时，切割设备拥有的先烧功能可作为有效的解决手段，即在切割之前将微弱光束照射到切割路径上，以便将材料表面多余成分除去。表 24-4 为 6kW 激光切割板厚 16mm 涂装钢板以及抛丸材料对有 / 无先烧功能光纤激光切割和二氧化碳激光切割质量的比较结果。二氧化碳激光切割使用先烧功能进行切割，加工面光滑。光纤激光切割即使不使用先烧功能，切割面也比较稳定且能提高生产效率，期待其在造船和桥梁领域得到普及。

表 24-4　涂装钢板和抛丸材料的切割状况比较

激光种类	先烧功能	涂装钢板	抛丸材料
6kW 光纤激光	无		
	有		
6kWCO₂激光	无	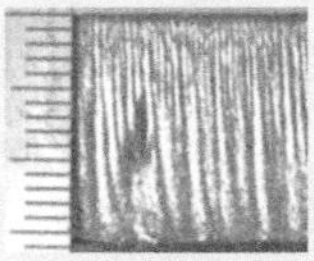	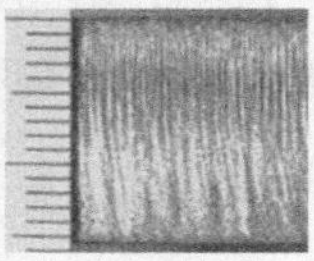
	有		

注：板厚为 16mm，涂装钢板是无机系列多锌底涂。

2. 非铁材料的切割能力

对于不锈钢和铝合金，10kW 光纤激光切割机的优点仅是提高了切割板厚，期待以后高输出功率能成为改善切割品质的有用工具。

3. 坡口切割

（1）穿孔

坡口切割的穿孔方式一般选择 CW 穿孔，这种穿孔方式由于孔径较大而影响成品率。TANAKA 的"高速穿孔Ⅱ"适用于坡口切割，对于板厚 25mm 低碳钢 45°坡口穿孔仅需十几秒即可打通，且孔径极小。表 24-5 为 10kW 光纤激光切割机的坡口穿孔状况和 CW 穿孔状况的比较。

表 24-5　10kW 光纤激光切割机的坡口穿孔和 CW 穿孔比较

	"高速穿孔Ⅱ"穿孔	CW 穿孔
穿孔照片		
穿孔孔径 /mm	9	20

注：25mm 厚低碳钢钢板的 45°坡口。

（2）切割速度

图 24-35 所示为 10kW 光纤激光以坡口 45°对低碳钢切割时的速度。从图 24-35 可以看出，其与 6kW 二氧化碳激光和 500A 等离子比较，二氧化碳激光切割速度比等离子切割的速度低 40%，10kW 光纤激光切割速度比等离子切割速度低 60%。

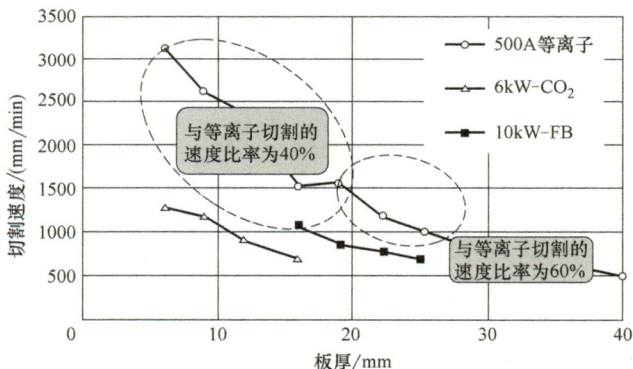

图 24-35　10kW 光纤激光以 45°坡口切割低碳钢的速度

（3）切割质量

坡口切割是将割炬倾斜并切割的切割方式。因此，喷射到材料表面上的辅助气体往往不均匀，离材料近一点的割嘴方向压力高，另一侧压力低，气流形状呈椭圆形。由于辅助气体不均匀，坡口角度越大影响越大，熔融区域扩大，切割切口宽度随之变大。为此，一般情况下同等板厚带有坡口切割比垂直切割的速度要慢。表 24-6 是 10kW 光纤激光切割低碳钢 45°坡口最大适用板厚的切割质量与

6kW 二氧化碳激光切割比较。10kW 光纤激光与二氧化碳激光的切割品质基本上同等，最大适用板厚从 16mm 扩大到 25mm。

表 24-6　两种激光最大能力下进行低碳钢坡口切割的质量比较

项目	10kW 光纤激光	6kW 二氧化碳激光
板厚 /mm	25	16
坡口角度（°）	45	45
切割速度 / （mm/min）	700	700
表面切口宽 /mm	4.92	4.14
切割面照片 正坡口		
切割面照片 反坡口		

作为 10kW 光纤激光切割的特征，即使切口不宽，可切区域也大。表 24-7 是 10kW 光纤激光切割的低碳钢高品质狭窄切口坡口切割的最大适用板厚的切割质量与 6kW 二氧化碳激光切割比较。低碳切割钢狭窄切口坡口切割的最大适用板厚，6kW 二氧化碳激光为 16mm、坡口角度为 10°，10kW 光纤激光为 19mm、坡口角度为 30°。

表 24-7　两种激光低碳钢狭窄切口坡口切割最大能力下进行的切割质量的比较

项目	10kW 光纤激光	6kW 二氧化碳激光
板厚 /mm	19	16
坡口角度（°）	30	10
切割速度 / （mm/min）	1 000	800
表面切口宽 /mm	1.99	0.81

（续）

项目		10kW 光纤激光	6kW 二氧化碳激光
切割面照片	正坡口		
	反坡口		

除了节能、省维护、低成本外，高输出功率也是光纤激光切割拥有的优点。由于有高输出功率、易保持高光束品质，因此，今后不仅仅是薄板钣金领域，在中厚板领域光纤激光切割机也将受到瞩目。另外，10kW 的高输出功率光纤激光切割机投入实际使用后，不仅可以替换 CO_2 激光切割机，而且用它来替换等离子切割机的用户也将会增加。因此，坡口切割也是等离子切割未来发展的主方向。

24.6　钻、铣与坡口加工设备

应用于电力、桥梁、汽车等行业中厚板带孔零件加工的数控钻切一体设备，集冷、热加工为一体，可根据需要选配部件实现多重功能，如钻孔、攻螺纹、画线、等离子/火焰切割、轮廓切割、坡口切割等。该设备一次装夹即可完成钻孔、铣面、切割等多道工序，实现跨平台多功能集成，减少辅助工序时间，降低劳动强度，提高产品精度和生产效率。该设备为有带孔零件加工需求的企业定制，实现了多工序一体化，将切割工艺同生产流程中的其他工序有机结合，减少了生产工序，提高了生产效率，有效降低了人工成本。

目前，开发生产钻切复合一体机的企业有：江苏博大、无锡华联科技集团有限公司、成都华远、无锡桥联焊割成套设备有限公司等近十家切割机企业。江苏博大继成功推出数控钻铣切复合机床和数控等离子回转坡口切割机之后，将数控钻孔、等离子无限回转坡口切割创新地集成在一起，近期成功推出数控钻孔、等离子回转切割复合机，从而填补了国内市场的空白。

数据调查显示，全球数控切割行业中，近50%的生产零件需要开坡口。然而，配备有坡口工具站的设备却只占相当小的比例。传统的坡口加工方式，要经过铣、剪边、刨边、车削、锯削等多道工序，消耗大量人工和时间，生产效率和生产质量低下。集成钻、铣与坡口加工功能于一体的加工设备，可实现高质量的坡口一次成形，无须搬移材料，工序简化，成品质量高，节省大量生产时间并提高生产能力，从而很快收回初始投资。此外，与通常的机器人相比，在3D物体，如封头、管材、型钢上进行自动化坡口边缘预处理时，此类设备使用基于龙门机床的专业工具站，具有更稳定的机械基础机构，机械精度和运动精度更高，从而切割效率和切割质量提高，带来的经济效益增大（见图24-36）。

图 24-36　坡口加工

目前，适用于中厚板的等离子平板坡口切割机成为高端数控切割机的主流产品。自2008年全球金融危机发生后，国内几家大型数控切割机厂家开始研发等离子平板坡口切割机。经过10多年基于用户体验的持续开发，平板坡口切割机的制造技术，特别是坡口头的制造技术和数控技术逐渐完善。加之使用海宝公司和凯尔贝公司大功率精细等离子和FastCAM公司的坡口切割编程套料软件，坡口切割质量日趋稳定。江苏博大推出经过多年研发的等离子平板坡口切割机（见图24-37）。上海通用、宁波金凤、昆山乾坤机器制造有限公司等大型切割机企业都有成熟的平板坡口切割机产品（见图24-38）。

图 24-37　江苏博大的平板坡口切割机

图 24-38　上海通用的等离子坡口切割机

平板坡口切割机的主要功效是实现带焊接坡口零件的编程套料切割，直接替代或取消零件垂直切割后焊接坡口的人工或机械打磨，缩短生产流程、减少人力成本，有效实现钢材的数字化、网络化和智能化切割。

冷加工的钻、镗、铣与等离子热切割相复合的多功能切割机也将是高端切割机市场的主要产品，是大中型制造企业的主要装备。在切割设备展会上，江苏博大展出了新近研发成功的钻切镗铣复合加工中心。2018 年年初，昆山乾坤也开发成功了类似的钻切镗铣复合加工中心。FastCAM 公司与昆山乾坤联合开发了FastCAM 钻切镗铣复合套料软件。

江苏博大新近推出的数控全回转等离子坡口切割机／钻铣切复合机床（图24-39、图 24-40）是其自主研发的具有国际水平的高精度、高效率复合加工装备。其可坡口切割，可完成板材的铣、画线、钻孔、倒角、攻螺纹等多道工序。整机的制作、安装、调试完全在 ISO 9001 质量保证体系的监控程序下完成。

机床龙门架采用重负载结构，整体结构合理、工业化外观设计，机床整体结构动态特性精度高，可配套多种等离子切割机，切割质量好，可切割碳钢、不锈钢等非铁金属。

割炬回转机构采用轻负载结构，旋转机构采用组合轴承结构，在高负载下回转精度高，轴端摆动量小，割炬转动定位准。割炬摆动结构采用新型材料，运用专利设计，轻巧耐用，角度调节速度快。

铣削结构采用高精度镗铣主轴，机床可配备 24 把圆盘式刀库，自动换刀。各种刀具工艺参数界面化设置，自动高效完成钻孔工序。

数控多轴运动控制系统，采用 EtherCAT 总线通信。NC 与 PLC、SERVO 间通信速度为 100M/s，响应更快，精度更高。

图 24-39　数控全回转等离子坡口切割机

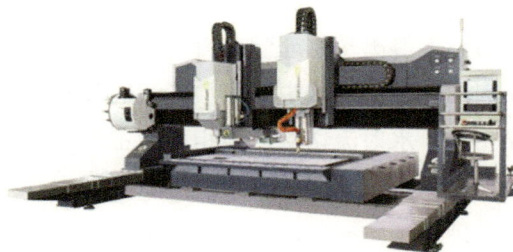

图 24-40　钻铣切复合机床

第 25 章　切割装备发展建议

目前，我国的热切割装备与国外先进品牌差距较大，等离子切割和激光切割装备尤为突出。国内应用的设备和技术多为进口，自主研发产品的质量稳定性差、使用寿命短，与国外先进品牌差距较大，仍然停留在较低级阶段。要缩短与国际先进水平的差距，提升我国热切割产品质量任重而道远。

1. 基础学科建设、基础领域研究需要加强

热切割技术是多学科交叉的基础应用技术，涉及物理学的多个分支。包括：燃烧学、气体射流动力学、等离子物理学、流体力学等，以及电气控制、计算机软件等多种学科。在热切割应用领域中应用最广泛的几种工艺方法：氧气切割、等离子弧切割、激光切割、水射流切割，其相关的工艺及装备均是多领域学科交叉融合的成果。

各种热切割工艺的理论基础研究，如等离子电弧的产生及控制、各种热切割工艺的微观机理及其与切割质量的关系等，以及等离子电源、割炬、激光切割用高功率激光发生器等关键零部件的研发都需要基础学科领域的大量深入研究作为支撑。对基础学科的投入不足，基础领域的研发力度弱是制约我国热切割技术发展的重要因素。

2. 关键零部件、高技术附加值产品研发

我国热切割技术应用范围广，是热切割设备研发、生产大国。但在现有市场结构中，我国热切割行业仍处于国际分工的中低端，量大而不强，国外品牌仍然在我国中高端市场中占据主要份额。

我国搭载等离子弧切割、激光切割等热切割工艺的二维坐标数控龙门切割机、三维坐标机器人柔性切割系统、多种类型的切割专机等热切割装备的研发、生产、应用量居世界前列。但等离子弧切割系统中的电源本体、割炬、数控系统、调高系统等，激光切割系统中的高功率激光器、激光加工专用控制系统、激光光束传输控制、高度跟踪系统等核心零部件以及高水平、高技术附加值的切割装备仍然被国外品牌占据，依赖进口，严重制约我国热切割行业向高水平、高技术附加值方向发展，制约我国热切割行业的提质升级。

3. 建立完备的标准体系，强化产品质量监管，提高行业产品质量

目前，整个切割机具行业标准落后，随着技术的不断发展，各类切割机具种类不断增加，因此，有必要分门别类制订细分标准，以提高产品质量。

行业应具有准入门槛。由于市场准入门槛不断降低，越来越多的资本进入热切割行业。虽然我国热切割市场活跃，但产品质量参差不齐。由于一些企业技术水平不高，仿冒知名企业产品，或应用落后甚至倒退的技术生产不符合标准规范的产品等现象尤其突出，因此，应在市场准入门槛降低的同时强化热切割产品质量监管，建立完善的热切割标准化体系，以标准化指导行业产品质量的提高，建立企业技术同盟，协同质量监督机构及政府部门，利用规范的标准对产品质量进行监管，打击淘汰劣质、仿冒、技术落后的产品，维护市场健康良性发展。

4. 鼓励原始创新，完善知识产权保护

创新是促进企业提升产品质量，促使行业产品品质升级的重要力量。长期以来，我国热切割行业的新产品研发模式为学习国外先进技术和产品，引进消化吸收再创新。如等离子弧切割电源、割炬及其配件、激光切割用高功率激光发生器等核心技术设备，均依赖国外进口，国内对其学习改进并加以应用。这在一定时期内可以促进我国热切割行业技术及产品的发展。

国际化的今天，我国热切割产品和技术要走出国门、面向国际市场，旧有模式不足以维持我国热切割行业的快速发展，要自主研发高端热切割装备需要的核心部件。应鼓励企业及科研机构向基础领域和核心零部件领域加大研发投入，并维护其创新利益。促进我国热切割行业提质升级、向国际市场中高端迈进，原始创新是不可或缺的主要驱动力量。在此基础上，加大知识产权保护力度，以维护我国热切割行业的创新力。

5. 加强环境保护，助推生态文明

切割机具存在烟雾、粉尘、噪声、强光等方面的对作业者健康有害的环境因素，因此，切割焊接行业应尽快出台有关切割机具环境保护的产业标准。

第 5 篇

焊接质量控制技术、焊接环境、健康与安全

第 26 章　焊接质量控制技术

现代焊接技术被广泛用于航空航天、交通运输、机械制造及石油化工等各个工业领域，焊接质量的好坏直接影响焊接结构的安全性和可靠性。保证焊接结构制造和安装的质量是各个行业一直关注和研究的课题。焊接质量保证是指为了表明焊接结构及接头能够满足质量要求，而在质量体系中实施并根据需要进行证实的全部有计划、有系统的活动。焊接质量保证活动包括管理活动和技术活动，是系统工程。这些活动涉及人、机器设备、材料、方法、测量、环境等各方面，包含在焊接作业全过程中，不仅包括焊前的焊接质量管理体系建立、焊接质量标准制订、焊接装备配备、焊接从业人员培训和资格认证，而且更重要的是焊接过程中的工艺控制和过程监督、焊接环境保护和焊后的焊缝质量检验、无损检测等。在焊接结构制造和安装过程中，通过采取多种技术和管理手段，保证其焊接质量。

在焊接质量保证的诸多技术中，焊接无损检测是质量保证的关键环节，是材料无损检测的一个非常重要的领域，无损检测能给飞机、空间飞行器、发电厂、船舶、汽车和建筑物等带来更高的可靠性。

焊接无损检测是指利用物质的声、光、电和磁等特性，在不影响或不损害被检测对象使用性能的前提下，将焊接结构或接头中存在的缺陷或不均匀性检测出来，并能够显示出缺陷的大小、位置、性质和数量等信息。焊接无损检测技术是机械工业的重要支柱技术之一，也是一项典型的具有低投入、高产出的工程应用技术，其涵盖了众多的基础研究领域。作为一门应用性极强的技术，焊接检测与国家大型工程项目结合，解决了国家大型和重点工程项目中急需解决的安全保障问题。

焊接无损检测与其他领域的无损检测相比具有一定的特殊性，涉及面非常广，材料、结构、接头形式、焊接方法及工艺等因素均会影响检验的可能性及可行性。与破坏性检验相比，无损检测具有以下几个特点：

1）非破坏性，无损检测技术不会损害被检测对象的使用性能。

2）全面性，必要时可以对被检测对象进行 100% 的全面检测。

3）全程性，可以对制造用原材料、各中间工艺环节直至最终产品，甚至是服役中的设备进行全程检测。

26.1 焊接无损检测的现状

焊接结构件是工业生产的重要组成部分，按照美国 20 世纪 90 年代的估算，因焊接接头失效引起的经济损失高达国民生产总值的 5%。因此，如何保证含有焊接构件装置的运行安全就成为一个极富挑战性的课题。有效解决该问题要从焊接构件的制造到投产进而走向退役的整个过程中的每一个环节做起。通过分析潜在的失效影响因素，开发出有效而可靠的检测技术，达到早期预报可能发生的潜在事故，进而保障焊接工程构件安全运行的目的。另外，随着当今电力与石油化工设备等的大型化，设备的尺寸与质量不断增大，给制造、运输和安装过程中带来许多困难，也使检测工作难度加大。在对能源化工设备、核电厂、海洋采油平台、地下油气输送管道等的检查中，存在高空、高温、强辐射、易燃、有毒等恶劣环境，需要高度自动化的检测技术与设备。同时，焊接结构在设备运行中的失效、超期服役等因素也促使各种新型无损检测技术和自动检测设备飞速发展。

目前，射线与超声检测技术仍然是焊缝内部缺陷检验的主要方法，对其开发及研究最为广泛。射线检测目前主要以照相为主，对部分焊缝的无损检测采用实时成像及数字化方法，应用自动识别与计算机管理技术尚不广泛。超声检测在复杂焊接结构及在役焊接结构中多采用手动检测方式；部分规则焊缝采用自动超声检测与超声成像检测技术，少量规则焊缝采用了超声新技术。我国在超声相控阵检测工艺研究、超声发射／接收系统研制、检测控制软件等方面取得了具有自主知识产权的技术成果，研制的系统已进入现场试验阶段，国产大口径管道环焊缝相控阵超声检测设备在西气东输工程中发挥了作用，成为长输管道全位置自动焊焊缝无损检测的主要方法。焊缝表面及亚表面缺陷检测主要以磁粉、渗透及涡流检测为主。目前，相关方法大部分为人工手动检测，部分企业与研究单位开展了磁光成像及图像处理与识别方面的应用研究。当前，一些传统的、可能会对环境产生污染的焊接检验方法将会逐步被淘汰，或者被新方法所代替。首当其冲的是着色渗透，其次是磁粉探伤。对着色渗透而言，取而代之的将是环境友好型的渗透媒介。对于磁粉探伤，随着漏磁检测技术的进步和检测灵敏度的提高，检测更容易实现智能化和可视化，因此，传统的磁粉探伤被取代是必然趋势。涡流法可检测焊件表面的缺陷、裂纹、气孔和晶间腐蚀，速度快、灵敏度高、操作简单。涡流检测已成功用于判断焊缝是否有缺陷及缺陷位置，但在缺陷特征（形状、大小和媒介性质）识别方面尚有一定难度。这主要是由于涡流信号包含复杂的变量关系，以及铁磁材料对信号的影响。近年来，随着现代信号处理技术及涡流传感技术的发展，涡流检测的应用范围也在不断扩大，已经用于焊缝类有复杂背景噪声工件的探伤，且能够快速、比较准确地测量焊缝表面缺陷。采用涡流方法检测焊缝缺陷深度的研究也取得了进展。

26.2　焊接无损检测的发展趋势

根据当前我国大型工程建设的发展需要以及适应数字化、信息化、网络化的新形势，我国焊接无损检测技术在今后一段时间将向以下方向发展：

1. 焊缝射线检测技术方面

随着微电子技术、计算机技术和信息处理技术的飞速发展，焊缝射线数字成像检测技术也得到快速发展，相应的技术也已日臻成熟，正在逐步替代传统的射线胶片照相法。在焊缝射线检测领域，X 射线数字直接成像检测技术（DR）、计算机射线照相技术（CR）和小型、低成本的 CT 检测技术以及焊缝数字图像处理与分析评定管理系统等先进检测技术得到研究和应用。随着射线光感器件、"互联网 +"和大数据技术的发展，焊缝射线数字成像检测技术将向检测设备的小型化、个性化（满足被检工件特点）和数字图像信息无线网络数据传输、远程技术支持和智能化评定等方面发展。

2. 焊缝超声检测技术方面

随着先进超声传感器的开发，信号采集速度与计算机功能的提高，信号处理技术、模式识别技术与人工智能软件的逐步成熟，焊缝缺陷超声检测已逐步摆脱最初的单一手工操作方式，进入了自动超声检测的时代。下列检测技术将得到研究和应用：手动检测可靠性评估及缺陷检出概率、缺陷的 3D 显示、无线网络数据传输、远程技术支持、复杂环境下的检测技术、先进的模型及信号处理技术和非线性超声检测技术、制造过程的无损检测、焊缝质量快速评估及可靠性评估技术与方法、超高温相控阵探头、机器人扫描系统等。

3. 其他无损检测技术

金属磁记忆是近年发展起来的一种焊缝质量检测技术，它是对焊接工件表面固有的漏磁场分布进行分析，可以确定其应力集中区缺陷和不均匀性，能够实现缺陷检测及焊接结构的残留应力分析等。但是非应力集中区以及金属材料受到磁污染都会使金属磁记忆方法对缺陷的检出能力产生影响。因此需要对该项技术进行理论分析和研究，例如对铁磁构建表面法向磁场变化梯度的研究，提高磁场测试精度，对测绘数据进行有效修正，与其他无损检测技术相融合，形成更加完善的材料状态评估体系。

声发射技术是一种动态检测技术，多用于材料或结构加载过程中的缺陷监测与定位。随着制造业的发展，采用该技术对材料或结构，尤其是大型焊接结构的疲劳损伤进行监测，早期发现裂纹的萌生，具有重要意义。其研究重点是提高信号采集过程中的抗干扰能力，信号的远距离传输与处理。

随着极端环境下制造技术的发展，对无损检测技术提出了新的要求，主要是水下（水下焊接与维修）及涉核环境的检测技术与方法。从检验原理上讲，极端环境下的检测技术与一般环境下没有大的差异，研究开发的重点在于针对极端环境下的检验装置与信号传输方法，以及相关人员的培训。采用机器人智能检测技术，可以减少人为因素的影响，也大大降低了极端环境对检测结果的影响。

从无损检测整个行业发展角度讲，焊接检验未来将实现智能化、图像化、信息化和绿色环保。

1. 智能化

用于焊接检测的机械设备系统能够进行智能活动，诸如分析、推理、判断、构思和决策等。利用目前已经开发出来的晶片传感器技术，并与微电子学和高性能计算机相结合，使生产集成化的、具有信息系统功能的智能检测系统具备条件。智能化和信息化会让焊接检测变得更加简单。

2. 图像化

焊接无损检测技术主要是检测焊缝中缺陷的物理参数变化，随检测方法的不同，其检测结果的表示方法是多样的。检测结果的判断与评定，对检测人员的技术素质、实践经验要求很高，而且难以满足保存、诉诸众观、传阅等需要。利用计算机技术处理检测结果中的数据、图形和图像信息，将不直观的检测结果转变成可视化图像，更能满足实际检测的需要。

3. 信息化

将云计算与集成检测技术相结合，使云计算植入无损检测，其核心是将多种传感器采集到的信号收集于"云端"进行存储、处理并对结果进行评价和预测。

4. 绿色环保

节能、减排且生产环境友好的机械制造设备无疑是机械制造业的发展方向。未来的焊接检测设备也应该是绿色的，即环境友好型设备和高性能低辐射设备。因此，一些传统的，可能会对环境产生污染的检测方法将会逐步被淘汰，或者被新的方法及媒介所代替。

第 27 章　焊接环境、健康与安全

焊接是现代制造业的重要工艺技术之一，其操作过程产生的烟尘、废气、残渣等带来的环境污染日趋严重。焊接作业产生的高温、弧光、噪声、电磁辐射、有害气体等对人体健康和安全也有较大危害。因此，全球针对焊接过程中的环境改善和焊接人员的健康与安全开展了大量研究。近年来，我国政府大力倡导以人为本、保护环境和可持续发展的理念，有力促进和提高了社会各界对工业污染控制与预防的意识，提升了对焊接行业生产环境、劳动者健康与安全卫生方面工作的重要性、现实性、紧迫性和战略性的认识。焊接行业要积极采用现代科学与技术的成果和手段，研制、生产有效的焊接烟尘治理和防护的新产品、新工艺、新方法。

我国在焊接环境和健康领域的相关法规标准比较陈旧，对各种法规标准及规章制度的执行不够严格，焊接机械化和自动化程度也有待进一步提高，因此，我国目前的焊接环境、健康与安全（Environment Health Safety，EHS）问题依然突出，焊接行业要通过开发无害化焊接产品与绿色焊接技术，从源头上有效避免有毒有害物质进入环境，减少焊接烟尘、有害气体等污染物的产生，降低能源消耗，改善操作环境。

27.1　现状

目前，我国绿色焊接材料、焊接整体防护和局部防护产品发展不平衡，大多实现了从无到有的发展，形成了较全面系统化的产品，但整体产品水平普遍不高，大多数仍处在引进阶段，自主研发少，缺乏有效创新。首先，对焊接职业危害和有效防护措施的研究欠缺，对焊工行为习惯研究不足；其次，部分企业对法律、法规与标准不了解，缺乏对人体参数标准的深入研究，造成现有产品的人机工效性能差；第三，缺乏对防护装备的系统性研究，造成防护用品之间的兼容性差，影响实际防护效能。

就绿色焊接材料而言，整体焊接工业发展水平较低、关键技术有待突破和数据积累较少等限制和影响了绿色焊接材料的研发和工程化应用。发达国家由于法律、法规与标准的要求，对绿色焊接材料的研究较早，形成了从原材料控制、生产工艺改进、配方体系调整，到客户体验等一系列整体的产品模式。而我国目前大多数厂家只处在配方调整和小试阶段，因此，仅在原材料控制方面就需要行业开展大量工作。

低尘低毒电弧焊材料的研发，对含铬焊接材料在焊接时产生的六价铬（Cr^{6+}）的控制，环境协调型焊接材料的研发，环境负荷评价，制订和实施严格的焊接作业场所环境标准及焊接材料发尘量标准等具有挑战性的关键性问题需要重点解决。

27.2　趋势

27.2.1　焊接烟尘整体治理技术

1）焊接烟尘的危害和评估。结合国家相关标准对焊接烟尘浓度的规定，研究在不同工况条件下焊接烟尘浓度分布规律及其对焊接作业的危害。

2）整体治理方式。采用厂房整体治理方式，在功能不断完善的基础上，重点在节能方面不断突破。

3）顶吸罩捕捉方式。优化吸风口的形式，设计顶吸罩，达到风量小、能耗小、吸尘效率高的目的。

4）整体治理一体机。将送风和回风系统集中在一台设备上，省去风管的布置，安装方便，实现大型结构件焊接车间烟尘的有效净化。优化送风和回风气流组织设计，提高烟尘的捕捉效率和治理的空间范围。

5）对滤筒的研究方向集中在滤材、结构、反吹等方面，以提高滤筒使用寿命，减少滤筒阻力。阻燃材料等有特殊要求的滤材也是今后研究的重点。

6）对多工位焊接采用变频风机，以适应焊接工位数变化时自动调节风量的需求。优化除尘器内部流场设计、通风管路系统设计、提高烟尘捕捉效率均是节能研究方向。

7）开展焊接切割、烟尘净化的防火防爆设计，在火星侦测、快速灭火、成本控制等方面的技术研究还需有所突破。

27.2.2　焊接局部防护技术

1）基于人体参数研发符合人机工效的高舒适度焊接防护用品。

2）研发高可靠性的焊接眼面防护具。自动变光滤光镜应轻巧，变光响应可靠、迅速，抗干扰性能强，适合在高热环境中稳定工作，具有更低的亮态遮光号，能提供清晰的视野，光学性能优异，适合长时间使用。以聚碳酸酯（Polycarbonate，

PC）为基材的新型焊接滤光片具有重量轻、抗冲击性能和光学性能良好的优点。具备超强耐热、抗变形的保护片能够降低使用成本。

3）研发可反映真实市场需求、具备良好性价比的防护用品，包括大容尘量的焊接防护口罩，耐用、透气，且手指不易疲劳，便于长时间佩戴的焊接防护手套，透气性好、穿着更加舒适的焊接防护服，耐磨、耐刮擦且防雾的防护眼镜等。

4）操作便捷、功能多样化。一款焊接面罩应既可用于焊接防护，又可用于打磨作业，同时提供呼吸防护（连接送风装置）、头部防护（组合安全帽）和听力保护（可安装耳罩或者具备无线通信功能），并满足轻量化的要求。

27.2.3　绿色焊接材料及装备技术

1）通过调整焊接材料结构，降低传统焊条比例，提高实心焊丝和药芯焊丝比例，发展高端高效焊接材料及低尘、低毒、无镀铜、无镉钎料、无铅钎料和免清洗钎剂等新一代焊接材料，并实现其绿色制造，开发具有环境协调性和可持续性的新产品。

2）分析气体保护药芯焊丝发尘机制和规律，降低奥氏体不锈钢焊接材料中的 Na、K 含量，抑制焊接烟尘中 Cr^{6+} 的形成。同时，优化焊接方法，调节焊接参数，将 Cr^{6+} 降低到焊接烟尘总排放量的 1/5 或 1/10，形成一套整体的烟尘控制方案，实现无害化排放。

3）通过焊接机器人的应用、焊接自动化专机以及数字化焊接电源等设备及其软件技术的研发，将重点制造领域的机械化、自动化率提高到 70%。

27.3　焊接 EHS 相关法律、法规与标准

27.3.1　现状

目前，我国与焊接 EHS 相关的法律、法规与标准比较陈旧，有待完善，而且对各种法规、标准及规章的执行也不够严格，焊接 EHS 问题依然突出。因此，有必要制订和完善焊接 EHS 方面的法律、法规与标准，以有效控制焊接 EHS 方面的潜在危害因素。随着我国焊接技术的发展，正逐步建立和完善与焊接 EHS 相关的法律、法规与标准，主要包含以下方面：

1）1996 年颁布的 GB 16194—1996《车间空气中电焊烟尘卫生标准》，规定了车间空气中电焊烟尘的最高容许浓度及其监测检验方法，其中焊接烟尘的最高允许浓度为 $6mg/m^3$，在施焊过程中产生的其他有害物质按现行规定的卫生标准执行。

2）1999年国家对 GB 9448—1988《焊接与切割安全》进行了修订，并将其作为强制性国家标准再次颁布实施（GB 9448—1999），规定了在实施焊接、切割操作过程中避免人身伤害及财产损失所必须遵循的基本原则。

3）2012年颁布的 GB 10235—2012《弧焊电源　防触电装置》，规定了弧焊变压器防触电装置的产品型式、基本参数、安全要求、试验方法、检验规则、标志包装和运输储存等，以降低触电危险。

4）2018年颁布的 GB/T 8196—2018《机械安全　防护装置　固定式和活动式防护装置设计与制造一般要求》，规定了用于保护人员免受机械性危险伤害的防护装置设计和制造的要求。

5）2009年颁布的 GB 8965.2—2009《防护服装　阻燃防护　第2部分：焊接服》，规定了焊接及相关作业场所用防护服装的要求，使相关作业人员免遭熔融金属飞溅及其热伤害。

6）2010年颁布的《特种作业人员安全技术培训考核管理规定》中明确指出焊接与热切割作业属于特种作业。2014年新修订的《中华人民共和国安全生产法》第二十七条规定："生产经营单位的特种作业人员必须按照国家有关规定经专门的安全作业培训，取得相应资格，方可上岗作业。特种作业人员的范围由国务院负责安全生产监督管理的部门会同国务院有关部门确定。"对焊接作业安全从业人员的技能方面进行控制。

7）2011年颁布的 GB/T 25312—2010《焊接设备电磁场对操作人员影响程度的评价准则》，规定了焊接设备及其辅助装置在正常焊接条件下产生的电磁场对现场操作人员影响的评估标准。

8）2011年颁布的 GB 28001—2011《职业健康安全管理体系　要求》和 GB 28002—2011《职业健康安全管理体系　实施指南》，规定了对职业健康安全管理体系的要求，旨在使组织能够控制其职业健康安全风险，并改进其职业健康安全绩效。

9）2016年颁布的 GB 24001—2016《环境管理体系　要求及使用指南》，对焊接过程中的环境因素、识别范围、评价方法、因素评价、控制情况起指导作用，对焊接过程所涉及的环境因素通过相应的管理措施加以预防，以减轻或消除对环境的不良影响。

10）2018年颁布的焊接协会团体标准 TCWAN 0002—2018《焊接车间烟尘卫生标准》，规定了焊接车间空气中焊接烟尘的最高允许浓度为 $4mg/m^3$，并规范了焊接烟尘浓度检验方法和焊接材料发尘量校验方法。

27.3.2　差距

我国与发达国家在焊接 EHS 方面的差距主要集中在以下几个方面：

1）我国焊接作业场所的环境标准、防护标准及焊接材料发尘量标准均低于国外。我国焊接行业采用的标准是 GB 9448—1999《焊接与切割安全》，美国采用美国焊接协会标准 AWS Z49.1：2012《Safety in Welding, Cutting and Allied Processes》（焊接、切割及相关工艺过程的安全）（涵盖范围比我国标准要宽泛，具体要求也更加细致。在焊接材料发尘量标准方面，我国采用"最高允许浓度"，美国和日本采用的是"允许浓度"，又称"阈限值"。在 GB 16194—1996《车间空气中电焊烟尘卫生标准》中规定焊接烟尘的最高允许浓度为 $6mg/m^3$；欧美、日本等国的焊接烟尘最高允许浓度为 $5mg/m^3$，北欧的一些国家，如丹麦已经在 2003 年将最高允许浓度降低为 $3.5mg/m^3$，降低了约 30%。

2）对于普通焊接材料外包装上发尘量标识的要求程度不同，国外的焊接材料外包装必须注明发尘量，即施焊时每分钟的发尘量（mg/min）或者每千克焊接材料的发尘量（g/kg），而我国对焊接材料企业无此强制实施要求。

3）焊接材料的生命周期评价可用于指导焊接材料的设计开发，但该技术在我国起步较晚，由于数据所具有的地域性，国际上的数据难以借鉴。

4）对于焊接烟尘净化治理的研究，国外开展得较早，处理技术相对先进、成熟，从单一性、固定式、大型化向成套化、组合化、小型化以及节能高效、以局部净化治理为主、全面通风为辅的综合治理方向发展，而我国目前在焊接作业场所尚未全面推进高效的作业场所通风吸尘系统和焊工操作空间局部新风系统。

5）在低尘、低毒、高效、低能耗焊接材料的开发与应用方面，国外有系统明确的开发标准计划和体系，而我国开发主动性较差。

6）在重金属 Cr^{6+} 的控制方面，美国职业安全与健康管理局（Occupational Safety and Health Administration，OSHA）在 2010 年颁布的标准中焊接烟尘中 Cr^{6+} 的 8h 允许暴露极限值已从 $52\mu g/m^3$ 降低到 $0.2\mu g/m^3$，我国目前参考了美国标准。

7）国外焊接行业已全面推行职业健康管理体系（ISO 18001）和环境管理体系（ISO 14000）认证，我国焊接行业的这两个管理体系尚在建设中。

8）在焊接设备电磁场对操作人员影响程度的评估方面，我国对最大允许暴露限值（环境质量限值）尚无统一标准，在 2018 年修订版中参考了国际非电离辐射防护委员会（ICNIRP）和电气与电子工程师学会／国际电磁安全委员会（IEEE/ICES）暴露标准推荐的限值。而美国和加拿大规定，在频率为20～759Hz范围内人头部和躯体最大低频磁场最大允许暴露限值，受控环境下为$2\,710\,\mu T$，公众环境为$904\,\mu T$。

9）国外从20世纪80年代开始就建立了焊工职业病防控体系及数据分析体系，而我国目前还没有系统建立该体系。

10）在焊接材料制造和焊接工程中，国外较好地实施了清洁生产（包括焊接废弃物的管理和回收），如瑞典伊萨公司独创的八角形硬纸桶包装专利，使用后可直接折叠存放，节省空间并可以100%回收利用，而我国在此方面并未充分重视。

第 28 章　焊接系统整体防护

28.1　概况

焊接整体防护系统体现出以下特点：

1）环保产品种类齐全，涵盖广泛。除常规焊接烟尘、切割烟尘、打磨除尘净化设备外，各大环保公司都有移动式除尘器和集中式除尘器产品。

2）出现了一些特色类型净化器，包括湿式防爆粉尘净化设备、静电式净化设备、高负压和防爆净化设备、有毒有害气体（VOC）及油雾处理设备等。

3）"互联网 +"智慧环保平台开始应用（见图 28-1）。

4）特有的工业厂房整体焊接污染治理技术（见图 28-2）。

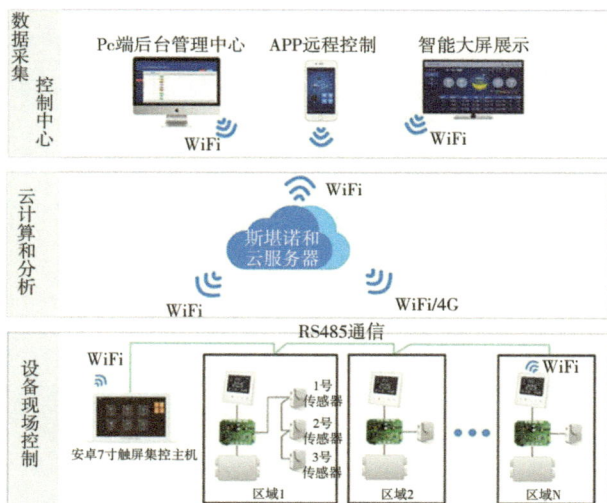

图 28-1　"互联网 +"智慧环保平台

图 28-2　局部和整体烟尘净化系统

28.2 整体防护的焊接烟尘治理设备

焊接烟尘治理技术重点有两个方面，一是烟尘捕捉技术，二是烟尘过滤净化技术。

28.2.1 新型便捷移动式除尘器

代表性的移动式除尘器都带有灵活的吸气臂，使用方便，除尘效果好。航天凯天环保科技股份有限公司（以下简称航天凯天）的 KTY 移动单机（图 28-3a），采用智能计算机控制，自动脉冲清灰，使用维护方便。德国的 KEMPER 移动单机（图 28-3b），SCF 滤芯更换、运输、处置过程无污染，风机防反转功能提高了安全性；吸气罩檐设计可减少吸气臂的移动频度，滤芯状态可监控，使用更安全便捷。瑞典尼的曼公司的 FilterBox 移动单机（图 28-3c），安装操作简单，模块化系统可满足各种具体要求。斯堪诺和（北京）科技有限公司的空气净化机（图 28-3d）、气体分子净化机，采用初效滤芯和 HEPA 高效过滤器，颗粒活性炭和各种滤料相结合，使产品寿命延长，过滤效果增强，EC 风机能耗很低，并可通过互联网控制。

a）航天凯天的 KTY 移动单机　　b）德国的 KEMPER 移动单机
c）瑞典尼的曼公司的 FilterBox　　d）斯堪诺和（北京）科技公司的空气净化机

图 28-3　新型便捷移动式除尘器

赫尔工业设备（上海）有限公司和尼的曼国际贸易（上海）有限公司的升级版点排烟局部治理的强吸力烟尘和油雾净化单机，装有焊接点实施烟尘辅助监控设备，对于加强作业车间烟尘监测有一定作用。烟尘净化单机具有 6 轴多关节吸气臂，从源头抽排焊接烟尘，操作灵活。吸气罩带有 LED 灯（带开关功能），给操作带来更明亮的焊接视野。净化单机安装方便，移动灵活，可配置多种滤芯，适合抽排各种焊接烟尘。主过滤滤芯容量大，耐用性强，可长时间免清理。净化单机采用分层逐级过滤，标准配置预过滤膜，去除大颗粒物。灰尘和油烟通过静电主过滤器时被电离，产生正负离子，吸附于主过滤滤芯内，脏污物掉落至收集箱。另有金属过滤膜、超精细过滤滤芯、活性炭过滤层等多种滤芯可选配。主过滤滤芯容量大，过滤精度高，并带有滤芯维护报警功能，无须另外接压缩空气进行清洁，过滤后的空气可直接在室内循环，使用更简便。配置 1 ~ 3 根柔性或金属吸气臂，长度 2 ~ 8m。该机设计紧凑、轻便、灵活，可以满足大范围抽排需求。尼的曼油雾净化单机的工作原理是将污染空气抽入底部腔体，在空气旋转的过程中较大的油滴被分离，采用三级分离系统，集成风机提供真空所需的风量，夹带油雾的空气被抽进主机后，大颗粒油滴由于紊流挡板的作用滴落至底部集油罐。气流向上推进，经过主过滤器后 97.5%（PM<10）的油雾颗粒被截留，再经过 HEPA 过滤器，满足高效过滤要求。处理纯油过滤效率达 97.5%（PM<10），PM2.5 达 95%。

28.2.2　模块化集中式除尘器

模块式除尘器采用模块化设计，是集中式除尘器应用最多的一类产品。航天凯天的 MK 系列模块式除尘器（图 28-4a），采用模块化设计，具有安装简单灵活，维护方便，成本低廉等特点，可以根据客户需求组合成不同规格的净化器及系统。尼的曼的 FMC 系列模块式滤芯除尘器（图 28-4b），滤筒有多种材料可选，适合大多数场合应用以及各种类型的粉尘种类和数量。模块化的紧凑设计可以使除尘器在接近粉尘的源头位置安装，从而减少能源消耗。

a）航天凯天 MK 系列模块式除尘器　　b）尼的曼 FMC 系列滤芯式除尘器

图 28-4　模块化集中式除尘器

28.2.3 静电式粉尘过滤器

静电式粉尘过滤器（图 28-5）具有更大的过滤面积，更长的维护间隔，净化器可以不间断工作，过滤效果好、持久，过滤后的空气可直接在室内循环，滤芯可反复清洗长久使用，耗材支出少，滤芯的低风阻特性使得风机能耗更低、噪声更小，易于安装、机体使用寿命长、维护简便、模块化设计可满足不同风量需求及使二次扩容简便等。

图 28-5　静电式粉尘过滤器

28.2.4 空气净化塔

当难以实现源头吸烟或效能不足时，空气净化塔是一个上佳选择，它可以有效保护员工和机器免受颗粒物污染。

图 28-6a 所示为上海凯森环保科技有限公司的空气净化塔。污染空气通过上部吸风口进入净化塔内，通过高效过滤器净化后，经高效涡轮风机进入其独有的消声散流通道系统，散流通道系统均匀地将清洁空气送出，并使其沿着墙壁、地面四散至整个工作间，形成屋内大循环工作区域。该净化塔适用于中小型工业厂房的烟尘净化，单台覆盖面积可达 $200 \sim 310m^2$。同时也可应用于诸多公共场所，如医院、候机（车）室、购物中心、广场等民用领域，创造无雾霾圈或"洁净空气区域"。图 28-6b 所示为德国坎贝尔公司的空气净化塔，其几乎无空气紊流，因此在送气区域没有污染空气。该设备通过回风和空气分配降低温控成本，配置SCC 粉尘收集筒，整个粉尘清理、运输、处置过程无二次污染，该设备经济高效，空间位置灵活，不需要配管。智能型自动清灰，通过 AirWatch（云手表）实现智能化车间整体净化，可实现 24h 连续工作不停顿。

a) 上海凯森空气净化塔　　　b) 德国坎贝尔公司的空气净化塔和控制装置

图 28-6　空气净化塔

28.2.5　机器人焊接除尘系统

通常，机械手焊接时活动范围大，整个焊接过程会产生大量烟尘，瞬间产生的烟尘会迅速向四周扩散。为便于收集烟尘，可在机械手活动范围上方安装吸尘罩，吸尘罩规格可根据需求定制。由于大部分焊接工件为大型件，需要通过行车吊装，因此，吸尘罩需设计成可移动式，便于移动和装卸工件。机器人焊接处于一个相对封闭的工作房内，在工作房顶部设计排风口与除尘系统连接，焊接产生的烟尘沿着顶部排风口进入管道，经过除尘器处理后排出达标空气。

28.2.6　其他设备和技术进展情况

1. 系统节能研究

目前，多工位焊接除尘主要采用风机变频方式，以适应焊接工位数变化时自动调节风量需求。优化除尘器内部流场设计、通风管路系统设计、提高烟尘捕捉效率均是节能研究方向。

2. 高安全性设计

焊接和切割烟尘净化的防火设计一直是困扰行业的一大难题，在火星侦测、快速灭火、成本控制方面的技术研究还需有所突破。

3. 产品工业设计

国产净化器的加工制作水平不断提升，为提高产品的市场竞争力，也需要在工业设计上下一番功夫。

28.3 焊接整体防护的"互联网+"智慧环保平台

航天凯天的智慧环保远程监控服务平台（见图 28-7a），运用物联网技术、云计算技术、大数据分析技术、GIS 地图技术，实现除尘系统的集中控制、远程监控、数据采集、故障预警等服务，保障环保设备运行可靠，出现问题及时维保。利用平台进行大数据分析，优化设备运行参数，使环保设备更节能、更高效，有效保护作业者的职业健康，保护环境。德国坎贝尔的 AirWatch 粉尘监控仪（见图 28-7b）可以持续监控生产车间和其他区域的空气质量，通过 App 可以在智能手机／平板计算机等移动终端上随时读取测量值和数据。AirWatch 上的状态指示灯系统可以直观显示周边的空气质量。AirWatch 不仅仅是一套粉尘监控仪，通过软件还可以联动控制室内的通风和过滤设施，并与用户的控制终端交互，实现整个净化系统的智能化运行。

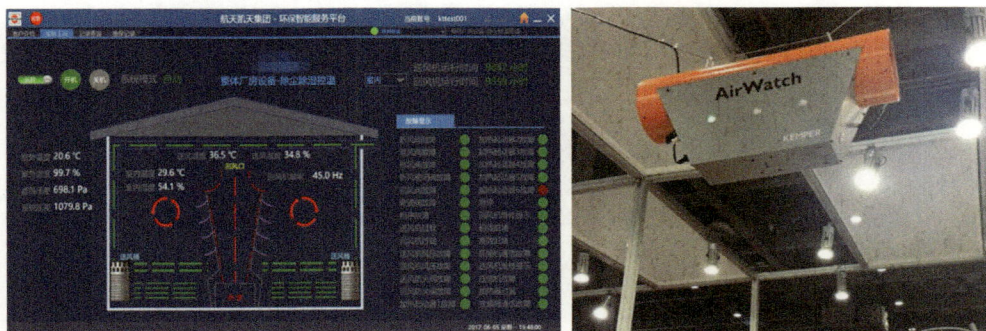

a）航天凯天的智慧环保远程监控服务平台　　　b）德国坎贝尔的 AirWatch 粉尘监控仪

图 28-7　互联网 + 智慧环保平台

28.4 焊接整体防护的工业厂房整体治理设备

工业厂房废气、烟气、粉尘的整体治理以及温度和湿度的整体控制一直是全球性行业难题。国内以航天凯天为代表，从碳钢、不锈钢焊接车间到铝合金焊接车间治理，现在已发展到机械加工车间油污治理、铸造车间烟尘治理等，如长春客车、唐山轨道客车、株洲电力机车、江麓机械、时代集团、株洲联诚、东风汽车有限公司、中航工业西安飞机工业（集团）有限责任公司、张家口煤矿机械厂等的机械加工厂房的综合治理。

航天凯天开发的工业厂房空气净化分层送风整体治理技术（见图 28-8）的

核心是以全新的气流组织，即下送风顶回风的方式，不同于传统的上送上回的送风方式，新鲜的空气自车间下部送入，保持人所在的工作区域空气达标。比如，4m高度以下达到环境要求，而对上部空气不做特别处理，所需风量只为传统方式的一半，节能达50%以上。工业厂房整体治理技术创造了一个以温度、湿度、净度、鲜度、静度为控制因素的五星绿色工业环境，对于改善劳动者的工作环境、满足现代工业生产的工艺环境要求特别有效，整体达到国际先进水平。该技术不仅能有效调节设定范围内的空气温度、湿度，还能通过气流的运动，将工作区域内产生的烟尘、粉尘带向厂房上部，使厂房设定高度范围内的空气得到治理。多功能组合除尘机组实现了除尘、除湿、控温、除异味、送新风功能。控制系统融合智慧环保监控系统，保证系统设备可靠和节能运行。

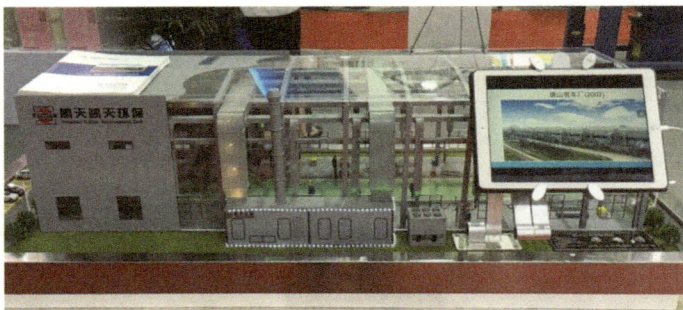

图 28-8 工业厂房整体治理技术应用模型

整体厂房分层送风原理如图28-9所示。在有热源的车间，由于在高度上具有稳定的温度梯度，以低风速将低温新鲜空气直接送入室内工作区。低温的新风在重力作用下先是下沉，随后慢慢扩散，在地面上形成一层薄薄的新鲜空气层。而室内热源产生的热气流由于浮力作用上升，并不断吸卷周围空气。在后续新风的推动作用和顶部抽风口的抽吸作用下，地面上方的新鲜空气缓缓上升，形成向上的均匀气流，于是，工作区的含污染物的空气为后续的新风所取代。当达到稳定后，室内空气由于浓度差而形成两个区域，上部为混合区，下部为向上流动的洁净区。

整体厂房分层送风系统由4大部分组成，即冷热源系统、空气处理系统、送/回风系统和控制系统，如图28-10所示。铝合金焊接车间采用的组合式空气处理机组功能段包括：回风段＋高效过滤段＋回风机段＋排风段＋新风调节段＋

初效过滤段 + 蒸发段 / 表冷段 + 再热段 + 蒸气加热段 + 送风机段 + 均流消声段 + 出风段。

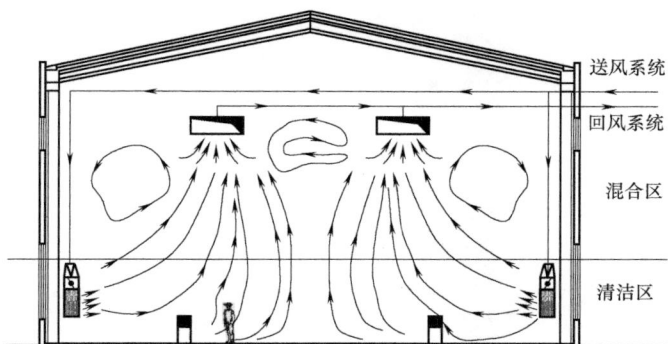

图 28-9 整体厂房分层送风原理图

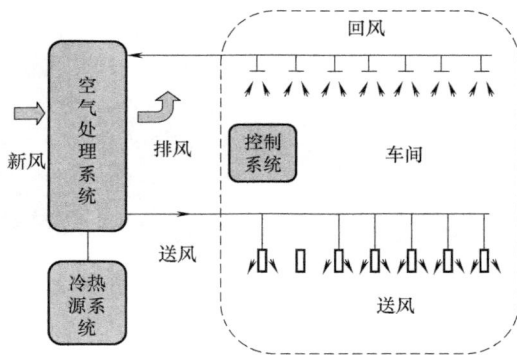

图 28-10 整体厂房分层送风系统结构图

送风系统采用置换通风专用圆柱形送风筒（见图 28-11），该项产品技术已达国际领先水平。在车间立柱旁高约 2.0m 处布置送风筒，清洁空气从送风筒以低速气流送出，风速约 0.5m/s。送风筒是实施置换通风的关键空气分布器，其特点是大风量低风速，随不同季节调节气流方向。送风筒配有电动执行机构和手动风量调节阀，系统自动调节送风筒的送风方向，满足不同季节气流的要求。

整体厂房分层送风系统在高速列车的焊接作业厂房的环境治理中应用是成功的，解决了焊接污染物捕捉、净化等难点。同时，污染物净化系统又与空调系统有机整合，实现高效节能。中车唐山和青岛四方机车厂的焊接厂房整体治理效果如图 28-12 所示。

图 28-11　置换通风专用圆柱型送风筒

图 28-12　室内整体除尘系统和室外除尘机组

　　整体治理后的室内空气质量符合 GBZ1—2010《工业企业设计卫生标准》与 GBZ2—2007《工作场所有害因素职业接触限值》等国标要求，工作区域焊接烟尘浓度 ≤ 4mg/m³。烟尘有组织排放，达到 GB 16297—2017《大气污染物综合排放标准》的要求。实现厂房温度：夏季室内为 23 ～ 28℃，冬季室内为 15 ～ 18℃。实现在任何工况下，室内相对湿度 ≤ 60%，臭氧量 < 0.3mg/m³。该技术相对于现有技术节能 25% 以上。

28.5　焊接整体防护设备和技术发展趋势

　　焊接整体防护技术发展趋势如下：

　　1）焊接机器人及焊接专用生产线的大量普及应用已成燎原之势。恶劣环境下工作的焊工数量越来越少，焊接整体防护烟尘治理空气净化技术将大有用武之地。传统的厂房通风排烟措施已不能达到越来越严格的环保法规的要求，烟尘必须治理达标后方能排入大气，所以，厂房整体分层送风烟尘收集空气净化技术将占据主流地位。在此基础上，因地制宜，灵活布置点排烟及局部烟尘收集移动式单机，将局部治理与整体综合治理相结合，优化治理策略，从而达到净化系统、节能降耗的运行目标。

2）中小型焊接车间可以通过布置点位抽排烟单机和移动式空气净化机使室内空气达标，以保护焊工的身心健康。由于工业技术的进步，设备的运行成本已大大降低。

3）智慧环保远程监控技术将得到进一步发展和应用。通过建立智慧环保服务平台，实现环保设备集中控制、远程监控、数据采集、故障预警、在线控制等服务。利用平台进行大数据分析，优化设备运行参数。各种客户端和手机终端数据交互系统可提供灵活方便的数据查看管理功能，APP 手机微信服务，PLC 程序上传和下载，设备管理等，可以使用手机随时浏览所关心的系统中的数据和信息。

4）废气治理技术更趋向于利用紫外线光解及微生物和生物酶的催化作用进行分解，使其最终生成无害的二氧化碳和水等，既节能又环保。

第 29 章　焊接单元局部防护

29.1　焊接局部防护的必要性

　　焊接作业需要面对包括烟尘、有毒有害气体、炙热飞溅颗粒、辐射（光辐射、热辐射和电离辐射）、噪声与振动、机械伤害等各种各样的危害因素，整体防护措施难以完全消除焊工面临的危害，焊接单元局部防护和个体防护为焊接作业者筑成最后一道防护线，能最大限度地降低焊接作业人员及相关人员的职业伤害风险。

　　目前焊接防护用品的数量和种类都呈现持续上升趋势，其中，焊接面罩尤为突出，其他如防尘口罩、呼吸面具、防护手套、防护服、防噪声耳塞耳罩及防护鞋等产品在质量上均有所提升。在保证防护性能的基础上，轻量化、使用和维护便捷化、功能多样化、穿戴舒适成为焊接防护用品的发展趋势。

29.2　呼吸防护用品

　　由于焊接烟尘及有害气体对作业者具有慢性健康影响，或发病具有较长潜伏期，而容易被焊工所忽视。文献资料显示，焊工罹患尘肺病的最短工龄约为 10 年。以焊接碳钢为例，GBZ2.1—2007《工作场所有害因素职业接触限值　第 1 部分：化学有害因素》中规定氧化铁烟尘的职业接触限值为 $4mg/m^3$。若焊工劳动强度为中等（呼吸量 30L/min），每年工作 220 天，每天 7h 焊接操作，则焊工每年流经呼吸系统的焊接烟尘约为 11g，其中永久驻留量约为 10%，即约 1.1g。

　　由于焊接烟尘的理化特性、粒径分布和长期危害性，在焊接作业中应佩戴呼吸防护用品。呼吸防护用品分为过滤式呼吸器和供气式两大类。最常见的过滤式焊接呼吸用品有自吸过滤式颗粒物防护口罩、防毒面罩和电动送风式焊接面罩。焊接作业中要求焊工佩戴过滤效率不低于 95% 的口罩（见图 29-1）。依据不同的标准，按照滤料元件的不同类别，焊接防护口罩的过滤效率也分为不同级别，表 29-1 列举了我国标准 GB 2626—2006《呼吸防护用品 —— 自吸过滤式防颗粒物呼吸器》对自吸过滤式防颗粒物呼吸器过滤元件和过滤级别的分类及其与美国、欧洲标准的对应关系。焊接烟尘防护建议使用国家标准 KN95、美国标准 N95 或欧洲标准FFP2及以上过滤效率的口罩。如果臭氧、氮氧化物等刺激性气体浓度高，则需要选用带活性炭的口罩。如使用电动送风式焊接面罩，则无须佩戴口罩。

由于焊接作业接触大量热，带呼气阀的口罩（见图29-2）能迅速把呼出的热湿空气排到口罩外，降低口罩内的温度、湿度和CO_2含量，大幅提升佩戴舒适度，降低焊工疲劳度。口罩的过滤材料通常为无纺材料，具有较低的呼吸阻力和较大的容尘量；静电驻极空气过滤材料技术的应用进一步降低了口罩的呼吸阻力。但目前符合标准要求的产品较少。

表 29-1　自吸过滤式防颗粒物呼吸器过滤元件的分类和过滤效率

GB 2626—2006 国标口罩			
滤料分级	KN90	KN95	—	KN100
过滤效率（%）	90	95	—	99.97
Niosh 美标口罩			
滤料分级		N95（P95）	N99（P99）	N100（P100）
过滤效率（%）	—	95	99	99.97
欧标口罩			
滤料分级	FFP1	FFP2		FFP3
过滤效率（%）	80	94		99

注：KN 是防非油性的颗粒物，KP 是防非油性和油性的颗粒物。

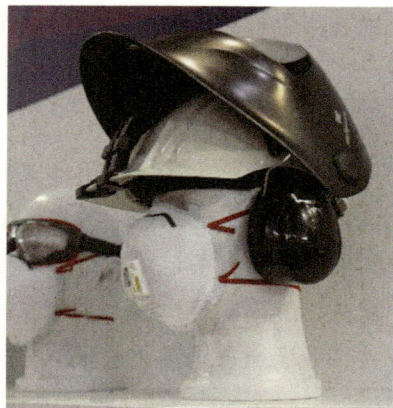

图 29-1　焊接防护口罩

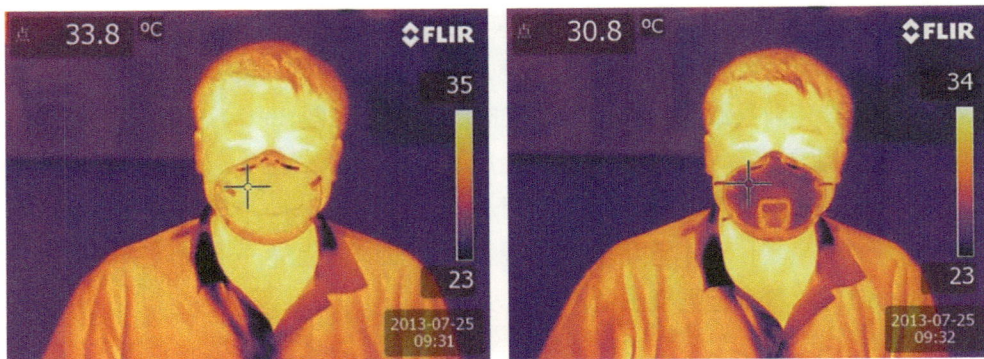

a）不带呼气阀的口罩　　　　　　　　b）带呼气阀的口罩

图 29-2　不同焊接防护口罩降低温度的效果对比

29.3　眼面部防护用品

　　焊接防护面罩主要分为红钢纸焊接面罩、耐热尼龙材料焊接面罩、手持式焊接面罩、头戴式焊接面罩、黑玻璃焊接面罩、自动变光焊接面罩及送风式焊接面罩，产品的覆盖面非常广泛，在技术层面上呈现出两极分化趋势。

　　根据滤光镜的结构和作用原理，焊接面罩可分为黑玻璃焊接面罩和自动变光焊接面罩两类。黑玻璃焊接面罩以价格低廉、性能基本满足需要而依然有着广阔市场，尤其是低端市场。自动变光焊接面罩在开机后呈现亮态遮光状态，在感受到弧光的瞬间自动转换到事先设定的暗态遮光号以保护焊工的眼睛。作为焊接面罩重要部件的滤光片（或自动变光滤光镜），除光学性能好及具有对有害光辐射的防护效能外，滤光镜还原真实色彩的性能影响焊工操作时的观察效果，以及长时间作业时眼睛的舒适度。

29.3.1　黑玻璃焊接面罩

　　头戴式黑玻璃焊接面罩在头箍结构上采用通用形式以降低成本。但长时间佩戴的舒适度受到很大限制。入门级焊接面罩产品的人机工效改善仍需假以时日。传统黑玻璃滤光片在隔热方面存在较大不足，长时间焊接时热源极易传递到面罩内，导致不舒适度上升。此外，隔离不足也增大了黑玻璃滤光镜因温升而破裂导致的伤害风险。其次，焊接作业场所普遍存在机械伤害风险，而玻璃材质的滤光片的耐冲击性能明显不强。

　　聚碳酸酯滤光片具有良好的光学性能、耐热性能和抗冲击性能，且重量轻。镀金属膜的 PC 滤光片能够反射辐射热，在防止热传递方面更具优势（见图 29-3）。从镀金属膜滤光片样品测试数据看（见图 29-4），其在 550nm 及 800nm 波长上存在较高的透过率，尤其是红外部分的 800nm。与黑玻璃滤光片的性能相比，镀金属膜 PC 滤光片的性能仍需要进一步改进，以降低红外透射比。

图 29-3　PC 滤光片和 PC 镀金属膜滤光片

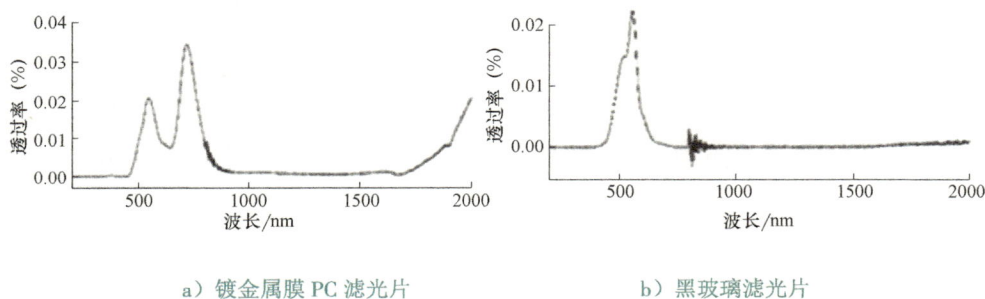

a）镀金属膜 PC 滤光片　　　　　　　b）黑玻璃滤光片

图 29-4　遮光号为 10 的光谱透射性能

29.3.2　自动变光焊接面罩

自动变光焊接面罩在降低作业者劳动强度、提升作业效率和防护效能方面具有明显优势，尽管其相对价格较高，还是逐步为焊接作业人员所接受，且近年来呈高速增长态势。

自动变光滤光镜作为焊接面罩的核心部件，保护作业者免受强可见光、紫外线和红外线的辐射伤害。自动变光焊接滤光镜在电弧焊过程中能够对弧光自动响应，进而在极短时间内从亮态遮光号转入暗态遮光号，在暂停焊接时及时回到亮态遮光号，焊接工人可通过自动变光滤光镜查看焊接工位。无论在亮态遮光号还是暗态遮光号情形下，均提供全时的红外线和紫外线辐射防护，防止焊接工人受到强射线伤害。不同厂商的自动变光滤光镜在细节上略有差异，如旋钮式调节方式的滤光镜和按键式的滤光镜。3M 公司的 9100XXi 焊接面罩对滤光镜进行创新设计，使焊工可以观察到更真实、更柔和的色彩（见图 29-5）。

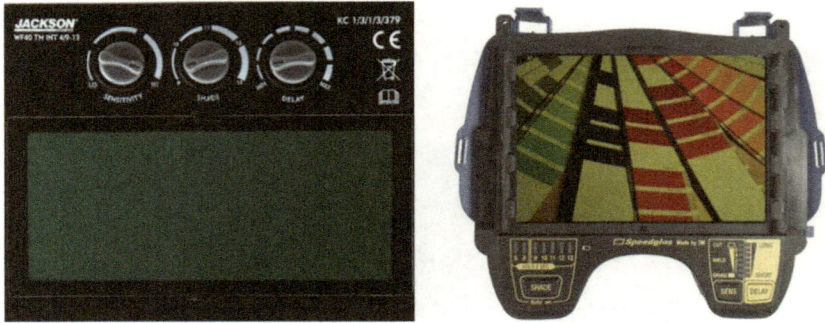

图 29-5　自动变光焊接滤光镜

自动变光滤光镜是自动变光焊接面罩的核心部件，由多层液晶片、偏振片和控制组件构成。依据欧洲标准，自动变光滤光镜的响应时间通常以常温条件下从亮态到暗态的变化时间来描述。亮态遮光号即在非焊接状态时视窗的透光程度，遮光号越小透光率越好，越便于焊工观察，该面罩的亮态遮光号通常为 3 号或 4 号。暗态遮光号一般涵盖常用的遮光号范围，如 9、10、11、12 和 13 等。延迟时间即在熄弧后焊接面罩从暗态返回到亮态的时间，可以依据熔池温度进行调节以降低熔池强光对眼睛的影响。焊接面罩的光学性能对长时间使用的舒适度影响很大，通常按 EN 379 要求描述，如 1/1/1/2 表示：第一位数字表示光学等级，第二位数字表示散光特性，第三位表示透光性能，第四位表示透光率的角度依赖性。数字 1 表示最好，2 表示较好，3 表示合格。按标准要求对自动变光滤光镜进行相应的指标标注，为用户选购提供了便利。自动变光滤光镜的参数依厂商的不同略有差异（表 29-2）。

表 29-2　自动变光滤光镜的主要参数

产品型号	3M9100X	米连娜 Clean Air CA-22	欧博瑞 Optrel 680	威和 WH912	讯安 AS2000F
变光响应时间（23°）/ms	0.1	0.15	0.18	0.05	0.1
亮态遮光号	3	4	4	4	4
暗态遮光号	5、8、9～13	9～13	5～9、9～13	9～13	9～13
延迟时间 /ms	40～1300	200～800	100～600	150～800	100～900

光学性能 （EN 379）	1/1/1/2	1/1/1/2	1/1/1/2	1/1/1/2	—
有效视窗 /mm	54×107	46.5×95	50×100	67×100	42×92
UV/IR 防护	13	UV 15/IR 14	14	13	15
电源	锂电池 + 太阳电池	太阳电池	锂电池 + 太阳电池	锂电池 + 太阳电池	太阳电池
打磨模式	有（3 号遮光 号）	—	有（4 号遮光 号）	—	—

近年来，自动变光滤光镜可视窗口的尺寸进一步扩大。大尺寸的滤光镜允许更多的光进入焊工的眼睛，尤其适合在光线不足或狭小空间焊接作业时使用。某些具有辅助照明功能的焊接面罩，在厂房或者工位照明不足时可以开启辅助照明，以便焊工清晰地观察。

此外，与安全帽组合成一体的新型焊接面罩（见图 29-6），集成了头部和眼面部防护功能，且能与电动送风装置或长管供气装置配合使用，提供舒适的呼吸保护。此外，这种新型面罩还可集成耳罩以保护听力，提供更全面的防护功能。

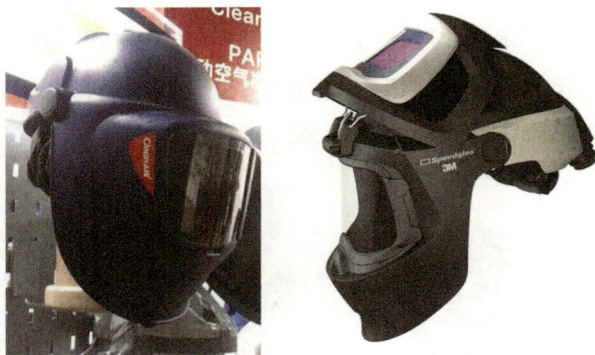

图 29-6　集成安全帽的自动变光焊接面罩

焊接面罩帽壳的防护面积对于有效防护来自焊接作业的风险有重要影响。帽壳重量和组合头箍后的重心位置直接影响焊工长时间佩戴的舒适度。合理的头箍结构有利于分散头箍的受力（见图 29-7）。比较而言，国内企业在焊接面罩的人机工效方面考虑不足，尤其是头箍的设计仍有很大改进空间。

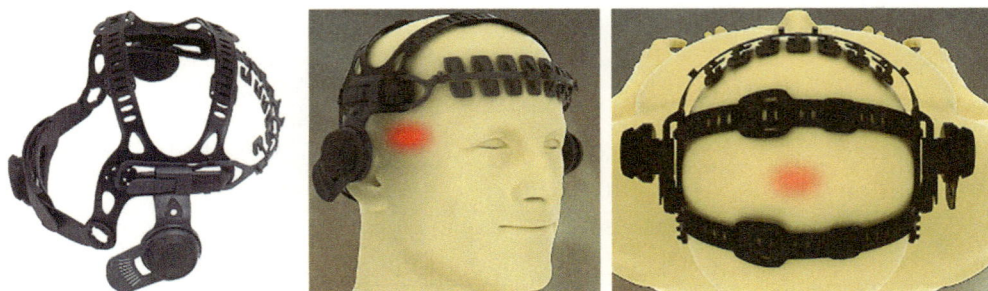

图 29-7　3M Speedglas 舒适型头箍

29.3.3　送风式焊接面罩

依据气源的不同，送风式焊接面罩分为电动送风式焊接面罩（见图 29-8）和长管供气式焊接面罩。送风式焊接面罩不仅具备眼面部防护功能，且提供呼吸保护，甚至还具备头部防护和听力防护等多种功能。多种功能集成的焊接面罩为简化、轻量化焊工装备提供了可能。配置背带的电动送风装置能把风机重量分散到肩部，对提高作业舒适度有良好帮助。

电动送风式焊接面罩通过过滤器件把作业环境中的空气净化后输送到作业者的呼吸区，非常适合环境污染物浓度较高，且有较高舒适度和较大移动性要求的焊接作业。电动送风式焊接面罩既有较高的防护因数，又有良好的舒适度和移动便利性，非常适合焊接铝合金、不锈钢等材料的防护。

图 29-8　电动送风式焊接面罩

电动送风式焊接面罩由电动送风装置、空气软管和送风式焊接面罩组成。依据欧洲标准，最小供气流量应不低于 160L/min。电动送风式焊接面罩将过滤后可供呼吸的空气输送到面罩内，一方面供焊工呼吸，另一方面可降低面罩内的温度，提高长时间作业的佩戴舒适度。电动送风装置是送风式焊接面罩的供气部件，可将环境中的空气经过滤后由呼吸软管输送到面罩内。电动送风装置由风机、过滤元件、电池、控制器及附件组成，通常集成声光报警系统，当滤盒堵塞而造成送风量不足、电池电量不足时会及时报警，提示作业者离开作业环境，更换新的滤盒或电池。

3M Adflo 高海拔版电动送风式焊接面罩（见图 29-9）具备海拔补偿功能，能够用于海平面到海拔 1 500m 之间的区域，控制器根据海拔的变化而引起的气压和密度的变换，自动修正风机工作状态以满足在高海拔地区的送风要求，保证面罩内持续保持正压状态，防止污染物进入面罩内。该机流量分为 170L/min 和 210L/min 两档，使用高效锂电池，选择高效滤棉或高效滤棉与滤毒盒的组合，可用于不同的作业环境，满足不同的用户需求。

图 29-9　高海拔版电动送风式焊接面罩

长管供气式焊接面罩（见图 29-10）由压缩空气或独立的便携式压缩机作为气源，压缩空气经调压、油水分离、过滤和加湿后，送到作业者腰间的微调阀，经呼吸软管再送到焊接面罩内。该面罩大量应用于舱室、罐体、地下等有限空间的焊接作业场所。使用该面罩需同时配合整体通风和局部排尘措施，并设立监护人员和必要的救援措施。长管供气式焊接面罩结合局部除尘装置和强制通风系统，可用于苛刻环境条件下的焊接作业（见图 29-11）。

图 29-10   长管供气式焊接面罩

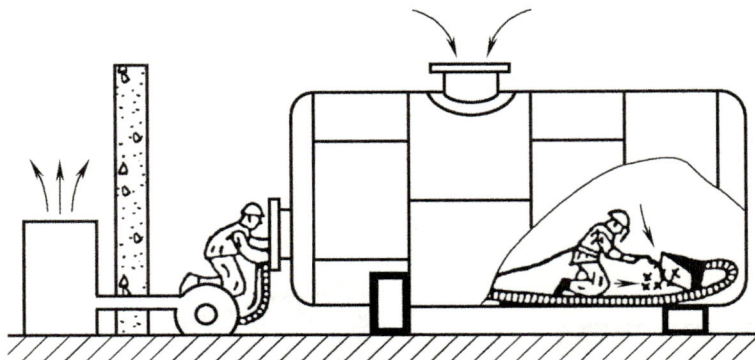

图 29-11   长管供气式焊接面罩的应用示意图

29.4   其他焊接防护用品

29.4.1   焊接防护服

　　焊接防护服用于保护焊工的身体,降低热伤害、机械伤害的风险,其结构应安全、卫生,满足人体正常生理和健康要求。防护服及配套使用的防护用品应尽可能小地影响焊工作业,并能完整覆盖暴露区域。同时,在不影响功能、设计强度和防护效果的情况下,尽量减轻防护服的重量。由于焊接操作产生大量热,防护服的透气性能非常重要。不同的作业内容应当选择与之相适应的焊接防护服(表29-3)。

表 29-3　焊接及相关作业防护服防护级别

防护级别	应用环境描述	使用场合
A	操作者头部及躯干局部或整体暴露于焊接及相关作业过程中产生的自上而下坠落的熔融飞溅中，或操作人员因操作位置或空间的限制，无法有效躲避熔滴飞溅及弧光辐射	各种仰焊、高空或有限空间的明弧作业（自动焊除外）、火焰切割、碳弧气刨等接触高辐射热、明火及熔融金属飞溅的场所
B	操作者身体局部暴露于焊接及相关作业过程产生的熔滴飞溅及弧光辐射中	除 A 级规定的操作位置及环境以外的明弧作业（自动焊除外）、火焰切割、碳弧气刨等
C	焊接过程很少或没有火焰或弧光辐射，金属熔滴飞溅也很少	除 A、B 级规定以外的各种焊接及相关作业

　　基于强紫外线、热辐射和飞溅熔滴的存在，熔焊作业必须穿着符合相应标准要求的焊接防护服。焊接防护服通常以阻燃织物、皮革等材料采用缝制工艺制作，用于焊接及相关作业场所，以防护操作人员可能遭受的熔融金属飞溅伤害及热伤害。焊接防护服的某些部位通过贴膜和喷涂铝等物质强化防护服的热反射功能。

　　皮质、阻燃布是制作焊接防护服、防护头罩、围裙等产品的主要材料。焊接身体防护类产品是除焊接面罩外最受关注的焊接防护产品。威特仕焊接（深圳）有限公司、杭州文禧利劳保用品有限公司、任丘市焊卫焊接防护用品有限公司等厂商在防护服的穿着舒适度上进行了改进，在保证良好防护性能的基础上，将防护服的后部改成透气式，对焊工长时间作业的舒适度有明显提升。图 29-12 和图 29-13 所示为皮质焊接防护服，图 29-14 所示为阻燃皮材质制成的焊接防护服，其在款式设计和加工质量方面均有明显提升。

图 29-12　AP 皮质焊接防护服

图 29-13　皮质焊接防护服　　图 29-14　阻燃皮材质焊接防护服

29.4.2　焊接防护手套

　　焊接防护手套是作业必不可少的工具，其在满足 EN 388 中规定的耐磨性能、抗切割性能、抗撕裂性能、耐穿刺性能要求外，还需要满足 EN 407《热或火伤害风险防护手套》规定的防护性能、抗热接触传导性、抗热对流传导性、抗熔融金属飞溅性能的要求。除上述防护性能外，手套佩戴灵活度和舒适度是焊接防护手套需要关注的因素，灵活度直接影响焊工的操作质量，灵活性差的手套易导致手部疲劳，舒适度好的防护手套，手指不易疲劳。

　　防护服和防护手套的材料不能对使用者产生刺激性反应和慢性伤害，对皮质材料的六价铬 Cr（VI）含量和 pH 值都有严格的限定标准。此外，手套背部增加反光带可提升操作的安全水平，尤其是在照明不足的环境中作业（见图 29-15）。部分厂商基于操作的具体情况开发了手掌局部加强的防护手套，其隔热性能和耐用性得到大幅度提升，同时，增强了防滑效能（见图 29-16）。带铝箔热反射层的焊接手套（见图 29-17）能反射大量辐射热，减少传递到手套内部的热量。

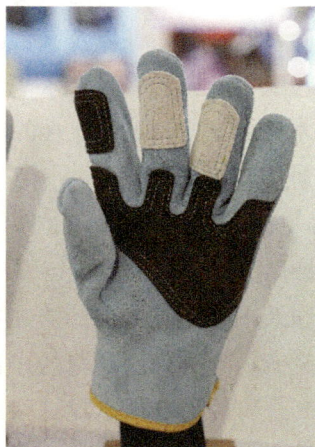

图 29-15　反光焊接手套　图 29-16　局部加强的焊接手套

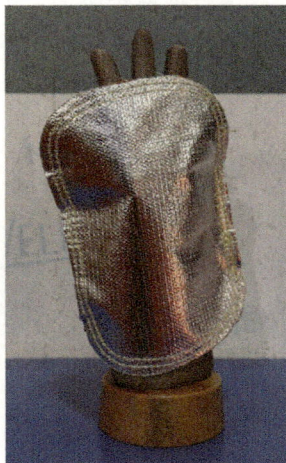

图 29-17　带铝箔热反射层的焊接手套

29.4.3　听力防护用品

在焊接及相关作业中，除焊接弧光、热熔滴等直接风险因素外，听觉伤害在一定程度上仍然不被重视，尤其是听力保护。焊接设备和焊接电弧都会产生噪声，多数焊接岗位还往往伴随有切割、打磨作业，这些操作都会产生噪声。当噪声水平超出职业卫生标准允许的暴露限值，并且通过工程控制等其他方法无法使其降低到允许范围内时，就必须使用听力防护用品，避免或减小对听力造成损害。

选择听力防护用品应考虑其防护焊接作业场所噪声的特点、防护用品的适用性、安全性、佩戴舒适性以及其他因素，例如是否影响操作，是否能与其他安全防护用品匹配等。应能将噪声水平降低到允许的暴露限值范围内。例如，焊工的噪声暴露水平为 8h 等效声级 100dB（A），超出我国职业卫生标准允许的 8h 等效声级接触限值 85dB（A），则听力防护用品需达到的 SNR 值可以通过以下不等式算出：$0.6 \times SNR > (85 \sim 100) dB（A）$，即该焊工应选择 SNR 大于 25dB（A）的听力防护用品。

需要强调，听力防护用品的降噪性能不是越高越好。工作时，焊工可能需要互相沟通交流，听到周围环境的声音，如操作声、设备报警声等，如果选择的降噪水平过高，可能影响焊工对这些声音的辨识。最佳选择结果是，佩戴听力防护用品后实际进入使用者耳道的声音水平在 75 ~ 80dB（A）之间，既保护听力，又避免对生产作业过度影响。

选择合适的耳塞或耳罩可以很好地保护听力，减小噪声危害。颈戴式耳罩避免了与焊接面罩的干扰，佩戴手柄式耳塞便于使用。图 29-18 和图 29-19 所示为耳塞和耳罩。

图 29-18　兼具泡棉耳塞和预成型耳塞的特点　　图 29-19　与焊接头盔连接的耳罩

29.4.4　其他产品

由于焊接作业面临的风险因素包括热表面、热辐射、火花和触电等，现场不可避免会存在重物倾倒、地面尖锐物体、热烫伤、金属飞溅物等风险，有可能造成作业人员伤害。为了保护作业者，以免受到足部伤害，企业一般会给劳动者配备具有一定防护功能的足部防护鞋（见图 29-20），防护鞋应具有抗热接触、鞋底隔热、阻燃和绝缘等特性。由于焊接作业的特殊性，需要选用橡胶底、鞋面无针织网面的安全鞋，以应对热和炙热颗粒的影响。

图 29-20　橡胶底安全鞋

29.5　焊接局部防护发展趋势

随着社会的进步，焊工对舒适度的要求越来越高。在保证防护性能的基础上，防护用品的轻量化、操作便捷、功能多样化、维护简便、穿戴舒适成为发展的趋势。

1）为了降低焊工作业强度和职业伤害风险，应大力发展能够随弧光辐射强度而自动适应环境以调整遮光号的智能化焊接面罩。自动调温电动送风焊接面罩能很好满足降低热负荷，增强作业舒适度的需求。

2）为增强穿着舒适度，可在新材料、新工艺基础上通过改进设计，或增加辅助装置以增强透气和散热性能，提升防护用品的效能，增强使用便利性和穿戴舒适度。

3）焊接面罩产品的改进还体现在产品的人机工效方面。在满足充分的防护面积、耐冲击和耐热穿透性能等要求的同时，降低焊接面罩的总重量，使其重心位置尽量移到焊工颈部中心，改进头箍设计，提高佩戴的稳定性和长时间佩戴的舒适度，在保证充足工作时间的前提下，降低电动送风装置的总重量，是今后的研究方向。

4）由于产品标准的老旧或欠缺，造成部分防护用品不能满足实际的防护需求。目前，焊接防护面罩标准、焊接防护手套标准等产品标准存在不足，缺乏防护用品的选择标准，造成选用困难。此外，焊接防护用品的使用者和采购决策者通常不是同一人，采购决策者大多不了解防护要求，造成所采购的产品不适合作业防护要求、不适合使用环境特点和作业者的情形，导致防护用品的不正确使用并带来伤害风险。

第 30 章　绿色焊接技术与装备

30.1　概况

　　绿色化焊接是绿色制造的重要支撑和组成部分。绿色焊接的实现，需要绿色的焊接材料、焊接工艺、生产技术与生产装备为保障。焊接材料的无害化设计，可从源头上避免危害物质进入环境；成熟可靠的环保生产工艺，可进一步减小危害物质对环境的影响；应用绿色焊接工艺与装备和绿色环保型焊接材料，可持续减少焊接污染物的产生，并降低总体能源消耗。总之，从消耗品的焊接材料到实施焊接的工装设备，以及生产这些焊接材料和设备所需的能源消耗，都可控制和干预。越来越多的绿色焊接材料及设备生产企业以实际行动响应"中国制造2025"，深化落实创新驱动发展战略，开始逐步形成专业优势，产业分工格局正在重塑，力求从自动化装备、集成应用系统、特色化产品方面提升科技含量，力争实现与国外先进应用技术逐步接轨。

　　除了关注焊接材料生产和设备制造过程中的污染治理和有害排放，相关国内企业也开始对一些产品在焊接使用过程的健康安全危害进行探索。但总体而言，钎料进步较大，但在熔焊材料和绿色焊接设备方面，国内与国外差距较大，研究尚处于初始起步阶段。

　　目前，国内焊机数字化的趋势越发明显，产品技术进步较大，部分国产数字化焊接电源在特种焊接工艺上的表现已经超出行业预期。焊接材料方面，部分国内知名焊接材料制造及研发企业，已经在特种焊接材料领域取得较大进展。越来越多的特种焊接材料实现国产化，部分大中型企业科技创新能力较强，正在以专业化能力化解规模化的行业发展压力。另外，机器人自动化焊接技术发展迅速，相关设备工装遍地开花。

30.2　焊接材料及焊接过程的烟尘研究进展

　　近年来，国内对焊接烟尘也做了相关研究。焊接烟尘主要来自电弧区的金属蒸气或非金属蒸气。焊接烟尘的产生取决于焊接材料和焊接过程两个方面。

1. 焊接材料

母材熔池产生的蒸气对焊接烟尘的产生影响很小。焊接材料药芯或药皮的成分、焊接材料金属部分的化学组成及保护气体等对焊接烟尘的产生有决定性影响。烟尘的主要成分是铁的氧化物，焊条造渣物质的发尘倾向排序为 SiO_2、MgO、CaO、TiO_2。MnO 的影响较为复杂，与药皮中锰铁冶金反应密切关联，发尘倾向可能超过 SiO_2。药芯焊丝和实心焊丝中所用钢带或丝材的含碳量与发尘率成正相关关系。另外，焊接材料在制造过程中也可能产生环境及安全健康问题，如焊丝镀铜，镀铜焊丝还会产生铜尘危害。

2. 焊接工艺

焊接工艺及工艺参数对烟尘的产生有很大影响。焊接方法的选择、工艺参数的设定都对烟尘的产生有不同程度的影响。SAW（埋弧焊）和 GTAW（非熔化极电弧焊）发尘量明显较低，SMAW（焊条电弧焊）、GMAW（熔化极气体保护焊）以及 FCAW（药芯焊丝电弧焊）等焊接方法的发尘量较大。由于各种方法在使用的优化工艺参数范围、熔滴过渡方式等方面并不完全一致，因此，发尘量难以用统一标准衡量。例如 GMAW 工艺，一般发尘量随电流增大而增大，但达到射滴过渡时，发尘量又会下降。一般情况下，FCAW 的发尘量较大，在一定参数范围内比直流 MIG 焊要高 20% ~ 40%，而脉冲 MIG 焊（相同的平均参数）的发尘量比直流 MIG 焊更小。从焊接参数的角度看，随着焊接电压和焊接电流的增加，发尘量增大，其中焊接电压变化的影响更为显著，随着焊接速度的增加，发尘量会相应降低，交流焊接比直流焊接的烟尘多。另外，焊接位置、焊条或焊丝直径、焊接角度等都会影响焊接发尘量。

总体而言，除了埋弧焊等比较特殊的情况外，无论采用什么材料或工艺方法，在描述焊接材料发尘量或发尘率时，必须兼顾熔滴过渡方式的影响。熔滴行为比较稳定，则焊接过程发尘量比较小，飞溅较小的工艺发尘量小。对于一定的焊接工艺与方法，应在保证焊接质量的前提下，综合考虑焊接电压、电流、速度等工艺参数对熔滴过渡以及焊接烟尘的影响，选择最佳参数组合，降低焊接热输入，减少发尘量。

为净化焊接工作环境，保护操作人员的身体健康，必须采取切实有效的防护措施，以保证焊接时产生的有害物质浓度在容许范围内。相关措施可从焊接烟尘产生的源头（焊接材料）、焊接烟尘的产生过程（工艺过程）、焊接烟尘产生后的净化措施三方面加以考虑。

1. 开发和使用低尘低毒环保型焊接材料

焊接材料的制造过程首先应环保。目前，比较热门的无镀铜焊丝，是通过对焊丝表面进行合适的钝化与润滑处理，替代焊丝表面镀铜工艺，既避免了镀液污染，也防止焊接过程中产生铜尘。

研发低尘低毒的焊条或焊丝。例如，减少药粉或药皮中的锰、氟含量，可降低发尘率和毒性。某些新开发的药芯焊丝及金属粉型药芯焊丝，能使烟尘量及飞溅大大减少。有的金属粉型药芯焊丝的发尘量甚至接近实心焊丝 GMAW 水平。

但是，目前受工艺及成本等因素的影响，焊丝无镀铜工艺虽受到一定关注，但焊接材料本身的发尘量问题尚未引起足够关注。

2. 工艺措施

首先，采用无烟尘或少烟尘的焊接方法。如电阻焊、摩擦焊、埋弧焊及电渣焊等。若因工艺、成本或其他条件限制只能采用 SMAW、GMAW 和 FCAW 等方法，应选用合适的焊接参数，综合考虑焊接电压、电流、速度和气体流量等工艺参数对焊接烟尘的影响。其次，在具体的工艺选择中，尽量采用短弧焊工艺、脉冲焊工艺。

采用高性能焊接设备也是降低发尘量的重要措施，其实质是保证焊接过程乃至熔滴行为的稳定性。例如，林肯公司的 STT 焊机及福尼斯公司的 CMT 焊机不仅可以减少飞溅，还可减少发尘量。稳定的焊接过程及熔滴行为的获得依赖于对电弧物理过程的深刻理解。国内相关单位亟须加强对熔滴行为的细致研究，精确检测并精确控制熔滴行为，以缩小国内很多焊机企业与国外先进企业的差距。

3. 防护措施

焊接烟尘产生后，应缩短其扩散路径，尽量在源头将其排走，避免对周围人群的危害。通风技术措施是消除焊接烟尘危害的有力措施，无论是局部通风排烟，还是整体通风排烟，其共同点都是尽量在源头控制烟尘。如国内的航天凯天、国外的尼的曼等企业制造的墙装机械式烟尘净化器、可移动机械式烟尘净化器、墙装筒式过滤烟尘净化器、可移动筒式过滤烟尘净化器、可移动静电式烟尘净化器等，清洁效率可达 99.9%。

如果使用通风设施达不到防护目的，就必须使用呼吸保护设备。如自吸过滤式防尘口罩、通风除尘面罩、通风头盔、分子筛除臭氧口罩等。但呼吸保护设备不能代替抽吸设施，呼吸保护设备保护的只是操作者，对他人仍有危害。

因生产条件所限而无法使焊接烟尘降至标准规定值时，可以采取隔离操作措施。如把生产设备和操作地点放在隔离室内，用排风扇使隔离室内保持负压状态，采用自控仪表系统进行控制，实现远距离焊接，使焊接烟尘远离焊位，使焊工不直接受到焊接烟尘的危害。

30.3 绿色焊接材料

30.3.1 钎料

随着环境问题成为热点，制造业需要改变传统的制造模式，推行绿色制造技术。面对钎焊行业的环境问题，利用钎料绿色化、高效高可靠钎焊工艺等方式，从源头减污、清洁高效、精准可靠等方面实现绿色钎焊。

由于传统无害化钎料熔点高、流动性差，成本高且难以使用，同时，其基础理论难成体系、配方经验秘不外传，无害化钎料中无镉钎料的精准设计一直是国际钎焊界的热点和难点。针对上述难题，新型钎料与技术国家重点实验室通过研究常用元素的主导作用和协同效应，发现相关元素与镉的效用关系，探明钎料组织演变规律，创建镉当量公式为代镉奠定基础，并提出"工艺熵""性能熵"概念，建立精准评价模型，实现由成分预测性能的跨越。同时，创建钎料数字设计体系，打破试凑和依靠经验的传统模式，实现钎料设计高效精准化，跨入智能化设计时代。

与传统钎料相比，钎料钎剂一体化的药芯钎料，可以实现钎剂定位 - 定温 - 定时 - 定量精准反应并高效利用。在同样工况条件下，钎剂用量降低超过 70%，大大降低焊接产生的烟尘量，且能有效减轻过量焊剂对环境的扰动。

对于钎料钎剂一体化的药皮钎料，国内已有企业基于钎剂组分间定向反应和时变效应，完成无胶自粘接，成功取代了国外高比例胶粘工艺。这种绿色药皮钎料在钎焊过程中无毒烟、无残炭，钎缝可靠性高、环境友好，优于国外同类技术，从根源上实现了清洁钎焊。

30.3.2 熔焊材料

1. 实心焊丝

随着焊接自动化和半自动化的持续发展，焊接材料种类的需求趋势为：焊条的产量将下降，实心焊丝中除埋弧实心焊丝的产量基本保持不变外，气保实心焊丝的产量将逐年增加。目前，国内气保实心焊丝在焊接材料中的占比达到 60%，与国际上的 80% 占比相比仍有较大增长空间，涉及的焊丝约有 32 万 t 增长空间。气保实心焊丝和埋弧实心焊丝在焊接材料中总的占比约为 65%，考虑到增长趋势，在焊接材料中的总占比将达到 85%。

实心焊丝的传统生产过程属于高能耗和高污染生产过程，生产过程中涉及大量酸、碱、硫酸铜等化工品的消耗，以及大量水电油等能源消耗。随着国际上绿色制造理念的不断深入，国家对焊接材料制造的环保要求越来越高。为适应这一主流制造理念，降低焊接材料制造的环保压力、降低制造成本，实现企业的可持续发展，国内在实心焊丝制造工艺领域出现了诸多先进的环保型制造工艺和工艺装备。

目前，镀铜焊丝主要有两方面危害：①焊接材料中铜元素的影响。对于焊缝而言，过多的铜元素对焊接质量不利。此外，焊丝成分本身会对焊缝和熔敷金属造成污染，因此，不希望增加镀铜层厚度。尤其在有些特殊使用场合，为了保证焊接质量需要严格控制焊丝镀铜层厚度。另一方面，铜层在焊接时形成铜烟雾。根据德国金属制造业健康与安全委员会编制的《在焊接及相关工艺过程中的有害物质》一文描述：近 95% 的焊接烟雾来自于填充金属，因此，焊丝表面镀的铜不可避免地大量进入焊接烟尘中，成为烟尘的主要有毒物质。焊工吸入过量含铜烟尘可引起金属铜烟雾热急性综合症，铜盐能引起肠胃功能紊乱，可出现溶血和肝、肾损害，直接对焊工身体造成损害。②镀铜焊丝在生产过程中的环保问题。镀铜实心焊丝的生产过程对环境的污染较大，主要污染源是含铜的镀铜液；其次，是各种酸碱等化学品的使用及各种酸碱雾气等。

随着国家经济发展方式向可持续发展模式转化，以牺牲环境求发展的经营模式已快速被抛弃。虽然国内众多镀铜实心焊丝生产企业在积极响应国家环保政策，进行环保处理升级，以最大幅度降低生产制造对环境的影响。但由于镀铜工艺等制造工艺自身的原因，污染问题并不能从根本上解决。随着国家环保政策越来越严厉，相关的环保整治费用越来越高，相关生产企业的生存压力将越来越大。

无镀铜实心焊丝经过多年发展，已经逐步走向成熟。制造企业已从注重产品品种，转变为注重产品品质。同时在产品种类方面也从原来较单一的以气保实心低强度级别焊丝为主转变为不同产品种类、不同强度级别的成系列产品结构。

需要注意的是，随着生产无镀铜焊丝厂家的增加，无镀铜焊丝生产工艺有较大进步。从大的方面区分，工艺流程分为三个主要工序：材料前处理—拉拔—焊丝表面后处理。在材料前处理工序的工艺方面，各企业在该工序已较普遍采用砂带处理方式，彻底去除酸的使用。同时，有部分企业实现了在该工序中去除硼砂的使用，进一步提高生产的环保性，以达到国外的环保标准要求。对原材料盘条的处理，有些厂家采用另一种方式，即原材料钢丝的前处理全部采用先进的剥壳机进行，以获得优良的表面质量。

在拉拔工序中，绿色环保主要体现在润滑粉方面的进步。因无镀铜焊丝在涂敷涂层前要尽可能去除拉拔过程中残留在焊丝表面的润滑剂，无镀铜焊丝采用特殊润滑粉，除要求润滑粉更容易清洗，残留润滑粉对焊接过程影响小、不会对无镀铜焊丝表面质量造成影响外，还要求拉拔后残留在焊丝表面的润滑粉要少。通过配比不同类型的润滑粉，润滑粉提供商现已可以提供较传统润滑粉残留量低50%以上的润滑粉产品。同时，在润滑粉清洗方面也有更加先进的装备面世。润滑粉的去除效果更加稳定，基本达到彻底去除盘条表面残留润滑粉的效果，为后续无镀铜焊丝表面涂敷特殊涂层工序创造有利条件。

无镀铜焊丝表面后处理是其生产的核心工序。主要涉及焊丝表面清洁和焊丝表面涂层两个方面。该工序直接关系到无镀铜焊丝的焊丝防锈蚀、导电嘴磨损、焊接烟尘等用户最关心的产品质量。在焊丝表面清洁方面，主要采用机械擦除和拉拔一体化的清洁方式和专用清洗生产线方式两种，使用的清洗溶液有水、酸（碱）液、环保型清洗液等。其中，以拉拔线一体化的清洁方式配套环保型清洗液最为先进，代表环保化的发展方向。

在焊丝表面涂层方面：一方面焊丝表面涂层需要具有低电阻、耐高温、耐磨、防锈性能好等特点，另一方面在焊丝表面涂层涂覆方面，各企业主要采用以模具压覆或辊轮压覆两种方式，也有采用静电涂油机（见图30-1）涂油方式。另外，由于各企业的工艺控制方式不同，成品表面质量还有一定区别，按表面光亮程度分为银灰色（见图30-2）或暗灰色（见图30-3）两种焊丝表面状态。

图30-1 静电涂油机

图 30-2　银灰色无镀铜焊丝表面　　　图 30-3　暗灰色无镀铜焊丝表面

2. 药芯焊丝

对于药芯焊丝，大幅度降低其焊接烟尘量和飞溅量，是改善焊接环境最为实用的一种方式。日本神钢公司开发的 DW-Z（二氧化钛型）及 MX-Z（金属粉型）系列药芯焊丝，焊接烟尘量和飞溅量分别比原来 DW 及 MX 系列焊丝低 30% 和 35%。法国 SAF 公司开发了牌号上加"GREEN"的低发尘量药芯焊丝，如 SAFDUAL GREEN 101 焊丝的焊接烟尘量和飞溅量可降低 30% ～ 50%。瑞典伊萨公司等也都有类似的低发尘量药芯焊丝产品。国内厂家也逐渐认识到低烟尘低飞溅的重要性，比如北京金威开发了系列低烟尘低飞溅不锈钢药芯焊丝。

基于无害化药芯焊丝的成分设计，国外公司始终走在前列。美国 HOBART 公司开发了用于船舱内通风不良、狭窄空间焊接的烟尘中含 Mn 量极低的 Element 低锰药芯焊丝系列，有利于改善作业环境和焊工健康。国内企业也开始侧重于环保型焊接材料的研发。例如，山东聚力焊接材料有限公司在研发低锰实心焊丝的基础上，又自主研发了低锰药芯焊丝，通过添加其他无害元素提高强度和韧性。

无缝药芯焊丝具有以下优点：

1）低扩散氢，降低冷裂纹产生率，降低预热温度。

2）低扭曲应力，送丝距离长，焊丝对准性能好。

3）湿法镀铜，提高电流输送能力，导电嘴磨损量小，降低消耗。

4）吸潮、抗生锈能力强，运输、储存方便。

5）填充率稳定，无空管串粉现象。

目前无缝药芯焊丝从研究深度和品种系列上都有较大提高。例如，日本新日铁公司和洛阳双瑞特种合金材料有限公司（简称洛阳双瑞）都增加了产品品种和研究深度。与常规实心焊丝相比，新日铁公司开发的新型 SX-26、SX-55 和 SX-60 无缝药芯焊丝具有更大的焊接熔深，起弧时间缩短 25%，大电流焊接时大尺寸的飞溅颗粒明显减少（1mm 以上颗粒减少 90%），熔渣也大量减少，减少了焊后表面清理工作量，焊接电弧变软，电弧燃烧稳定，有效降低了熔滴表面张力，提高了焊接舒适度，适合焊接 E 级船板。

但是，新日铁公司和洛阳双瑞公司的无镀铜焊丝制造工艺复杂，生产成本高，因此，仅用于对韧性有特别严格要求的结构上。国际上有名的无缝药芯焊丝生产厂家为 STEIN 公司，能提供各种无缝药芯焊丝，包括金属粉芯焊丝、金红石型或碱性药芯焊丝。

30.4　绿色焊接设备与工艺

1. 焊丝拉拔设备

目前，在焊接材料制造行业普遍采用以变频电动机为代表的拉拔设备，因其需要通过变速器等配套装备传动，因此增加了能源损耗。而采用直驱电动机则可降低维修成本，降低电能消耗约 10%，备件少，噪声更低，双胞胎结构更节省场地，维修更方便，电气内置，即插即用，无电柜房，无电缆线，更加节能降耗。

2. 在线清洗设备

实心焊丝原材料经过拉拔到规定尺寸后，为了后续生产，需彻底清洁半成品表面的润滑粉和油脂。现有工艺基本采用电解酸洗和碱洗去除，且由于电解碱洗需要很高温度，消耗大量能源，带来极大污染和能源消耗，以及后续环保处理压力。图 30-4 所示为高压水清洗设备，该装置和拉拔设备共线，利用拉拔后钢丝表面残留温度，结合清洗设备高压水冲洗的方式完成钢丝表面清洁。

图 30-4　高压水清洗设备

3. 与拉拔设备一体化的往复式清洗设备（见图30-5）

其工作原理是利用拉拔后焊丝表面残留温度，直接采用水溶液、弱碱溶液或环保型清洗剂在线清洗，去除传统工艺中酸的使用，基本或很少使用碱。同时，省却了传统电解碱洗工艺所必需的锅炉加温、电解等工序，降低了能源消耗。

图 30-5　往复式清洗设备

4. 钎焊工艺及装备

不断涌现的绿色高效钎焊工艺的主要特点是高效率、节能节材、低排放。国内已有企业针对传统感应钎焊能量密度低、高温区分散、热耗散大、能效低的问题，开发了导磁体驱流／脉冲加热钎焊技术。根据导磁体对感应线圈磁场分布的影响规律，在感应线圈上设置导磁体驱流模块，重建能量流传递路径，提高能量密度，实现对钎焊区域的集中快速加热，降低了钎焊过程中的热耗散。采用脉冲加热方式，避免了感应热冲击导致的过烧，钎料熔化后施加变频 - 调幅机械振动，促使气体和夹杂物排出，有效减少钎缝缺陷。该技术能提高钎焊效率24%，节约用电量32%，显著改善钎缝质量。另外，针对炉焊加热效率随温度升高而降低的问题，开发了感应 - 炉焊复合钎焊技术，在低温区段采用电阻炉加热，高温区段采用感应快速加热，通过压缩高温区加热时间，抑制钎料离析变质变性，重建物质流。同时，提高工作效率3～6倍，降低75%的能耗。针对真空钎焊辐射加热升温速率低、降温慢、钎焊周期长的行业难题，以感应加热取代辐射加热，开发的真空感应钎焊技术使钎焊作业时间缩短至60min，为传统钎焊周期的5%～10%，能耗降低30%～50%。此外，还有一些代表性的高效钎焊设备，主要有高能束焊（激光、电子束和离子束）设备、超声波焊设备等，但它们在大规模工业化生产中的应用有限，且价格较高。因此，亟须提高其性价比和适应性，以期进一步在工业生产中推广应用。

5. 数字化焊接技术和装备

随着我国制造业整体技术水平的提高，数字化焊机的应用比例快速增长，未来市场需求广阔。通过将数字化焊机与智能控制技术融合，形成基于数字化焊接电源的焊接机器人系统，同时，这种系统具备绿色化和智能化特征，有望成为焊接机器人发展方向。目前，焊接机器人概念逐渐强化，加上高速脉冲和新型逆变技术的涌现，在绿色焊接技术和设备方面，有着良好前景。

30.5　绿色焊接技术发展趋势

为了更好实现经济转型升级、加强生态环境保护，"十三五"规划对机械制造行业提出高端、智能、环保的要求。焊接生产环境与危害预防问题也将继续从源头减排、过程监控和技术创新等方面进行综合治理。

1）研发新一代焊接烟尘整体治理和局部防护设备，升级厂房整体除尘系统，促进自动变光焊接面罩等焊接局部防护装置的普及应用。

2）加强对智能焊接制造模式的研发，利用互联网对焊接危害物质进行远程在线监控。利用大数据概念，对历史数据进行分析，优化产品设计。

3）开展对焊接烟尘有害成分的定量测量，以及粉尘、噪声、电磁辐射等职业病危害的定性评价。在焊接过程中在线测量佩戴防护面罩的焊工呼吸区的一氧化碳浓度，浓度异常时及时发出报警信号。建立基于焊接参数（例如熔化极气体保护焊）降低焊接烟尘发尘率的理论预测模型等。

4）升级和推广职业健康安全标准，包括宣传和推广《焊接设备电磁场对操作人员影响程度的评价准则》新型国家标准，在焊接生产中贯彻落实高效、清洁、节能、节材的绿色设计和制造理念、政策、新方法和新技术。研发具备节能、节材、高效、低排放特征的绿色焊接设备，加强对相关基础共性技术研究的支持力度，提升绿色焊接材料质量、开发高端产品，降低成本。通过环保立法手段限期禁用含有毒有害元素的焊接材料，并严格执行。

目前，现有焊接材料国家标准及试验检验方法标准虽已按相应国际标准及国外先进标准建立了较为完整的标准体系，但尚需对焊接材料的制备稳定性、工艺适应性、产品一致性、绿色环保性等建立一个系统的焊接材料质量评价方法，以适应机器人焊接和自动化焊接要求，满足新材料、新工艺、新技术的高端优质、高效、绿色需求。因此，无论是从对国家高端装备制造业的支撑方面考虑，还是从行业发展的需求方面考虑，都迫切需要通过制订一套完整、系统的质量评价方法，开展科学、准确的评价，不断推动焊接材料行业的产品质量提升和技术进步，提升国产化配套能力。行业协会和国家焊接材料中心应在现有标准技术要求基础上，开展特性技术指标、工艺指标、绿色指标和管理指标评价。同时，针对国家高端装备制造业的实际需求，提出质量评价技术的新思路，形成新的评价技术内容和指标，以满足不断增长的高端优质、绿色、高效等焊接材料的质量检验和评定需求，填补焊接材料标准体系中评价标准领域的空白。

我国焊接 EHS 的相关企业、研究机构及高校应在此基础上，再接再厉，厚积薄发，强化合作，以应对中长期内市场对绿色焊接日益增长的需求。

附　录

中文、英文缩写对照表

英文简称	中文释义
2.5D	2.5D 封装
3D	3D 高密度封装
AC-GTAW	交流熔化极气保护焊
AMB	可调模式光束
AOD	氩氧脱碳
ARM	进阶精简指令集机器
ASME	美国机械工程师协会
AVC	电弧长度自动控制系统
AWS	美国焊接学会
BGA	球状矩阵排列
BGA	球栅阵列封装
CCD	电荷耦合器件
CIMS	计算机集成制造系统
CMOS	互补金属氧化物半导体
CMT	冷金属过渡
CNTs	碳纳米管
CSP	芯片级封装
CTOD	裂纹尖端张开位移
CW	连续波激光切割
DIM	远程监控与智能运维平台
DIP	双列直插式封装
DSC	差示扫描量热法
DSP	数字信号处理器
EADS	欧洲宇航防务集团
EBSM	电子束选区熔化技术
EBW	电子束焊
EHS	environment、health、Safe，焊接环境、健康与安全
FA	自动化工厂
FCB	双面成形自动焊
FMS	柔性制造系统
FSW	搅拌摩擦焊

英文简称	中文释义
GMA	气体保护焊
GMAW	熔化级气保焊
GTA	钨极氩弧焊
GTAW	钨极氩弧焊
HMI	人机接口
HPVP–GTAW	复合超高频脉冲方波变极性钨极氩弧焊
IFR	国际机器人联合会
IPL	脉冲光烧结
IR	国际机器人协会
ISF	德国亚琛大学焊接研究所
ISO	国际标准化组织
ITW	伊利诺伊工具公司
LCC	无引线芯片载体
LED	发光二极管
LF	钢包精炼
LNG	液化天然气
LSF	激光立体成形技术
LSM	最小平方法
MAG	活性气体熔化极气体保护焊
MAT	媒体轴转换
MCU	微程序控制器
MEMS	微电子机械系统
MIG	惰性气体熔化极气体保护焊
MPW	磁脉冲焊接
Nd：YAG	钇铝石榴石固体激光器
NIMS	日本国立材料研究所
PAW	等离子弧焊
PC	聚碳酸酯
PEEK	聚醚醚酮
PEN	聚萘二甲酸乙二醇酯
PES	聚醚砜树脂
PET	聚对苯二甲酸乙二酯
PFO	可编辑聚焦光学头
PGA	引脚网格阵列
PI	聚酰亚胺

（续）

英文简称	中文释义
PIW	管道内环缝自动焊
POP	层叠封装
PP	聚丙烯
PVC	聚氯乙烯
PVP	聚乙烯吡咯烷酮
QFN	方形扁平无引脚封装
QFP	四侧引脚扁平封装
QFP	四方扁平封装
RFSSW	回填式搅拌摩擦点焊
RFSW	机器人搅拌摩擦焊
RPD	快速等离子体沉积
SAW	埋弧焊
SC	超临界
SDC	智能数据采集器
SIP	四方扁平无引脚
SLM	激光选区熔化技术
SMT	表面贴装组件
SNR	SIGNAL NOISE RATIO，信噪比
SOP	小外形封装
SSFSW	静轴肩搅拌摩擦焊接设备
STT	表面张力熔滴过渡
SUPER-MIG	超级熔化极气保护焊
TAB	载带自动焊
TIG	钨极氩弧焊
TGA	热重量分析法
Tri-Arc	双丝电弧焊
TSV	温度安全阀
USC	超（超）临界
VOD	真空氧气脱碳
VP-GTAW	变极性钨极氩弧焊
WAAM	电弧增材制造技术
WIMS	全信息化精益管理软件
WLP	晶圆级封装
YAG	钇铝石榴固体激光器
ZDT	云端远程服务系统

参 考 文 献

[1] 中国机械工程学会焊接学会 . 中国焊接—焊接环境、健康与安全 [M]. 北京：
机械工业出版社，2017.

[2] 李红，栗卓新，李国栋 . 焊接环境中的职业健康与安全 [M]. 北京：机械工
业出版社，2011.

[3] 国家制造强国建设战略咨询委员会，中国工程院战略咨询中心 . 绿色制造
[M].1 版 . 北京：电子工业出版社，2016.

[4] 国家制造强国建设战略咨询委员会 . 中国制造 2025 蓝皮书 [M].1 版 . 北京：
中国工信出版集团，2018.

[5] 中国机械工程学会焊接分会 . 焊接技术路线图 [M]. 北京：中国科学技术出
版社，2016.

[6] 刘飞，曹华军，张华 . 绿色制造的理论与技术 [M]. 北京：科学出版社，2005.

[7] 中国工程学会，绿色制造产业技术创新战略联盟 . 绿色制造技术与应用 [M].
北京：机械工业出版社，2016.

[8] 邱成 . 绿色制造标准现状及发展重点 [C].2017 年绿色制造国际会议报告及论
文集 ,2017.

[9] 中国机械工程学会焊接学会 . 焊接手册：第 1 卷 [M].3 版 . 北京：机械工业
出版社，2008.

[10] 中国机械工程学会焊接学会 . 焊接手册：第 2 卷 [M].3 版 . 北京：机械工业
出版社，2008.

[11] 中国机械工程学会焊接学会 . 焊接手册：第 3 卷 [M].3 版 . 北京：机械工业
出版社，2008.

[12] 栗卓新，蒋建敏，魏琪 . 我国焊接材料的应用和发展趋势 [J]. 中国机械工
程 ,2003（05）:89-91+6.

[13] 姚河清，陈亚政，孟庆芹 . 现代焊接技术发展的现状及展望 [J]. 河海大学常
州分校学报 ,2004（03）:7-10+2.

[14] 李春范 ,杜淼 ,杨晶秋 ,等 . 中国焊接材料的现状及发展趋势 [J]. 焊接 ,2010
（07）:21-33+57+70.

[15] 王利，杨雄飞，陆匠心．汽车轻量化用高强度钢板的发展 [J]．钢铁，2006，41（9）：1-8.

[16] 范志超，陈学冬，崔军，等．我国重型压力容器轻量化设计制造技术研究进展 [J]．压力容器，2013，30（2）：59-65.

[17] 周方明，王江超，周涌明，等．窄间隙焊接的应用现状及发展趋势 [J]．焊接技术，2007，8：4-8.

[18] 唐瑞波．爆炸复合板在化工装备上的应用前景 [J]．中国石油和化工标准与质量，2012，11：1-2.

[19] 林尚扬．我国焊接生产现状与焊接技术的发展 [J]．船舶工程，2005，27：15-24.

[20] 洪亮．绿色焊接 [J]．焊接技术，2002，31（2）：4-5.

[21] 张兰．绿色焊接 [J]．金属加工（热加工），2012，2：14-20.

[22] 中国工程院绿色制造发展战略研究课题组．推进绿色制造，建设生态文明——中国绿色制造战略研究 [J]．中国工程科学，2017，19（3）：53-61.

[23] 钟荣峰．半导体制程微细化技术再突破从 65nm 到 45nm 的微观神话 [J]．电子产品世界，2007（4）:107-109.

[24] 黄继宽．32 纳米制程——半导体科技的新天险 [J]．工业和信息化教育，2007（4）:14-14.

[25] 张鉴，戚昊琛．MEMS 生物传感器及其医学应用 [J]．现代物理知识，2007（5）:42-43.

[26] 孟伟丽，宋世平，姜智能，等．电化学生物传感器 [J]．微纳电子技术，2013，40（7）:359-361.

[27] 杨虹蓁，曹白杨，曹新宇．芯片尺寸封装焊点的可靠性分析与测试 [J]．电子元件与材料，2011，30（8）:63-66.

[28] 成立，王振宇，祝俊，等．圆片级芯片尺寸封装技术及其应用综述 [J]．半导体技术，2005，30（2）:38-43.

[29] 蔺兴江，张宏杰，张易勒．浅谈 IC 封装材料对产品分层的影响及改善 [J]．电子工业专用设备，2013，42（12）:1-5.

[30] 方鲲，李玫．石墨烯（基）纳米复合材料的研究进展 [J]．新材料产业，2015（11）:24-31.

[31] Zhong Y, An R, Ma H, et al. Low-temperature-solderable intermetallic nanoparticles for 3D printable flexible electronics[J]. Acta Materialia, 2019, 162: 163-175.

[32] Zhu L, Sun Y, Xu J, et al. Aligned carbon nanotubes for electrical interconnect and thermal management[C]//Electronic Components and Technology Conference, 2005. Proceedings. 55th. IEEE, 2005: 44-50.

[33] Chen G, Davis R C, Futaba D N, et al. A sweet spot for highly efficient growth of vertically aligned single-walled carbon nanotube forests enabling their unique structures and properties[J]. Nanoscale, 2016, 8(1): 162-171.

[34] Platek B, Urbanski K, Falat T, et al. The method of carbon nanotube dispersing for composites used in electronic packaging[C]//2011 11th IEEE International Conference on Nanotechnology,2011.

[35] Chiu J C, Chang C M, Lin J W, et al. High electromagnetic shielding of multi-wall carbon nanotube composites using ionic liquid dispersant[C]//2008 58th Electronic Components and Technology Conference. IEEE, 2008: 427-430.

[36] Spitalsky Z, Tsoukleri G, Tasis D, et al. High volume fraction carbon nanotube - epoxy composites[J]. Nanotechnology, 2009, 20(40): 405702.

[37] Platek B, Urbanski K, Falat T, et al. The method of carbon nanotube dispersing for composites used in electronic packaging[C]//2011 11th IEEE International Conference on Nanotechnology,2011.

[38] Domun N, Hadavinia H, Zhang T, et al. Improving the fracture toughness and the strength of epoxy using nanomaterials - a review of the current status[J]. Nanoscale, 2015, 7(23): 10294-10329.

[39] Inam F, Wong D W Y, Kuwata M, et al. Multiscale hybrid micro-nanocomposites based on carbon nanotubes and carbon fibers[J]. Journal of Nanomaterials, 2010, 2010: 9.

[40] Falat T, Felba J, Matkowski P, et al. Electrical, thermal and mechanical properties of epoxy composites with hybrid micro-and nano-sized fillers for electronic packaging[C]//Nanotechnology (IEEE-NANO), 2011 11th IEEE Conference on. IEEE, 2011: 97-101.

参考文献

[41] Yamamoto G, Omori M, Hashida T, et al. A novel structure for carbon nanotube reinforced alumina composites with improved mechanical properties[J]. Nanotechnology, 2008, 19 (31) : 315708.

[42] Buchheim J, Park H G. Failure mechanism of the polymer infiltration of carbon nanotube forests[J]. Nanotechnology, 2016, 27 (46) : 464002.

[43] Chai Y,Chan P C H, Fu Y, et al. Copper/carbon nanotube composite interconnect for enhanced electromigration resistance[C]//Electronic Components and Technology Conference, 2008. ECTC 2008. 58th. IEEE, 2008:412-420.

[44] Ferrer - Anglada N, Gomis V, El - Hachemi Z, et al. Carbon nanotube based composites for electronic applications: CNT - conducting polymers, CNT - Cu[J]. physica status solidi (a), 2006, 203 (6) : 1082-1087.

[45] Zhang Y, Kang Z, Bessho T. Two-component spin-coated Ag/CNT composite films based on a silver heterogeneous nucleation mechanism adhesion-enhanced by mechanical interlocking and chemical grafting[J]. Nanotechnology, 2017, 28 (10) : 105607.

[46] Jo Y , Kim J Y , Jung S , et al. Correction: 3D polymer objects with electronic components interconnected via conformally printed electrodes[J]. Nanoscale, 2017, 9 (39) .

[47] Sun S , Mu W , Edwards M , et al. Vertically aligned CNT-Cu nano-composite material for stacked through-silicon-via interconnects[J]. Nanotechnology, 2016, 27 (33) :335705.

[48] Bai J G , Creehan K D , Kuhn H A . Inkjet printable nanosilver suspensions for enhanced sintering quality in rapid manufacturing[J]. Nanotechnology, 2007, 18 (18) :185701.

[49] Reinhold I , Hendriks C E , Eckardt R , et al. Argon plasma sintering of inkjet printed silver tracks on polymer substrates[J]. Journal of Materials Chemistry, 2009, 19:3384-3388.

[50] Perelaer J , Hendriks C E , Laat A W M D , et al. One-step inkjet printing of conductive silver tracks on polymer substrates[J]. Nanotechnology, 2009, 20 (16) :165303.

[51] Yu H, Li X, Hao Z, et al. Fabrication of metal/semiconductor nanocomposites by selective laser nano-welding[J]. Nanoscale, 2017, 9(21):7012-7015.

[52] Perelaer J, DeGans B J, Schubert U. Ink‑jet printing and microwave sintering of conductive silver tracks[J]. Advanced Materials, 2010, 18 (16) :2101-2104.

[53] Garnett E C, Cai W, Cha J J, et al. Self-limited plasmonic welding of silver nanowire junctions[J]. Nature Materials, 2012, 11 (3) :241.

[54] Magdassi S, Grouchko M, Berezin O, et al. Triggering the sintering of silver nanoparticles at room Temperature[J]. Acs Nano, 2010, 4 (4) :1943-1948.

[55] Moon Y J, Kang H, Kang K, et al. Effect of thickness on surface morphology of silver nanoparticle layer during furnace sintering[J]. Journal of Electronic Materials, 2015, 44 (4) :1192-1199.

[56] Wünscher S, Abbel R, Perelaer J, et al. Progress of alternative sintering approaches of inkjet-printed metal inks and their application for manufacturing of flexible electronic devices[J]. Journal of Materials Chemistry C, 2014, 2 (48) :10232-10261.

[57] Wünscher S, Rasp T, Grouchko M, et al. Simulation and prediction of the thermal sintering behavior for a silver nanoparticle ink based on experimental input[J]. Journal of Materials Chemistry C, 2014, 2 (31) :186-195.

[58] Grouchko M, Kamyshny A, Mihailescu C F, et al. Conductive Inks with a "Built-In" mechanism that enables sintering at room temperature[J]. China Printing & Packaging Study, 2011, 5 (4) :3354.

[59] Layani M, Grouchko M, Shemesh S, et al. Conductive patterns on plastic substrates by sequential inkjet printing of silver nanoparticles and electrolyte sintering solutions[J]. Journal of Materials Chemistry, 2012, 22 (29) :14349.

[60] Perelaer J, Abbel R, Wünscher S, et al. Roll-to-Roll compatible sintering of inkjet printed features by photonic and microwave exposure: From Non-Conductive ink to 40% bulk silver conductivity in less than 15 seconds[J]. Advanced Materials, 2012, 24 (19) :2620-2625.

参考文献

[61] Perelaer J, Klokkenburg M, Hendriks C E, et al. Microwave flash sintering of inkjet-printed silver tracks on polymer substrates[J]. Advanced Materials, 2010, 21（47）:4830-4834.

[62] Sowade E, Kang H, Mitra K Y, et al. Correction: Roll-to-roll infrared（IR）drying and sintering of an inkjet-printed silver nanoparticle ink within 1 second[J]. Journal of Materials Chemistry C, 2015, 3（45）:11974-11974.

[63] Park J, Kang H J, Shin K H, et al. Fast sintering of silver nanoparticle and flake layers by infrared module assistance in large area roll-to-roll gravure printing system[J]. Scientific Reports, 2016, 6:34470.

[64] Dongbin Z , Minqiang W . Highly conductive nano-Silver circuits by ink-jet Printing[J]. Journal of Electronic Materials, 2018.

[65] 杨明，韩蓓蓓，马鑫，等．纳米无铅焊料的研究进展[J]．电子工艺技术，2014（1）:1-5.

[66] Hongjin Jiang , Kyoungsik Moon, Fay Hua A, et al. synthesis and thermal and wetting properties of Tin/Silver Alloy nanoparticles for low melting point lead-Free solders[J]. Chemistry of Materials, 2007, 19（18）:4482-4485.

[67] Chang D Z, Yu L G, Yang B, et al. Nanoparticles of the Lead-free solder alloy Sn-3.0Ag-0.5Cu with large melting temperature depression[J]. Journal of Electronic Materials, 2009, 38（2）:351-355.

[68] Shalaby R M. Effect of rapid solidification on mechanical properties of a lead free Sn‐3.5Ag solder[J]. Journal of Alloys & Compounds, 2010, 505（1）:113-117.

[69] Zou C , Gao Y , Yang B , et al. Melting and solidification properties of the nanoparticles of Sn3.0Ag0.5Cu lead-free solder alloy[J]. Materials Characterization, 2010, 61（4）:474-480.

[70] 邹长东．应用纳米尺寸效应降低 Sn 基无铅焊料熔化温度的基础研究[D].上海：上海大学，2010.

[71] Reinhold I , Hendriks C E , Eckardt R , et al. Argon plasma sintering of inkjet printed silver tracks on polymer substrates[J]. Journal of Materials Chemistry, 2009, 19.

[72] Koppes J P, Grossklaus K A, Muza A R, et al. Utilizing the thermody-namic nanoparticle size effects for low temperature Pb-free solder[J]. Materials Science & Engineering: B (Advanced Functional Solid-State Materials), 2012, 177 (2):197-204.

[73] 黄庆红. 电子元器件封装技术发展趋势[J]. 电子与封装, 2010, 10(6):8-11.

[74] Dixit P, Miao J. Fabrication of high aspect ratio 35 micron pitch inter-connects for next generation 3-D wafer level packaging by through-wa-fer copper electroplating[C]// Electronic Components & Technology Con-ference,2006.

[75] Tu K N, Tian T. Metallurgical challenges in microelectronic 3D IC pack-aging technology for future consumer electronic products[J]. Science China Technological Sciences, 2013, 56 (7): 1740-1748.

[76] Aggarwal A O, Raj P M, Sundaram V, et al. 50 Micron pitch wafer level packaging testbed with reworkable IC-package nano iInterconnects[C]// Electronic Components and Technology Conference, 2005. Proceedings. 55th. IEEE, 2005: 1139-1146.

[77] Simões S, Calinas R, Vieira M T, et al. In situ TEM study of grain growth in nanocrystalline copper thin films[J]. Nanotechnology, 2010, 21 (14): 145701.

[78] Spiesshoefer S, Rahman Z, Vangara G, et al. Process integration for through-silicon vias[J]. Journal of Vacuum Science & Technology A: Vac-uum, Surfaces, and Films, 2005, 23 (4): 824-829.

[79] Zhang S, Yang M, Wu Y, et al. A study on the optimization of anisotropic conductive films for Sn-3Ag-0.5 Cu-Based Flex-on-Board application at a 250 C bonding temperature[J]. IEEE Transactions on Components, Packaging and Manufacturing Technology, 2018, 8 (3): 383-391.

[80] Aggarwal A O, Raj P M, Tummala R R. Metal-Polymer Composite Inter-connections for Ultra Fine-Pitch wafer Level packaging[J]. IEEE Trans-actions on Advanced Packaging, 2007, 30 (3):384-392.

[81] Brun C, Diagne C T, Elchinger P H, et al. Deoxyribonucleic acid for nanopackaging: A promising bottom-up approach[J]. IEEE Nanotechnology Magazine, 2017, 11 (1): 12-19.

[82] Haes A J , Duyne R P V . A unified view of propagating and localized surface plasmon resonance biosensors[J]. Analytical and Bioanalytical Chemistry, 2004, 379（7-8）:920-930.

[83] Barnes W L , Dereux A , Ebbesen T W . Surface Plasmon Subwavelength Optics[J]. Nature, 2003, 424（6950）:824-830.

[84] Brongersma M L , Shalaev V M . The Case for Plasmonics[J]. Science, 2010, 328（5977）:440-441.

[85] Ozbay, E. Plasmonics: merging photonics and electronics at nanoscale dimensions[J]. Science, 2006, 311（5758）:189-193.

[86] 王荣明，林炜铧，王江彩，等．金属局域表面等离激元共振和表面等离激元波导：原理和应用 [J]. 金属功能材料，2016, 23（5）:1-6.

[87] Christopher P , Xin H , Linic S . Visible-light-enhanced catalytic oxidation reactions on plasmonic silver nanostructures[J]. Nature Chemistry, 2011, 3（6）:467.

[88] Garnett E C, Cai W, Cha J J, et al. Self-limited plasmonic welding of silver nanowire junctions[J]. Nature materials, 2012, 11（3）: 241-249.

[89] Park J H, Hwang G T, Kim S, et al. Flash - induced Self - limited plasmonic welding of silver nanowire network for transparent flexible energy harvester[J]. Advanced Materials, 2017, 29（5）: 1603473.

[90] Hu H, Wang Z, Ye Q, et al. Substrateless welding of self-assembled silver nanowires at air/water interface[J]. ACS applied materials & interfaces, 2016, 8（31）: 20483-20490.

[91] González-Rubio G, Guerrero-Martínez A, Liz-Marzán L M. Reshaping, fragmentation, and assembly of gold nanoparticles assisted by pulse lasers[J]. Accounts of chemical research, 2016, 49（4）: 678-686.

[92] González-Rubio G, González-Izquierdo J, Bañares L, et al. Femtosecond laser-controlled tip-to-tip assembly and welding of gold nanorods[J]. Nano letters, 2015, 15（12）: 8282-8288.